Für Michael,
meinen Komplizen bei jedem Wort,
mir unentbehrlich wie die Luft.

Dank und Anerkennung gelten, zuallererst,
meinem Vater Ralph Erdrich, ebenso meiner
Großmutter Mary Erdrich Korll, unserem Lektor
und Verleger Richard Seaver, unserer Tante
Virginia Burkhardt für reichlich geschenkten
Enthusiasmus und Rat, Charles Rembar und
Barbara Bonner, der Freundin und
leidenschaftlichen Leserin.

Der Ast

Schon lange bevor in Argus Rüben angebaut und die Highways angelegt wurden, war die Bahnlinie da. Auf den Schienen, die die Grenze zwischen Dakota und Minnesota überquerten und sich weiter bis nach Minneapolis erstreckten, kam alles an, was das Wesen der Stadt ausmachte. Und alles, was der Stadt abträglich war, verließ sie auf diesem Wege wieder. An einem kalten Frühlingsmorgen im Jahre 1932 transportierte der Zug sowohl einen Zugang als auch einen Abgang. Beide kamen per Fracht. Als sie Argus endlich erreichten, waren ihre Lippen violett und ihre Füße so taub, daß sie beim Sprung aus dem Güterwagen stolperten und sich die Hände und Knie an der Schlacke aufschürften.

Der Junge war vierzehn und hochaufgeschossen, von seinem plötzlichen Wachstum gebeugt und sehr blaß. Sein Mund war lieblich geschwungen, seine Haut zart und mädchenhaft. Seine Schwester war erst elf Jahre alt, aber schon jetzt war sie so stämmig und gewöhnlich, daß klar war, sie würde ihr Leben lang so bleiben. Ihr Name war so kompakt und zweckmäßig wie alles an ihr. Mary. Sie klopfte sich den Mantel ab und stand im nassen Wind. Zwischen den Häusern gab es nichts als leeren Horizont zu sehen und von Zeit zu Zeit Männer, die ihn querten. Damals wurde hauptsächlich Weizen angebaut, und der

Boden war so frisch bestellt, daß die Erdkrume noch nicht weggeblasen worden war wie in Kansas. Die Zeiten waren im östlichen North Dakota überhaupt viel besser als fast überall sonst, und das war auch der Grund, warum Karl und Mary Adare mit dem Zug hierhergekommen waren. Die Schwester ihrer Mutter, Fritzie, wohnte am östlichen Rand der Stadt. Sie führte zusammen mit ihrem Mann einen Metzgerladen.

Die beiden Adares schoben die Hände in die Ärmel und gingen los. Sobald sie sich bewegten, wurde ihnen wärmer, obwohl sie die ganze Nacht gefahren waren und die Kälte tief saß. Sie gingen nach Osten, über den Lehm und den Bohlenbelag der breiten Hauptstraße, und lasen die Schilder auf den bretterverschalten Ladenfassaden, an denen sie vorbeikamen, sogar die Goldbuchstaben im Fenster der aus Ziegeln erbauten Bank lasen sie. Keins der Geschäfte war eine Metzgerei. Abrupt hörten die Läden auf, und dann kam eine Zeile von Häusern, die grau verwittert waren oder von denen graue Farbe blätterte, und an deren Verandageländern Hunde festgebunden waren.

Kleine Bäume standen in den Vorgärten einiger dieser Häuser, und ein Bäumchen, schwach wie eine Schramme aus Licht im allgemeinen Grau, schwankte in einem Blütenschleier. Mary stapfte unbeugsam voran und beachtete es kaum, aber Karl blieb stehen. Der Baum zog ihn mit seinem zarten Duft an. Seine Wangen röteten sich, er streckte die Arme aus wie ein Schlafwandler, und in einer einzigen langen und starren Bewegung glitt er auf den Baum zu und vergrub sein Gesicht in den weißen Blütenblättern.

Als Mary sich nach Karl umschaute, erschrak sie darüber, wie weit er zurückgefallen war und wie still er stand, das Gesicht in die Blüten gedrückt. Sie rief, aber er schien sie nicht zu hören und stand bloß da, seltsam und stocksteif zwischen den Ästen. Er rührte sich nicht einmal, als der Hund in dem Garten an seiner Leine zerrte und loskläffte. Er merkte gar nicht, daß die Haustür aufging und eine Frau herausgestolpert kam. Sie schrie Karl an, aber er achtete nicht darauf, und deshalb ließ sie den Hund los. Groß und gierig flog er in riesigen Sätzen vorwärts. Und dann, entweder um sich zu schützen oder um die Blüten zu pflücken, griff Karl nach oben und brach einen Ast von dem Baum.

Der Ast war so groß und der Baum so klein, daß die Fäule die Wunde befallen sollte, wo er abgerissen worden war. Die Blätter sollten noch im Laufe des Sommers abfallen, und der Saft sollte in die Wurzeln sinken. Als Mary im nächsten Frühjahr auf einem Besorgungsgang an dem Bäumchen vorbeikam, sah sie, daß es keine Blüten trug und erinnerte sich daran, wie Karl, als der Hund an ihm hochgesprungen war, mit dem Ast um sich geschlagen hatte und wie die Blütenblätter in einem plötzlichen Schneeschauer um den wilden, gestreckten Körper des Hundes gefallen waren. Dann brüllte Karl: «Lauf!», und Mary lief nach Osten, zu Tante Fritzie. Aber Karl lief zurück zum Zug und zu dem Güterwagen.

Erster Teil

Mary Adare

So bin ich also nach Argus gekommen. Ich war das Mädchen in dem steifen Mantel.

Nachdem ich blindlings losgerannt war und zum Halten kam, erschrocken, Karl nicht hinter mir zu sehen, schaute ich mich nach ihm um und hörte lang und schrill den Zug pfeifen. In dem Moment wurde mir klar, daß Karl wahrscheinlich wieder auf denselben Güterwagen gesprungen war und jetzt im Stroh kauerte und zur offenen Tür hinausschaute. Der einzige Unterschied wäre der duftende Stock, der in seiner Hand blühte. Ich sah den Zug wie eine Kette aus schwarzen Perlen über den Horizont ziehen, wie ich ihn seither so oft gesehen habe. Als er außer Sicht geriet, starrte ich hinab auf meine Füße. Ich hatte Angst. Es war nicht so, daß ich jetzt ohne Karl keinen mehr hatte, der mich beschützte, sondern genau umgekehrt. Ohne jemanden, den ich beschützen und auf den ich aufpassen mußte, war ich selbst schwach. Karl war größer als ich, aber mager, und älter natürlich, aber ängstlich. Er litt an Fieberanfällen, die ihn in einen benommenen Traumzustand versetzten, und er reagierte empfindlich auf laute Geräusche und grelles Licht. Meine Mutter bezeichnete ihn als zart, und ich war genau das Gegenteil. Ich war es, die im Lebensmittelladen fleckige Äpfel erbettelte und von der rückwärtigen Rampe der Molkerei in Minneapolis, wo wir in dem Winter wohnten, nachdem mein Vater starb, Molke klaute.

Damals fängt diese Geschichte an, denn vorher und ohne das Jahr 1929 hätte unsere Familie wahrscheinlich weiterhin sorglos und zufrieden in einem einsamen, alleinstehenden weißen Haus am Rand des Prairie Lake gewohnt.

Wir sahen kaum einen fremden Menschen. Es gab nur uns drei: Karl und mich und unsere Mutter Adelaide. Schon damals waren wir anders. Unser einziger Besucher war Mr. Ober, ein großer Mann mit sorgfältig gepflegtem schwarzen Bart. Er besaß hier in Minnesota ganze Ländereien mit Weizen. Zwei- oder dreimal die Woche tauchte er spätabends auf und stellte sein Automobil in der Scheune ab.

Karl haßte es, wenn Mr. Ober zu Besuch kam, aber ich freute mich jedesmal, weil meine Mutter dann immer aufblühte. Es war wie ein Wetterumschwung in unserem Haus. Ich weiß noch, daß sie am Abend, als Mr. Ober das letzte Mal zu Besuch kam, das blaue Seidenkleid anzog und die Kette mit den glitzernden Steinen umlegte, die, wie wir wußten, von ihm war. Meine Mutter flocht ihren dunkelroten Zopf, steckte ihn zu einer Krone auf und bürstete dann mein Haar mit hundert leichten, gleichmäßigen Strichen. Ich schloß die Augen und hörte auf die Zahlen. «Von mir hast du das nicht», sagte sie schließlich und ließ das Haar matt und schwarz auf meine Schultern zurückfallen.

Als Mr. Ober kam, saßen wir mit ihm im Salon. Karl thronte auf dem Roßhaarsofa und gab vor, von den in den Teppich gewobenen roten Rauten fasziniert zu sein. Wie gewöhnlich wurde ich von Mr. Ober zum Schäkern auserwählt. Er setzte mich auf seinen Schoß und nannte mich Schatzi. «Für dein Haar, kleines Fräulein», sagte er und zog ein grünes Satinband aus seiner Westentasche.

Seine Stimme war tief, aber ich mochte ihren Klang als Kontrapunkt oder Begleitung zu der meiner Mutter. Später, nachdem Karl und ich ins Bett geschickt worden waren, blieb ich wach und lauschte, wie die Stimmen der Erwachsenen lauter wurden, sich ineinander verknäuelten und sich dann wieder senkten, erst unten im Salon und dann gedämpft im Eßzimmer. Ich hörte beide die Treppe heraufkommen. Die große Tür am Flurende schloß sich. Ich hielt die Augen geöffnet. Um mich war Dunkelheit und das Knacken und Pochen, das Häuser nachts von sich geben, Wind in den Ästen, Klopfen. Am Morgen war er fort.

Am nächsten Tag schmollte Karl, bis unsere Mutter ihn mit Umarmungen und Küssen wieder gutgelaunt stimmte. Auch ich war traurig, aber mit mir war sie ungeduldig.

Karl las immer als erster die Comics in der Sonntagszeitung, deshalb war er es, der das Bild von Mr. Ober und seiner Frau auf der ersten Seite fand. Beim Kornverladen war ein Unglück passiert, und Mr. Ober war erstickt. Auch Selbstmord konnte nicht ausgeschlossen werden. Sein Landbesitz war schwer verschuldet. Mutter und ich machten gerade in der Küche Schubladen sauber und schnitten weißes Papier zum Auslegen zurecht, als Karl die Zeitungsseite hereinbrachte, um sie uns zu zeigen. Ich erinnere mich daran, daß Adelaides Haar zu zwei roten, geringelten Zöpfen geflochten war und daß sie der Länge nach auf den Fußboden fiel, als sie die Nachricht las. Karl und ich schmiegten uns an sie, und als sie die Augen aufschlug, half ich ihr auf einen Stuhl.

Sie warf den Kopf nach vorn und zurück, wollte nicht reden und zitterte wie eine zerbrochene Puppe. Dann schaute sie Karl an.

«Du freust dich auch noch!» schrie sie. Karl drehte mürrisch den Kopf weg.

«Er war dein Vater», stieß sie hervor.

Jetzt war es also heraus.

Meine Mutter wußte, daß sie jetzt alles verlieren würde. Seine Frau lächelte auf dem Foto. Unser großes weißes Haus lief unter Mr. Obers Namen und alles andere auch, mit Ausnahme eines Automobils, das Adelaide am nächsten Morgen verkaufte. Am Tag der Beerdigung nahmen wir, was wir in Koffern tragen konnten, und fuhren mit dem Mittagszug in die Zwillingsstädte. Meine Mutter dachte, sie könnte dort – mit ihrer Figur und ihrem Aussehen – in einem vornehmen Geschäft Arbeit finden.

Aber sie wußte nicht, daß sie schwanger war. Sie wußte auch nicht, was Dinge wirklich kosteten, und sie kannte die harten Realitäten der Weltwirtschaftskrise nicht. Nach sechs Monaten ging uns das Geld aus. Wir waren am Ende.

Ich wußte gar nicht, wie schlecht es uns ging, bis meine Mutter unserer Wirtin, die nett war oder doch zumindest nichts gegen uns hatte, und die von meiner Mutter zu den uns freundlich gesinnten Menschen gezählt wurde, ein Dutzend schwere silberne Löffel stahl. Adelaide gab keine Erklärung für die Löffel ab, als ich sie in ihrer Tasche entdeckte. Wenige Tage später waren sie fort, und Karl und ich besaßen jeder einen dicken Mantel. Außerdem war unser Vorratsregal mit grünen Bananen beladen. Mehrere Wochen lang tranken wir halbliterweise Buttermilch und aßen gebutterten, dick mit Marmelade bestrichenen Toast. Nicht lange danach, glaube ich, sollte das Baby auf die Welt kommen.

Eines Nachmittags schickte meine Mutter uns nach unten zu unserer Wirtin. Diese Frau war dick und so langweilig, daß ich ihren Namen vergessen habe, obwohl ich mich an alles andere, was damals geschah, bis in die Einzelheiten hinein lebhaft erinnere. Es war ein kalter Spätwinternachmittag. Wir starrten in die Vitrine mit der Glastür, in der seit dem Diebstahl die silbernen Pokale und bemalten Teller verschlossen waren. Die Umrisse unserer Gesichter starrten geisterhaft auf uns zurück. Von Zeit zu Zeit hörten Karl und ich, wie jemand aufschrie. Einmal fiel direkt über unseren Köpfen etwas Schweres zu Boden. Beide schauten wir zur Decke hinauf und streckten schnell die Arme hoch, wie um es aufzufangen. Ich weiß nicht, was Karl durch den Kopf ging, aber ich dachte, es sei das frisch geborene Baby, das schwer wie Blei geradewegs durch die Wolken und den Körper meiner Mutter fiel. Ich hatte nur eine undeutliche Vorstellung vom Vorgang der Geburt. Nichts von dem, was ich mir zusammenreimen konnte, erklärte jedenfalls den langen Schrei, der die Luft zerriß und Karl erbleichen und auf dem Stuhl nach vorn sacken ließ.

Ich hatte es aufgegeben, Karl jedesmal wiederzubeleben, wenn er in Ohnmacht fiel. Inzwischen vertraute ich darauf, daß er von selbst wieder zu sich kommen würde, und das tat er auch stets, wobei er sanft und benommen und irgendwie erfrischt aussah. Allerhöchstens hielt ich ihm den Kopf, bis er blinzelnd die Augen öffnete.

«Es ist da», sagte er, als er zu sich kam.

Als wüßte ich schon, daß unser Verderben mit diesem Schrei besiegelt worden war, rührte ich mich nicht von der Stelle. Karl redete auf mich ein, wenigstens die Treppe hinaufzugehen, wenn schon nicht ins Zimmer selbst, aber ich blieb eisern sitzen, bis die Wirtin herunterkam und uns sagte, daß wir erstens ein kleines Brüderchen bekommen hätten und daß sie zweitens einen der Silberlöffel ihrer Großmutter unter der Matratze gefunden hätte und nicht fragen wolle, wie er dort wohl hingekommen sei, aber uns vier Wochen Zeit zum Ausziehen gäbe.

In dieser Nacht schlief ich auf einem Stuhl neben Mamas Bett im Sitzen ein, bei Lampenlicht, das Baby in einer leichten Wolldecke im Arm. Karl hatte sich zu Mamas Füßen zu einem spinnenartigen Knäuel zusammengerollt, und sie schlief schwer und tief, mit wild und leuchtend über den Kissen ausgebreitetem Haar. Ihr Gesicht war weiß und eingefallen, aber als sie zu sprechen begann, hatte ich kein Mitleid mehr.

«Ich sollte es sterben lassen», murmelte sie. Ihre Lippen waren blaß, in einem Traum erstarrt. Ich hätte sie wachgerüttelt, aber das Baby lag schwer auf mir.

«Ich könnte es draußen, hinten auf dem Grundstück begraben», flüsterte sie, «auf dem Unkrautstück.»

«Mama, wach auf», sagte ich, aber sie sprach weiter.

«Ich werde keine Milch haben, ich bin zu dünn.»

Ich schaute hinunter auf das Baby. Sein Gesicht war rund, blau gequetscht, und seine Augenlider waren fast zugeschwollen. Es sah schwach aus, aber als es sich rührte, steckte ich ihm meinen kleinen Finger in den Mund, wie ich es Frauen hatte tun sehen, um ihr Kind zu beruhigen, und es saugte gierig.

«Er ist hungrig», sagte ich zu ihr.

Doch Adelaide drehte sich um und kehrte das Gesicht zur Wand.

Die Milch schoß in Adelaides Brüste, sogar mehr, als das Baby anfangs trinken konnte. Sie mußte es stillen. Die Milch sickerte in dunklen Flecken durch ihre hellgrünen karierten Hemdblusen. Sie ging verzweifelt hin und her, von den Schmerzen gebeugt. Sie ignorierte das Kind nicht vollständig, allerdings weigerte sie sich, ihm einen Namen zu geben. Sie schnitt ihre Unterröcke zu Windeln und nähte aus ihrem Nachthemd eine Babyausstattung für ihn, aber sie ließ ihn oft schreien. Manchmal schrie er so lange, daß die Wirtin nach oben geschnauft kam, um nachzusehen, was los war. Es bekümmerte sie, uns so verzweifelt zu sehen, und sie brachte uns Lebensmittel herauf, die die zahlenden Mieter zurückgelassen hatten. Aber ihren Entschluß änderte sie nicht. Als der Monat um war, mußten wir trotzdem ausziehen.

Die Frühlingswolken waren hoch, und die Luft war warm an dem Tag, als wir loszogen, um eine neue Wohnung zu suchen. Alle normalen Kleider, die Mama besessen hatte, waren für das Baby zerschnitten worden, und deshalb hatte sie nichts anderes mehr als ihre vornehmen Sachen, Spitze und Seide, guten Kaschmir. Sie trug einen schwarzen Mantel, ein schwarzes, mit cremefarbenen Spitzen besetztes Kleid und feine Garnhandschuhe. Ihr Haar saß in einem strengen und glänzenden Knoten. Wir gingen die Backsteinbürgersteige entlang, auf der Suche nach Schildern in Fenstern, nach Pensionen der billigsten Sorte, Mietskasernen oder Hotels. Wir fanden nichts und setzten uns schließlich zum Ausruhen auf eine Bank, die an der Seitenwand eines Ladens angebracht war. Zu jener Zeit waren die Straßen in den Städten viel einladender. Keiner hatte etwas dagegen, daß arme Leute dort Kräfte sammelten, eine Last absetzten, ihren Niedergang in der Welt diskutierten.

«Wir könnten zurück zu Fritzie gehen», sagte Mama. «Sie ist meine Schwester. Sie müßte uns aufnehmen.»

Ich hörte an ihrer Stimme, daß es das letzte war, was sie tun wollte.

«Du könntest deinen Schmuck verkaufen», sagte ich zu ihr.

Mama warf mir einen warnenden Blick zu und legte die Hand auf die Brosche an ihrem Hals. Sie hing an den Dingen, die Mr. Ober ihr im Laufe der Jahre geschenkt hatte. Wenn wir darum bettelten, zeigte sie sie uns: die feinziselierte Granatkette, die Trauerbrosche aus Onyx und die Perlentropfen-Ohrringe, den spanischen Kamm und den Ring mit dem echten gelben Diamanten. Ich ging davon aus, daß sie die nicht einmal verkaufen würde, um uns zu retten. Unsere Notlage hatte sie niedergedrückt, und sie war schwach, aber in ihrer Schwäche war sie auch stur. Wir saßen vielleicht eine halbe Stunde auf der Bank vor dem Laden, dann hörte Karl irgendwo Musik.

«Mama», bettelte er, «ein Jahrmarkt!»

Wie immer bei Karl sagte sie zuerst einmal nein, aber das war nur eine Formalität, und beide wußten es. In kürzester Zeit hatte er sie beschwatzt und becirct, hinzugehen.

Das Waisenpicknick, ein Basar zugunsten der heimatlosen Kinder von Sankt Hieronymus, fand nur ein paar Straßen weiter auf dem städtischen Marktplatz statt. Wir sahen das über den Eingang gespannte Spruchband mit seinen hellgelben handgenähten Buchstaben auf fröhlichem Rot leuchten. Bretterbuden waren in dem hohen braunen, vom Winter übriggebliebenen Gras aufgestellt. Nonnen raschelten zwischen den Tischen mit Skapulieren und Heiligenbildchen oder standen hinter Ständern mit Rosenkränzen, Schuhschachteln voller Heiligenbildchen, winzigen geschnitzten Heiligenstatuen und normalem Spielzeug. Wir ließen uns in die Aufregung hineintreiben, musterten die Grabbelsäcke, Glücksspiele, Auslagen von Süßigkeiten und Devotionalien. An einem Stand, der Klimperkram und Eisenwaren feilbot, blieb Mama stehen und zog eine Dollarnote aus ihrem Geldtäschchen.

«Ich nehme das da», sagte sie zu dem Verkäufer und deutete darauf. Er nahm ein Taschenmesser mit Perlmuttgriff aus seinem Schaukasten und gab es Karl. Dann deutete sie auf eine Kette aus silbernen und goldenen Perlen.

«Ich will sie nicht», sagte ich.

Ihr Gesicht rötete sich, aber nach kurzem Zögern kaufte sie die Kette trotzdem. Dann trug sie Karl auf, sie ihr um den Hals zu befestigen. Mir legte sie das Baby in die Arme.

«Hier, Fräulein Miesepeter», sagte sie.

Karl lachte und nahm ihre Hand. Von Stand zu Stand wandernd, kamen wir schließlich an die Tribüne, und sofort begann Karl sie zu den Sitzen hinzuziehen. Ich mußte hinter ihnen herstolpern. Alte Eintrittskarten bedeckten den Boden, Plakate klebten an Baumstämmen und den splittrigen Holzwänden. Mama hob einen der kleineren Zettel auf.

DER GROSSE OMAR, stand darauf, LUFT-SCHIFFER EXTRAORDINAIRE. AUFTRITT 12 UHR MITTAGS! Unter den Worten war das Bild eines Mannes, geschmeidig, mit Schnurrbart, sein orangefarbenes Halstuch flatterte im Wind.

«Bitte!» sagte Karl.

Also gesellten wir uns zu der glotzenden Menge.

Das Flugzeug stieß nach unten, schlingerte, summte, glitt über uns hinweg wie eine Art Insekt. Ich reckte weder den Hals noch hielt ich vor Aufregung den Atem an wie die anderen. Ich schaute auf das Baby hinunter und beobachtete sein Gesicht. Es tauchte gerade aus dem endlosen Schlaf des Neugeborenen auf, und jetzt schaute es mich von Zeit zu Zeit mit höchster Konzentration an. Ich schaute zurück. In seinem Gesicht fand ich mich selbst wieder, nur anders zusammengesetzt – kühner, aufgeweckt, übellaunig. Es schaute mich mit gerunzelter Stirn an, sich seiner Hilflosigkeit gar nicht bewußt, wenn auch beunruhigt vom lauten Dröhnen des Doppeldeckers, der jetzt landete und auf die Menge zurollte.

Wenn ich jetzt zurückdenke, kann ich gar nicht glauben, daß ich nichts Böses ahnte. Ich schaute kaum hin, als der Große Omar aus dem Flugzeug sprang, und ich applaudierte seinen schwungvollen Verbeugungen und Erklärungen nicht. Ich hörte kaum zu, als er denjenigen, die es wagten, anbot mitzufliegen. Ich glaube, er nahm einen Dollar oder zwei für dieses Privileg. Ich nahm es gar nicht wahr. Ich war nicht gefaßt auf das, was dann kam.

«Hier!» rief meine Mutter und hielt ihre Tasche hoch in die Sonne.

Ohne einen Blick zurück, ohne ein Wort, ohne Vorwarnung und ohne Zögern bahnte sie sich mit den Ellbogen den Weg durch die Leute, die sich am Fuß der Tribüne versammelt hatten, und trat in den freien Raum um den Piloten. Zum erstenmal schaute ich mir jetzt den Großen Omar an. Der Eindruck, den er erweckte, war wirklich schneidig, genau wie auf seinen Plakaten. Er hatte tatsächlich das orangerote Halstuch um den Hals gebunden, und zweifellos hatte er eine Art Schnurrbart. Ich glaube, er trug einen weißen Pullover mit Ölflecken. Er war schlank und dunkel, im Vergleich zu seinem Flugzeug viel kleiner als auf dem Plakat, und auch älter. Nachdem er meiner Mutter in den Passagiersitz im Cockpit geholfen hatte und selbst hinter das Instrumentenbrett gesprungen war, zog er sich eine grüne Fliegerbrille über die Augen. Und dann kam ein erschreckender, endloser Augenblick, als sie sich zum Start bereit machten. Der Luftschiffer machte zwei Männern, die ihm beim Wenden des Flugzeugs geholfen hatten, Zeichen.

«Anwerfen! Ausschalten! Läuft!»

«Propeller klar!» schrie Omar, und die Männer sprangen zur Seite.

Der Propeller machte Wind. Das Flugzeug schoß vorwärts, stieg über die niedrigen Bäume auf, gewann Höhe. Der Große Omar zog eine flache Schleife über dem Platz, und ich sah, wie das lange rote Kraushaar meiner Mutter sich aus dem festen Knoten löste und in einem Bogen flatterte, der sich auszubreiten und um seine Schultern zu legen schien.

Karl starrte mit verzweifelter Faszination in den Himmel und sagte keinen Ton, als der Große Omar mit seinen Flugkunststücken und brummenden Passagen begann. Ich konnte nicht zuschauen. Ich betrachtete das Gesicht meines kleinen Bruders und wartete in höchster Anspannung darauf, daß das Flugzeug abstürzte.

Die Menge verlief sich. Die Menschen wanderten weiter. Das Motorgeräusch wurde schwächer. Als ich es endlich wagte, in den Himmel zu schauen, flog der Große Omar in gleichmäßigem Tempo mit meiner Mutter von dem Jahrmarktsplatz fort. Bald war das Flugzeug nur noch ein weißer Punkt, dann wurde es eins mit dem blassen Himmel und verschwand.

Ich rüttelte Karl am Arm, aber er machte sich von mir los und schwang sich auf den Rand der Tribüne. «Nimm mich mit!» schrie er und beugte sich über das Geländer. Hochgereckt, als wolle er sich hineinwerfen, starrte er den Himmel an.

Genugtuung. Es überraschte mich, aber das war das erste, was ich empfand, nachdem Adelaide weggeflogen war. Ausnahmsweise hatte sie einmal keinen Unterschied zwischen Karl und mir gemacht, sondern uns beide verlassen. Karl ließ den Kopf in die Hände sinken und begann, in seine dicken Wollärmel zu schluchzen. Ich schaute weg.

Um die Tribüne herum bewegte sich die Menge in ungleichmäßigen Wellen. Über uns breiteten sich die Wolken zu einem dünnen Tuch aus, das den Himmel bedeckte wie Musselin. Wir sahen zu, wie sich die Dämmerung in den Ecken des Platzes zusammenzog. Nonnen begannen ihre Rosenkränze und Gebetsbücher zusam-

menzupacken. Farbige Lichter gingen in den Schaustel-
lerbuden an. Karl schlug die Arme um sich, stampfte mit
den Füßen auf, hauchte sich auf die Finger, aber mir war
nicht kalt. Das Baby hielt mich warm.

Dann wachte das Baby auf, sehr hungrig, und ich war
ratlos, wie ich es beruhigen sollte. Es saugte so fest, daß
mein Finger weiß und runzlig wurde, und dann schrie es.
Leute scharten sich um uns. Frauen streckten die Arme
aus, aber ich hielt meinen Bruder fester. Ich traute ihnen
nicht. Ich traute auch dem Mann nicht, der sich neben
mich setzte und leise sprach. Es war ein junger Mann mit
einem scharfgeschnittenen, traurigen, unrasierten Gesicht. Am stärksten ist mir seine Traurigkeit in Erinnerung. Er wollte das Baby mit zu seiner Frau nach Hause
nehmen, damit sie es stillte. Sie hatte selbst ein Neugebo-
renes, sagte er, und genug Milch für zwei.

Ich gab ihm keine Antwort.

«Wann kommt eure Mutter zurück?» fragte der junge
Mann. Er wartete. Karl saß stumm da und schaute unverwandt in den dunklen Himmel. Ringsum mischten
sich Erwachsene ein und sagten mir, was ich tun sollte.

«Gib ihm das Baby, mein Kind.»

«Sei doch nicht so eigensinnig.»

«Laß ihn das Baby mit nach Hause nehmen.»

«Nein», sagte ich auf jeden Befehl und jeden Vorschlag. Ich trat sogar um mich, als eine Frau kühn versuchte, mir meinen Bruder aus den Armen zu nehmen.
Einer nach dem anderen ließen sie sich entmutigen und
gingen weg. Nur der junge Mann blieb.

Es war das Baby selbst, das mich schließlich überzeugte. Es hörte einfach nicht auf zu brüllen. Je länger es
schrie, je länger der traurige Mann neben mir saß, um so
schwächer wurde mein Widerstand, bis ich kaum mehr
die Tränen zurückhalten konnte.

«Dann komme ich eben mit», sagte ich zu dem jungen

Mann. «Wenn das Baby getrunken hat, nehme ich es wieder mit hierher.»

«Nein!» schrie Karl, der plötzlich aus seiner Betäubung erwachte. «Du darfst mich nicht allein lassen!»

Er packte mich so leidenschaftlich am Arm, daß das Baby ins Rutschen kam, und der junge Mann fing mich auf, als ob er mir helfen wollte, aber statt dessen raffte er das Baby an sich.

«Ich werd' gut auf ihn aufpassen», sagte er und drehte sich um.

Ich versuchte, mich Karls Griff zu entwinden, aber wie meine Mutter war auch er noch hartnäckiger, wenn er Angst hatte, und ich konnte mich nicht losmachen. Der Mann verschwand im Dunkel. Ich hörte, wie das Jammern des Babys schwächer wurde. Schließlich setzte ich mich neben Karl und ließ die Kälte in mich sinken.

Eine Stunde verging. Eine weitere Stunde. Als die bunten Lichter verloschen und der Mond verschwommen hinter den Wolkentüchern aufging, wußte ich mit Sicherheit, daß der junge Mann gelogen hatte. Er würde nicht zurückkommen. Aber weil er zu traurig ausgesehen hatte, als daß er jemandem ein Leid antun könnte, hatte ich mehr Angst um Karl und mich. Wir waren die beiden wirklich Verlorenen. Ich stand auf. Karl auch. Wortlos gingen wir durch die leeren Straßen zu der Pension. Wir hatten keinen Schlüssel, aber Karl entfaltete ein unerwartetes Talent. Er nahm das Messer mit der schmalen Klinge, das Adelaide ihm geschenkt hatte, und brach das Schloß auf.

Das kalte Zimmer war vom schwachen Duft der Trockenblumen erfüllt, die unsere Mutter immer in ihre Truhe streute, vom intensiven Geruch der mit Nelken besteckten Orange, die sie in den Schrank gehängt hatte, und von dem Lavendelöl, mit dem sie sich abends einrieb. Die Süße ihres Atems schien noch darin zu hängen, das Rascheln ihres Seidenunterrocks, das schnelle Klappern ihrer Absätze. Unsere Sehnsucht begrub uns unter sich. Wir sanken weinend auf ihr Bett, umarmten einander und wickelten uns in ihre Quiltdecke. Als das getan war, begann ich eiskalt zu überlegen.

Ich wusch mir das Gesicht in der Waschschüssel, dann weckte ich Karl und sagte ihm, daß wir zu Tante Fritzie fahren würden. Er nickte ohne Hoffnung. Wir aßen alles, was in dem Zimmer an Eßbarem zu finden war, nämlich zwei kalte Pfannkuchen, und packten einen kleinen Pappkoffer. Den trug Karl. Ich trug die Quiltdecke. Als letztes griff ich weit nach hinten in die Schublade meiner Mutter und zog ihre kleine runde Andenkenschatulle heraus. Sie war mit blauem Samt bezogen und fest verschlossen.

«Wir werden diese Sachen verkaufen müssen», sagte ich zu Karl. Er zögerte, aber dann nahm er das Kästchen mit einem harten Blick an sich.

Wir schlüpften vor Sonnenaufgang hinaus und gingen zum Bahnhof. Auf dem unkrautbewachsenen Gelände gab es Männer, die den Bestimmungsort jedes einzelnen Güterwagens kannten. Wir fanden den Wagen, den wir suchten, und kletterten hinein. Wir breiteten die Quiltdecke aus und rollten uns dicht aneinandergekuschelt zusammen, die Köpfe auf dem Koffer und Mamas blaue Samtschatulle zwischen uns in Karls Brusttasche. Ich klammerte mich an den Gedanken der Schätze, die darin waren, und konnte dabei nicht ahnen, daß das beruhigende Klappern, das ich hörte, sobald der Zug sich am Nachmittag in Bewegung setzte, nicht das Klimpern von kostbarem Erbschmuck war, der uns retten konnte – die Granatkette und der echte gelbe Diamant –, sondern Stecknadeln, Knöpfe und ein stummer Pfandschein aus einem Leihhaus in Minneapolis.

Ein Pfandschein in der Hand …

...ist immer noch besser, als gar nichts in Händen zu halten. Doch um wieviel beruhigter kann man sein, wenn es statt eines Pfandscheins ein Pfandbrief ist.

Wir verbrachten die ganze Nacht in diesem Zug, während er rangierte und bremste und in Richtung Argus rumpelte. Wir wagten nicht, auf der Suche nach einem Schluck Wasser oder etwas Eßbarem hinauszuspringen. Das einzige Mal, als wir das versuchten, fuhr der Zug so rasch an, daß es uns kaum gelang, noch das Trittbrett zu erreichen. Wir verloren unseren Koffer und die Quiltdecke dabei, weil wir den falschen Wagen erwischten, einen weiter hinten, und den Rest dieser Nacht schliefen wir wegen der Kälte überhaupt nicht mehr. Karl war sogar zu niedergeschlagen, um sich zu wehren, als ich sagte, ich sei jetzt damit dran, Mamas Schatulle zu verwahren. Ich steckte sie unter das Oberteil meines Trägerrocks. Warm hielt sie mich nicht, aber wenn ich die Augen schloß, dann gaben mir das Glitzern des Diamanten und das Muster der Granate, die in der dunklen Luft tanzten, trotzdem etwas. Mein Inneres verhärtete sich, geschliffen und glänzend wie ein magischer Stein, und ganz deutlich sah ich meine Mutter vor mir.

Sie saß immer noch in dem Flugzeug, das dicht an den pulsierenden Sternen vorbeiflog, als Omar plötzlich feststellte, daß der Treibstoff knapp wurde. Er war nicht in Adelaide verliebt, ja ihm war sogar ziemlich egal, was aus ihr wurde. Er mußte sich selbst retten. Irgendwie mußte er Gewicht loswerden. Also stellte er seine Regler ein. Er stand im Cockpit auf. Dann zog er mit einer plötzlichen Bewegung meine Mutter aus ihrem Sitz und warf sie über Bord.

Die ganze Nacht fiel sie durch die schreckliche Kälte. Ihr Mantel flatterte auf, und ihr schwarzes Kleid wickelte sich fest um ihre Beine. Ihr rotes Haar züngelte steil nach oben wie eine Flamme. Sie war eine Kerze, die keine Wärme gab. Mein Herz gefror. Ich empfand keine Liebe zu ihr. Deshalb ließ ich es, als der Morgen kam, zu, daß sie auf der Erde aufschlug.

Als der Zug in Argus hielt, war ich ein Klumpen ver-
drossener Kälte. Es tat weh, als ich sprang und mir die
kalten Knie und die Handballen aufriß. Der Schmerz
stachelte mich genügend an, die Schilder in den Fenstern
zu lesen und mir den Kopf darüber zu zerbrechen, wo
denn bloß Tante Fritzies Laden war. Es war Jahre her,
daß wir dort zu Besuch gewesen waren.

Karl war älter, und wahrscheinlich sollte ich mich
nicht auch noch dafür verantwortlich fühlen, daß ich
auch ihn verlor. Andererseits half ich ihm aber auch
nicht. Ich rannte bis ans Ende der Stadt. Ich konnte es
nicht aushalten, wie sein Gesicht im reflektierten Licht
der Blüten glühte, rosa und strahlend, genau wie wenn er
unter der streichelnden Hand unserer Mutter saß.

Als ich stehenblieb, stiegen mir plötzlich heiße Tränen in die Augen, und meine Ohren brannten. Ich
sehnte mich danach zu weinen, aber ich wußte, daß das
nichts brachte. Ich drehte mich um und betrachtete alles
um mich her ganz genau, und das war ein Glück, denn
ich war an der Metzgerei vorbeigelaufen, und jetzt
stand sie plötzlich da, um eine kurze Lehmeinfahrt von
der Straße zurückversetzt. Ein weißes Schwein war auf
die Hauswand gemalt und in das Schwein die Buchstaben KOZKAS FLEISCHWAREN. Zwischen Rei-
hen winziger Fichten ging ich darauf zu. Das Haus sah
unfertig, aber wohlhabend aus, als seien Fritzie und
Pete zu sehr mit der Kundschaft beschäftigt, um auf
Äußerlichkeiten achten zu können. Ich stand auf der
breiten Stufe vor der Tür und merkte mir alles, was ich
konnte, wie Bettler das tun. Ein Brett mit Wapiti-Ge-
weihen war über die Tür genagelt. Ich ging unter ihnen
durch.

Der Eingang war dunkel, und mein Herz hämmerte.
Ich hatte so viel verloren und so unter dem Kummer und
der Kälte gelitten, daß das, was ich nun sah, sicherlich

ganz natürlich war, verständlich, wenn auch nicht real.

Noch einmal sprang der Hund auf Karl zu, und Blüten fielen von seinem Stock. Nur fielen sie jetzt über mir herunter, im Eingang zum Laden. Ich roch die Blütenblätter, die auf meinem Mantel schmolzen, schmeckte ihre schwache Süße in meinem Mund. Ich hatte keine Zeit, mich zu fragen, wie das wohl geschehen konnte, denn sie verschwanden so plötzlich wieder, wie sie gekommen waren, als ich dem Mann hinter der Glastheke meinen Namen nannte.

Onkel Pete war groß und blond und trug eine alte blaue Jeansmütze von der gleichen Farbe wie seine Augen. Sein Lächeln kam langsam und war lieb für einen Metzger, voller Hoffnung. «Ja?» fragte er. Er erkannte mich nicht, auch nachdem ich ihm gesagt hatte, wer ich war. Schließlich weiteten sich seine Augen, und er rief nach Fritzie.

«Die Tochter deiner Schwester! Sie ist hier!» rief er in den Flur hinein.

Ich erzählte ihm, daß ich allein sei, daß ich in einem Güterwagen hergekommen sei, und er nahm mich in die Arme und hob mich hoch. Er trug mich nach hinten in die Küche, wo Tante Fritzie gerade eine Wurst gebraten hatte, für meine Kusine, die schöne Sita, die am Tisch saß und die Augen aufriß, während ich Fritzie und Pete erzählte, wie es sich zugetragen hatte, daß ich so einfach aus dem Nichts hier hereingeschneit war.

Sie musterten mich mit wohlwollendem Mißtrauen, im Glauben, ich sei ausgerissen. Aber als ich vom Großen Omar erzählte, und wie Mama ihre Tasche hochgehoben und Omar ihr ins Flugzeug geholfen hatte, wurden ihre Gesichter grimmig.

«Sita, geh nach draußen und putz die Scheibe», sagte Tante Fritzie. Sita rutschte unwillig von ihrem Stuhl.

«So», sagte Fritzie. Onkel Pete setzte sich schwerfällig und stützte das Kinn auf die zusammengepreßten Fäuste. «Weiter, erzähl den Rest», sagte er, und so erzählte ich den ganzen Rest, und als ich fertig war, hatte ich auch ein Glas Milch getrunken und eine Wurst gegessen. Inzwischen war ich so müde, daß ich kaum noch aufrecht sitzen konnte. Onkel Pete hob mich hoch. Ich erinnere mich noch daran, daß ich gegen ihn sank, dann an nichts mehr. Ich schlief den ganzen Tag und die ganze Nacht durch und wachte erst am nächsten Morgen auf.

Ich lag ganz still da, lange Zeit, so schien es mir, und versuchte, die Gegenstände im Zimmer unterzubringen, bis mir einfiel, daß sie alle Sita gehörten.

Hier sollte ich nun für den Rest meines Lebens jede Nacht schlafen. Die Täfelung war aus warmer gebeizter Kiefer. Die Vorhänge waren mit Tänzern und Noten gemustert. Der größte Teil der einen Wand wurde von einer hohen eichenen Frisierkommode mit kunstvollen Schnörkeln und vielen Schubladen eingenommen. Darauf stand eine hölzerne Lampe in Form eines Wunschbrunnens. Ein bodenlanger Spiegel war an der Innenseite der Zimmertür angebracht. Durch diese Tür kam nun, während ich noch meine Umgebung in mich aufnahm, Sita persönlich hereinspaziert, groß und makellos, mit einem blonden Zopf, der ihr bis an die Taille reichte.

Sie setzte sich auf die Kante meines Rollenbetts und verschränkte die Arme vor ihren kleinen jungen Brüsten. Sie war ein Jahr älter als ich und ein Jahr jünger als Karl. Seit ich sie zum letztenmal gesehen hatte, war sie plötzlich hochgeschossen, aber das Wachstum hatte sie weder ungelenk noch staksig gemacht. Sita grinste. Sie schaute auf mich herunter, ihre kräftigen weißen Zähne glänzten, und sie streichelte den blonden Zopf, der ihr über die eine Schulter hing.

«Wo ist Tante Adelaide?» fragte sie.

Ich antwortete nicht.

«Wo ist Tante Adelaide?» sagte sie noch einmal mit wütender Singsangstimme. «Wieso bist du hier? Wo ist sie hin? Wo ist Karl?»

«Ich weiß nicht.»

Wahrscheinlich dachte ich, die Jämmerlichkeit meiner Antwort würde Sita verstummen lassen, aber das war, bevor ich sie richtig kennenlernte.

«Wieso hat sie dich allein gelassen? Wo ist Karl? Was ist das hier?»

Sie nahm die blaue Samtschatulle von meinem Kleider-haufen und schüttelte sie dicht an ihrem Ohr.

«Was ist da drin?»

Ich entriß ihr die Schatulle mit einer wütenden Behen-digkeit, die sie nicht erwartete. Dann schwang ich mich vom Bett, nahm mein Kleiderbündel in die Arme und ging aus dem Zimmer. Die einzige Tür, die im Flur offen-stand, war die zum Badezimmer, einem großen ver-rauchten Raum, der vielen Zwecken diente und bald meine Zuflucht wurde, da dies die einzige Tür war, die ich vor meiner Kusine verriegeln konnte.

Wochenlang, nachdem ich in Argus angekommen war, wachte ich täglich im Glauben auf, ich sei wieder in Prai-rie Lake und nichts von alledem sei geschehen. Dann sah ich die dunklen Astlöcher im Kiefernholz und Sitas Arm, der aus dem Bett über mir hing. Der Tag begann. Ich roch die Luft, die vom Wurstmachen pfefferig und warm war. Ich hörte das rhythmische Jaulen der Fleischsägen, Schneidemaschinen, den pulsierenden Takt von Ventila-toren. Tante Fritzie rauchte im Bad ihre starken Vice-roys. Onkel Pete war draußen und fütterte den großen weißen deutschen Schäferhund, der nachts im Laden ge-halten wurde, um die Segeltuchsäcke mit dem Geld zu bewachen.

Ich stand auf, zog eins von Sitas abgelegten rosa Kleidern an und ging hinaus in die Küche, um auf Onkel Pete zu warten. Ich machte das Frühstück. Daß ich im Alter von elf Jahren einen guten Kaffee kochen und Eier braten konnte, war eine Quelle des Staunens für meine Tante und meinen Onkel und eine Ungeheuerlichkeit für Sita. Deshalb tat ich es jeden Morgen, bis es ihnen zur Gewohnheit wurde, mich bei sich zu haben.

Ich plante, ihnen allen unentbehrlich zu werden, sie so von mir abhängig zu machen, daß sie mich niemals wegschicken könnten. Das tat ich ganz absichtlich, weil ich bald herausfand, daß ich sonst nichts zu bieten hatte. Am Tag, nachdem ich in Argus angekommen und unter Sitas anklagenden Fragen aufgewacht war, hatte ich versucht, ihnen das zu schenken, was ich für meinen Schatz hielt – die Samtschatulle, die Mamas Schmuck enthielt.

Ich tat es so würdevoll ich nur konnte, im Beisein von Sita als Zeugin, während Pete und Fritzie am Küchentisch saßen. An diesem Morgen trat ich mit naß gekämmtem Haar ein und legte die Schatulle zwischen meinen Onkel und meine Tante. Ich schaute von Sita zu Fritzie, während ich sprach.

«Dies dürfte als Entgelt reichen.»

Fritzie hatte die Gesichtszüge meiner Mutter, aber eine Spur zu scharf, um schön zu sein. Ihre Haut war rauh und ihr kurzes gelocktes Haar platinblond gebleicht. Ihre Augen hatten einen verschwommenen, verrückten Türkiston, der die Kundschaft verblüffte. Sie aß herzhaft, aber das beständige Rauchen hielt sie bohnendürr und bläßlich.

«Du brauchst uns nichts zu zahlen», sagte Fritzie. «Pete, sag's ihr. Sie braucht uns nichts zu zahlen. Setz dich, halt den Mund und iß.»

Fritzie redete so – barsch, aber im Spaß. Pete war langsamer.

«Komm. Setz dich und vergiß das mit dem Geld», sagte er. «Du weißt ja gar nicht, was deine Mutter überhaupt...» fügte er mit einer ernsthaften Stimme hinzu, die dann verklang. Die Dinge hatten eine Art, unter Fritzies Augen zu verdunsten, zu verschwinden, in die blaue Hitze ihres unverwandten Blicks aufgesaugt zu werden. Nicht einmal Sita hatte etwas zu sagen.

«Ich möchte euch dies hier schenken», sagte ich. «Ich bestehe darauf.»

«Sie besteht darauf», rief Tante Fritzie aus. Ihr Lächeln hatte einen verwegenen Schwung, weil einer ihrer Schneidezähne abgebrochen war. «Besteh doch nicht darauf!» sagte sie.

Aber ich weigerte mich, mich zu setzen. Ich nahm ein Messer vom Butterteller und fing an, das Schloß aufzubrechen.

«Na, jetzt aber», sagte Fritzie. «Pete, hilf ihr.»

Pete stand also auf, holte einen Schraubenzieher, der auf dem Kühlschrank lag, setzte sich und zwängte die Spitze unter das Schloß.

«Laß sie es selbst aufmachen», sagte Fritzie, als das Schloß aufsprang. Pete schob die kleine runde Schatulle über den Tisch.

«Ich wette, die ist leer», sagte Sita. Sie ging ein ziemliches Risiko ein, als sie das sagte, aber es zahlte sich haushoch für sie aus, unsere ganze weitere gemeinsame Jugend hindurch, denn einen Moment später hob ich den Deckel, und was sie sagte stimmte. In der Schatulle war nichts von Wert.

Stecknadeln. Ein paar dicke Metallknöpfe von einem Mantel. Und ein Pfandschein, der einen Ring und eine granatbesetzte Kette beschrieb, die für so gut wie nichts in Minneapolis versetzt worden waren.

Es war still. Sogar Fritzie war um Worte verlegen. Sita schwirrte fast vom Stuhl vor Triumph, hielt aber den

Mund bis später, wo sie dann loskrähen würde. Pete fuhr sich mit der Hand an den Kopf. Ich stand stumm da, während meine Gedanken sich im Kreis drehten. Wäre Sita nicht dagewesen, so wäre ich vielleicht zusammengebrochen und hätte den Tränen freien Lauf gelassen, wie in unserer Pension, aber bei ihr war ich auf der Hut.

Ich setzte mich hin, um außerhalb der Reichweite von Sitas stupsendem Ellbogen zu essen. Schon arbeitete mein Gehirn daran, wie ich mich an ihr rächen konnte, und schon jetzt war ich ihr weit voraus, wenn es ums Abrechnen ging, denn Sita lernte mich erst richtig kennen, als es schon viel zu spät war. Und so wurde ich, während die Jahre vergingen, lebensnotwendiger als jeder Ring oder jede Kette, während Sita zu jener Art von vergänglicher Schönheit heranblühte, die jeder vorübergehende Junge von einem Baum brechen und wegwerfen konnte, wenn der Duft vergangen war.

Ich stellte die Schmuckschatulle auf die Frisierkommode, die ich jetzt mit Sita teilte, und schaute nie wieder hinein. Ich erlaubte mir nicht nachzudenken und auch nicht, mich zu erinnern, sondern lebte einfach weiter. Nur die Träume konnte ich nicht abstellen. Nachts kamen sie: Karl, Mama, mein kleiner Bruder und Mr. Ober mit dem Mund voller Getreide. Sie versuchten, durch Luft und Erde zu greifen. Sie versuchten mir zu sagen, daß all das Sinn und Verstand habe. Aber ich hielt mir die Ohren zu.

Ich hatte mein Vertrauen in die Vergangenheit verloren. Sie waren Teil eines verblassenden Musters, das jenseits meines Verständnisses lag und mir keinen Trost brachte.

Karls Nacht

Als Karl sich an diesem Morgen wieder in dem Güterzug niederließ, beschloß er, sich nicht mehr zu rühren, bis er sterben würde. Aber dann fuhr der Zug nicht so weiter, wie er sollte. Keine zehn Meilen außerhalb von Argus wurde Karls Waggon vom Rest des Zuges abgekuppelt und blieb stehen. Den ganzen Tag sah er, wenn er vom Dösen aufwachte, dieselben beiden hohen silbernen Kornsilos am Ende der Geleise. Am Spätnachmittag war er so durstig, ausgekühlt und hungrig und hatte das Warten auf den Tod so satt, daß er, als ein Mann sich durch die Tür hereinschwang, froh um diesen Vorwand war, das Sterben aufschieben zu können.

Karl hatte sich in das Heu aus den aufgebrochenen Ballen vergraben, und der Mann setzte sich keinen halben Meter vor ihm hin, ohne ihn zu sehen. Karl betrachtete ihn genau. Zunächst kam er ihm alt vor. Sein Gesicht war zu einem ledrigen harten Braun verbrannt. Seine Augen verloren sich fast in den Blinzelfalten; seine Lippen waren schmal. Er sah steinhart aus unter seinen Kleidern, den Überresten einer alten Armeeuniform, und als er sich einen Zigarettenstummel anzündete, reflektierte das Streichholz zwei dünne Flammen in seinen Augen. Er blies den Rauch in einem Ring aus. Sein Haar war eher lang, sandfarben, und sein Bart war stoppelig.

Karl sah zu, wie der Mann seine Zigarette vorsichtig bis zum Papierende hinunterrauchte, und dann sprach er.

«Hallo?»

«Huaah!» Der Mann fuhr hoch und taumelte nach hinten, dann fing er sich. «Was zum...»

«Ich heiße Karl.»

«Verdammt, hab' ich einen Schreck gekriegt.» Der Mann starrte ins Dunkel um Karl und lachte dann abrupt

auf. «Du bist ja noch ein Kind», sagte er, «und, ach Gottchen, siehst du trottelig aus. Komm mal her.»

Karl trat heraus und stand im breiten Lichtkegel der
Tür. Das Heu, in dem er geschlafen hatte, hing an seinem
Mantel und steckte in seinem Haar. Er starrte den Mann
unter einer Handvoll von Gräsern hervor an, und sein
Blick war so kummervoll, daß der Mann friedfertiger
wurde.

«Du bist ein Mädchen, stimmt's?» sagte er. «Tut mir
leid wegen meiner Ausdrucksweise.»

«Ich bin kein Mädchen.»

Aber Karl war noch nicht ganz durch den Stimm-
bruch, und der Mann war nicht überzeugt.

«Ich bin kein Mädchen», wiederholte Karl.

«Was hast du gesagt, wie du heißt?»

«Karl Adare.»

«Karla», sagte der Mann.

«Ich bin ein Junge.»

«Mhm.» Der Mann drehte sich eine neue Zigarette.
«Ich bin Sankt Ambrosius.»

Karl nickte vorsichtig.

«Das ist kein Witz», sagte der Mann. «Mein Nach-
name ist Sankt Ambrosius. Vorname Giles.»

Karl setzte sich neben Giles Sankt Ambrosius auf den
Heuballen. Der Hunger ließ ihm alles im Kopf ver-
schwimmen. Er mußte blinzeln, um noch klar zu sehen.
Trotzdem merkte er jetzt, daß der Mann nicht so alt war,
wie er zuerst angenommen hatte. Jetzt, wo er nahe bei
ihm saß, sah Karl, daß sein Gesicht von Sonne und
Wind, nicht vom Alter gegerbt war.

«Ich komme aus Prairie Lake», brachte Karl heraus.
«Wir hatten ein Haus.»

«Und habt es verloren», sagte Giles und schaute Karl
durch Wolken von Rauch an. «Wann hast du zum letztenmal gegessen?»

Das Wort *essen* bewirkte, daß Karls Zähne aufeinanderschlugen und ihm das Wasser im Mund zusammenlief. Wortlos starrte er Giles an.

«Hier.» Giles nahm ein in Zeitungspapier gewickeltes viereckiges Päckchen aus seiner Jackentasche. Er packte es aus. «Das ist gut, es ist Schinken», sagte er.

Karl nahm ihn in beide Hände und aß mit so jäher Gier, daß Giles vergaß, an seiner Zigarette zu ziehen.

«Das Zuschauen hat schon gelohnt», sagte er, als Karl fertig war. «Ich wollte dich bitten, mir ein Stück übrigzulassen, aber ich habe es nicht fertiggebracht.»

Karl faltete das Zeitungspapier zusammen und gab es Giles zurück.

«Schon recht», winkte Giles ab. Er faßte nach unten und hob den Stock auf, den Karl mit in den Güterwagen gebracht hatte. Ein paar verwelkte graue Blüten hingen noch an den knotigen Verdickungen. «Der würde eine gute Moskitopatsche abgeben», sagte Giles.

«Der gehört mir», sagte Karl.

«Ach ja?» sagte Giles und peitschte damit durch die Luft. «Hat dir gehört. Jetzt nicht mehr. Guter Tausch.»

Das, was jetzt mit Karl geschah, sollte ihn später beschämen, aber er konnte nicht anders. Der Ast erinnerte ihn an den springenden Hund, an sein Knurren mit gefletschten Zähnen, an Mary, die wie angewurzelt auf der Straße stand, und an sich selbst, wie er mit aller Kraft an dem Baum riß und wie es ihm gelang, den Ast abzubrechen und damit um sich zu schlagen. Karls Augen füllten sich mit Tränen und liefen über.

«War doch nur ein Scherz», sagte Giles. Er rüttelte Karl am Arm. «Du kannst ihn wiederhaben.» Giles legte Karls Finger um den Ast, und Karl hielt ihn fest, konnte aber nicht aufhören zu weinen. Sein Inneres schmolz, floß über. Schluchzer brachen aus seiner Brust.

«Beruhig dich doch», sagte Giles. Er legte den Arm

um Karls Schultern, und der Junge fiel gegen ihn und weinte jetzt in langen, herzzerreißenden, abrupten Klagelauten. «Du wirst üben müssen. Jungs tun so was nicht», sagte Giles. Doch Karl weinte weiter, bis sein wütender Kummer erschöpft war.

Als Karl später aufwachte, dämmerte es. Er konnte kaum etwas sehen, und die Luft war von einem dumpfen, wirren Brausen erfüllt, das wie Sturzbäche von Regen oder Hagel klang. Karl streckte die Hand nach Giles aus, voller Angst, daß er verschwunden sei, aber der Mann war noch da.

«Was ist das?» fragte Karl und ließ seine Hände über Giles' rauhe Armeejacke gleiten. Beruhigt ließ er sich zurückfallen, als Giles murmelte: «Die laden nur das Korn ein. Schlaf weiter.»

Karl starrte hinauf in das dunkle erregende Lawinengeräusch. Er machte Pläne, wie er und Giles in dem Güterwaggon weiterreisen würden, gelegentlich in einer Stadt, die ihnen gefiel, abspringen und etwas zu essen stehlen, vielleicht auch ein verlassenes Haus zum darin Wohnen finden würden. Er malte sich aus, sie beide zusammen, von Hunden oder der Polizei bedroht, wie sie vor Bauern oder Ladenverkäufern davonliefen. Er sah sie beide vor sich, wie sie sich Hähnchen brieten und wie sie zusammen schliefen, fest zusammengerollt in einem rumpelnden Güterwagen, so wie jetzt.

«Giles», flüsterte er.

«Was?»

Karl wartete. Er hatte früher schon andere Jungen berührt, aber nur im Spaß, in den Gäßchen hinter der Pension. Dies war anders, und er war nicht sicher, ob er sich trauen würde, aber dann füllte sich sein Körper mit dem brausenden Geräusch. Er riskierte es, streckte die Hände aus, berührte Giles' Rücken.

«Was willst du?»

Karl schob seine Hand unter Giles' Jacke, und der Mann wandte sich ihm zu.

«Weißt du, was du da tust?» flüsterte Giles.

Karl spürte den Atem von Giles' Lippen und spitzte den Mund, um ihn zu küssen. Er schob die Hände wieder unter Giles' Kleider und rückte nahe heran. Giles wälzte sich auf ihn und drückte ihn tief ins Heu. Karl fröstelte, und dann durchflutete es ihn warm, als Giles begann.

«Du bist wirklich kein Mädchen», murmelte Giles in Karls Haar, dann küßte er Karl auf den Hals und begann ihn auf eine neue Art zu berühren, überall, heftig, aber auch vorsichtig, bis Karls Körper sich unerträglich spannte und dann losließ, abrupt, in einem langen dunklen Stoß. Als Karl wieder zu sich kam, schlang er die Arme ganz fest um Giles, aber der Augenblick war vorbei. Giles löste seine Arme sachte und rollte sich neben ihn. Sie lagen zusammen, Seite an Seite, beide schauten hinauf in das Korngeräusch, und Karl war sich seines Gefühls sicher.

«Ich liebe dich», sagte er.

Giles antwortete nicht.

«Ich liebe dich», sagte Karl noch einmal.

«Ach Gottchen, das war doch weiter nichts», sagte Giles nicht unfreundlich. «Das kommt vor. Jetzt steigere dich nur nicht hinein, okay?»

Dann drehte er sich von Karl weg. Nach einer langen Weile kam Karl hoch auf die Knie. «Giles, schläfst du?» fragte er. Es kam keine Antwort. Karl spürte, wie Giles langsam atmete, wie sein Körper erschlaffte, wie seine Beine zuckten, als er in einen noch tieferen Abgrund von Schlaf fiel.

«Arschloch…» flüsterte Karl. Giles wachte nicht auf. Karl sagte es noch einmal, ein wenig lauter. Giles schlief.

Dann geriet Karl in einen schwarzen Aufruhr, einen schweren Traum, in dem die Dinge sich zeitlich vermischten und Adelaides Haar sich aus ihrem Knoten löste, noch einmal, um die Schultern des schlanken Piloten zu umgarnen. Er sah sie in den Himmel davonfliegen, und dann erinnerte er sich an das Messer, das sie ihm geschenkt hatte. Er zog es heraus, zum erstenmal seit Minneapolis, und prüfte die Schneide mit dem Finger.

«Es ist scharf», warnte er. Er stieß es ein- oder zweimal durch die Dunkelheit und kam sogar dicht genug, um in die zerrissene Wolle von Giles' Jacke zu stechen. Doch Giles wachte nicht auf, und nach einer Weile klappte Karl das Messer zu und steckte es zurück in die Tasche.

Das Brausen hörte abrupt auf. Giles regte sich, wachte aber nicht auf. Durch die Risse zwischen den Latten sah Karl Laternen kreisen, schwingen und sich fortbewegen. Und dann kam ein plötzlicher Ruck, und noch einer, und noch einer, die ganze Reihe von Waggons hindurch, bis auch ihrer sich wuchtig in Bewegung setzte und langsam Fahrt aufnahm.

«Das kommt vor», sagte Karl da, Giles' Worte wiederholend. «Das kommt vor.»

Als er das sagte, fühlte es sich an, als risse sein Herz auf. Nicht einmal in seinem Weinkrampf hatte er die ganze Tiefe seines Verlusts durchmessen. Jetzt verschlang sie ihn. Dort lag der Ast, noch immer von schwachem Duft umgeben. Er hob ihn auf und stand dann in der Dunkelheit. Er wollte sich weder übergeben noch schreien. Er wollte nie wieder auf jemandes Schoß weinen. So stand er da, während der Zug dahinrollte, und schaute mit gerunzelter Stirn ins Nichts, und dann, leicht und schnell wie ein Reh, sprang er vor und lief geradewegs zur Tür des fahrenden Güterwagens hinaus.

Sita Kozka

Meine Kusine Mary kam eines Morgens mit dem Früh-
güterzug an, mit nichts als einer alten blauen Andenkenschatulle voller wertloser Stecknadeln und Knöpfe. Mein
Vater nahm sie in die Arme und trug sie durch den Flur
in die Küche. Ich war schon zu alt, um noch herum-
getragen zu werden. Er setzte sie hin, und dann sagte
meine Mutter: «Geh und putz die Theken, Sita.» Deshalb weiß ich nicht, was für Lügen sie ihnen danach erzählt hat.

Später legten meine Eltern sie dann in mein Bett zum
Schlafen. Als ich dagegen protestierte und sagte, daß sie
doch auch auf dem Ausrollbett schlafen könnte, sagte
meine Mutter: «Gott noch mal, da kannst du doch gefäl-
ligst auch drauf schlafen.» Und so bin ich dann in dieser
Nacht zusammengekrümmt auf dem Rollbett gelandet,
und dabei ist das viel zu kurz für mich. Beim Schlafen
hingen mir die Beine hinaus in die kalte Luft. Am nächsten Morgen war ich Mary nicht gerade herzlich zugetan,
und wer kann mir das schon verübeln?

Außerdem war an dem Tag, als sie das erste Mal in
Argus aufwachte, dann das mit den Kleidern.

Es war gut, daß sie die blaue Andenkenschatulle gleich
beim Frühstück aufmachte und nur lauter Schrott drin
fand, wie ich schon sagte, denn wenn mir meine Kusine

an diesem Tag nicht leid getan hätte, dann hätte ich mir nicht gefallen lassen, daß Mary und meine Mutter meinen Kleiderschrank und meine Kommode durchstöberten. «Die paßt wie angegossen», sagte meine Mutter und hielt eine von meinen Lieblingsblusen hoch. «Probier sie an!» Und Mary tat es. Dann legte sie sie in ihre Schublade, und das war noch mal so was. Ich mußte auch noch zwei von meinen Schubladen für sie freimachen.

«Mutter», sagte ich, nachdem das einige Zeit so gegangen war und ich schon langsam dachte, ich müßte das ganze nächste Schuljahr über die gleichen drei Sachen anziehen, «Mutter, jetzt reicht's aber.»

«Quatsch», sagte meine Mutter, die eben so redet. «Deine Kusine hat nicht einen Faden am Leib.»

Dabei hatte sie inzwischen schon die Hälfte meiner Sachen, eine ganze Garderobe, und die vergrößerte sich noch ständig, weil meine Mutter sich immer mehr dafür begeisterte, das arme Waisenkind einzukleiden. Dabei war Mary in Wirklichkeit gar kein Waisenkind, obwohl sie darauf herumritt, um Mitleid zu erregen. Ihre Mutter lebte noch, auch wenn sie meine Kusine verlassen hatte, was ich übrigens bezweifelte. Ich dachte wirklich, Mary sei ihrer Mutter nur weggelaufen, weil sie Adelaides Stil nicht richtig zu würdigen wußte. Nicht jeder versteht es, sein gutes Aussehen zu seinem Vorteil zu nutzen. Meine Tante Adelaide verstand es. Sie war meine Lieblingstante, und ich freute mich immer halbtot, wenn sie uns besuchen kam. Aber sie kam nicht oft, weil meine Mutter auch keine Ahnung von Stil hatte.

«Bei wem willst du denn Eindruck schinden?» trompetete sie, wenn Adelaide in einem Kleid mit Pelzkragen zum Essen erschien. Mein Vater wurde dann immer ganz rot und schnitt an seinem Fleisch herum. Er sagte nicht viel, aber ich weiß, daß er Adelaide keinen Deut mehr schätzte als ihre ältere Schwester. Meine Mutter sagte, sie hätte Adelaide immer verwöhnt, weil sie das Küken in der Familie war. Dasselbe sagte sie von mir. Aber ich glaube nicht, daß ich irgendwann verwöhnt worden bin, nicht ein bißchen, denn ich mußte immer genau wie alle anderen arbeiten und die Hühnermägen auswaschen.

Den Mittwoch habe ich immer gehaßt, weil das der Tag war, an dem wir Hühner schlachteten. Der Farmer brachte sie in aufeinandergestapelten Käfigen aus dünnen Holzleisten. Canute, der den größten Teil des Schlachtens besorgte, tötete eins nach dem anderen, indem er ihnen mit der langen Klinge seines Messers in den Hals stach. Nachdem die Hühner geschlachtet, gerupft und aufgeschnitten waren, bekam ich die Mägen. Kaffeebüchse auf Kaffeebüchse voller Mägen. Ich träume noch davon. Ich mußte jeden Magen von innen nach außen wenden und ihn in einer Wanne mit Wasser auswaschen. Die ganzen Kieselsteinchen und harten Samen fielen heraus auf den Grund. Manchmal fand ich auch Metallstückchen und Glasscherben. Einmal fand ich einen Brillanten.

«Mutter!» brüllte ich und hielt ihn in der ausgestreckten Hand. «Ich hab einen Diamanten gefunden!» Alle waren so aufgeregt, daß sie sich um mich drängten. Und dann ging meine Mutter mit dem kleinen glitzernden Stein zum Fenster. Er ritzte das Glas natürlich kein bißchen, und ich mußte weiter Mägen saubermachen. Aber einen kurzen Moment lang war ich sicher, daß der Diamant uns reich gemacht hätte, was mich auf einen anderen Diamanten bringt. Einen Kuhdiamanten, mein Erbstück.

Eigentlich war das ein Witz mit dem Erbstück, zumindest war es für meinen Papa ein Witz. Ein Kuhdiamant ist die harte runde Linse im Auge einer Kuh, die glänzt, wenn man bei Licht durch sie hindurchschaut, fast wie ein Opal. Man könnte nie einen Ring daraus machen oder sie für sonst irgendeinen Schmuck verwenden, weil sie zerspringen würde, und natürlich hat sie keinen Wert. Mein Vater trug den Kuhdiamanten vor allem als Glücksbringer bei sich. Er schnipste ihn manchmal zwischen dem Bedienen in die Luft, und manchmal sah ich, wie er beim Cribbage-Spielen mit der Hand darüber fuhr. Ich wollte den Kuhdiamanten haben. Eines Tages fragte ich ihn, ob er ihn mir schenken würde.

«Das kann ich nicht», sagte er. «Er ist mein Glücksbringer. Aber du kannst ihn erben, wie wär's damit?»

Vermutlich blieb mir vor Staunen der Mund offenstehen, weil mein Vater mir immer alles gab, worum ich bat. Wir hatten zum Beispiel ein kleines Glas mit Süßigkeiten, draußen, über der Wurst, und ich durfte Bonbons essen, wann ich wollte. Ich brachte oft Gummilutscher mit in die Schule für die Mädchen, die ich gern mochte. Allerdings kaute ich nie Bubblegum, weil ich einmal gehört hatte, wie Tante Adelaide meiner Mutter ärgerlich erklärte, nur Flittchen würden Kaugummi kauen. Das war, als meine Mutter versuchte, das Rauchen aufzugeben, und immer ein Päckchen Kaugummis in ihrer Schürzentasche hatte. Ich war bei ihnen in der Küche, als sie sich darüber stritten. «Flittchen!» sagte meine Mutter, «da schilt wohl ein Esel den anderen Langohr!» Dann nahm sie den Kaugummi aus dem Mund und pappte ihn Adelaide in ihr langes welliges Haar. «Ich bring dich um!» wütete meine Tante. Es war schon toll zu sehen, daß Erwachsene sich auch mal so benahmen, aber ich kann es Tante Adelaide nicht verübeln. Mir würde es auch so gehen, wenn ich mir so einen großen Kaugummiklumpen aus dem Haar schneiden müßte und eine Strähne dann kürzer wäre. Ich kaute nie Kaugummi. Aber was immer ich sonst im Laden wollte, nahm ich mir einfach. Oder ich bat darum, und es wurde mir sofort gegeben. Deshalb also war die Weigerung meines Vaters eine Überraschung.

Schon als Kind hatte ich meinen Stolz, und ich habe den Kuhdiamanten nie wieder erwähnt. Aber jetzt kommt, was zwei Tage nach Mary Adares Ankunft geschah.

An dem Abend warteten wir aufs Gutenachtsagen. Ich lag in meinem eigenen Bett, und sie lag auf dem Rollbett. Sie war klein genug, daß sie dort hineinpaßte, ohne über den Rand zu hängen. Als letztes, bevor sie sich hinlegte, stellte sie Adelaides alte Andenkenschatulle auf meine Kommode. Ich habe nichts gesagt, aber das war schon wirklich traurig. Ich glaube, mein Papa fand das auch. Ich glaube, er kriegte Mitleid mit ihr. An diesem Abend kam er also ins Zimmer, steckte die Decke um mich fest, küßte mich auf die Stirn und sagte: «Schlaf gut.» Dann beugte er sich über Mary und küßte sie auch. Zu Mary sagte er aber noch: «Hier hast du einen Edelstein.»

Es war der Kuhdiamant, den ich so gern wollte, der Glücksbringer. Als ich über die Bettkante hinüberschaute und die blasse Linse in ihrer Hand leuchten sah, hätte ich sie anspucken können. Ich tat so, als sei ich schon eingeschlafen, als sie mich fragte, was das sei. Find es doch selbst heraus, dachte ich und sagte nichts. Ein paar Wochen später, als sie sich in der Stadt schon auskannte, ließ sie sich von irgendeinem Juwelier ein Loch durch das eine Ende des Glücksbringers bohren. Dann hängte sie sich den Kuhdiamanten an einem Stück Schnur um den Hals, als wäre er etwas Wertvolles. Später bekam sie ein goldenes Kettchen.

Erst mein Zimmer, dann meine Kleider, schließlich der Kuhdiamant. Aber das Schlimmste kam erst noch, als sie mir Celestine stahl.

Meine beste Freundin Celestine wohnte drei Meilen außerhalb der Stadt, mit ihrem Halbbruder und ihrer viel älteren Halbschwester zusammen. Sie waren Chippewas. Es gab nicht viele, die vom Reservat herunterzogen, aber Celestines Mutter war so eine gewesen. Sie hieß Regina Soundso und arbeitete bei Dutch James, führte ihm den Haushalt, als er noch Junggeselle war, und auch danach, als sie geheiratet hatten. Ich habe irgendwo aufgeschnappt, daß Celestine einen Monat nach der Hochzeit auftauchte, und daß Regina dann noch die anderen drei Kinder anbrachte, von denen Dutch James gar nichts gewußt hatte. Irgendwie ist es gutgegangen. Sie lebten alle friedlich zusammen, bis zu Dutch James' sonderbarem Tod. Er erstarrte zu Eis, und das in unserem Fleischkühlhaus. Aber das ist eine Geschichte, über die in unserem Haus keiner gern redet.

Jedenfalls wurden die anderen nie rechtmäßig adoptiert und trugen den Nachnamen Kashpaw. Celestine war eine James. Weil ihre Eltern starben, als Celestine noch klein war, war der Einfluß ihrer großen Schwester viel wichtiger für sie. Die konnte Französisch, und manchmal sprach Celestine französisch, um sich in der Schule aufzuspielen, aber noch öfter wurde sie wegen ihrer Größe aufgezogen und wegen den komischen Fähnchen, die ihre Schwester Isabel im Ramschladen in Argus für sie aussuchte.

Celestine war groß, aber nicht schwerfällig. Eher das, was meine Mutter als stattlich bezeichnete. Niemand schrieb Celestine etwas vor. Wir kamen und gingen und spielten, wo wir Lust hatten. Meine Mutter hätte mich beispielsweise nie auf einem Friedhof spielen lassen, aber wenn ich bei Celestine zu Besuch war, taten wir das. Es gab auf dem Landsitz von Dutch James einen Friedhof, ein Stückchen Land mit Gräbern von Kindern, die bei irgendeiner Husten- oder Grippeepidemie gestorben waren. Sie lagen dort ganz vergessen, nur von uns nicht. Ihre kleinen hölzernen oder schmiedeeisernen Kreuze standen schief. Wir stellten sie wieder gerade und schnitzten sogar auf den hölzernen Kreuzen mit einem

Küchenmesser die Namen nach. Wir gruben aus dem ‹Ochsenjoch› am Fluß Veilchen aus und pflanzten sie auf die Gräber. Weil wir das alles taten, gehörte der Friedhof uns. Wir saßen gern dort an heißen Nachmittagen. Es war so schön. Der Wind kräuselte das lange Gras, unter uns durchsiebten Würmer die Erde, und Schwalben von den Schlammufern schossen in Paaren durch die Luft. Es war eigentlich ein nettes Plätzchen, nicht einmal besonders traurig. Aber natürlich mußte Mary alles kaputtmachen.

Ich unterschätzte Mary Adare. Vielleicht hatte ich auch zuviel Vertrauen, denn ich selbst schlug ja eines Tages im Frühsommer vor, Celestine besuchen zu gehen. Am Anfang ließ ich Mary auf dem Lenker meines Fahrrads sitzen, aber sie war so schwer, daß ich kaum fahren konnte.

«Jetzt trittst du mal», sagte ich und blieb mitten auf der Straße stehen. Sie fiel runter, sprang aber gleich wieder auf und stellte das Fahrrad gerade hin. Ich glaube, ich war auch schwer. Aber ihre Beine waren unermüdlich. Celestines indianischer Halbbruder Russell Kashpaw kam uns auf dem Weg zu Celestine entgegen. «Wer ist denn heute dein Sklave?» sagte er. «Ist die aber goldig! Dagegen verblaßt du ja glatt!» Ich wußte, daß er solche Sachen sagte, weil er das Gegenteil meinte, aber das wußte Mary nicht. Ich spürte, wie sie in meinem alten Sommerkleid vor Stolz anschwoll. Sie schaffte den ganzen Weg bis zu Celestine, und als wir dort waren, sprang ich ab und rannte schnurstracks hinein.

Celestine war beim Backen, richtig wie eine Erwachsene. Ihre große Schwester ließ sie backen, was sie wollte, egal wie süß. Celestine und Mary rührten eine Schüssel Plätzchenteig zusammen. Mary kochte auch gern. Ich nicht. So maßen sie ab und rührten, stellten die Backofenuhr ein und die Kuchengitter bereit, während ich mit einem Stück Wachspapier am Tisch saß, den Teig ausrollte und komplizierte Formen ausstach.

«Wo kommst du her?» fragte Celestine Mary, während wir arbeiteten.

«Aus Hollywood», sagte ich. Darüber lachte Celestine, aber dann sah sie, daß Mary das nicht komisch fand, und sie hörte auf.

«Nein, ehrlich», sagte Celestine.

«Minnesota», sagte Mary.

«Sind deine Eltern noch dort?» fragte Celestine. «Leben sie noch?»

«Nein, sie sind tot», sagte Mary rasch. Mir klappte der Unterkiefer runter, aber noch bevor ich ein Wort über die echte Wahrheit sagen konnte, sagte Celestine schon:

«Meine sind auch tot.»

Und da wußte ich, warum Celestine diese Fragen gestellt hatte, wo sie die ganze Geschichte und die Einzelheiten doch schon von mir kannte. Mary und Celestine lächelten einander in die Augen. Ich sah, daß es war wie bei zwei Leuten, die sich in einer Menschenmenge begegnen, sich aber schon lange Zeit kennen. Und was auch noch komisch war: Plötzlich sahen sie einander ganz ähnlich. Aber das war nur, wenn sie zusammen waren. Wenn nicht, hätte man es gar nicht gemerkt. Celestine hatte Haare von einem matten Rotbraun. Ihre Haut war oliv, ihre Augen waren tiefschwarz. Marys Augen waren hellbraun, und ihr Haar war dunkel und glatt. Zusammen, sagte ich ja schon, sahen sie sich trotzdem ähnlich. Es lag auch nicht an ihrer Figur. Mary war klein und stämmig, und Celestine war groß. Es lag an was anderem, entweder daran, wie sie sich benahmen, oder daran, wie sie redeten. Vielleicht war es eine Art Wildheit, die sie beide in sich hatten.

Als sie sich wieder dem Rühren und Abmessen zuwandten, merkte ich auch, daß sie netter zueinander waren. Sie standen dicht nebeneinander, so daß ihre Schultern sich berührten, lachten und bewunderten alles, was die jeweils andere tat, bis mir ganz schlecht wurde.

«Mary geht im Herbst auch in die Sankt Katharinen-Schule», unterbrach ich sie. «Sie kommt nach unten zu den kleinen Mädchen.»

Celestine und ich waren in der siebten Klasse, was bedeutete, daß unser Klassenzimmer jetzt auf dem oberen Stockwerk lag, und auch, daß wir für den Chor besondere blaue Wollbaretts tragen würden. Ich versuchte damit, Celestine daran zu erinnern, daß Mary zu jung war, um von uns ernsthafte Aufmerksamkeit zu verdienen, aber mir unterlief dabei der Fehler, daß ich nicht über das Bescheid wußte, was sich in der vergangenen Woche abgespielt hatte, als Mary in der Schule war, um sich von Schwester Leopolda einer Prüfung unterziehen zu lassen.

«Ich komme in deine Klasse», sagte Mary.

«Was soll das heißen?» sagte ich. «Du bist doch erst elf!»

«Die Schwester hat mich eine Klasse höher geschickt», sagte Mary, «in deine.»

Der Schock bewirkte, daß ich mich sprachlos über meine Ausstecher beugte. Dann war sie also auch noch gescheit. Ich wußte schon, daß sie groß darin war, durch Mitleid ihren Willen zu bekommen. Aber daß sie gescheit wäre, hätte ich von ihr nicht erwartet, und auch nicht, daß sie eine Klasse überspringen würde. Ich drückte die kleinen Blechherzen, -sterne, -jungen und -mädchen in den Plätzchenteig. Das Mädchen-Förmchen erinnerte mich an Mary, kantig und dick.

«Mary», sagte ich, «willst du Celestine nicht erzählen, was in der kleinen Schatulle war, die du deiner Mutter aus dem Schrank gestohlen hast?»

Mary sah mir direkt in die Augen. «Gar nichts war drin», sagte sie.

Celestine starrte mich an, als sei ich übergeschnappt.

«Die Juwelen», sagte ich zu Mary, «die Rubine und die Diamanten.» Wir schauten einander in die Augen, und dann schien Mary einen Entschluß zu fassen. Sie zwinkerte mir zu und faßte sich vorn in den Ausschnitt. Sie zog den Kuhdiamanten an seiner Schnur heraus.

«Was ist das denn?» Celestine zeigte sofort Interesse.

Mary führte das Schauspiel vor, wie das Licht durch ihren Schatz schien und gebrochen und leuchtend auf die Haut ihrer Handfläche fiel. Die beiden standen am Fenster, wechselten sich mit der Kuhlinse ab und achteten gar nicht auf mich. Ich saß am Tisch und aß Plätzchen. Ich aß die Füße. Ich knabberte die Beine ab. Ich riß mit zwei Bissen die Arme ab und biß dann den Kopf ab. Übrig blieb ein formloser Körper. Auch den aß ich auf. Und dabei beobachtete ich die ganze Zeit Celestine. Sie war nicht hübsch, aber ihr Haar war dicht und schimmerte rötlich. Das Kleid hing ihr hinter den Knien zu weit herunter, aber ihre Beine waren kräftig. Ich mochte ihre starken Hände. Mir gefiel, wie sie sich Jungen gegenüber behaupten konnte. Aber hauptsächlich mochte ich Celestine, weil sie mir gehörte. Sie gehörte mir, nicht Mary, die schon so viel an sich gerissen hatte.

«Wir gehen jetzt raus», sagte ich zu Celestine. Sie tat immer, was ich sagte. Sie kam mit, wenn auch widerstrebend, und ließ Mary am Fenster stehen.

«Komm, wir gehen zu unserem Friedhof», flüsterte ich, «ich muß dir was zeigen.»

Ich hatte Angst, daß sie nicht mitkommen würde, daß sie sich entscheiden würde, bei Mary zu bleiben. Aber die Gewohnheit, mir zu folgen, war zu stark, als daß sie sie durchbrechen konnte. Sie kam zur Tür heraus und überließ es Mary, das letzte Blech Plätzchen aus dem Backofen zu nehmen.

Wir gingen hinten herum zum Friedhof.

«Was willst du?» sagte Celestine, als wir in das lange, geheimnisvolle Gras traten. Wilde Pflaumenbäume versperrten die Sicht auf das Haus. Wir waren allein.

Wir standen in der heißen Stille und atmeten die von Staub und dem Duft weißer Veilchen erfüllte Luft. Sie zupfte einen Grashalm ab und steckte sich das weiche Ende zwischen die Lippen, dann starrte sie mich unter ihren Augenbrauen hervor an.

Vielleicht wenn Celestine aufgehört hätte, mich anzustarren, hätte ich nicht getan, was ich dann tat. Aber sie stand da in ihrem zu langen Kleid, kaute auf dem Grashalm und ließ die Sonne auf uns herunterbrennen, bis mir einfiel, was ich ihr zeigen könnte. Meine Brüste waren empfindlich. Sie taten immer weh. Aber sie waren etwas, was Mary nicht hatte.

Einen nach dem anderen machte ich die Knöpfe meiner Bluse auf. Ich zog sie aus. Meine Schultern fühlten sich blaß und zerbrechlich an, steif wie Flügel. Ich zog mein Unterhemd aus und legte meine Hände von unten um meine Brüste.

Meine Lippen waren trocken. Alles wurde still.

Celestine unterbrach die Stille, indem sie Gras kaute, laut wie ein Kaninchen. Sie zögerte einen Moment lang, und dann machte sie auf dem Absatz kehrt. Sie ließ mich dort stehen, mit bloßen Brüsten, und schaute nicht einmal zurück. Ich sah zu, wie sie zwischen den Büschen verschwand, und dann strich eine Brise über mich und an mir vorbei wie eine leichte Hand. Was diese Brise mich dann tun ließ, war fast erschreckend. Etwas geschah, ich drehte mich langsam im Kreis. Ich warf meine Hände nach außen und schwang die Arme. Ich wiegte mich, als hörte ich von unten Musik. Schneller und wilder hob ich die Füße. Ich begann mit den Füßen zu steppen, und dann tanzte ich auf ihren Gräbern.

Mary Adare

Wie lange Sita dort wohl herumtanzen wollte, fragte ich mich, ohne Hemd und unter den heraufziehenden Gewitterwolken? Ich hörte unten Celestine in die Küche kommen und die Backofentür aufklappen, deshalb ging ich hinunter. Ich stand in der Küchentür und sah zu, wie sie jedes einzelne Plätzchen mit einem Spatel vom Blech löste. Nicht ein einziges zerbrach. Nicht ein einziges Mal sah sie auf. Aber sie wußte, daß ich da war, und sie wußte auch, daß ich oben im ersten Stock gewesen war und Sita beobachtet hatte. Ich weiß, daß sie es wußte, weil sie kaum aufblickte, als ich sprach.

«Es ist plötzlich so dunkel», sagte ich, «es gibt ein Gewitter.»

«Sitas Mutter wird böse sein», sagte Celestine, während sie sich das Mehl von den Händen klopfte.

Wir gingen hinaus, um Sita zu holen, aber noch ehe wir halb über den Hof waren, kam Sita, ging schnurstracks an uns vorbei, sprang auf ihr Fahrrad und fuhr davon. Und so kam ich an diesem Nachmittag noch in den Regen. Es begann wie aus Kübeln zu schütten, als ich noch eine ganze Meile zu gehen hatte. Ich stapfte zur Hintertür ins Haus hinein und stand tropfend auf der Hanfmatte.

Fritzie stürzte sich mit einem dicken Handtuch auf mich und riß mir beim Trockenrubbeln fast den Kopf ab.

«Sita! Komm raus und entschuldige dich bei deiner Kusine», rief sie. Sie mußte Sita zweimal rufen, bis sie kam.

Am ersten Schultag im folgenden Herbst gingen wir zusammen zur Tür hinaus, beide mit dicken gelben Schreibblöcken und neuen Bleistiften in identischen hölzernen Bleistiftkästen, und beide blau gekleidet. Sitas Kleid war neu und gestärkt, meins war schlabberig vom vielen Waschen. Es machte mir nichts aus, Sitas abgelegte Kleider zu tragen, weil ich wußte, daß es sie so erboste, zusehen zu müssen, wie diese ausgewachsenen und verblichenen, von Fritzie ungleichmäßig umgesäumten Kleider von mir herabgewürdigt und zu Lumpen abgetragen wurden, anstatt als Heiligtümer aufbewahrt zu werden, wie Sita sich das vermutlich wünschte.

Wir gingen zusammen die Lehmstraße entlang, aber dann, als wir durch die kleinen Fichten Fritzies Blicken entzogen waren, trennten wir uns. Oder vielmehr rannte Sita mit langen Sätzen und fröhlich rufend auf eine Gruppe von Mädchen zu, die ebenfalls in steifen neuen Stoffen, weißen Söckchen und noch unabgestoßenen Schuhen steckten. Farbige Bänder, zu Schleifen gebauscht, hingen ihnen auf dem Rücken. Ich blieb weit zurück. Es machte mir nichts aus, allein zu gehen.

Und trotzdem, als wir dann in dem Kiesschulhof standen und in Grüppchen durcheinanderliefen, als wir in Reihen gedrängt wurden und als dann Celestine mit mir sprach und Sita ganz gemein sagte, ich sei mit dem Güterzug gekommen, da wurde ich plötzlich zum Gegenstand allgemeinen Interesses. Populär. Ich war neu in Argus. Jeder wollte mit mir befreundet sein. Aber ich hatte nur Augen für Celestine. Ich suchte sie und nahm ihre Hand. Ihre tiefschwarzen Augen wurden von dichten Wimpern beschattet, die weich wie Malerpinsel waren. Ihr Haar war zu einem langen Schwanz gewachsen. Sie war stark. Ihre Arme waren muskulös vom Kämpfen mit ihrem Bruder Russell, und sie schien seit dem letzten Monat noch größer geworden zu sein. Sie war größer als die Jungen aus der achten Klasse, fast so groß wie Schwester Leopolda, die größte von allen Nonnen.

Wir gingen die Waschbetonstufen nach oben, hinter unserer Lehrerin her, einer jungen Dominikanerin mit rundem Gesicht, die Schwester Hugo hieß. Und als wir in alphabetischer Reihenfolge unsere Plätze zugewiesen bekommen hatten, war ich hochbefriedigt darüber, daß ich in der ersten Bank saß, weit vor Sita.

Sita stieg allerdings schon bald in der Rangfolge auf. Sita wurde immer nach vorn geholt, weil sie sich freiwillig dazu meldete, Tafellappen auszuschütteln, die Tafel zu putzen und in ihrer makellosen Schrift mit farbiger Kreide Gedichte an die Tafel zu schreiben. Zu ihrer großen Erleichterung war ich bald Schnee von gestern. Die Mädchen drängten sich in der Pause nicht mehr um mich, sondern saßen bei ihr auf dem Karussell und hörten zu, während sie Klatsch erzählte, sich über ihren langen Zopf strich und mit ihren blauen Augen rollte, um die Aufmerksamkeit der Jungen aus den höheren Klassen zu erregen.

Als das Schuljahr halb um war, erlangte ich jedoch noch einmal die Hochachtung meiner Klassenkameraden. Ich hatte es nicht geplant, ja nicht einmal versucht, das Wunder zu bewirken, es geschah einfach, an einem kalten Frosttag spät im Winter.

Über Nacht war in diesem März der Regen noch im Fallen zu Eis erstarrt. Gefrorene Rinnsale pflasterten den Boden, und unter den Dachtraufen, wo das Wasser im Heruntertropfen in der Luft gefror, bildeten sich dicke Eiszapfen. Auf dem Weg zur Schule schlitterten wir die glänzenden Straßen entlang, aber später am Vormittag, bevor wir unsere Stiefel und Mäntel zur Pausenstunde aus dem Schrank holten, warnte uns Schwester Hugo, daß Rutschen verboten sei. Es sei gefährlich. Als wir dann aber draußen unter der hohen Stahlrutschbahn standen, erschien uns das unfair, denn die Rutsche, mit einer durchgehenden Eisschicht überfroren, war als Rutsche besser denn je zuvor geeignet. Die Geländer waren mit unsichtbarem Glatteis überzogen. Am Fuß der Rutschbahn öffnete sich ein Fächer aus reinem Glas und lud den Rutschenden ein, dort mit den Füßen aufzukommen und gleich weiterzusausen, mitten durch den Schulhof, der bis zum Rand vereist war.

Ich war die erste und einzige, die rutschte.

Ich kletterte die Stufen hinauf, Celestine hinter mir, mehrere Jungen hinter ihr und in der Nachhut Sita samt ihren Freundinnen, die alle zierliche schwarze Gummistiefel trugen und Fingerhandschuhe, die angeblich erwachsener waren als Fausthandschuhe. Das Geländer machte oben eine anmutige Schleife, und die Jungen und Mädchen benutzten es, um zusätzlich Schwung zu holen oder gar einen Purzelbaum zu schlagen, bevor sie hinunterrutschten. Aber an diesem Tag war das Geländer tückisch und so glatt, daß ich nicht wagte, mich daran hochzuziehen. Statt dessen packte ich die Ränder der Rutschbahn. Und dann wurde mir klar, wenn ich überhaupt hinunterrutschen wollte, dann würde es mit dem Kopf zuerst sein müssen.

Von da, wo ich hockte, sah die Fahrt steiler, glatter und gefährlicher aus, als ich mir vorgestellt hatte. Aber ich hatte ja das Produkt der von meiner Mutter gestohlenen Löffel an, den Wintermantel aus so dickem Material, daß ich mir vorstellte, ich würde darauf über den ganzen Schulhof schlittern wie auf einem Stück Karton.

Ich ließ los. Mit furchterregender Geschwindigkeit schoß ich hinunter. Aber anstatt auf meinem gepolsterten Bauch zu landen, schlug ich mit voller Wucht mit dem Gesicht auf dem Eis auf.

Einen Moment lang war ich bewußtlos, dann setzte ich mich benommen auf. Durch einen Nebel von roten und glitzernden Punkten sah ich Gestalten auf mich zulaufen. Schwester Hugo war als erste bei mir, faßte mich an den Schultern, machte meinen Wollschal los, betastete meine Gesichtsknochen mit ihren kräftigen kurzen Fingern. Sie hob meine Augenlider an, schlug mir ans Knie, um zu sehen, ob ich gelähmt war, schüttelte meine Handgelenke.

«Hörst du mich?» schrie sie und wischte mit ihrem großen Männertaschentuch, das sich hellrot färbte, über mein Gesicht. «Wenn du mich hörst, zwinker mit den Augen!»

Ich starrte nur. Auf dem Tuch war mein Blut. Auf dem ganzen Spielplatz war es erschreckend still. Dann begriff ich, daß mein Kopf noch heil war und daß überhaupt keiner mich ansah. Alle hatten sich um das Ende der Rutschbahn geschart. Sogar Schwester Hugo stand jetzt dort, Rücken zu mir. Als mehrere der frömmeren Schüler auf die Knie sanken, konnte ich mich nicht mehr halten. Ich torkelte auf die Füße und wankte hinüber. Irgendwie schaffte ich es, mich durch den Haufen hindurchzudrängeln, und dann sah ich es.

Der reine graue Eisfächer unter der Rutschbahn war durch den Aufprall meines Gesichts zu einem schattenhaften bleichen Abbild meines Bruders Karl gesplittert.

Er starrte mich direkt an. Seine Wangen waren eingefallen, seine Augen dunkle Höhlen. Sein Mund war zu einer Schmerzenslinie erstarrt, und das Haar auf seiner Stirn hatte sich in nasse Strähnen gelegt, wie immer, wenn er schlief oder Fieber hatte.

Allmählich wichen die Körper um mich zurück, und dann führte Schwester Hugo mich ganz sachte fort. Sie ging mit mir die Treppe hinauf und half mir im Krankenzimmer auf eine Liege.

Sie schaute auf mich herunter. Ihre Wangen waren rot von der Kälte, wie polierte Äpfel, und der Blick aus ihren braunen Augen war stechend vor Leidenschaft.

«Der Pater kommt gleich», sagte sie, dann huschte sie schnell hinaus.

Sobald sie fort war, sprang ich von der Liege und lief schnurstracks hinüber zum Fenster. Eine noch größere Menge hatte sich am Fuß der Rutschbahn versammelt, und jetzt war Schwester Leopolda dabei, ein Stativ und anderes fotografisches Zubehör aufzubauen. Es schien unglaublich, daß Karls Bild solch ein Aufsehen rechtfertigen sollte. Aber so war es immer. Die Leute nahmen Notiz von ihm. Wildfremde Menschen schenkten ihm Geld, während ich unbeachtet blieb, genau wie jetzt, mit meinen Wunden allein gelassen. Ich hörte den gemessen knarrenden Schritt des Priesters auf der Treppe, dann Schwester Hugos schnelles Hüpfen, und sprang zurück aufs Bett.

Der Pater öffnete die hintere Tür und ließ sie einen Moment lang seine Erhabenheit umrahmen, während er mich mit seinem durchdringendsten Blick fixierte. Priester wurden nur zu besonderen Disziplinar- oder Todesfällen gerufen, und ich wußte nicht recht, um was von beiden es hier ging.

Er machte Schwester Hugo ein Zeichen, und sie drückte sich aus dem Zimmer.

Er zog einen Stuhl unter seine Körpermasse und setzte sich. Ich lag ausgestreckt da, wie zur Inspektion durch ihn, und es entstand ein langes und unbehagliches Schweigen.

«Betest du darum, Gott zu schauen?» fragte er schließlich.

«Ja!» sagte ich.

«Deine Gebete sind erhört worden», stellte der Pater fest. Er legte seine Finger zu einer Kirche zusammen und biß fast in die Kirchturmspitze, wobei er die Macht seines Blickes noch verstärkte.

«Christi Sterbenspassion», sagte er. «Christi Gesicht, in Eis geformt, so sicher wie auf dem Schweißtuch der Veronika.»

Endlich wußte ich, was er meinte, und hielt deshalb den Mund über Karl. Die anderen in Sankt Katharina wußten nichts von meinem Bruder, natürlich nicht. Für sie war das Bildnis auf dem Eis das des Gottessohns.

Solange das Eis auf dem Spielplatz hielt, war ich wieder etwas Besonderes in der Klasse, gefragt bei Sitas Freundinnen, Lehrern und sogar bei Jungen, die vom Glanz meiner blauen Augen und Prellungen angezogen wurden. Aber ich hielt Celestine die Treue. Nach meinem Rutsch wurden wir noch bessere Freundinnen als vorher. Eines Tages kam der Fotograf von der Zeitung in die Schule, und ich machte ein Riesentheater, weil ich mich nur mit ihr zusammen fotografieren lassen wollte. Wir stellten uns zusammen in den kalten Wind, ans Ende der Rutschbahn.

UNGLÜCKSFAHRT WIRKT WUNDER, war die Überschrift im *Argus Sentinel*.

Zwei Wochen lang wurde das Gesicht mit Kordons abgesperrt, und Bauern kamen meilenweit gefahren, um am Sturmzaun außerhalb der Sankt Katharinen-Schule niederzuknien. Sie wanden Rosenkränze um die roten Latten, steckten Papierblumen, Bänder und sogar gelegentlich einen Dollarschein dazwischen.

Und dann kam eines Tages die Sonne heraus und erwärmte ganz plötzlich die Erde. Das Gesicht Karls oder Christi löste sich in Rinnsale auf, die durch die ganze Stadt liefen. Es spiegelte sich in Gossen wider, verschwand, schwoll durch Kanäle und sammelte sich in Kellern, und Karl manifestierte sich unglaublicherweise überall und nirgends zugleich, so daß ich das ganze Frühjahr über, bevor die Trockenperiode begann, bevor die Stadt in der Hitze buk, seine Gegenwart im Wispern und Seufzen der Bäche spürte.

Ich sehe von hinten auf Mary, als sie die Rutsche zur Erde hinunterschießt. Ihr dicker grauer Wollmantel steht wie eine Glocke um den weißen Klöppel ihrer Unterhosen, doch der Wind kräuselt nicht einmal ihren blauen Schal. Sie ist bewegungslos in ihrer Geschwindigkeit, bis sie aufschlägt. Dann plötzlich geschehen die Dinge schnell, überall, gleichzeitig. Mary überschlägt sich zweimal. Blut tropft von ihrem Gesicht. Schwester Hugo läuft auf sie zu, und dann hört man Schreie. Sita macht auf sich aufmerksam, indem sie zum Karussell stolpert, schwindlig vom Anblick des Bluts ihrer Kusine. Wie eine gefolterte Heilige, vielleicht die heilige Katharina persönlich, drapiert sie ihren Körper um die Eisenspeichen in der Mitte des Rades und ruft mit schwacher, aber durchdringender Stimme um Hilfe.

Sita ist fünfmal so stark wie sie aussieht und kriegt mich beim Kämpfen auf den Boden, deshalb gehe ich nicht zu ihr. Schwester Hugo führt Mary jetzt die Treppe hinauf, ihr Taschentuch und den blauen Schal auf Marys Stirn gedrückt. Ich bin die eisüberzogenen Stufen der Rutschbahn wie durch ein Wunder rückwärts hinuntergestiegen und laufe jetzt hinter den beiden her. Aber als sie beim Krankenzimmer angelangt sind, hält mich Schwester Hugo an der Tür zurück.

«Geh wieder hinunter», sagt sie mit zitternder Stimme. Ihre Augen brennen seltsam unter ihrer gestärkten Leinenstirn. «Vielleicht hält es nicht», sagt sie. «Lauf zum Kloster! Sag Leopolda, sie soll sich sofort mit dem Fotoapparat auf die Socken machen!»

Ich bin verwirrt.

«Das Eis, das Gesicht», sagt Schwester Hugo hektisch. «Mach dalli!»

Und so laufe ich los, erstaunt und so aufgeregt darüber, wie sie sich ausgedrückt hat, nicht wie eine Lehrerin, sondern wie ein Bauer, daß ich gar nicht an der Klosterpforte läute, sondern schnurstracks hineinspringe und die widerhallenden Treppen hinaufrufe. Inzwischen weiß ich, weil es auf dem Schulhof in der Luft lag, daß sich durch Marys Sturz eine Art Wunder ereignet hat.

Deshalb rufe ich: «Ein Wunder», so laut ich kann. Das in einem Kloster zu tun, ist wie wenn man in einem vollbesetzten Kino Feuer schreit. Plötzlich kommen sie alle heruntergestürzt, eine Lawine aus schwarzer Wolle. Leopolda kommt als erste heruntergesprungen, mit einem furchteinflößenden Eifer. Ein Stativ ist an ihrer Schulter festgeschnallt. Tücher, Lampen und eine Boxkamera trägt sie in den Armen. Es ist, als habe sie direkt hinter der Tür gestanden, mit der Fotoausrüstung bewaffnet, und jahrein, jahraus darum gebetet, daß dieser Moment einmal kommen möge.

Unten auf dem Pausenhof ist alles ein Chaos. Eine Menschenmenge hat sich um das Ende der Rutschbahn gebildet. Später wird das Gesicht, das sie hier anstarren, im gesamten Mittelwesten als die «Manifestation von Argus» in die Lehrbücher des Katechismus Eingang finden, mit einem von Schwester Leopoldas Fotos als Illustration. Im Text wird Mary als Findelkind aus dem Ort bezeichnet, und die vereiste Rutsche wird zur «unschuldigen Flugbahn göttlichen Ruhmes». Etwas, worüber sie gar nichts schreiben, ist, wie Schwester Leopolda mehrere Nächte nach Marys Unfall aufgefunden wird: Sie kniet mit entblößten Armen am Fuß der Rutschbahn und geißelt sich bis über die Ellbogen hinauf mit getrockneten Disteln, daß sie blutet. Danach wird sie zur Erholung fortgeschickt.

Aber an diesem Tag, in all der Verwirrung, schleiche ich zurück ins Schulhaus. Als ich den Flur entlanggehe, kommt der Pater aus der Krankenzimmertür. Er ist in ernste Gedanken verloren und hebt den Kopf gar nicht, deshalb sieht er mich nicht. Sobald er am Flurende ist, schlüpfe ich hinein, beunruhigt, weil ein Priester bei einem Kranken Böses verheißt.

Aber Mary hat sich wohl von dem Aufprall erholt, denke ich zuerst, weil sie aufrecht dasitzt.

«Hast du ihn gesehen!» sagt sie sofort und packt mich am Arm. Sie sieht verstört aus, entweder wegen ihrer plötzlichen Bedeutung oder wegen der Wunde. Ihr Kopf ist jetzt mit Mull umwickelt, was ihr das Aussehen einer Nonne geben würde, wenn nicht an ihren Augenhöhlen allmählich üble schwarze und tieflila Flecken entstehen würden.

«Sie sagen, es ist ein Wunder», erzähle ich ihr. Ich erwarte eigentlich, daß sie darüber lacht, aber sie faßt meine Hand. In ihre Augen tritt ein Glitzern, das mir allmählich verdächtig wird.

«Es war ein Zeichen», sagt sie, «aber nicht das, was sie denken.»

«Wie meinst du das?»

«Es war Karl.»

Sie hat Karl noch nie erwähnt, aber von Sita weiß ich, daß das ihr Bruder ist, der sich auf einem Güterwaggon in Richtung Westen aus dem Staub gemacht hat.

«Leg dich hin», befehle ich Mary. «Du hast dir den Kopf angeschlagen.»

«Er muß mich immer ärgern», sagt sie laut. «Er kann mich einfach nicht in Ruhe lassen.»

Ihr Gesicht zieht sich zusammen. Sie denkt heftig nach, wie der Priester, und hat mich ganz aus den Augen verloren, und sich selbst auch. Ihr Blick ist funkelnd in die Ferne gerichtet, hell und still, und ich sehe, daß sie sehr verärgert ist.

Nachdem Schwester Hugo mich aus dem Krankenzimmer geschickt hat, gehe ich die Treppen hinunter, hinaus in die Kälte unter dem bewölkten Himmel, und stelle mich zu der Menge, die sich um das wunderbare Gesicht drängt. Nur ist es für mich gar nicht so wunderbar. Ich schaue scharf auf das Muster aus gefrorenem Matsch, das gesplitterte Eis, den Kies, der durch das Eis zu sehen ist, den grauen Schnee. Andere, die aus dem gleichen Winkel wie ich hinschauen, sehen es. Ich sehe es nicht, obwohl ich knie, bis meine Knie gefühllos werden.

Am Abend ist dieses Gesicht das einzige, wovon Russell und meine große Schwester Isabel reden können.

«Deine Freundin wird die Aufmerksamkeit der Welt auf uns lenken», erklärt Isabel. Sie ist unser ein und alles, und sie sorgt für uns, indem sie Gelegenheitsarbeiten bei Bauern annimmt, Kochen und manchmal sogar Dreschen, mit den Männern zusammen. «Mädchen sind schon für weniger als das heiliggesprochen worden», sagt sie jetzt. Isabel trägt jedes Jahr die Fahne in der Prozession zu Ehren der heiligen Katharina und sieht dabei gewaltig und kummervoll, aber rein aus. Meine Mutter war auch groß. Anscheinend habe ich meine Farbe von meinem Vater geerbt, aber ich wachse schnell zur Größe meiner Mutter heran.

«Ich wette, Sita hätte gute Lust, diese kleine Mary umzubringen», sagt Russell mit einem schneidenden Lachen. Sita hat sich über ihn lustig gemacht, weil er Indianer ist, und deshalb freut er sich immer, wenn sie eins ausgewischt bekommt.

«Sie wollen Mary für die Zeitung fotografieren» erzähle ich ihm. Isabel ist beeindruckt, aber Russell nicht, weil er Football spielt und schon oft wegen seinen Touchdowns in der Zeitung gewesen ist. Die Leute sagen, er ist der einzige Indianer, der sein Leben nicht verpfuschen, sondern Erfolg haben wird, und das hat er auch, später, wenn man es so sehen will.

Am nächsten Morgen, bevor die Schule anfängt, kommt er mit mir, um das Eis zu inspizieren. Während der Nacht hat jemand einen niedrigen Zaun aus Latten und Draht um den heiligen Ort gezogen. Russell kniet sich neben den Zaun und bekreuzigt sich. Er sagt eine Art Gebet, und dann schiebt er sein Fahrrad die vereiste Straße zur High-School hinauf. Er hat es auch gesehen. Ich bleibe wieder kniend am Fuß der Rutsche zurück und kneife die Augen zusammen, schiele sogar, um das Gesicht erscheinen zu lassen. Derweil stellen die Nonnen den Altar auf, mitten auf dem Schulhof, für eine besondere Messe. Ich wünsche fast, ich hätte Russell gebeten, mir die Gesichtszüge ganz genau zu beschreiben, damit auch ich Christus sehen kann. Sogar jetzt noch ziehe ich in Betracht, die Nonnen zu fragen, aber am Ende habe ich doch den Mut nicht, und die ganze Messe hindurch, während der ich bei der siebten Klasse stehe und zusehe, wie Mary, Sita, Fritzie und Pete als erste zur Kommunion gehen, tue ich so, als sei ich bewegt von dem zersplitterten Eisfleck, der alles ist, was ich sehen kann.

Rettung

In einem kleinen Holzhaus in Minneapolis saß eine junge Frau und las die Zeitung; ihre Finger glitten raschelnd zwischen die Seiten und wieder heraus. Ihr Ehemann saß auf der anderen Seite des Zimmers und sah ihr beim Lesen zu. Ihr Sohn lag in seinen Armen.

«Hier ist wieder eine Anzeige», sagte Catherine Miller.

«Warum suchst du denn überhaupt danach?» sagte ihr Mann.

Sie ließ die Zeitung sinken und blickte ihn ruhig und durchdringend an. Ihre Augenbrauen waren zu schlanken Bögen gezupft, die ihre Augen intelligent aussehen ließen. Ihr hellbraunes Haar war zu einem gezwirbelten Haarknoten aufgesteckt.

«Du weißt doch, warum», sagte sie und blätterte in der Zeitung hin und her. «Die Polizei, Martin. Kindesentführung ist eine strafbare Handlung.»

Da er keine Antwort wußte, sah Martin auf das Baby hinunter. Die Blicke des Kindes wurden unscharf, sein Mund öffnete sich, und Martin drückte es mit solchem Vergnügen an dem Vertrauen des schlafenden Babys fester an sich, daß er gar nicht merkte, wie seine Frau sich verkrampfte, den Atem anhielt, schnell einen Artikel überflog und dann die Zeitung sinken ließ.

Sie saß mit der Zeitung auf dem Schoß da und beobachtete Jude, ihren Sohn, das winzige Baby, das sie nach dem Schutzheiligen für aussichtslose Angelegenheiten, verlorene Hoffnungen und letzte Zufluchten benannt hatte. Sie erinnerte sich an die erste Nacht, nachdem ihr anderer Sohn, der nur drei Tage lang gelebt hatte, beerdigt worden war.

Jene Nacht war ein kleiner stiller Ort in ihr, den sie selten aufsuchte. Doch jetzt dachte sie daran zurück. Wie stumm die Welt gewesen war: und der Himmel ein so dunkles Frühlingsblau. Ihre hochgebundenen Brüste schmerzten unerträglich. Der Verlust hatte ihre Gedanken zu eisiger Leere gefrieren lassen, und doch bebte jeder Nerv. Sie konnte nicht schlafen.

Von Zeit zu Zeit war solch eine blinde Agonie über ihr zusammengeschlagen, daß sie glaubte zu ertrinken oder den Verstand zu verlieren. Sogar schmerzlindernde Mittel hatte sie zurückgewiesen. Sie wollte nichts, um den Schmerz zu dämpfen, kein Laudanum, nicht einmal ein

Glas Whiskey. Aber als Martin in dieser Nacht fort war, beschloß sie plötzlich, daß sie doch etwas brauchte. So stolperte sie zu dem Schrank, in dem die Flasche versteckt war, und goß sich schnell ein großes Zahnputzglas Schwarzgebrannten ein. Allein stand sie in dem kalten, dunklen Haus, eine hochgewachsene, verwahrloste Gestalt in einem mit Flanellrosen bedruckten Nachthemd, und trank. Der Alkohol brannte mit einem klaren Feuer. Sie goß sich noch ein Glas ein, trank es langsamer und ließ sich von der Hitze einhüllen. Zu ihrer Überraschung half der Whiskey. Zumindest hatte er sie abgelenkt, und als sie zurück ins Bett glitt und dort direkt in den Schlaf, blieb der Schmerz, jetzt dumpfer und schwerer, auf Armeslänge entfernt, anstatt sich in ihrem Innersten einzunisten.

In tödlicher Erschöpfung erschlafft, hatte sie nicht gehört, wie Martin zur Haustür hereinkam. Als er ins Schlafzimmer trat und das Baby ins Bettchen legte, hörte sie es schreien, aber sie zog sich innerlich vor dem Geräusch zurück. Selbst noch in ihrer Benommenheit war sie sicher, daß es eine Art entsetzlicher Halluzination war. Sie spürte Martins Hände an ihren Brüsten, wie er die Stoffstreifen losband, die jetzt mit ihrer leicht süßlichen Milch getränkt waren, und sie versuchte, ihn wegzuschieben. Martin beruhigte sie mit Worten und leisem Summen, als sei sie ein erschrockenes Tier, und sobald sie wieder still lag, legte er ihr das Baby an die Brust. Augenblicklich und obwohl sie wußte, daß dies nicht möglich war, gab sie nach und stillte das Kind wie aus ureigenstem Antrieb. Selbst in ihrer Verwirrung merkte sie, daß das Kind anders war, so klein wie ihr erstes, aber älter, erfahrener.

Während sie jetzt darauf wartete, daß Martin aufschaute und ihren Gesichtsausdruck sah, entströmte ihr eine Welle von Gefühlen, die sie zurückgehalten hatte, ohne es zu wissen. Schon allein das Baby anzusehen wärmte sie. Was für ein Wunder – diese dunkelroten Locken!

«Du strahlst ja richtig», sagte Martin und lächelte sie an.

«Ich bin glücklich!»

«Ich bin auch glücklich», sagte Martin behutsam. «Er gehört uns.»

«Ich weiß.»

Und dann las sie den Artikel laut vor, der die übliche Anzeige begleitete, in der eine Belohnung ausgesetzt wurde für Informationen, die zur Wiederauffindung eines einen Monat alten kleinen Jungen führen würden. Der Artikel enthielt eine Beschreibung der Mutter und ihres unglaublichen Verhaltens und besagte, daß auch sie von Familie Kozka in Argus gesucht würde.

Als sie den Artikel zu Ende gelesen hatte, verstaute Catherine Miller die Zeitung sorgfältig in einer Schublade, zusammen mit dem winzigen Mützchen in Hellblau, der dicken Decke, die aus Stücken von Mantelstoff zusammengeflickt war, und dem seltsamen kleinen grünkarierten Gewand, das das Baby in der Nacht getragen hatte, als es sie retten gekommen war.

DRITTES KAPITEL
1932

Karl Adare

Ich war in hohem, vertrocknetem Gras gelandet. Es tagte. Der Schmerz in meinen Beinen war schrecklich und der Boden unter mir kalt. Mit Fortschreiten des Tages erwärmte sich das Licht, wurde heißer und drang durch meine Kleider. Der Schmerz spann mich in die Länge und ließ mich zu einem Knoten schrumpfen. Noch die geringste Bewegung machte ihn schlimmer, deshalb lag ich still.

Ich glaubte, Giles würde zurückkommen, wenn er herausfand, was ich getan hatte. Ich sah ihn allein in dem rüttelnden Güterwaggon aufwachen. Er würde warten, bis der Zug langsamer fuhr, und dann zu Fuß zurückkommen und mich in die Arme nehmen. Ich vertraute darauf, daß ich, da ich bisher nicht gestorben war, bestimmt gerettet werden würde.

Meine Retterin zog einen Karren aus zusammengeklaubten Brettern die Schienen entlang. Die Räder waren aus kreischendem Eisen. Das Geräusch verstummte direkt über mir. Sie war gewaltig. Ihr Schatten fiel von oben auf mich. Ich öffnete meinen rissigen Schlund, aber es kam kein Wort heraus, dann stolperte eine Frau die niedrige Böschung herunter. Ihr Kopf war in ein weißes Tuch gehüllt, das sich von ihrer dunklen Haut lodernd abhob. Silbrige Zwillingsspiegel baumelten von ihren Ohrläppchen, blitzten auf und machten mich schwindelig. Sie hockte sich über mich und hob mit Fingern, die so hart und biegsam waren wie eine Drahtzange, meine Augenlider an. Dann drückte sie meinen Mund auf und goß mir brennenden Whiskey in den Hals. Er durchlief mich wie ein Seil aus Feuer, verhedderte meine Eingeweide, entzündete ein stecknadelkopfgroßes Fünkchen Verstand in meinem Gehirn.

«Füße», sagte ich.

Sie beugte sich weiter herunter.

Doch ich konnte den Gedanken einer Berührung nicht ertragen und entwand mich ihren tastenden Fingern.

Blau in der Dämmerung, ein Gebilde aus Tüchern und Decken, verschwand sie. Es klapperte und scheppertte außerhalb meines Gesichtsfeldes, und ich schlief, bis sie zurückkam und mich hinüber zum Feuer trug. Wasser dampfte in einem Topf an einem Haken. Ich sah ein Messer, ein paar Mehlsäcke, ein paar getrocknete Bohnen und schmutzige Wurzeln. Sie legte mich auf einen Haufen aus Schilfgras.

«Was haben Sie vor!» Ich wehrte mich in ihrem Griff.

Tage sollten vergehen, bis ich merkte, daß Fleur Pillager fast niemals sprach, obwohl sie die Fähigkeit dazu besaß. Mir sagte sie nur ihren Namen, aber ich hörte sie singen und mit sich selbst reden.

Sie deckte mich mit einer Pferdedecke zu und träufelte mir dann noch mehr Whiskey zwischen die Lippen, bis mein Husten sie aufhören ließ. Sie schnitt mir die Schuhe von den Füßen, indem sie vorsichtig das Leder absäbelte, dann auch meine Socken. Ich flehte sie an, mir mit demselben Messer auch die Füße abzuschneiden, aber als sie sich meine Füße fest in den Schoß legte, krümmte ich mich in tiefe Schwärze. Beim ersten Druck ihrer Hand, erzählte sie mir später, hätte ich das Bewußtsein verloren.

Während ich ohnmächtig war, fuhr Fleur Pillager fort, die lose umhertreibenden Splitter meiner Gebeine zurück in die Gestalt von Knöcheln zu kneten, zu formen und zu klopfen, wobei sie von Zeit zu Zeit ihre eigenen betastete, um die Form richtig hinzubekommen. Die Säcke, die ich für Mehlsäcke gehalten hatte, enthielten in Wirklichkeit Gips. Daraus machte sie Verbände für mich und schiente sie mit Scheiten aus dem einzigen Stück Holz auf eine Meile im Umkreis der Gleise, nämlich dem von einem Apfelbaum in Argus abgebrochenen Ast, den sie neben mir liegen sah.

Sie bündelte mich in Ölzeug und weitere Decken und machte mich betrunken, aber trotzdem konnte ich in dieser Nacht nicht schlafen. Der Himmel verwandelte sich allmählich, von Schwarz zu Grau, von Rot zu Rosa, und dann brach die Sonne durch. Fleur hatte ihren Karren die Bahnböschung hinunter zum Rand eines schilfbewachsenen Sumpfes gezogen, der fast tief genug für einen See war. Die Binsen waren das Höchste, was ich ringsherum sah. Die Welt war kahl, so weit das Auge reichte. Wir waren das einzige scharf abgegrenzte Detail darin. Fleur schürte das Feuer auf, brach Brot in eine Pfanne und machte den Sumpfwasserkaffee heiß. Ich schlürfte eine stinkende, süße Tasse davon und musterte Fleur so genau ich konnte.

Ihr Gesicht war jung, breit und dunkel, aber in den Zügen zart, fast zierlich. Ihr voller Mund war in den Winkeln geschwungen, ihre Nase majestätisch gebogen wie die einer Prinzessin. Sie war Indianerin, eine Pillager, gehörte einem wandernden Völkchen an, das niemals festen Fuß faßte. Sie lebte davon, daß sie verkaufte, was sie gerade zu verkaufen fand. Töpfe hingen von ihrem Karren und Bündel, die Nadelpäckchen und farbige Bindfäden enthielten. Darüber stapelten sich Kattunkleiderstoffe. Sie handelte mit nicht zueinander passenden

Tellern, geklebten Tassen und gebrauchten Gabeln. Sie kaufte weiße, handgearbeitete Spitze von der Missionsschule und tauschte sie gegen Beerenbildchen ein, die in unbeholfene Rahmen aus Birkenrinde gesperrt waren.

Ich wollte ihr erzählen, wer ich war, ihr alles erzählen. Aber da, gerade, als ich zu sprechen begann, fiel plötzlich der Himmel herunter. Und die Erde rückte dicht heran, so dicht, daß ich nicht mehr atmen konnte.

«Mit mir stimmt was nicht», keuchte ich.

Fleur trommelte mir auf die Brust, legte ihr Ohr auf mein Herz, dann stand sie auf und begann, Gegenstände von ihrem Karren zu werfen. Ich hatte eine Lungenentzündung, eine alltägliche Gefahr, wenn man in kalten Güterwagen schläft. Fast jeder, der über längere Zeit tippeln geht, läuft irgendwann einmal damit herum, stirbt daran oder überlebt sie. Fleur legte Steine zum Warmwerden ins Feuer, aber die Binsen rauchten zu sehr. Deshalb zerhackte sie ein paar Eisenbahnschwellen und schürte die Flammen, bis die Steine rotglühend waren.

Die Sonne sank. Das Gras raschelte im leichten Wind, und das Geräusch davon schien unnatürlich laut, wie auch die Enten, die in ihren weichen Nestern schnatterten, und die Bisamratten. Ich meinte, sie hinter Insekten her durchs Wasser klatschen zu hören. Sogar die sich auftürmenden Wolken schienen ein leises *wusch* von sich zu geben, während sie sich zusammenkräuselten und ballten und Farbe bekamen.

Fleur rollte die zischenden heißen Steine auf den Schlamm am Rande des Sumpflochs, und dann stellte sie den Wagen darüber. Auf ihn stellte sie einen Stuhl, der über den ganzen Sachen festgebunden gewesen war. Sie zog mich mit ein paar kurzen Bewegungen nackt aus und wickelte mich dann in eine trockene Decke. Sie setzte mich wie auf einen Thron auf den Stuhl oben auf dem Wagenkasten und band dann ein langes Seil um mich.

Über das alles drapierte sie, bis zum Boden, ihre Decken, so daß sie mich, fest um meine Schultern gewickelt, wie ein Umhang umgaben.

Dann war ich zu einem schweißtreibenden Kegel versiegelt.

Ich war der höchste Punkt auf der Erde. Ich war von Sinnen. Ich schaute gen Westen, wo die Sonne mit einem wilden Glühen unterging, das mein Gesicht erhellte. Ich glühte durch meine durchsichtige Haut hindurch zurück wie ein Leuchtturm und stellte mir vor, daß man mich mit zunehmender Dunkelheit sehen könne, rot wie eine Laterne, glühend wie ein Herz in knisterndem Papier. Die Umrisse meiner Knochen wären schwarz darin eingegraben. Ich war ein Signal. Die ganze Nacht hindurch ging ich an und aus, rief sie alle zu mir zurück – Giles oder Mary, meine Mutter, sogar das Baby, das mein Leben ruiniert hatte, indem es sie vertrieb.

Tiere tummelten sich an den Rändern der Hitze, die ich ausstrahlte. Ich sah die Augen von Skunks: rote Murmeln; hörte das Schnattern von Waschbären; sah zu, wie die Rohrdommeln landeten, schwärzer als der schwarze Himmel, und schläfrige Habichte. Ein Bär erhob sich zwischen dem Feuer und dem Schilf. In tiefster Nacht kam in einem Gekreisch von Funken und Rädern das größte Tier von allen vorbeigeschnauft.

Es dämmerte noch nicht ganz, als Fleur mich herunternahm. Ich war schlaff und durchweicht, atmete aber leichter. Mein Fieber war irgendwann in der Nacht gesunken. Sie wickelte mich in die äußersten, trockenen Decken und legte mich wieder auf das Schilf. Dann schichtete sie weiteres Schilf auf mich. Und über das Ganze legte sie sich selbst, ein erdrückendes Gewicht, und zuerst war mir wieder kalt, und ich spürte, wie sich meine Lungen zusammenzogen, aber dann drang von oben ihre Wärme herunter.

Als es mir besserging, zogen wir weiter. Fleurs Karren lief auf extra dafür eingekerbten Rädern, und sie zog ihn, indem sie ihren Kopf durch ein Pferdekummet steckte. Wir reisten langsam und hatten uns die Ohren mit Binsen zugestopft, um die Erschütterungen und das Stöhnen der Räder nicht zu hören. Ich war obendraufgezurrt, auf meinen Stuhl, mit baumelnden Beinen und einem Schirm, der so festgebunden war, daß er mir Schatten gab. Da wir uns beide die Ohren zugestopft hatten, machte ich mir Sorgen, wie wir die Züge hören sollten. Aber Fleur trug Nagelschuhe mit plattgedrückten Blechbüchsen unter den Zehen. Diese Metalleisten vibrierten beim Herannahen eines Zuges, und dann hatte Fleur noch Zeit genug, den Karren herunterzuheben und ihn zur Seite zu schleppen.

Ich wußte nicht, wohin wir gingen, es kümmerte mich auch nicht. Wir kamen an Bauernhöfen vorbei, manche dicht bei den Schienen, andere weit weg, und jedesmal hob Fleur den Karren von den Schienen und zog ihn querfeldein oder eine Straße entlang, bis wir das Anwesen erreichten. Man hätte denken können, daß Hunde sie belästigt und die Farmer ihre Türen verschlossen hätten. Aber schon vor jedem Hof kamen die Hunde uns eifrig entgegen. Als nächstes kamen Kinder, Nickelmünzen fest in der Faust, um einen ersten Blick zu erhaschen. Dann tauchten die Frauen auf, zögernd, die Gesichter vom Dampf gerötet, die Hände rauh von der Wäsche, mit schmerzenden Füßen. Fleur führte ihnen Büffelhornknöpfe, Zwillingsgänse aus Achat, eine Brosche aus Tierklauen vor. Zuletzt kamen die Männer, um Axtschneiden und Schnurrollen zu kaufen. Fleurs Kunden waren vorsichtig und näherten sich ihr mit einem Anflug von Furcht, als sei sie eine Hexe oder vielleicht eine zum Herumwandern verurteilte Heilige.

Und sie sahen mich an, Fleurs Gefangenen in jeder Hinsicht, beschämend abhängig von ihr. Ich weiß nicht, was sie sahen. Ein Strichmännchen. Einen armen Narren.

Manchmal blieben wir über Nacht in einem Werkzeugschuppen oder einer Scheune, und einmal lud uns ein Mann mit gänseeiergroßen Beulen am Hals ein, in der Stube seiner verstorbenen Frau zu schlafen. Wir blieben nirgends länger als eine Nacht. Beim Morgengrauen packte Fleur Stück für Stück ihren Karren und mich obendrauf. Sie steckte ihren Kopf in das Kummet und zog mich die Schienen entlang.

Zwischen den Farmen hatte ich viel Zeit zum Nachdenken, und während der ersten paar Tage zog ich manchmal mein Messer mit dem Perlmuttgriff heraus. Wenn ich es fest in der Hand hielt, konnte ich meine Mutter vor mir sehen, wie sie mit kurzen, gelangweilten Bewegungen den Boden fegte oder ihr Haar aufsteckte. Wenn sie das tat, schaute sie kaum in den Spiegel. Ich sah die milchigweiße Unterseite ihrer Arme, die gerunzelte Stirn, wenn sie Haarnadeln zwischen die Lippen klemmte, ihre Finger, die so präzise zustießen. Dann sehnte ich mich nach ihr und überließ mich unter Fleurs Schirm meinen Tränen. Es dauerte allerdings nicht lange, bis ich des Weinens müde wurde und Szenen mit meiner Mutter zu erfinden begann, die mir mehr Vergnügen machten. Zum Beispiel ihre Leiden, wenn wir uns endlich wiederträfen und ich sie unbeachtet ließe und ihr die kalte Schulter zeigte. Oder der Schock, mit dem sie meine Grausamkeit zu begreifen versuchte.

«Ich werde dir nie verzeihen», murmelte ich manchmal laut vor mich hin, um den schönen Schauder zu verstärken.

Aber als meine Phantasien grausamer wurden, begann sie in meinen Bildern zu schluchzen, mit den Fäusten auf die Matratze zu hämmern, sich die glatte Haut zu zerkratzen und sich sogar büschelweise das Haar aus-

zureißen, bis ich schließlich vor der Heftigkeit ihrer
Scham und ihres Kummers erschrak. Da begann ich ihr
zu glauben, daß sie mich in Wirklichkeit gar nicht verlassen hatte. Es schien mir nun ganz natürlich, daß der
Mann mit dem weißen Pullover, dem Lederhelm und
dem orangegoldenen Schal sie gegen ihren Willen ge-
raubt hatte.

Dies wurde mir eines Tages klar, als wir angehalten
hatten, um einen Zug vorbeizulassen. Ich dachte daran,
wie die Lippen meiner Mutter über die meinen gestreift
waren, bevor sie den Arm hochwarf, um ihr Geld für
einen Flug mit dem mageren Schmierenkomödianten
hinauszuwerfen. Ihre Lippen waren trotz der prallen
Sonne kalt gewesen, ihre Zähne fest aufeinandergepreßt.
Sie war noch nie mit einem Flugzeug geflogen, und sie
muß Angst gehabt haben. Zwar war ihre Geste kühn,
doch das Lächeln, mit dem sie den Geldschein aus ihrer
Tasche hochhielt, war zu strahlend, zu nichtssagend. Ein
Abenteuer, um die Langeweile zu durchbrechen, war alles, was sie suchte. Ihre Angst und der kühle Kuß waren
der Beweis. Naturgemäß war Omar von ihr hingerissen
gewesen, hatte sich in sie verliebt, als sie den Geldschein
hochhielt, und dann heimlich geplant, sie nicht zurück-
zubringen, sondern weiterzufliegen, egal, wie sehr sie
flehte, wie laut ihre Schreie den Motor übertönten.

Sogar jetzt noch, wo ich mit Fleur im Luftstrom her-
annahender Züge saß, war meine Mutter die Gefangene
jenes Mannes.

Aber ich würde sie retten. Wenn ich erst wieder laufen
konnte, würde ich ihn zur Strecke bringen. Eines Morgens würde ich auf seiner Türschwelle stehen. Er würde
näher kommen, sich die Seife von der Brust wischen, und
ohne Vorwarnung würde ich zuschlagen. Ich brachte
den Piloten während unserer Reise viele Male und auf
viele Arten um. Jedesmal am Ende solcher Szenen eilte

meine Mutter über seine Leiche auf mich zu. Sie hielt mich eng umschlungen, und wenn sie mich küßte, waren ihre Lippen sehnsüchtig und warm.

Es dauerte wohl ein oder zwei Wochen, bis wir zu dem Reservat kamen, in dem Fleur wohnte. Wir kamen am Tag nicht mehr als eine oder zwei Meilen voran, da die Farmen gleichmäßig am Weg verteilt lagen und Abstecher erforderten. Während dieser Zeit verbrannte der Wind mein Gesicht. Der Regen gerbte meine Haut. Wenn es nachts kalt war oder nieselte, wickelte Fleur mich in einen Berg von Decken und Wachstuchplanen. Manchmal lag ich am Morgen fest und warm zusammengerollt neben ihr, dicht, aber ohne richtig Haut ganz zu berühren. Ich glaube, ich hätte ewig so unter ihrem Schutz weiterleben können, aber dann kamen wir plötzlich dort an, wo wir hinwollten.

Eines Tages verließ Fleur die Schienen, und wir begannen zwei Ochsenkarrenfurchen entlangzuziehen, wandten uns damit vom Farmland fort und kamen auf die offene Prärie. Es dauerte lange, bis Häuser auftauchten. Wir begannen, bei niedrigen Hütten aus lehmverkitteten Baumstämmen haltzumachen, in denen Chippewas oder wildaussehende Franko-Indianer mit dünnen schwarzen Stoppeln und langen Schnurrbärten wohnten. Es gab auch Bretterhäuser mit Brunnen, Scheunen und ordentlichen Fliegengittertüren, die sich quietschend öffneten, wenn wir kamen. Die Frauen, die aus diesen Türen traten, trugen Schürzenkleider und hatten ihr Haar kurz geschnitten, auf Lockenwickler gedreht und in dünne Netze gebunden. Sie waren nicht wie Fleur, aber trotzdem waren sie Indianerinnen und unterhielten sich in einer fließenden, weichen Sprache.

Nachdem wir ein paar Tage auf diesen Pfaden weiter ins Hügelland gewandert waren, kamen wir zu einer Siedlung. Es war nichts Großes. Ein paar Bretterhütten und zwei größere Gebäude, die wie Schulen oder Büros aussahen. Wir gingen eine gewundene Straße hinauf auf eine Kirche zu. Fleur ließ ihren Karren unten am Hügel stehen und trug mich auf den Armen den kürzesten Weg hinauf zur Hintertür eines weißgetünchten Hauses.

«Was ist das!» schrie eine Nonne, die die Tür öffnete. Sie war dick und sanft und sah sehr sauber aus. Ich stank so schlimm, daß sie sich die Hand vor den Mund hielt.

Fleur fuhr fort, mich wie eine Opfergabe vor sich hin zu halten. Keine Erklärung. Und nach einer Weile öffnete die Nonne die Tür weiter und machte uns ein Zeichen, hereinzukommen. Sie läutete eine kleine Glocke in der Nähe des Eingangs, und mehrere ihrer Mitschwestern kamen zusammengelaufen.

«Sie hat mich aufgelesen», sagte ich. «Ich bin aus dem Zug nach Westen gefallen.»

Sie glotzten mich mit runden Augen an, wandten sich dann um und besprachen sich, ob ich bleiben sollte oder nicht, ob sie ihre Oberin holen sollten oder die Priester, ob ich ein Indianer sei oder nicht oder etwa gefährlich. Wie sich herausstellte, war ihre Beratung ohnehin nutzlos, denn während sie noch murmelten und zischelten, bückte Fleur sich, legte mich Häuflein auf das polierte Linoleum und ging zur Tür hinaus.

Ich war nun schon so oft fallen gelassen worden, daß es jetzt nicht mehr darauf ankam. Während ich dort auf dem Boden saß, ging mir auf, daß die drei Dinge, die ich in meinem Leben aus eigenem Antrieb unternommen hatte, mich nur vom Regen in die Traufe gebracht hatten. Nämlich erstens, in Argus wieder zurück in den Zug zu steigen, dann Giles Sankt Ambrosius und schließlich der Sprung aus dem Güterwaggon. Am Ende von alledem war ich nun vollständig hilflos. Deshalb blieb ich diesmal einfach still sitzen, bis sich der nächste Mensch meiner annahm. Ich weigerte mich nicht, auf einer Pritsche in der Besenkammer des Refugiums zu schlafen und mich dann, als ich endgültig geheilt war, im Kirchhof abzuschuften. Ich verharrte tatenlos, als die Nonnen das Geld beisammen hatten, um mich zurück nach Minneapolis zu schicken, wo andere Mitglieder ihres Ordens mich am Zug abholten und mich an meinen Ausgangspunkt unter dem roten Banner des heiligen Hieronymus zurückführten, an den Bäumen vorbei, die beim Waisenpicknick mit farbigen Lämpchen behängt gewesen waren, um die Tribüne herum und weiter bis zu dem großen Backstein-Waisenhaus mit den vielen Türen und Fenstern, wo ich das folgende Jahr verbrachte, bevor ich ins Seminar eintrat.

Ich konnte ausgezeichnet gehorchen. Ich war verliebt in meine eigene Erscheinung in der schlanken schwarzen Soutane und hatte das Gefühl, daß ich mich vor dem grünen Rasen des Seminars und den weißen Steinen der Kapellen vorteilhaft abhob. Während ich auf dem Gelände umherging und meine tägliche Lektion las, war ich vielen Blicken ausgesetzt. Zwischen den Zeilen der heiligen Texte traf ich mich mit dünnen zähen Tippelbrüdern, die in den Büschen geschlafen hatten. Gespenstisch und stinkend in ihrem Schweiß und Reisestaub, sahen sie mich als reine schwarze Flamme. Sie konnten mir nicht widerstehen. Ich wußte, immer wenn ich meine Augen streng die Druckseite hinunterwandern ließ, wenn ich in den dunkelsten Ecken der Landschaft stehenblieb, wenn ich meine Augen schloß, als hätte ich Umgang mit einem höheren Wesen, kamen sie. Sie zwangen mich, sie wie ein Tier anzubeten. Ich fiel. Ich brannte und brannte, bis ich durch die Gnade verzehrt wurde.

Eines Tages lud Tante Fritzie Mary in ihr Büro ein, wo
der schwarz-goldene Safe stand, wo die Hauptbücher
sechs Regale füllten und sich das weiße Band aus der Rechenmaschine wie Nebelschwaden über den Boden ringelte. Die langen Streifen wickelten sich um Marys Knöchel, als sie sich neben den grauen Stahlschreibtisch
setzte. Fritzie stöberte in den Schubladen und zog Büro-
klammern, Papier und noch mehr Rechenrollen heraus.
Ein Ständeraschenbecher stand neben ihrem Ellbogen in
Reichweite; ein Radio summte in dem Eichenwand-
schrank über ihrem Kopf. Die Pflanzen, die in Tante
Fritzies Büro wuchsen, hatten Blätter so dünn wie Dol-
larscheine und brauchten niemals Wasser. Das Neon-
licht, das sie nachts anschaltete, summte und knackte
und zog weiche braune Motten an.

Dieses Büro war Marys Lieblingsplatz. Schon jetzt
hatte sie beschlossen, daß sie Buchhaltung lernen würde,
wenn sie in der High-School wäre, wie Tante Fritzie. Sie
wollte in kalten Nächten zwischen den trockenen Pflanzen sitzen und mit Zahlen arbeiten. In einer Nacht am
Ende jedes Monats, wenn Fritzie die Rechnungen weg-
schickte, schlief Mary immer beim beruhigenden *tick*,
tick, *wrrr* von Tante Fritzies Fingern auf den Tasten der
Rechenmaschine ein.

«Ich denke, du bist alt genug, um dir selbst einen Reim
darauf zu machen», sagte Tante Fritzie jetzt. Sie reichte
Mary die Karte. Es war eine Ansichtskarte. Mary studierte das Bild sorgfältig, bevor sie sie umdrehte. Auf der
Vorderseite war ein Foto von einem Mann im Anzug, der
auf den Ästen eines Baumes stand. *Größte lebende Eiche
in So. Jacksonville, Florida*, war in geschnörkelter grüner
Schrift daruntergeschrieben. Auf der Rückseite der
Karte stand ein kurzer Text:

Wohne jetzt hier unten. Denke täglich an die Kinder.
Wie geht es ihnen? Adelaide.

Mary schaute rechtzeitig hoch, um noch zu sehen, wie
Tante Fritzie den Rauch ausstieß, in zwei dünnen, ver-
ächtlichen Strömen. Dann schaute sie wieder hinunter
auf die Karte. Fritzie wartete auf eine Reaktion, aber
Mary empfand nichts Besonderes.

«Na», sagte Tante Fritzie, «was wirst du tun?»

An Tante Fritzies lauter Stimme fiel Mary der Ver-
schwörerton auf. Immerhin war Fritzie Adelaides einzige Schwester. Adelaide hatte auch sie im Stich gelassen.

«Ich weiß noch nicht», sagte Mary.

«Natürlich nicht», sagte Fritzie. Sie drückte mit einer
einzigen heftigen Bewegung ihre Zigarette aus. «Ich
könnte sie auspeitschen!»

Mary zupfte ein vertrocknetes Blatt von der Pflanze,
die das Fenster überwucherte.

«Schreib ihr zurück, wenn du willst, sie ist schließlich
deine Mutter. Aber ich bin fertig mit Adelaide, seit du
damals zur Tür hereingekommen bist.»

Mary warf Tante Fritzie einen verstohlenen Blick zu,
um ihren Gesichtsausdruck zu sehen. Aber Tante Fritzie
fing ihren Blick auf, und Mary konnte nicht mehr weg-
schauen.

«Geh nicht zurück zu ihr, das ist alles, worum ich dich
bitte», sagte Fritzie.

Etwas wie ein enger Reifen brach in Marys Brust, und
sie lachte. Es war ein plötzlicher, ungelenker Ton heftiger Erleichterung, der ihr peinlich war.

«Wozu auch», sagte sie, «du bist mehr als eine Mutter
für mich.»

Fritzie fummelte eine neue Zigarette aus ihrem Päckchen. Ihre gelbe Haut errötete golden, und sie blinzelte
auf ihr automatisches Feuerzeug hinunter. «Warum kann

ich bloß nicht aufhören? Diese Dinger bringen mich noch um.»

«Und außerdem stinken sie», sagte Mary.

«Das behauptet Sita.»

Mary lachte.

«Nach diesem Päckchen», versprach Tante Fritzie.

«Nach diesem Päckchen», stimmte Mary zu.

Tante Fritzie nahm einen grünen Kuli mit der Aufschrift *Kozka für feinste Fleisch- und Wurstwaren* und begann, ihr gebundenes Hauptbuch durchzublättern. Mary schüttelte sich die Papierlocken von den Knöcheln.

«Die nehm ich mit», sagte Mary und hielt die Ansichtskarte hoch, und dann ging sie.

Mary dachte nicht bewußt an die Ansichtskarte, aber sie war da, in ihrem Hinterkopf, die ganzen nächsten Wochen, und manchmal ertappte sie sich dabei, wie sie in Gedanken lange Briefe voller Haß und Kummer an Adelaide schrieb. Dann beantwortete sie eines Tages die Karte ihrer Mutter mit einer, die sie fast ohne zu überlegen aus dem Postkartenständer im Drugstore an der Ecke zog. *Luftansicht von Argus, North Dakota*, stand vorne drauf. Die braunen Häuserpunkte, leeren Straßen und bauschigen Grünflächen von Argus waren von einem Flickwerk stumpfbrauner Felder umgeben. Was sie auf die Rückseite der Karte schrieb, überraschte Mary ebenso sehr wie es Tante Fritzie überrascht und erfreut hätte, deren Unterschrift und Handschrift sie sorgfältig nachahmte.

Deine drei Kinder sind alle verhungert, schrieb Mary.

Sie adressierte die Karte und ging damit hinunter zum Postamt. Sie kaufte eine Briefmarke, leckte sie an und klebte sie in die rechte obere Ecke. Als ihre Finger die Karte über dem Briefkastenschlitz losließen, fuhr ihr durch den Sinn, daß sie nichts dabei spürte. Aber während sie in dieser Nacht, der letzten des Monats, zum Geräusch von Tante Fritzies Rechenmaschine einschlief, stellte sie sich vor, wie die Postkarte in den Händen ihrer Mutter landete: Adelaide starrte darauf hinunter und besah sich genau jedes Detail des Bildes, aber obwohl sie auch die feinsten Striche absuchte, fand sie ihre Tochter nicht, die – so winzig, daß man sie nicht erkennen konnte – direkt durch ihre Mutter hindurchsah, keineswegs tot, sondern sicher versteckt in der Luftaufnahme.

Marys Postkarte, die über zwei neue Adressen nachgeschickt worden war und mehrere Wochen in der Agentur lag, die den Großen Omar vermittelte, gelangte direkt nach dem Unfall in Omars Hände. Er steckte die Karte in die Tasche und hätte sie um ein Haar vergessen, wenn er nicht im Krankenhaus, wo er bei Adelaide Wache hielt, etwas gesucht hätte, um sich abzulenken. So zog er unter Schmerzen mit seinen verbrannten Fingern die Karte heraus, schaute sie mehrmals an und steckte sie dann zurück.

Omar versuchte, sich möglichst wenig zu bewegen; er atmete flach, und sein Gesicht war bleich vom Schmerz in seinen verbundenen Rippen und seinem zertrümmerten Bein, das von der Hüfte an gesplittert war. Nur seine Augen bewegten sich, vom Hügel, den Adelaides Füße unter der Krankenhausdecke formten, über die Biegung ihres Handgelenks zur strengen Fläche ihres linken Wangenknochens hinauf und zurück. Über ihrem Kopf war ein kleines Fenster, ein Fleckchen Florida-Blau. Es herrschte drückende Hitze. Direkt hinter dem gummiartigen Vor-

hang stöhnte jemand, und weiter weg auf der Kranken-
station plätscherte unaufhörlich Wasser, bis er sich
fragte, ob überhaupt noch welches übrig sein konnte. Er
öffnete den Mund, versuchte zu sprechen, aber er wußte
ja kaum, worüber er mit der lebendigen Adelaide reden
sollte, und jetzt, wo sie dem Tod so nahe war, fühlte er
sich noch unsicherer.

Er konnte sie nicht einmal berühren. Seine Hände waren aufgeblähte, schlaffe Keulen, mit meterweise Mull
verbunden. Während des Unfalls waren Funken aus den
Instrumenten gesprungen, aber er hatte die Hände nicht
weggenommen. Er hatte gebrüllt, während das alles geschah, Adelaide hingegen nicht, soweit er sich erinnerte,
und jetzt konnte er sich gut vorstellen, daß sie eiskalt
neben ihm gesessen hatte, während er versuchte, den
Sturzflug zu stoppen.

Erstaunlicherweise hatte er sie beide zur Erde zurück-
gebracht und ein völliges Zerschellen verhindert, wenn-
gleich das, was geschah, schlimm genug war. Es war ein
Jahrmarktsflug gewesen, deshalb gab es genügend Leute,
die nach Ärzten, Eis, Schienen, Verbänden, Tragbahren
und Riechsalz gelaufen waren. Er erinnerte sich an den
Tumult, an das Brüllen der Alligator-Kämpfer im Hintergrund und das blecherne Klimpern einer Riesenrad-
melodie. Er hatte Adelaides Namen gerufen, aber die
Augen der Fremden, die ihn fixierten, waren geweitet
vor Aufregung und sagten ihm nichts.

Er wußte immer noch nicht, wie schwer sie verletzt
war, ob sie bei Verstand aufwachen würde oder ob sie
überhaupt wieder aufwachen würde. Er wußte nicht,
daß ihre Verletzungen sich als weit ungefährlicher her-
ausstellen würden, als sie anfangs schienen, und auch
nicht, daß ihr nur eine Narbe bleiben würde, im Nacken,
während er mit den Schmerzen in den Knien und einem
rollenden Hinken weiterleben müssen würde. Er glaubte,

jeder Augenblick könne leicht ihr letzter sein, und er würde es vielleicht gar nicht merken.

Eine Schwester kam herein, klapperte mit ein paar Bettpfannen und zog sich wieder zurück. Auf der anderen Seite des Vorhangs verwandelte sich das Stöhnen in einen unterdrückten, monotonen Fluch. Adelaides Hand zitterte. Omar hätte fast die Schwester zurückgerufen, hielt sich dann aber zurück aus Angst, das Zittern könne ein Zeichen für eine Wendung zum Schlimmeren sein. Er hielt Wache. Es war ein Schock für ihn, als sie sprach.

«Ich muß Mary eine Nähmaschine schicken», sagte Adelaide.

Ihre Stimme kam aus dem unsichtbaren Bereich jenseits ihres Wangenknochens, schwebte über Omar herunter und zog ihn an. Er beugte sich zu ihr hinüber.

«Wenn Mary Nähen lernt, hat sie eine Fertigkeit, auf die sie immer zurückgreifen kann.»

Ihre Lippen waren sachlich gespitzt, so wie Omar das von den Abenden kannte, wenn sie Geld zählte, die Tageseinnahmen, und entschied, wieviel sie für das Zimmer ausgeben, ob sie gut oder bescheiden essen und was sie für Reparaturen und Treibstoff beiseite legen würden. Adelaide konnte das gut. Seit sie sich ihm angeschlossen hatte, schafften sie es nicht nur, immer genug zu haben, sondern es blieb auch noch etwas übrig, das sie dann auf ihrem Winter-Konto sparte, von dem sie ihn nichts abheben ließ.

Omar streckte Adelaide die Hand hin. Er rang nach Atem wegen des stechenden Schmerzes in seinen Rippen, aber sie schien ihn ohnehin gar nicht zu bemerken.

«Sieh mich an», sagte er.

Ihre graublauen Augen fixierten die Wand, ihre hübschen Augenbrauen zogen sich gebieterisch zusammen.

«Es sind genug Ersparnisse da für eine Singer», sagte sie.

Dann schloß sie die Augen. Diesmal war es echter Schlaf. Sie runzelte die Stirn, wie um ihn zu warnen, sie ja nicht aufzuwecken. Omar lehnte sich zurück, verstört und eifersüchtig. Adelaide sprach fast nie von ihren Kindern oder ihrem Leben vor ihm.

Fliegen warfen sich emsig gegen das gerahmte Blau. Die Luft war stickig. Omar mochte gar nicht daran denken, daß Adelaide jetzt im Schlaf anstatt von ihm vielleicht von Mary träumte oder von diesem anderen, einem Jungen. Er hatte bislang noch nie den geringsten Zweifel an ihr gehabt. Er war stolz darauf, daß sie ihre Kinder und ihr ganzes Leben, ein angenehmes, wie er aus ihren schönen Kleidern und ihrem Schmuck geschlossen hatte, für einen Hochstapler aufgegeben hatte, der nichts sein eigen nannte als einen gelben Schal und ein von Ballendraht zusammengehaltenes Flugzeug.

Jetzt wurde das Flugzeug gerade gestrichen, ja, jetzt im Augenblick, in der Reparaturwerkstatt, und sein Name war in Schaustellerkreisen bekannt. Trinken tat er auch nicht.

Dank ihr, dachte er. Ihre Hand lag still. Er besah sie sich, gefaßt auf ein Zeichen von Schwäche, das aber nicht kam. Die Knöchel waren gerötet, als habe sie an eine Tür geklopft. Sie ballte die Hand zur Faust und begann sie wieder und wieder zuzudrücken. Omar spürte, wie es ihm den Hals zuschnürte, obwohl sie nur Luft zusammenpreßte.

Er blieb bei Adelaide sitzen, bis ihm völlig klar wurde, daß sie außer Gefahr war. Dann stand er auf, nahm die Karte aus Argus aus seiner Tasche und stellte sie auf den hölzernen Nachttisch, wo sie sie sehen würde.

Zweiter Teil

VIERTES KAPITEL
1941

Mary Adare

Nach den wundersamen Flächen schwarzen Eises kamen die Fluten, die, als das Wasser zurückging, Bretter und schlangengleiche Verknotungen von Treibgut hoch in den Ästen stranden und braune Blutegel wie Rosinen auf den Bürgersteigen trocknen ließen. Auch hielt sich in den Hinterhöfen und Rinnsteinen der Geruch von Flußschlamm, eine verfaulte Süße. Noch bis weit in die Sommerdürre hinein gab es Beweise dafür, wie hoch der Fluß gestiegen war: Kuriositäten wie Schnecken im nassen Stroh der Viehställe und den schimmligen Ring auf halber Höhe der Wand von Petes Garage. Die Abwasserrohre waren verstopft, stauten den ganzen Sommer über zurück und verströmten einen scharfen Ammoniakgeruch, der Sita schreckliche Kopfschmerzen verursachte. Sie verbrachte ganze Tage damit, vollkommen still in unserem verdunkelten Schlafzimmer zu liegen, den Kopf in Eis gepackt.

Eine Weile war ich noch das Mädchen, das das Wunder bewirkt hatte, eine Attraktion für Kunden und Nachbarn, die stehenblieben, um mich anzufassen, wobei sie ihre Finger ausstreckten, als sei mein Körper mit göttlicher Elektrizität gefüllt. Ich wünschte, er wäre es gewesen. Ich wünschte, noch mehr Ungewöhnliches möge geschehen. Aber es kam nichts Besonderes heraus bei ihren Berührungen, kein Glück beim Kartenspiel oder Krankheitsheilungen in letzter Minute, keine plötzliche Gnade. Nichts, was ich tat, hatte besondere Nebeneffekte. Deshalb hörte das Anfassen auf. Ich wurde wieder ein gewöhnliches Mädchen, und – in den Augen der Stadt, im Laufe der Jahre – vielleicht noch etwas Schlimmeres.

Äußerlich war mit mir nie viel Staat zu machen, das war mir von Anfang an klar. Mein Gesicht war breit und blaß, nicht häßlich, sondern einfach nur unauffällig, bis auf die Farbe meiner Augen. Die gefielen mir am besten an meinem Gesicht. Sie wurden nämlich im Laufe der Zeit hellbraun, fast gelb, und ich hatte keine Augenbrauen, die ihre Wirkung hätten beeinträchtigen können. Sie waren seit dem Unfall auf der Rutschbahn nie wieder nachgewachsen. Mein Haar blieb dünn, schwarz wie Teer. Obwohl ich es wie Sita mit Bier und Ei wusch, konnte ich es nur glatt oder zu zwei Bleistiftzöpfchen geflochten tragen. Jahrelang verwendete ich Sitas abgelegte Kleider, die an den Säumen aufgetrennt und gekürzt waren. Danach zog ich mich so an, wie es mir gefiel. Aber um diese Zeit war mir schon alles egal. Und wenn ich vom Wurstküchentisch nach weißem Pfeffer roch, was machte das schon? Und wenn ich nichts gleichsah, was machte das schon? Immerhin hatte ich ja den Laden, Pete und Fritzie und Celestine, obwohl sogar sie manchmal meiner direkten Art müde wurde.

Ich platzte mit Sachen heraus. Ich war dickköpfig, verbittert, launisch und hatte Anfälle unbilligen Ärgers. Die Sachen, die ich sagte, kamen falsch heraus, selbst wenn ich vorher darüber nachdachte. Die ganze Schulzeit über störte es mich, wenn andere Kinder sich abwandten oder einfach nur schockiert dreinsahen, wenn ich etwas sagte. Ich will mich nicht entschuldigen, und es gibt eigentlich auch keine Entschuldigung, aber was auf der Tribüne in

Minneapolis, im Güterzug und auf dem Spielplatz in Argus geschehen war, hatte mich beeinflußt, hatte mich in meiner Andersartigkeit über die anderen gestellt. Ich hatte eine Perspektive. Manchmal schaute ich vor dem Einschlafen von meinem Bett herunter und sah Argus wie auf der Ansichtskarte, die ich meiner Mutter geschickt hatte. Es war klein, einfach nur eine Kreuzschraffur von Linien auf der Erde, nichts, was eine Eiszeit oder vielleicht eine weitere Überschwemmung nicht leicht hätten ausradieren können.

In dem Maße, wie die Stadt um mich her an Bedeutung für mich verlor, wurde Celestine wichtiger. Pete und Fritzie auch, und sogar Sita, obwohl ich für die weniger wichtig war. Wir mochten einander eigentlich nie, wurden allenfalls toleranter und gewöhnten uns an die Gegenwart des anderen, wie das nur Menschen können, die im selben Zimmer schlafen. Nacht für Nacht verschmolzen und bekämpften sich unsere Träume. Vibrationen entstiegen unserem Schlaf und hingen zitternd um uns. Am Morgen hatten unsere geisterhaften Seelen dann Frieden geschlossen.

So stand ich Sita vielleicht näher als Celestine, obwohl ich Sita bei Tageslicht nicht leiden konnte: ihre gepflegte Schlankheit und ihre gezierte Stimme, die Art, wie sie sich mit einer hochgezogenen Augenbraue abwandte, um mich zum Verstummen zu bringen, ihren schmalen Mund, den sie Dutzende von Malen anmalte und abtupfte, während sie auf Kundschaft wartete. Ich konnte sie nicht ausstehen. Ich war erleichtert, wenn Celestine im Laden vorbeischaute. Sie war von der Schule abgegangen, noch bevor sie damit halb fertig war, und hatte eine Stelle bei der Telefongesellschaft angenommen. Dieser Job ließ sie älter erscheinen, aber trotzdem war zwischen uns noch die alte Vertrautheit.

Celestine sah gut aus damals, groß und mager. Sie trug

Schneiderkostüme an Stelle von Kleidern, dazu eine Ledertasche über der Schulter. Wenn sie in die Küche trat, war sie schön wie ein Mann. Ihre Stimme war tief und klangvoll, und sie rauchte Viceroys wie Fritzie. Wir saßen beieinander, schimpften auf ihren Chef und lasen die Soldatenbriefe von der Front. Im Gehen zündete sie sich eine letzte Zigarette an und rauchte sie bis zur Hälfte herunter, bevor sie in Russells Auto stieg. Die Zigarette hing zwischen ihren Lippen, wenn sie losfuhr.

Ich hoffte immer noch, ein wenig an Celestines Größe heranzukommen. Aber mit achtzehn hörte ich auf zu wachsen und war immer noch klein. Eine Weile bedrückte mich die Erkenntnis, daß ich, solange ich den Laden führte, die Kunden immer durch die erleuchtete Theke hindurch, niemals darüber hinweg ansehen müssen würde.

Die Metzgerei war mein Zuhause. Das Haus war eingeschossig. Die Böden waren aus Beton gegossen und von Warmwasserleitungen zum Heizen durchzogen. Die dicken Wände waren glatt verputzt und glänzend weiß gestrichen. Da so viele Türen Rundbögen hatten, kam einem das Ganze wie eine in einen Berg gegrabene Höhle vor. Das Licht fiel grün und wäßrig durch dicke Glaskacheln, außer in der Küche, wo die Fliegengittertür einen Fleck Sonne hereinließ. Die Kunden kamen oft zum Plaudern hier nach hinten. Über Tante Fritzies Garten und den weiten Hof konnten sie die Kühe und Schafe beobachten, die sich, nur halb sichtbar, in der Dunkelheit der Gatter zwischen den schweren Planken bewegten, an denen sie festgebunden waren.

Pete brachte ihnen abgebundene Würste zum Probieren herüber, und sie aßen sie mit Salzcrackern oder weichem Weißbrot und verglichen die Sommerwurst, die Bierwurst und die Schwedenwurst miteinander. Sie waren von einem groben Schlag, Deutsche und Polen oder Skandinavier, mit rauhen Händen und entschiedenen Ansichten, doch vorsichtige Abbeißer, weil ihnen die Zähne weh taten oder ihre Gebisse nicht gut saßen. Graues Haar entsproß ihnen an überraschenden Stellen. Ihre Hände waren unförmig und schwielig. Weder schweiften ihre hellen Augen ab, noch geriet ihre Unterhaltung ins Stocken, wenn sie zufällig aufschauten, an einem Schlachttag vielleicht, und ein in die Schlachtrutsche gezwängtes Schwein sahen, dem gerade die Kehle durchgeschnitten wurde.

Manchmal bediente ich Kunden. Aber häufiger zerlegten Fritzie und ich im großen Raum Fleisch oder haschierten oder würzten es. Sita weigerte sich, viel mehr zu tun als auszuhelfen, wenn es mit den Vorbestellungen drängte. An dem Tag, als alles anders wurde – ich war immer noch achtzehn –, stand ich am Wurstküchentisch und würfelte Gulaschfleisch, und Fritzie stand an der großen elektrischen Säge. Ich mag einen Laut gehört haben, den sie unter dem schrillen Kreischen der Säge ausstieß, vielleicht spürte ich es auch nur, jedenfalls drehte ich mich in dem Augenblick um, als sie auf die Knie fiel. Feuerrot und würgend schlug sie mit den Fäusten auf den Boden, um Luft zu bekommen, während ich ihr auf den Rücken klopfte, aber es kam nicht genügend, und sie fiel bewußtlos in sich zusammen und schöpfte nur noch gelegentlich japsend Atem, woran wir merkten, daß sie noch am Leben war.

Was mir plötzlich auffiel, als Pete sie zur Tür hinaus in den Krankenwagen trug, der ihr das Leben rettete, war die Zerbrechlichkeit ihres Körpers, nun da sie nicht mehr in ihm war und ihn bewegte. Sie war ein Strichmännchen, witzblattdünn und gebrochen in Petes Armen. Später am Abend, im Krankenhaus, als sie in ein Sauerstoffzelt eingeschweißt wach lag, saß ich neben ihr und beobachtete, wie ihre Finger den Saum des Bettlakens abtasteten. In dieser Geste sah ich alles: ihr Staunen, ihr Wissen um die Beschaffenheit des dünnen Materials, ihre Überraschung darüber, daß sie doch nicht tot war.

Als Fritzie nach Hause entlassen wurde, gab sie für immer das Rauchen auf. Sie saß am Küchentisch, im Licht, das durch die Fliegengittertür hereinfiel, kaute Kaugummi, lutschte saure Drops, mümmelte Toast mit Butter. Nach wenigen nikotinlosen Monaten erblühte ihr Gesicht von einem Säuregelb ins Pfirsich- und dann Rosenfarbene. Sie nahm zu und ließ das Wasserstoffsuperoxyd aus ihrem Haar herauswachsen, so daß es braun nachwuchs. Sie war zäh gewesen, zielstrebig, eine, mit der man immer rechnen mußte, aber jetzt wurde sie weich. Wie über Nacht wurde sie eine rundliche Frau ohne alles Bedrohliche. Sie begann zu denken, sie habe sich nicht genügend um ihre Mädchen gekümmert, und nahm eine Häkelarbeit wieder auf, die sie als junge Frau angefangen hatte. Die alten Stücke waren verblaßt, die Farbe des Garns war stumpf, aber sie umhäkelte alles mit farbenfrohen Rändern und steigerte sich dann zu immer komplizierteren Anstrengungen. Stöße von fertig gehäkelten Quadraten sammelten sich zu ihren Füßen.

«Heb die in deiner Aussteuertruhe auf», sagte sie eines Nachmittags zu mir.

«Ich habe keine», sagte ich.

Also bekam Sita die Häkeldecken, aber das machte mir nichts aus. Ich würde ganz andere Dinge als Häkeldecken brauchen. Auch damals wußte ich schon, daß mein Leben kein Tunnel der Liebe in der Dunkelheit sein würde, kein weites Feld.

Ich suchte mir die Einsamkeit nicht aus. Wer tut das schon? Sie kam über mich wie eine Art Berufung und erforderte eine Anstrengung, die verheiratete Frauen sich nicht ausmalen können. Noch heute schaue ich gelegentlich verheiratete Frauen an, wie vielleicht ein verwilderter Hund durchs Fenster die zahmen anschaut, beneide sie um die Regelmäßigkeit ihres Lebens, habe aber zugleich nur Verachtung übrig für das geringe Vergnügen, das sie aus der Berührung durch ihr Herrchen beziehen. Ich war nur einmal in Versuchung, aber auch das war keine richtige Liebesgeschichte. Eine Ehe mit Russell Kashpaw wäre, wenn überhaupt möglich, kein Zuckerschlecken gewesen. Er war nicht der Typ zum Heiraten, nicht einmal in den Jahren, als er noch bei Kräften war.

Es fing an, als er zum zweitenmal aus dem Krieg nach Hause kam, aus Korea, und zwar in der Nacht, als Celestine die Nachricht bekam, daß ihr Bruder im Einsatz verwundet worden sei. Sie kam spätabends bei uns vorbei und klopfte an mein Fenster, bis ich aufwachte. Obwohl Sita keinen Laut von sich gab, spürte ich, daß sie in der Dunkelheit eine schlaflose Wut aufstaute. Deshalb wies ich Celestine zur Küchentür. Ich ließ sie herein, und als sie mir die Nachricht über Russell zeigte, ging ich geradewegs zum Schrank. Ich nahm die dicksten von Petes kleinen Schnapsgläsern und schenkte uns einen Whiskey ein. Den ersten tranken wir schnell, den nächsten langsam, und dann gingen wir nach draußen, um unter den kalten weißen Sternen eine Zigarette zu rauchen. Der Schock klang nach einiger Zeit ab, und Celestine kehrte auf den Boden der Tatsachen zurück.

Er würde wieder gesund werden. Diese Nachricht bekamen wir bald darauf. Ich schickte eine Karte mit Genesungswünschen an seine Krankenhausadresse in Virginia. *Auf baldiges Wiedersehen in Argus*, stand darauf. Nichts Persönliches. Trotzdem erwartete ich eine Antwort, wenigstens ein paar durch Celestine überbrachte Worte. Aber die Sache mit Russell war, er kannte keinen Benimm und auch keinen natürlichen Anstand.

Obgleich er nun als Football-Star die High-School durchlaufen hatte und dann im Krieg ganz groß rausgekommen war, war er in seinen Umgangsformen noch unterentwickelter als ich. Bevor mir das allerdings klarwurde, dachte ich, er würde mal im Laden vorbeikommen, wenn er zu Hause wäre. Aber nichts, nicht ein Wort, kein ‹Hallo› oder ‹Du kannst mich mal›, nur das Gerücht, daß er eine gute Stellung angenommen habe, die die Argus National Bank ihm, dem heimkehrenden Helden, angeboten hatte, obwohl er Indianer war.

Zum erstenmal sah ich Russell nach seiner Heimkehr an dem schwülen Sommertag, als ich hinüberging, um die Wocheneinnahmen einzuzahlen. Ich wußte, daß ich ihm möglicherweise begegnen würde, hatte mir aber noch gar nicht vorgestellt, daß er verändert sein könnte. Ich stellte mir immer noch den bulligen Jungen mit der sanften Stimme, den schalkhaften Augen und dem struppigen Haar vor.

Die Luft war feucht, der Himmel hing tief, aber in der Schalterhalle der Bank war es kühl. Eine Gasse aus grünmarmorierten Steinen, Messing und Samtseilen führte zu seinem Schalter. Ich hielt einen Moment inne, bevor ich sie betrat, und ließ die Ventilatoren auf mich herunterpusten.

Er erkannte mich, als ich schließlich vor ihm stand. «Ich habe deine Karte bekommen», sagte er.

«Ist auch an der Zeit», antwortete ich.

Das war alles. Er nahm meinen leinenen Geldsack, und dann schaute ich ihm direkt ins Gesicht und stand vor Staunen stockstill. Die Narben zogen sich über seine Wangen nach oben wie Spuren von Klauen, zornig und lang, ja sie liefen sogar an seinen Schläfen vorbei und scheitelten sein Haar ungleichmäßig. Ich sah, daß sie sich nach unten fortsetzten und ihn auch dort durchzogen wie eine Landkarte. Er zählte mein Geld. Sein Anblick war mir peinlich, nicht weil er häßlich gewesen wäre, ganz im Gegenteil. So zernarbt, bekam sein Gesicht etwas beunruhigend und dunkel Grandioses. Er wirkte wie reich verziert und schien unwiderstehlich mit diesen schrecklichen Wunden. Ich senkte den Blick. Aber nicht einmal dort war ich in Sicherheit. Russells Hände waren schmal und muskulös und verfeinerten sich allmählich von Mechanikerhänden zu denen eines Bankiers, und an einem Finger trug er eine rosa Gummikappe.

Diesen gummibezogenen Finger benützte er, um die Geldscheine nach oben zu drücken, damit er sie schneller zählen konnte. Ich konnte meinen Blick nicht davon abwenden.

«Hier ist deine Quittung», sagte er und brach den Zauber.

Voller Verwirrung über mich selbst ging ich fort. Ich verabschiedete mich nicht einmal.

Na schön, dachte ich, ich habe mich in den Halbbruder meiner besten Freundin Celestine verliebt. Oder zumindest habe ich mich in seine Narben und die Gummikappe auf seinem Finger verliebt.

Also beschloß ich, Russell näher kennenzulernen.

Eines Tages bat ich Celestine, mit ihm zum Abendessen zu kommen.

«Und wieso?» fragte sie.

«Er ist dein Bruder», sagte ich.

«Der kommt bestimmt nicht», erklärte sie.

«Ganz wie ihm beliebt.» Ich ließ mir nicht anmerken, daß es mir wichtig war. Aber Celestine kapierte.

«Ich will versuchen, ihn zu überreden», versprach sie.

Als Russell zum Abendessen kam, grenzte sein Verhalten an Unhöflichkeit. Er brachte die ganze Zeit damit zu, aus der Tür hinauszustarren, direkt an mir vorbei, hinüber zu den Schlachtviehställen und den schweren, verrammelten Türen. Die Gatter waren leer, aber trotzdem beobachtete er sie. Mehrere Male drehte ich mich unwillkürlich um und schaute über den Hof. Auch meinem Onkel schien davon unbehaglich zu werden. Ein schweres Schweigen legte sich über den Tisch, und schließlich stand Pete auf. Er ging nach hinten in den Wartungsraum, wo wir ihn bald an seinen kaputten Motoren basteln und über sie fluchen hörten.

Wir übrigen, Celestine, Sita, Fritzie, Russell und ich, gingen nach draußen, um uns hinterm Haus auf die Lattenholzstühle mit den Zedernrahmen zu setzen, die Pete gemacht hatte, damit Fritzie mit Gästen draußen sitzen konnte. Ich mixte einen Krug Whiskey Sour. Wir vier Frauen plauderten so dahin und kühlten uns an den Gläsern die Finger, aber unser Gespräch war wie Wellen, die hereinspülten, um sich an Russells Schweigen zu brechen. Er saß da wie ein Mehlsack, während die letzten Sonnenstrahlen auf das Unkraut jenseits des Räucherhauses fielen.

«Du bist ja ein richtiger Energiebolzen», sagte ich ärgerlich zu ihm.

Er sah mich zum erstenmal an diesem Abend an. Ich hatte mir extra die Augenbrauen mit braunem Stift nachgezogen. Ich hatte meine Zöpfe sorgfältig aufgesteckt und trug ein schwarzes Chiffontuch, um meinen einzigen vorteilhaften Zug, die gelben Katzenaugen, zur Wirkung zu bringen, und sie taten ihr Bestes, ihn zu betören. Aber vom Betören verstehe ich ungefähr so viel wie eine Vogelspinne.

Russell wandte sich ab, unbeeindruckt von allen meinen Reizen, und betrachtete Sita so, daß ich es mitbekommen sollte. Soviel begriff ich: Wenn er es überhaupt auf jemanden abgesehen hatte, dann auf sie. Sie hatte mehr als üblich geredet, und eine seltene Farbe lag auf ihren Wangen. Das Haar floß ihr in einem tadellos glänzenden Schwung über den Nacken. Aber als sie sah, daß

Russell Kashpaw sie anschaute, drehte sie den Kopf zur Seite, und ihre roten Lippen schlossen sich fest. Sie zog ein weißes Taschentuch aus dem Ärmel, wandte ihm die kalte Schulter zu und gab ihm zu verstehen, daß Sita Kozka für Männer seiner Sorte verbotenes Terrain war.

Vermutlich hätten die meisten Mädchen, die hinter einem Mann her sind, ihn dafür verachtet, daß er nach einer anderen schielte, aber ich war da anders. Sita war es, die ich am liebsten umgebracht hätte.

«Komm, ich leg dir die Karten», sagte ich, beugte mich zu ihr und strich ihr über den blassen Arm. «Ich hol das Spiel.»

Kartenlegen war ein Lieblingszeitvertreib von Sita, aber sie haßte sich dafür. Es schlug nie fehl. Sie bemühte sich stets und immer, angewidert dreinzusehen, als sei Kartenlegen die stinklangweiligste Idee der Welt, aber dann beugte sie sich wie gebannt über die Karten, wenn sie ausgelegt wurden. Sie biß sich auf die Lippen, konnte aber einem raschen Blick ins Jenseits doch nicht widerstehen. Also ging ich nach drinnen und holte das Kartenspiel aus der Küchenschublade. Dann legte ich die Karten eine nach der anderen auf der breiten Armlehne ihres Stuhls aus.

«Da ist der Herzbube», sagte ich, «und hier ist eine Zwei. Was ist das?» Ich hielt inne. Sie hatte die Pik-Dame gezogen.

«Was bedeutet das denn?» Sita errötete in hilfloser Scham über ihre Neugier. Ich richtete mich kerzengerade auf meinem Stuhl auf und nahm einen langen Schluck Whiskey Sour.

«Na?» fragte Sita.

«Na», sagte ich ausdruckslos.

«Komm schon!» sagte sie.

Ich zögerte, nahm noch einen Schluck und schüttelte den Kopf, bis sie zappelig wurde.

«Hoffentlich magst du Buicks», war mein einziger Kommentar.

«Also ehrlich!» Sita war drauf und dran zu explodieren. Celestine konnte Streitereien nicht leiden, deshalb stand sie auf und ging hinein in den Laden, um noch mehr Eis zu holen. Russell reckte den Hals, um in die Karten zu schauen. Sita war aufgesprungen und befahl mir, es ihr endlich zu sagen. «Was ist los, sind dir die Wunder ausgegangen?»

«Setz dich nur wieder hin», sagte ich. «So was hört man besser im Sitzen.» Sie setzte sich hin, und ich sagte es ihr. «Ich hoffe, du magst Buicks, weil ich sehe, daß du an dem Tag, an dem du abkratzt, in einem fahren wirst.»

Ihr Mund klappte auf. Sie gab einen wütenden kleinen Krächzer von sich und fegte alle Karten von ihrer Armlehne herunter. «Du alte Trockenpflaume!» schrie sie.

«Ihr Mädchen macht euch aber auch das Leben schwer», bemerkte Fritzie. Ihr Gesicht verriet eine Spur Langeweile. Sie war daran gewöhnt, daß wir aufeinander herumhackten, aber Russell war es nicht.

«Soso», sagte er. «Sita wird also in einem Buick fahren. Und ich? Was ist mit mir?»

Er klaubte die Karten aus dem Gras und legte sie mir in die Hände. Als ich, jetzt ganz in meinem Element, die Karten auf seiner Lehne auslegte, konnte er ein Lächeln nicht unterdrücken. Als sie alle lagen, studierte er sie schweigend, zusammen mit mir. Celestine kam mit einer großen roten Plastikschüssel voller Eis in den Händen zur Tür herein.

«Ist mir was entgangen?» fragte sie.

«Schicksalsschläge», sagte Fritzie.

«Immer erzählst du den Leuten, daß sie sterben oder verstümmelt werden oder sich scheiden lassen.» Celestine ließ sich neben Fritzie nieder, zündete sich eine Viceroy an und stieß dicken blauen Rauch aus. «Warum sagst du denn nie etwas Gutes voraus? Zum Beispiel, hier sitzt Russell und ist gesund heimgekehrt. Warum sagst du nie etwas Gutes wie das voraus?»

«Was steht drin?» sagte Russell.

«Eine Frau», antwortete ich und schaute ihm direkt in die Augen.

«Nur eine?» sagte Celestine, dann bremste sie sich, vermutlich weil ihr einfiel, wie gern ich gewollt hatte, daß Russell zum Essen käme. Sie kam abrupt in Bewegung und warf allen Eiswürfel in die Gläser, um sich am Weiterreden zu hindern.

«Egal wer sie ist», sagte Russell, «eins weiß ich bestimmt.»

«Und zwar?» sagte ich.

«Ich werd sie nicht heiraten», antwortete er.

Einen Augenblick lang war ich verdattert, aber dann erholte ich mich. Ich hatte meine Schlagfertigkeit wieder.

«Das ist richtig», sagte ich, «heiraten tust du sie nicht. Aber du wirst ihr viel Geld schulden.»

«So?» Er sah bekümmert aus.

«Siehst du, was ich meine?» Celestine lehnte sich zurück. «Warum kannst du nie mal etwas Gutes voraussagen?»

«Das ist was Gutes», beharrte ich, indem ich die Karten zusammenrechte. «Er wird es in Naturalien zurückzahlen.»

Russell fing an zu lachen. Der Whiskey Sour machte ihn allmählich lockerer. Wir alle, sogar Sita, begannen uns losgelöst und taumelig zu fühlen. Wir lachten jetzt los wegen nichts und wieder nichts und bemerkten die Mücken kaum, die uns umschwärmten, als die Sonne unterging.

«Zünd die Zitronengras-Kerze an», sagte Fritzie irgendwann. Aber niemand achtete darauf, bis sie es lauter sagte. Deshalb muß es wohl ein wenig Licht gegeben haben, genug, um etwas zu sehen. Vielleicht war ich es, die die gelben Kerzen in ihren Eimerchen anzündete, ich weiß es nicht mehr. Aber ich weiß noch gut, was danach kam, als Russell, von Sita angestachelt, sein Hemd hochhob und uns seine versteckten Narben zeigte.

Ich stand auf und ging hinüber, um sie mir genauer zu besehen. Ich beugte mich über ihn, bis ich seine Wärme spürte. Die Wunden waren so tief gewesen, daß er gefurcht war wie ein drainiertes Feld. Seine Brust war durchpflügt wie von einem übergeschnappten Traktor. Ich streckte die Hände aus. Er sagte nichts, und so berührte ich ihn.

Und alle waren stumm vor trunkener Überraschung.

«Gott, ist die frech!» sagte Sita und zerstörte die Stille mit ihrer schrillen und mißbilligenden Stimme.

Russell bewegte sich unter meinen Händen, und als ich sie immer noch nicht hob, nahm er sie sanft weg und faltete sie.

«Gott segne dich, mein Kind», sagte er, so daß wir alle lachen mußten. Ich schüttelte den Kopf, um ihn klar zu bekommen, aber das Schütteln führte nur dazu, daß mir die Zähne klapperten. Kurz darauf ging ich zu Bett und fiel in einen tödlichen Schlaf.

Ich war erschöpft, als ich aufwachte, dick angeschwollen von vergessenen Träumen, aber ich war geheilt, als sei ein Fieber gesunken. Ein Gedanke war klar. Ich würde mich nie wieder um der Liebe willen ins Zeug legen. Die Liebe würde sich schon wegen mir ins Zeug legen müssen.

Pete und Fritzie ließen sich von den Handelskammern aus Städten wie Phoenix und El Paso Prospekte schicken. Der Arzt sagte, Fritzies Lungen brauchten trockene Wärme, Wüstenklima, und sie sollte sich nicht noch einmal einem Winter in Dakota aussetzen. Deshalb schmiedete Pete ganz plötzlich Pläne, sie in den Süden zu schikken, aber als sie dann ein Machtwort sprach und sich weigerte, allein zu gehen, plante er für sich selbst mit. Das alles geschah ohne jegliche Diskussion darüber, was aus dem Laden werden sollte und aus Sita und mir.

Deshalb setzte ich mich eines Tages zu Fritzie. Sie handarbeitete etwas aus pflaumenfarbenen Wollfäden. Wegen ihr hatte auch ich angefangen, gelegentlich etwas zu häkeln. Aber ich fand es nicht entspannend. Ich zog die Wolle so fest, daß sie riß, und die Sachen, die ich häkelte, endeten als steife, nutzlose Gebilde.

«Ich muß dich etwas fragen», sagte ich, «wegen dem Laden. Verkauft ihr ihn, wenn ihr in den Süden geht?»

Sie war so überrascht, daß sie eine Masche fallen ließ. «Wir dachten, du würdest ihn weiterführen», sagte sie.

«Dann tue ich das», antwortete ich. Und damit war das geregelt, aber der kompliziertere Teil der Angelegenheit nicht. «Aber Sita», überlegte ich. «Was wird sie tun?»

Fritzie schaute mit gerunzelter Stirn in das lila Netzgebilde, das sie allmählich vergrößerte. «Sita könnte die Lebensmittelabteilung übernehmen», sagte sie. «Sie könnte mithelfen, wenn sie das will.» Wir wußten beide, daß Sita sich nicht für den Laden interessierte. Ich wußte sogar noch mehr: Sie haßte ihn regelrecht und wollte nichts als nach Fargo ziehen und dort in einem modernen Apartment leben und bei DeLendrecies Mannequin werden. Sie stellte sich auch vor, daß sie in der Herrenabteilung Hüte verkaufen würde. Dort würde sie einen strebsamen jungen Mann kennenlernen. Sie würden heiraten, und er würde ihr in der Nähe des County-Gerichts im Villenviertel der Eisenbahnbarone, nicht weit vom Island Park, ein Haus kaufen. Im Winter würde sie den Hügel hinunter zum Eislaufen gehen. Dazu würde sie taubenblaue Strumpfhosen tragen und ein kurzes Kleid mit Kaninchenfellbesatz an den Ärmeln, am Kragen und rings um den ausgestellten Rocksaum, der wippen würde, wenn sie sich drehte. Ich wußte das alles, weil Sita mir an einem Abend der freundschaftlichen Gefühle erzählt hatte, daß dies ihr Wunschtraum war.

«Sita will nach Fargo», erzählte ich Fritzie, «und in einem Kaufhaus arbeiten.»

Fritzie nickte und sagte: «Soll sie das ruhig tun.»

Und so geschah es dann auch im Herbst. Sita schmiedete Pläne für den Umzug nach Fargo. Fritzie und Pete packten für ihre Reise alle Koffer und Schrankkoffer, die sie besaßen. Ich tat nichts Besonderes. Im Grunde genommen kann ich mir Sitas letzte Nacht mit nichts anderem als der Tatsache erklären, daß ich an dem Tag das allergewöhnlichste tat. Ich wusch im Zerlegeraum die Stahltische mit derselben starken milchigen Reinigungslösung ab, die wir immer benutzten. Aber vielleicht war es eine Packung mit einer komischen Zusammensetzung, die meine Hände so in Mitleidenschaft zog.

Was es auch war, Sita war von dem Vorfall dermaßen schockiert, daß sie niemals davon spricht. Vielleicht tut sie so, als sei es überhaupt nicht passiert. Ich weiß nichts mehr über Sitas Denkgewohnheiten, jedenfalls nicht mehr, seit sie nach Blue Mound gezogen ist und zu uns allen die Verbindung abgebrochen hat. In dieser Nacht legten wir uns jedenfalls wie üblich in unsere nebeneinanderstehenden Betten zum Schlafen. Sita hatte die Vorhänge gern fest zu. Ich wollte sie wegen dem Mondlicht offen haben. Aber wie immer bekam sie ihren Willen, da es schließlich ihr Zimmer war. Der alte Heizkessel am Ende des Flurs weckte mich mitten in der Nacht. Er kam mit einem wilden und klopfenden Klagelaut zum Leben, den tagsüber nie jemand wahrnahm. Oft wurde auch Sita davon wach. Ich ließ die Augen zu, weil ich wußte, was das Geräusch war, und versuchte, wieder einzuschlummern. Das war jedoch nicht Sitas Art. Sie wachte auf und lag dann mit zusammengebissenen Zähnen und steifen Armen da und betete, daß der Schlaf sie wieder zu sich nehmen möge, war aber gleichzeitig viel zu wütend, um das geschehen zu lassen. Gewöhnlich schlief ich um so besser, wenn ich in der Dunkelheit ihr hellhöriges Wachen spürte. Aber in dieser Nacht döste ich nicht wieder ein, denn sie begann zu sprechen.

«Ach du lieber Gott, ach du lieber Gott», sagte sie mit gepreßter schwacher Stimme. «Mary! Ich weiß doch, daß du wach bist!»

Ich hörte den angespannten Unterton, aber ich seufzte nur, als sänke ich in noch tiefere Träume. Wahrscheinlich hatte sie hinter den Wänden eine Maus gehört oder an irgendeine drastische Verwechslung gedacht, die ihr während dieses wichtigen Umzugs beim Manipulieren ihrer Verehrer unterlaufen war. Vielleicht war es auch wegen ihrem Haar. Vielleicht hatte sie plötzlich gemerkt, daß die straffe neue Dauerwelle, die sie sich hatte legen lassen, um den Geschäftsführer von DeLendrecies zu beeindrucken, die lockigen Stirnfransen, die leichte und doch kühne Tönung nicht zu ihrem Gesicht paßten.

Aber es war nichts dergleichen.

«Mary!» rief sie schrill. «WACH AUF!»

Also öffnete ich die Augen. Das Zimmer lag im Halbdunkel. Zuerst dachte ich, sie hätte die Vorhänge aufgelassen, aber das Licht im Zimmer ging von mir aus, oder vielmehr von meinen Händen, um ganz genau zu sein. Sie strahlten einen tiefblauen Schein aus.

Voller Verwunderung hob ich sie hoch. Das Licht begann schwächer zu werden und zu vergehen. Ich schüttelte sie, und einen Augenblick lang strahlten sie erneut hell auf, als sei die Verbindung unterbrochen gewesen. Dann verblaßten sie, egal was ich tat, bis das Zimmer wieder pechschwarz war. Erst als ihr Licht verloschen war, wagte Sita es, von ihrem Bett aufzuspringen, ans Zimmerende zu hüpfen und das Licht anzuschalten. Ihr klapperten die Zähne vor Furcht.

«Verdammt, was bin ich froh, daß ich hier rauskomme», flüsterte sie.

Sie kam noch einmal ins Zimmer zurück, gerade lang genug, um die Decken von ihrem Bett zu ziehen, und den Rest der Nacht schlief sie auf der Wohnzimmercouch. Ich wiederum hatte mich ausnahmsweise an Sitas Schlaflosigkeit angesteckt und lag wach.

Nach einer langen Zeit wurden die dicht mit Vorhängen verhängten Fenster hellgrau, und ich hörte Pete aufstehen, um das Hoflicht auszuschalten und die Hunde hinauszulassen. Bald, wenn sie weit weg in Arizona wären, würde ich zu Petes Zeit aufstehen, das gleiche tun wie er, die Runde machen, um mich zu vergewissern, daß die Temperaturen in den Tiefkühlräumen und den Räucherkammern stimmten, daß der Safe noch verschlossen und die Hintertür für Canute offen war, der um sieben zu arbeiten anfing, und daß der Kaffee kochte für die Männer, die später kamen.

Ich stellte mir vor, wie ich all das tun würde, was Pete jetzt tat, allein in der frühen Stille, und dann wieder nachts, wenn die Stille blauschwarz war. Ich würde herumgehen und an jedem Türschloß rütteln, die vorderen Rolläden herunterlassen, den Thermostat und die Druckmesser überprüfen. Was die Führung des Ladens anging, bei Tage, so würde ich da ein paar Dinge anders machen, zum Beispiel das Schild draußen ändern, gelegentlich eine Anzeige in den *Sentinel* setzen, und außerdem mehr Pfeffer in die Blutwurst tun. Auch dieses Zimmer würde ich verändern, mit offenen Vorhängen schlafen, wenn ich wollte, oder die verdammten Vorhänge überhaupt hinauswerfen. Zum Teufel mit dem bodenlangen Spiegel und der Wunschbrunnenlampe. Die konnte Sita einpacken, so, wie sie schon Adelaides blaue Samtschatulle eingepackt hatte. Ich hatte gesehen, wie sie sie in ihrem Koffer versteckte.

Nachdem sie fort war, vermißte ich Sita mehr, als ich gedacht hätte. Wochenlang schlief ich unruhig und wachte auf, vom Fehlen ihres flachen Atems gestört, oft von meinen Träumen überwältigt. Sie wurden zu realistisch jetzt, wo niemand mehr da war, um meine schlafenden Gedanken abzulenken. Einige Nächte verbrachte ich von Schneestürmen überrascht oder in erschreckenden Obstgärten oder in Kleintierkäfige eingesperrt.

Besonders einen Traum hatte ich monatelang. Ich betrat ein baufälliges Holzhaus, eins, in dem ich nie gewohnt hatte, das ich aber kannte. Drinnen waren viele leere Zimmer, manche tief im Innern versteckt. Ich wanderte durch das ganze Haus, wobei ich mich nie verirrte, aber auch nie ganz sicher war, wo ich mich befand, bis ich zu dem Zimmer kam, das ich erkannte, dem Zimmer, wo ich auf ihn warten würde. Es war immer gleich. Ich betrat dieses letzte Zimmer vorsichtig. Der Boden knarrte, wenn ich über die Schwelle trat und mich an der weißen Wand entlangdrückte, von der die Tünche abblätterte. Dieses Zimmer war kahl und fensterlos, aber voller klappriger Türen, die in alle Richtungen hinausführten.

Jedesmal wenn er hereinkam, war ich sicher, daß der Boden unter ihm bersten würde. Die Dielen gaben zwar nach, wenn er auf mich zukam, aber auch wenn er mich packte und schwer dabei auftrat, brach nichts. Seine Lippen waren aufgeworfen und geschwungen. Seine Augen waren braun wie zerlassene Butter, genau wie sein Haar,

und seine Hörner gabelten sich wie die eines jungen Reh-
bocks.

Ich wartete ungeduldig auf ihn, darauf, daß er sich zu
mir beugte, gierig atmend, wartete auf seine langen glatten
Schenkel und auf das Geräusch der Türen, die nie in ihre
Rahmen paßten und hin- und herschlugen, während wir
uns bewegten.

Das Waisenpicknick

Karl ging rasch durch das schmiedeeiserne Tor auf das
Jahrmarktsgelände und blieb dann am Rand der Menschenmenge stehen. Er wartete darauf, gesehen zu werden. Sie waren alle hier. Die Patres Mullen und Bonaven-
ture. Die Schwestern Ivalo, Mary Thomas, Ursula und
George. Wie immer führte jeder von ihnen die Aufsicht
über ein Spiel, einen Wettlauf, einen Tisch mit Gestrick-
tem oder weißen Elefanten. Alle nahmen emsig Bons entgegen oder gaben aus Zigarrenschachteln Wechselgeld
heraus. Als sie ihn nicht sofort erkannten, kaufte Karl sich
eine Limonade und setzte sich direkt vor sie hin.

Er saß eine gute halbe Stunde herum, scharrte im trok-
kenen Frühlingsgras mit den Füßen, rauchte eine starke
Zigarette nach der anderen und drückte sie auf dem Me-
tallrahmen seines Stuhls aus. Sein schwarzes Haar glänzte
wie Schuhleder, und seine Zähne waren blendend weiß.
Er machte guten Absatz, besonders leicht bei Frauen, und
hatte es in der Welt zu etwas gebracht. Die neuen Kleider,
dachte er, und das dicke Bündel Dollarnoten würden die
Priester auf eine falsche Fährte führen. In Wahrheit war es
weit schlimmer mit ihm gekommen, als sie es sich je hätten
träumen lassen.

«Hereinspaziert! Hereinspaziert! Sie da, in dem Gangsterkostüm!»

Jemand lachte. Karl drehte sich um. Es war ein pausbäckiger, rothaariger Seminarist, der den nächsten Stand betreute, ein Angelspiel. Mit einem raschen Blick tat Karl ihn als unattraktiv ab. Er kannte den Typ: von fröhlicher Frömmigkeit, wichtigtuerisch, einer, der Tombolapreise einheimste und Priesterschuhe polierte.

«Helfen Sie den armen Waisenkindern!» grinste der Junge. Sein sahneweißer Hals quoll über den engen Kragen seiner Soutane. Er war vielleicht sechzehn. Seine Augen waren langwimprig wie Karls, aber von tiefem, süßem Haselnußbraun. Sein Haar lockte sich dunkelrot und schwungvoll aus der Stirn nach hinten, auf eine Art, die Karl plötzlich vertraut vorkam. Genau wie Adelaides Haar. Karl runzelte die Stirn über diesen Zufall. Da war sogar noch mehr, als er nun genauer hinsah. Die Alabasterhaut. Die hohen Wangenknochen. Die Wölbung der schwarzen Augenbrauen des Jungen – ein Bild der Vollkommenheit. Abgesehen von dem Babyspeck glich er ihr aufs Haar. Er war ihr fast zu ähnlich.

Karls Gesicht wurde starr. Die Erinnerungen an diesen Ort beutelten ihn. Er saß keine zwanzig Fuß von der Stelle entfernt, von der Adelaide fortgeflogen war, und wieder sah er den leuchtenden Himmel, in den Omars Flugzeug verschwunden war. Er hörte das erbarmungslose Geschrei seines winzigen Bruders.

Der junge Mann, der das Baby gestohlen hatte, mußte in der Nachbarschaft gewohnt haben. Er mußte zu dem Picknick gekommen sein, weil er Katholik war. Natürlich würde er seinen Sohn auch als Katholiken erzogen haben, und der Junge war vermutlich Tagesschüler in Sankt Hieronymus gewesen.

Karl nahm einen Dollar aus seinem Packen und stand auf.

Das Lächeln des Jungen wurde breiter, als Karl sich mit Geld in der Hand näherte.

«Fisch heute, Sir? Drei Versuche einen Vierteldollar.»

Karl legte den Schein hin.

«Wie heißt du?» sagte er.

«Jude Miller», sagte der Junge. «Wie oft wollen Sie?»

«Wie oft geht's denn?»

Jude hängte ein Körbchen an einen Haken und ließ es hinter einer Wand versinken, die mit blauen Wellen bemalt war.

«Fischlein, Fischlein in dem Bach», leierte er in einstudiertem Ton, «spring mir an die Angel, ach.»

«Laß den Scheiß», sagte Karl.

Jude war verwirrt. «Ich muß doch der Schwester sagen, was für einen Preis sie reinlegen soll, Sir, ob für Jungs oder Mädchen. Das bewirkt der Vers.» Er sprang hoch, um das Körbchen über die Mauer zu ziehen. Es enthielt schon den Preis, ein Bildchen mit einem saftig aussehenden Herzen Jesu darauf.

«Wirf es zurück, das ist zuwenig», sagte Karl.

Der Junge drückte den Korb einfältig an sich. «Aber es ist ein geweihtes Bild.»

«Es ist ein Stück Scheiße», sagte Karl. «Ich erwarte etwas Besseres für mein Geld.»

Bei der Erwähnung von Geld schloß Jude den Deckel seiner Zigarrenschachtel.

«Sind Sie denn nicht katholisch?» fragte er.

Karl schaute nach unten. Eine cremefarbene Eule bewachte die Geldscheine und Münzen. Judes langfingrige schnelle, fette Hände lagen schützend an beiden Seiten der Schachtel. Karl entschied, daß er seinen Bruder heute ebensowenig leiden konnte wie damals, vor langer Zeit.

«Du bist auch ein Stück Scheiße», sagte Karl.

Jude Miller sah sich verstört nach Hilfe um. Er war in seinen Stand eingeklemmt. «Nur heranspaziert!» rief er einer Frau mit Kind zu, die in der Nähe vorbeiging. Er verrenkte sich um Karl herum den Hals, um sie auf sich aufmerksam zu machen, aber sie lächelte nur kurz im Hersehen und ging auf dem Mittelgang weiter. Die Priester und Nonnen achteten auch nicht auf ihn. Er drehte sich um und klopfte an die Wellen.

«Schwester? Können Sie mal rauskommen?»

«Da gibt's gar keinen Zweifel», sagte Karl.

«Worüber?»

«Über dich», sagte Karl.

«Was ist denn, Jude?» sagte eine Frauenstimme durch die Wand.

Karl beugte sich dicht zum Gesicht des Jungen vor und sagte: «Weißt du, wer du bist?»

Judes Gesicht war rot und angespannt. Er biß sich auf die Lippen und weinte fast. Seine Hände hatten sich panisch um die Zigarrenkiste mit dem Geld geschlossen.

«Ich bin ein Stück Scheiße», flüsterte er.

«Jude?» sagte die Stimme wieder.

Karl lachte. «Genau wie deine Mutter! Und wer bin ich wohl?» Er ließ das Licht auf sein Gesicht fallen und schaute Jude erwartungsvoll an. Der Junge zögerte nicht.

«Sie sind der Teufel», sagte er.

Karl fuhr sich über den Schnurrbart und lachte wieder.

«Das hat Pater Mullen auch immer gesagt. Richte ihm aus, daß Karl Adare zurückgekommen ist, um Hallo zu sagen.»

Sita Kozka

Obwohl es Winter war und der Schnee durch die feinen schwarzen Fliegengitter an der Terrasse vor meiner Wohnung trieb, saß ich gern dort und schaute auf die Straße hinaus. Der Broadway von Fargo, nur ein Stückchen oberhalb des Stadtzentrums, war immer voller Krankenschwestern, die zum Krankenhaus gingen, Nonnen, die von der Kathedrale zurücksegelten, und Langzeitpatienten, die zwischen ihren Verwandten dahinwankten.

Ich kam ganz gut voran, trotz eines verheirateten Arztes, der mich drei Jahre lang hinhielt, bis ich endlich wußte, daß er seine Frau niemals verlassen würde, die alte Geschichte. Ich machte mich von ihm los, und dann kam Jimmy, der mir dabei half, mich von dieser Erfahrung zu erholen. Damals war ich Jimmy dankbar dafür, aber dann wurde ich ihn gar nicht wieder los. Jeden zweiten Abend, so kam es mir vor, stand er mit seinem schicken Auto wartend vor meiner Tür. Jedesmal wenn ich in einer Modenschau von DeLendrecies als Mannequin arbeitete, kam er aus Argus hergefahren. Er schnitt die verschwommenen Bilder von mir im Ballkleid, in einem Mantel mit untertassengroßen Knöpfen und dazu passender Badekleidung aus der Zeitung aus und sammelte sie. Jimmy war beharrlich und sorgte immer dafür, daß ich mich amüsierte, aber er gehörte eben nach Argus, wo er ein Steakrestaurant besaß. Der richtige Mann war immer noch nicht aufgetaucht.

Ich erhielt mir mein gutes Aussehen mit mehr Sorgfalt als je zuvor. Ich war zehn Jahre älter als einige der Mädchen, mit denen zusammen ich als Mannequin arbeitete, und ich war nicht mehr die Meistgefragte. Ich mußte mir langsam Gedanken darüber machen, wieviel Zeit mir wohl noch blieb. Die Jahre und der Verschleiß zeigten sich allmählich. Ich hielt mich schlank, hielt meine Taille wie Vivien Leigh bei 57 Zentimetern, besuchte immer wieder Auffrischungskurse an Dorothy Ludlows Abendakademie für Schönheit und Charme. Das Wichtigste, was Dorothy mir beibrachte, war, immer gerade zu sitzen und niemals, unter keinen Umständen, die Stirn zu runzeln. Ein Trick, den ich lernte, war, daß ich mir ein Pflaster über die Stirn kleben sollte, um sie glatt zu halten, wenn ich abends allein aß oder mit Freundinnen Karten spielte. Falten auf der Stirn machen eine Frau schneller alt als ihre Hände. Ich kaufte mir eine kleine Mühle aus Metall, um Aprikosenkerne zu Pulver zu mahlen, das ich mit Cold Cream mischte und mir auf die Haut auftrug. Nach dem Baden erfrischte ich mein Gesicht mit ein wenig in weißen Essig getauchter Watte. Ich trug mit Ziegenleder gefütterte Handschuhe, wenn ich im Winter nach draußen ging.

Eiserne Willenskraft, das war es. Ich verdiente gut und kaufte mir einen Fernseher. Aber ich war dreißig Jahre alt. Es hätte schon ein wenig mehr passiert sein müssen. Die Leute meinten, ich hätte nach Hollywood gehen sollen, und ich mußte zustimmen. Hollywood war eine verpaßte Gelegenheit – ich hätte sie beim Schopf packen sollen, solange es ging. Das einzige, was mich jetzt noch retten konnte, war, den idealen Ehemann zu finden. Also suchte ich. Ich hielt Umschau, aber der Märchenprinz weigerte sich, sein Gesicht zu zeigen, und die

Monate tickten dahin. Wenn ich ihn gefunden hätte oder nach Hollywood gegangen wäre, oder wenigstens bei DeLendrecies eine anständige Beförderung bekommen hätte, dann hätte vielleicht der Brief keine Rolle gespielt, als er kam, und ich hätte ihn an Mary zurückgeschickt, anstatt ihn als Entschuldigung dafür zu benutzen, Jimmy hinzuhalten.

Ich saß auf der kleinen Veranda, die ich schon erwähnt habe. Es war ein sonniger Samstag im Winter, und ich wartete auf Jimmy, der mich mit seinem Coupé abholen sollte. Wir wollten eislaufen gehen, und ich hatte Angst, daß er romantische Anwandlungen bekommen würde. Vielleicht würde er mir an diesem Abend, wenn wir um das Feuer in dem Ölfaß saßen und Kakao tranken, den Antrag machen oder das Kästchen vom Juwelier aus seiner dicken karierten Jacke ziehen. Ich dachte über Wege nach, ihm den Schneid abzukaufen, nicht völlig, sondern nur so weit, daß ich Zeit gewänne. Zufällig kam aber der Briefträger vor Jimmy.

Ich ging nach unten, als ich den Brief in den Briefkasten fallen hörte. Ich bekam nicht viel Post. Dieser Brief war nachgeschickt worden, neu adressiert mit schwarzem Fettstift und in Marys spitzer Schrift. Ich habe Mary immer gesagt, ihre Handschrift sähe aus wie Hexenschrift. Meine ist nahezu vollkommen, jedenfalls sagten das die Nonnen. Der Brief selbst war in einer mir nicht vertrauten Schrift geschrieben und an Familie Kozka adressiert. Da Mama und Papa sich immer noch nirgends auf Dauer niedergelassen hatten, hatte Mary den Brief an mich weitergeschickt.

Liebe Mrs. Kozka,
ich habe die Zeitungsanzeigen aufgehoben, seit er ein Baby war. Und jetzt habe ich im Beichtstuhl alles sagen müssen, weil ich Pater Flo um Rat gefragt habe. Pater Flo

sagt, ich soll Ihnen schreiben und Ihnen die Umstände erklären. Also, ich hatte eben mein eigenes verloren und konnte danach keins mehr kriegen. Drum hab ich Jude behalten, als mein Mann ihn vom Jahrmarktsplatz mitbrachte. Ich hätte ihn ja immer zurückgeben können, nur habe ich gehört, daß die Mutter weggeflogen ist. Drum habe ich ihn aufgezogen. Meinem Mann hat vor sechs Jahren das Herz versagt. Aber jetzt feiert der Kleine in einer Woche seine Ordination. Er wird Diakon und ist auf dem Weg, Priester zu werden. Am 18. Februar in der Kathedrale in Saint Paul, da wird er ordiniert. Jude weiß nicht, daß er adoptiert ist. Jetzt ist die Zeit da, ihm alles zu erzählen, wenn Sie wollen. Pater Flo sagt, es ist an der Zeit für diesen Brief, drum habe ich geschrieben. Sie können mir zurückschreiben.

Seine Mutter,
Mrs. Catherine Miller

Ich las den Brief durch, und er kam mir wie sinnloses Gequassel vor. Dann las ich ihn noch einmal. Ich war gerade dabei, ihn ein drittes Mal zu lesen, als Jimmy draußen vorfuhr und ein Hupkonzert veranstaltete. Was ich auch versuchte, ich kriegte ihn nicht dazu, zu läuten oder sonstwie Manieren anzunehmen, wenn es um unsere Verabredungen ging. Er sagte immer, es gäbe in meinem schmalen Sträßchen keinen Parkplatz, der groß genug für seinen Wagen wäre, aber der Boulevard war breit und hatte stellenweise gar keinen Bürgersteig. Es gab immer Platz. Jimmy war einfach nur zu faul, um auszusteigen, das Auto abzuschließen, die paar Häuser weit zu laufen und bei mir an der Tür zu klingeln. Er konnte die ganze Nacht durchtanzen, Karten spielen und auf dem Eis Schlingen, Walzerschritte und Achter laufen. Aber aus dem Auto aussteigen und bei mir klingeln konnte er nicht. Es war zum In-die-Luft-Gehen. Und deshalb fingen wir, an dem Tag noch mehr als sonst, gleich auf dem falschen Fuß an.

Ich legte den Brief hin und rannte nach draußen, um den Radau zu beenden. Ich hatte mir die Schlittschuhe über die Schulter gehängt, und sie schlugen aneinander. Ich hätte mich an den Laufflächen verletzen können, wenn ich hingefallen wäre. Jimmy langte über den Beifahrersitz und drückte auf den Türgriff. Das war auch so etwas. Er besaß nicht die Höflichkeit, einem Mädchen die Tür aufzuhalten. In Restaurants drängte er sich zuerst hinein und ließ mich zusehen, wie ich allein zurechtkam. Trotzdem war er wohl immer noch besser als mein verheirateter Arzt.

«Wie oft hab ich dir gesagt, du sollst erst parken und dann klingeln?» sagte ich als erstes, dann schob ich mich auf den Beifahrersitz.

«Sita, mein Törtchen!» schrie er, und dann ließ er den Motor aufheulen, daß er meine Stimme übertönte.

«Sag ja nichts von wegen den Parkplätzen, Jimmy!» brüllte ich. «Und nenn mich nicht Törtchen.»

Noch so was. Er nannte mich nach seinen Lieblingssüßspeisen. Pastetchen. Kringel, Zuckerkrapfen. Kein Wunder, daß er fett wurde. So genannt zu werden gab auch mir das Gefühl, aufgebläht zu sein, unangenehm süß und zu weich, wie aufgegangener Hefeteig.

«Rutsch hier rüber», sagte er und klopfte auf das Sitzpolster neben sich.

Und sogleich rutschte ich hinüber und zwängte mich an Jimmys Seite, obwohl ich so böse gewesen war, daß ich ihm am liebsten eine reingehauen hätte. So kriegte er mich immer herum – in letzter Minute und wider mein besseres Wissen. Als ich dann dort saß, entspannte ich mich und machte es mir gemütlich. Bei Jimmy konnte ich einfach ich selbst sein, das war schon mal sicher. Da er nichts von dem schätzte, was mir etwas bedeutete, und meine persönlichen Fortschritte in Kultiviertheit und Anmut nicht einmal bemerkte, war ich bei ihm einfach wieder Sita Kozka, die Tochter von Pete, dem Metzger. Beinahe jedenfalls. Allerdings ließ ich Jimmy nie vergessen, daß ich Mannequin war und mich selbst ernähren konnte.

Wir fuhren auf die andere Seite, Richtung Moorhead, um den dortigen Eislaufplatz auszuprobieren. Jemand hatte dort eine kleine Baracke zum Aufwärmen aufgestellt, und drinnen schien die Luft nach der Helligkeit des Schnees dunstig wie über einer Lagune. Die Bänke waren von den Schlittschuhen der Kinder eingekerbt und gefurcht und voller eingeschnitzter Initialen und pfeildurchbohrter Herzen. Wir schnürten unsere Schlittschuhe und verstauten unsere Stiefel in einer Ecke, dann klapperten wir die splittrige Rampe aufs Eis hinunter. Die Eisbahn war zu einem klaren, tiefen Grau gefroren. Ich sah die Brüche, die mehrere Fuß tief hinabreichten, und die braunen Eichenblätter, die dort mitten im Eis festgefroren waren, im Sinken aufgehalten. Wir hielten uns an den Händen und begannen hin- und herzugleiten. Wieder und wieder liefen wir um den holprigen ovalen Platz.

«Sita», sagte Jimmy nach einiger Zeit. Er zögerte. Dann platzte er schließlich damit heraus: «Laß uns heiraten.»

Ich geriet in Panik. Ich wollte nicht ja oder nein sagen müssen. Vielleicht war es Instinkt, ein Selbsterhaltungstrieb, der bewirkte, daß mir plötzlich der Sinn des Briefs klar wurde, der an diesem Morgen mit der Post gekommen war. Es war merkwürdig, daß seine Bedeutung ausgerechnet jetzt in meinem Kopf aufblitzte. Aber so geschah es, und es traf mich so unerwartet, daß ich nach Luft schnappte.

Jimmy blieb stehen und schaute mich verwundert an.

«Heißt das ja?» fragte er.

«Ich weiß nicht. Warte», sagte ich. «Mir ist gerade etwas aufgegangen.»

Jimmy hielt die Balance und stand ganz still, wobei er mich an den Schultern faßte.

«Du weißt doch von diesem kleinen Bruder, den Mary hatte? Der, den sie verloren haben? Nein... nein, das weißt du nicht.» Ich schüttelte seine Hände ab und lief weiter. «Sag nichts. Ich muß nachdenken.» Der Schnee an den Rändern des Teichs war zu spröden Blöcken aufgetürmt. Er war in großen Mengen gefallen und dann zu Klumpen verharscht. Die Schatten waren lichtblau.

«Er ist dieses Baby», sagte ich laut. Ich war über all das im Bilde, nicht von Mary, die nie über ihr Leben vor ihrer Ankunft in Argus sprach, sondern weil ich Mamas Unterhaltungen in der Küche belauscht hatte. Ihre Freundinnen kamen vorbei, um mit ihr herumzusitzen und dünnen Kaffee zu trinken. Sie rauchten einander die Zigaretten weg und kauten auf zähem Molassekuchen. Wenn sie sich unterhielten, stand ich meistens vor der Tür und horchte. Sie redeten endlos über Tante Adelaide, daß der Vater ihrer Kinder sie nicht geheiratet habe und warum sie ihre Kinder wohl verlassen hätte. Sie ergingen sich in Vermutungen darüber, was mit dem Baby geschehen sein könnte. Als der junge Mann es aus Marys Armen genommen hatte und mit ihm weggegangen war, war das ein Fluch oder ein Segen gewesen? Ob er wirklich eine Frau hatte?

Und jetzt endlich gab es Lösungen für diese Gleichungen mit lauter Unbekannten. Ich hatte den Brief, der das Geheimnis aufklären konnte.

«Na, genug nachgedacht?» sagte Jimmy hinter mir. Er berührte meinen Arm.

«Ich weiß, was ich mache», sagte ich und wandte mich ihm zu.

«Was?»

«Ich fahre nach Minneapolis. Er wird diese Woche ordiniert.»

Jimmys Gesichtsausdruck war sehenswert.

«Schau», sagte ich, «da ist was wirklich Wichtiges passiert. Über das da...» ich winkte mit der Hand zu der Stelle hinüber, wo wir Schlittschuh gelaufen waren, als er mir den Antrag machte, «muß ich erst mal nachdenken. Aber jetzt muß ich packen.»

Jimmy schmollte nicht. Dazu war er zu unglücklich und zu verwirrt. Vielleicht beunruhigte ich ihn mit meiner plötzlichen Gewißheit und meinen entschlossenen Reiseplänen. Vielleicht kam ihm das ungewöhnlich vor. Jedenfalls setzte er mich zu Hause ab, mit einem Küßchen auf die Wange und weiter nichts. Ich war voller Ungeduld, den Brief noch einmal zu lesen und die notwendigen Absprachen wegen meiner Arbeitstermine zu treffen. Ich würde den Zug nehmen, eine Reisetasche für eine Nacht packen, in einem Hotel übernachten. Ich würde dieser Catherine Miller weder telefonisch noch sonstwie mitteilen, daß ich käme. Ich würde mich einfach bei der Ordination des Kleinen unter die Menge mischen, inkognito, und wenn ich Marys verlorenen Bruder gesehen hatte, dann würde ich entscheiden, was zu tun war, und den richtigen Moment wählen, um mich zu erkennen zu geben. Ich würde es dramatisch machen.

Ich packte. Ich traf meine Absprachen und besorgte die Fahrkarte. In der Nacht vor der Reise lag ich vor Aufregung wach. Was sich abspielte, war so aufregend wie die Handlung in den Krimis, die ich las, um mich zu entspannen. Dieser Brief war schließlich das einzige Beweisstück für alles, was passiert war, für all die Umstände, die meine Kusine Mary veranlaßt hatten, eines frühen Frühjahrs mit dem Güterzug angereist zu kommen – abgesehen von Adelaides blauer Samtschatulle natürlich. Die Schatulle hatte ich übrigens mit eingepackt, aus keinem bestimmten Grund, außer daß es richtig schien. Ich legte ein Foto von Adelaide in die Schatulle, zwischen die alten Leihscheine und abgesprungenen Knöpfe. Falls der Junge wissen wollte, wie seine Mutter aussah, hätte ich dann ein Bild von ihr. Ich schauderte beim Gedanken, daß der Brief durch Marys Hände gegangen war, diese Hände, die zwar in der Dunkelheit bläulich glommen, aber hinsichtlich des Inhalts dieses Umschlags keine ungewöhnlichen Schwingungen empfangen hatten.

Minneapolis war damals eine schöne Stadt, erbaut aus den Reichtümern des Korns und der Eisenbahn von Minnesota. Prächtige neue Bürgersteige säumten die breiten Straßen, und überall gab es Bäume, nicht wie in Fargo, das immer sein gleiches kahles Viehmarkt-Aussehen behalten sollte, auch später, als mit dem Zucker, den Bohnen und dem Weizen das große Geld hereinströmte. Dies hier war eine richtige Metropole, mit einem Wolkenkratzer namens Foshay Tower als Wahrzeichen mitten zwischen kilometerlangen eleganten Wohngebieten. Mein Hotelzimmer war mit ordentlichen, schweren Möbeln, Vorhängen mit großen Farnen darauf und einer schicken Frisierkommode mit einem hohen rechteckigen Spiegel ausgestattet.

Ich hatte in der Nacht davor nicht geschlafen, deshalb war ich in dieser Nacht völlig k.o. Ich wachte mit der Spätwinterdämmerung auf, eben als das erste Licht durch das Vorhangmuster drang. Ich wußte genau, wo ich war, wußte genau, was ich tun würde. Ich würde im Hotelcafé einen schwarzen Kaffee trinken. Ich würde mit dem Fahrstuhl ganz nach oben auf den Foshay Tower fahren, und dann würde ich in ein Kaufhaus gehen. Danach würde ich gerade noch genug Zeit haben, um mit dem Taxi zur Kathedrale zu fahren.

Der schwarze Kaffee wurde in einer eleganten Tasse mit Papierdeckchen darunter serviert, aber dann kam ich nicht weiter als bis zur Tür des Foshay-Aufzugs. Der Fahrstuhlführer sagte: «Nach oben, Ma'am?» Aber ich schüttelte nur den Kopf, plötzlich war mir schwindlig. Die metallenen Scherengitter entfalteten sich und schlossen sich vor mir. Die Türen waren mit glänzenden Plaketten versehen, die den Turm darstellten. Um meinem Blick Halt zu geben, starrte ich die Turmnachbildung an, die sich mächtig vor Wellen vergoldeten Messings abhob und von der schweren Spitze Lichtstrahlen aussandte. Der Kaufhausbesuch war noch schlimmer. Ich hätte schon beim Blick durch die Schaufenster auf die Wespen-taillen-Schaufensterpuppen wissen müssen, wie mir das zusetzen würde. Die Augen dieser Puppen waren tief und schwarz, mit fransigem Pinsel aufgemalt. Ihre Münder glänzten naß, als hätten sie eben aus einem Glas getrunken. Sie hatten Hüte auf mit kleinen gestochenen Zierstichmustern und trugen Handtaschen in Formen, die ich nie gesehen hatte. Schlimmer als das, sie trugen Kleider mit asymmetrischen Knopfleisten und einer Saumlinie, die länger, definitiv länger war als bei den Kleidern, die unser Geschäft eben eingekauft hatte.

«Wie konnte das nur passieren?» sagte ich laut. «Wer hat bloß die Bestellung aufgegeben?»

Ich marschierte in den Laden, um an den Kleiderständern nachzusehen, und es stimmte. Sogar die Verkäuferinnen trugen die neue Linie. Meine Beine fühlten sich lang, entblößt, ungelenk und veraltet an. Ich zog meine Handschuhe aus und faßte die Kleider an. Ich wollte das Schwarze mit den eingewebten Streifen.

«Kann ich Ihnen helfen?»

Es war, als sei eine der Schaufensterpuppen lebendig geworden, so perfekt sah sie aus. Das Haar war in die Art von Fingerwellen gelegt, die man in Fargo einfach nicht gemacht bekam. Und ihr Kleid! Ich hätte im Boden versinken können.

«Ich schaue mich nur um.»

Ihre Augen waren seicht, ihre Blicke herrlich unbeteiligt. Sie arbeitete nicht auf Kommissionsbasis, da war ich sicher. Vielleicht war sie anderweitig vermögend und verkaufte nur zum Vergnügen Kleider. Wortlos hielt ich das Kleid hoch. Sie nahm es und wirbelte davon, in der Erwartung, daß ich ihr folgen würde. Ich tat es. Ich probierte das Kleid an. Als ich herauskam und in den dreiflügligen Spiegel schaute, war ich begeistert. Aber dann tauchte sie hinter mir auf, und ich war nur ein Abklatsch von ihr.

«Sind Sie hier in Minneapolis zu Besuch?»

«Nein», sagte ich.

Bevor sie noch etwas sagen konnte, ließ ich den Rock schwingen und sagte: «Ich nehme es.»

Sie lächelte nicht. Sie machte mir nicht das kleinste Kompliment. Wieder in der Umkleidekabine, zog ich das Kleid aus und hängte es vorsichtig auf. Das Schildchen hing unter dem Ärmel, und ich hatte nicht genügend Geld dabei, um das Kleid zu bezahlen. Ich hätte einen Scheck ausschreiben können, aber der Betrag war einfach zu hoch. Er lag völlig außerhalb meiner Möglichkeiten. Ich stand im Unterrock da, so entnervt, daß ich kaum klar denken konnte. Ich las die Zahl wieder und wieder, als könnte ich sie mit meiner Willenskraft verändern. Aber sie blieb gleich, mit ihren dünnen schwarzen Schnörkeln. Ich zog mich langsam an und ging hinaus, in der Hoffnung, daß die Verkäuferin Kaffeepause gemacht hatte. Aber sie wartete beim Ladentisch.

«Darf ich Ihnen das einpacken, Miss?» fragte sie mit gelangweilter, eintöniger Stimme.

«Ich habe es mir anders überlegt», sagte ich.

«Ah.»

«Ich habe eigentlich etwas Gediegeneres gesucht.»

«Gewiß.»

Sie drehte sich zu einer anderen Kundin um, und ich floh.

Die Kathedrale sah wunderschön aus im Schnee, und schon jetzt säumten weithin in beide Richtungen Autos die Straßenränder. Ich ging mit anderen Menschen die Steinstufen hinauf, Angehörigen und Freunden derer, die im Begriff waren, die heiligen Weihen zu empfangen. Die Tür schloß sich hinter uns mit einem lauten Krachen, das widerhallte, und die Decke sprang nach oben, höher als hoch, riesig. Räder von blauem, grünem und goldenem Licht fielen durch die runden Buntglasfenster. Unten war die Kirche schon voll, deshalb stieg ich die Hintertreppe zur Orgelempore hinauf. Es gab noch ein paar freie Plätze, neben dem Kirchengestühl aufgestellte Klappstühle. Ich beugte die Knie und saß dann in einem Keil von goldenem Licht da, das mich zu wärmen schien, obwohl die Kirche selbst nicht gut beheizt war. Bald hörte ich das Jaulen von Blasebälgen, als eine betagte Nonne Register zog und die Orgel dicht neben mir zum Atmen brachte.

Sie begann zu spielen. Ihre kleinen gewölbten Füße flitzten über den Pedalen hin und her. Die Musik schwoll an. Ich nahm ein Meßbuch und öffnete es, gerade als die jungen Männer, die ordiniert werden sollten, nacheinander hereinkamen, in weiße Gewänder gekleidet, jeder mit einer langen brennenden Kerze und einer Stola in der Hand. Ich versuchte, sie mir anzusehen, aber sie waren zu weit weg. Das hatte ich mir anders vorgestellt. Ich hatte mir keinerlei Gedanken darüber gemacht, wie ich diesen Jude Miller erkennen würde. Die jungen Männer stellten sich im Halbkreis um den Bischofsstuhl herum auf. Dann trat der Bischof selbst ein, kniete nieder und betete. Die Kirche war voll von weißen Chrysanthemen, weißen Gladiolen, weißen Nelken. Die Menschen rochen nach Mottenkugeln und Haarpomade und Parfum. Dicke weiße Satinschleifen waren zu Füßen der Heiligen drapiert, und die farbigen Kerzen in den Kerzenständern brannten in flatternden Reihen.

Der Bischof schritt zu seinem Stuhl und legte mit langsamen und geübten Handgriffen seinen Ornat an. Ich betrachtete nacheinander jeden einzelnen der jungen Männer. Der Junge müßte etwa achtzehn sein, vielleicht klein und gedrungen wie Mary, vielleicht rothaarig, vielleicht eine hübsche männliche Version von Adelaide. Aber er konnte auch seinem Vater ähnlich sehen. Von diesem Mann hatte ich niemals Bilder gesehen, und nie hatte jemand ihn beschrieben, außer als verheirateten Mann.

Doch dann, als die Messe begann und der Bischof sprach, wurde mir klar, daß mein Besuch mehr als dramatisch werden könnte. Er könnte gar gefährlich sein. Mir wurde klar, daß ich Jude Miller die Zukunft verderben konnte.

Groß und herrlich in seinem Ornat und der Bischofsmütze, sprach der Bischof die versammelte Menge auf lateinisch an. Wir verfolgten die Ansprache in unseren dunkelgrünen Meßbüchern.

Reverendissimus in Christo Pater, et Dominus, Dominus, Dei.

Ich las auf der gegenüberliegenden Seite mit.

DER IN CHRISTO HOCHWÜRDIGSTE VATER UND HERR, VON GOTTES UND DES APOSTOLISCHEN STUHLES GNADEN, GEBIETET UNTER ANDROHUNG DER STRAFE DER EXKOMMUNIKATION UND BEFIEHLT ALLEN UND JEDEN, DIE ZUM EMPFANG DER WEIHEN HIER ZUGEGEN SIND, DASS KEINER AUS DENSELBEN ES WAGE, DIE HEILIGEN WEIHEN

ZU EMPFANGEN, DER ETWA IRREGULÄR IST ODER SONST DURCH DAS KIRCHLICHE RECHT ODER EINEN MENSCHEN AUS DER KIRCHENGEMEINSCHAFT AUSGESCHLOSSEN IST ODER MIT DEM INTERDIKT BELEGT IST, SUSPENDIERT IST, UNEHELICH GEZEUGT IST ODER EHRLOS ERKLÄRT WORDEN WÄRE ODER DEM SONST DAS KIRCHLICHE RECHT ES VERBIETET ODER DER AUS EINER FREMDEN DIÖZESE GEBÜRTIG IST...

Er fuhr fort, die aufzuzählen, die es ja nicht wagen sollten, herzukommen, um die Weihen zu empfangen. Doch ich sah nur noch das Wort *unehelich.* Die Kandidaten warfen sich der Länge nach zu Boden, als die Allerheiligen-Litanei begann. Ich folgte dem Text aus Gewohnheit und betete darum, vom Geiste der Unzucht, von Blitz und Unwetter, vor der Geißel von Erdbeben, Pest, Hungersnot, Krieg und ewigem Tod erlöst zu werden.

Jetzt traten alle, die Diakone werden wollten, nach vorn und knieten sich in einem Halbkreis dicht um den Bischof. Obwohl ich genau hinschaute, konnte ich sie immer noch nicht gut genug erkennen, um sagen zu können, welcher Marys Bruder war. Der Bischof legte ihnen die Hand auf den Kopf, einem nach dem anderen. Aber er sagte keine Namen. Er ließ sie die Hand auf das Evangelienbuch legen, dann betete er, und dann war es vorüber. Einzeln hintereinander gingen sie auf ihre Plätze zurück. Nachdem ich den weiten Weg hierhergekommen war, hätte ich doch gern zumindest für mich selbst das Rätsel gelöst, aber sie sahen alle so normal aus, keiner fiel mir irgendwie auf oder wirkte vertraut. Deshalb drängte ich mich durch die Menge, verließ die Kathedrale und trat hinaus auf die breite sonnige Treppe.

Die Luft war frisch, kalt und voller Alltagsgeräusche. Hinter mir ertönte gedämpft und grandios die Musik.

Ich nahm die blaue Schatulle aus meiner Handtasche und öffnete sie. Vielleicht brauchte ich ja nur mein Gedächtnis aufzufrischen. Vielleicht würde ich auf dem Bild einen Gesichtszug entdecken, der auf einen der jungen Männer hindeutete. Aber Adelaide sah niemandem ähnlich. Sie schaute kühn aus ihrer medaillongroßen Fotografie, mit gelocktem Haar und ihren wie Flügel geschwungenen Augenbrauen. Ich stocherte zwischen den Knöpfen. Dann faltete ich den Leihschein auseinander.

Es war ein zerknitterter gelber Zettel mit einer einfachen Adresse, Zahlen und einer sorgfältigen, in winziger Handschrift verfaßten Beschreibung.

Ring mit trübem gelben Diamanten in Goldfassung. Guter Zustand. Viktorianische Filigrankette mit Granatinlets, einzeln gefaßt.

Ich stellte mir die alte Kette und den Ring zuerst an Adelaide und dann an mir vor. Außer einer Zuchtperlenkette besaß ich nicht viel echten Schmuck.

Ich ging zum Bordstein und hob die Hand, als ein Taxi sich näherte. Ich war gar nicht sicher, wohin ich wollte, bis ich eingestiegen war. Als hätte ich das schon immer vorgehabt, las ich dem Fahrer die Adresse auf dem Leihschein vor. Dann lehnte ich mich in das abgeblätterte Leder zurück.

Wir fuhren meilenweit. Die Straßen wurden schäbiger, und grauer Schnee türmte sich in eisigen Wällen zu beiden Seiten. Ich begann mir Gedanken zu machen, ob es nicht eine Schnapsidee gewesen war, den ganzen Weg zurückzulegen. Aber der Laden war noch da. Es war ein Loch, in dem sich der Trödel bis zu den Fenstern türmte. Ich stieg aus, ohne den vollen Preis zu zahlen, und bat den Fahrer zu warten, dann ging ich in den Laden. JOHN stand auf dem Schild.

Ich stand dicht hinter der Tür in der überströmenden Düsternis und wartete, bis meine Augen sich daran gewöhnten. Der Raum war kalt und voller säuerlicher Gerüche, und überall lagen Teile von Fotoapparaten und zerbrochenen Musikinstrumenten herum. Ein ungeheuer dicker junger Mann mit mehreren Mänteln übereinander kam durch den Schlitz zwischen zwei Vorhängen und legte die Hände auf den Ladentisch.

«An- oder Verkauf?»

«Ich komme wegen diesem Ring und dieser Kette», sagte ich und gab ihm den Schein.

Er schürzte die Lippen. «Neunzehnhundertzweiunddreißig.» Er lachte, als er die Schrift ansah. «Das hat John senior angenommen», sagte er. «John senior ist tot.»

Er hielt mir den Schein hin, aber ich nahm ihn nicht.

«Ach bitte», sagte ich. «Ich bin sicher, Sie finden sie, wenn Sie nur nachsehen. Es würde mir so viel bedeuten.»

Er rieb sich den Bart. Er konnte nicht nein sagen. «Warten Sie mal», seufzte er. «Ich hab noch eine Schachtel mit Sachen, die ich nie durchgesehen habe.»

Er zog unter einem Stapel Zeitungen eine flache Metallkassette hervor und stellte sie auf dem Ladentisch ab. Sie war innen in winzige Fächer unterteilt, die alle irgendwelchen Plunder enthielten. Schmuck, Orden, kaputte Uhren, Krawattenklammern.

Er sortierte die Ringe aus dem übrigen Zeug heraus. Nicht einer davon kam einem Diamantring auch nur im entferntesten nahe. Doch dann, als er den restlichen Haufen durchklaubte, stubste er ein schwärzliches Gewirr zierlicher Glieder beiseite und breitete es mit den Fingern auf dem Ladentisch aus.

«Das könnte sie sein, denke ich», sagte er und kratzte mit einem schmutzigen Fingernagel an einer der Fassungen.

«Das?» Ich war enttäuscht.

«Bei uns hat's gebrannt, und die Sachen sind voller Öl und Ruß. Rote Steine sind das schon. Vielleicht könnten Sie's besser erkennen, wenn Sie sie polieren.»

Das Ding war fast zu schmutzig, um es anzufassen, deshalb öffnete ich die blaue Schatulle und ließ ihn die Kette hineinlegen. Ich schrieb einen Scheck aus und dankte dem Himmel, daß ich das schwarze Kleid nicht gekauft hatte. Ich steckte die Schatulle ganz unten in meine Handtasche und ging hinaus.

Daheim in Fargo brachte ich die Kette zu einem Juwelier. Er reinigte sie, reparierte ein paar der Fassungen und gab sie mir zurück. Als ich sie auf einem Stück weißem Baumwollstoff ausgebreitet liegen sah, traute ich meinen Augen nicht. Die Steine glänzten wie Rubine. Die Kette hätte einer Königin Ehre gemacht. Ich legte sie mir um und drehte mich vor dem Badezimmerspiegel hin und her. Die Juwelen adelten mich. Ein tiefausgeschnittenes Kleid aus cremefarbenem Spitzenstoff würde sie hervorragend zur Geltung bringen. Ich behielt die Kette den ganzen Abend an, während ich mir mein Abendessen machte und meine Fernsehsendungen anschaute.

Doch als ich das Schloß öffnete, um ins Bett zu gehen, und sie in meine Schublade legte, lag dort der Brief von Mrs. Miller, noch immer unbeantwortet. Ich setzte mich mit einem Bogen meines besten Briefpapiers an den Tisch und schrieb.

19. Februar 1950

Sehr geehrte Mrs. Miller,
In Antwort auf Ihren Brief, der mir von Argus nachgeschickt wurde, ist es Ihnen, was mich angeht, selbst überlassen, was Sie Ihrem Jungen erzählen. Er wäre mein Cousin, und es gibt auch eine Schwester. Er hatte auch

einen Bruder, aber keiner weiß, was aus dem geworden ist. Ich dagegen bin jetzt hier in Fargo bei DeLendrecies Top-Mannequin und Angestellte. Meine Eltern besitzen einen gutgehenden Fleischmarkt am Ostrand von Argus, North Dakota. Es gibt nichts Weiteres zu berichten, deshalb will ich nun schließen und zeichne

hochachtungsvoll
Sita Kozka

Ich schrieb die Adresse auf den Umschlag, klebte ihn zu und sogar eine Briefmarke drauf. Vielleicht hätte ich auch auf der Stelle losgehen und ihn einstecken sollen, obwohl es Mitternacht war, denn schon am nächsten Morgen kamen mir Bedenken. Ich hatte ohnehin schon genug im Kopf.

Tagelang stand der Brief auf der Frisierkommode. Und dann eines Abends, als Jimmy im Anmarsch war, um bei mir zu essen, war ich dabei, wegzuräumen und glattzustreichen und Lampenschirme und Lampen zurechtzurücken. Da stieß ich auf den Brief und schob ihn unter ein umhäkeltes Leinendeckchen. Bei mir mußte alles immer schön ordentlich aussehen.

Sitas Hochzeit

Unter der lauten Polkamusik der Six Fat Dutchmen steckten der Bruder und die Cousins von Jimmy Buhl in einer Ecke des Legion-Pavillons die Köpfe zusammen und besprachen, wie sie die Braut vom Hochzeitstanz entführen könnten und wo sie Sita hinbringen sollten, so daß Jimmy sie suchen mußte. Da sie sich ordentlich mit

Schlehen-Gin und Schnaps hatten vollaufen lassen, waren sie sich über alles und nichts einig. Sie konnten nur noch mit dunkelroten, aufgedunsenen Gesichtern und hervorquellenden Augen losprusten, wenn sie daran dachten, wie Jimmy brüllen würde: «Wo ist Sita?» Sie erstickten fast, während sie sich seinen Zorn ausmalten, wenn er in seinen mit Toilettenpapier und Rasierschaum verzierten Lincoln springen, den Motor aufheulen lassen und in die kalte Märznacht hinausjagen würde, um sie zu suchen, und dann plötzlich den fürchterlichen Gestank wahrnehmen würde, der aus der Heizung kam.

«Limburger Käse», brauchte einer der Cousins nur zu sagen, und schon krümmte sich der andere vor Lachen und fiel seitwärts gegen die Holzverkleidung des Lastwagens.

«Da ist er ja», sagte Jimmys Bruder und nickte zum Tanzboden hinüber.

Jimmy wirbelte vorbei, ein großer untersetzter Mann, den nur die kurzgewellte Tollenfrisur und der gezirkelte Spitzbart davor bewahrten, absolut nichtssagend auszusehen. Er bewegte sich leichtfüßig, ein geübter Gesellschaftstänzer. Sita trug einen glasigen Ausdruck der Kapitulation zur Schau, während sie über dem Boden hin und her geschwenkt wurde.

«Und die Kozkas? Sind die wohl sauer?» fragte Jimmys Bruder. Die Cousins warfen prüfende Blicke zu Pete und Fritzie hinüber, aber die beiden sahen mit ihrer frischen Sonnenbräune und dem neuerworbenen Körperumfang so friedlich aus, wie sie da an ihrem Bier nippten und den Tanzenden zunickten, daß die Möglichkeit eines Wutausbruchs weit entfernt schien. Braut und Bräutigam tanzten jetzt einen Walzer. Rote Steine glitzerten an Sitas Hals. Straß glitzerte an dem Stirnreif, der ihren Schleier festhielt. Ihr Kleid war ausgefallen, der Rock riesig weit, mit Lagen von Volants übereinander, das Oberteil mit Perlenknöpfchen bestickt. Den Schulter an Schulter sitzenden Männern schien es, als glühe ein sanfter Schein um Sitas Gesicht, ein Hauch von Lieblichkeit, aber das war nur die Wirkung des zarten Schleiers und ihrer Trunkenheit, denn in Wahrheit war Sitas Lächeln freudlos und ihr Blick über Jimmys Schulter rasiermesserscharf vor nervöser Erschöpfung.

Einer der Cousins, der sie beobachtete, schnaubte verächtlich.

«Obwohl, sie sieht schon toll aus», sagte er. Seine Stimme war boshaft. Jimmys Bruder zog die Schultern hoch und schürzte die Lippen.

«Die war sich doch immer zu gut», sagte er. «Hat Jimmy schön auf Distanz gehalten, bis sie gemerkt hat, daß nichts Besseres mehr daherkommt.» Er zwinkerte trübe, ohne jemand bestimmten dabei anzusehen. «Heut nacht gibt's Rache mit Blutwurscht.»

Als der Tanz vorbei war, floh Sita einen Flur entlang zur Damentoilette, ihren Schleier über den Arm gelegt. Als die Cousins das sahen, erhoben sie sich in stummer Einigkeit wie *ein* Mann. Jimmys beflissener Bruder übernahm die Führung, und einer nach dem anderen schoben sie sich trunken zwischen den Tanzenden hindurch, auf eben den Flur zu, in dem Sita verschwunden war und der, an der Damentoilette vorbei, auf den lehmigen Parkplatz hinausführte.

Und so geschah es. Keiner wurde Zeuge von Sitas Entführung, als sie aus der Tür der Damentoilette trat. Als Jimmy schließlich mit all seinen Bedienungen getanzt hatte und sich nach seiner jungen Braut umsah, war sie schon ein gutes Stück weit auf dem Highway 30 in Richtung Norden unterwegs, auf dem Rücksitz des Wagens von Jimmys Bruder, zwischen Jimmys Cousins eingekeilt, deren unanständige Witze und durchgeschwitzte

Leihanzüge Sita in einen Zustand solchen Abscheus versetzten, daß ihr die Stimme versagte.

Sie redeten ohnehin nicht mit ihr. Die Straße war gerade und sah unter den kalten Sternen glatt und glänzend aus, und die Flasche, die sie herumgehen ließen, leerte sich rasch. Ihr süßer Schnapsatem war mehr, als Sita ertragen konnte, und einmal versuchte sie zu sagen, ihr sei schlecht und sie müßten sie hinauslassen. Aber die Worte kamen als heiseres Krächzen heraus, und erst als sie über den harten Wanst des einen Cousins zum Griff der hinteren Tür hinüberlangte, wurden sie alle plötzlich aufmerksam.

«Hoppla!»

«Halt sie!»

«Aber sicher!» Ihre Stimmen stießen sie in die Sitzpolsterung zurück, und ihre plumpen Hände hielten sie nieder. Sie sank in sich zurück und haßte sie so sehr, daß der Haß einen wunden Strom durch ihre Mitte abwärts schickte. Sie funkelte die beiden abwechselnd böse an und wünschte, sie könnte ihnen mit ihren Blicken das Fleisch von den Knochen schmelzen.

«Wo fahren wir denn mit ihr hin?» überlegte Jimmys Bruder schließlich. Er fuhr.

«Keine Ahnung!» sagte ein Cousin, worauf alle in johlendes Gelächter ausbrachen, das sie ganz geschwächt zurückließ. Danach wurden sie ruhig, einen Augenblick lang nachdenklich.

«Los, wir gehen diesen Winter Eisfischen», sagte einer von ihnen. Eine halbe Stunde diskutierten sie darüber, welchen See sie heimsuchen und wessen Haus sie sich dort vorknöpfen wollten. Sita döste, überzeugt, daß sie umkehren und sie zurückbringen würden. Aber gerade, als sie ihr Bedürfnis, in der Dunkelheit herumzufahren, befriedigt und vielleicht sogar vergessen zu haben schienen, daß sie zwischen ihnen eingezwängt saß, kamen sie auf Reservationsgebiet, das uneingezäunt, brach und mit Ausnahme eines schwachen Hoflichts verlassen dalag.

Jimmys Bruder fuhr in den Lichtkegel und hielt vor einem in sich zusammenfallenden Holzgebäude, das nicht durch ein Schild gekennzeichnet war, aber von allen Männern sofort erkannt wurde.

«Junge, Junge!» jauchzte ein Cousin in Anerkennung des genialen Einfalls von Jimmys Bruder.

«Laßt sie jetzt raus», befahl Jimmys Bruder den Rück-sitzcousins. «Und gibt ihr deine Jacke; verdammt, ist das kalt draußen.»

Der Cousin sprang hinaus, lud Sita ab und ließ sich zurück ins Auto fallen. Plötzlich voller Angst, kuschelte sie sich in die Hülle der Anzugjacke. Aber die Wärme des Cousins schwand daraus, noch bevor Jimmys Bruder ge-hupt und aufgeblendet hatte und weggefahren war. Der Wind zerrte an ihrem Schleier wie mit Zähnen. Die Kälte floß unter ihrem Rock herauf und ihre Arme hinunter.

Sita versuchte zu schreien.

«Mistkerl!» flüsterte sie.

Die Rücklichter verschwanden. Der Wind war scharf, fast ein Sturm, und Sita mußte dagegen ankämpfen, als sie zwischen den Autos auf dem Parkplatz durchstol-perte und an die klobige Holztür klopfte. Keiner machte auf. Sie stand einen Augenblick da, und dann fuhr der Wind plötzlich von hinten in ihr Kleid, stülpte es um und über ihren Kopf wie einen Schirm und fegte sie zur Tür hinein.

Was sie betrat, war eine kleine Indianer-Bar, in der in dieser kalten Nacht sieben still vor sich hin saufende alte Männer zu Gast waren, zwei laute Frauen und Russell Kashpaw, der für die Dauer des Abends mit beiden Frauen zusammen war. Was in den Augen der zehn Leute und des Barkeepers durch die Tür zu ihnen herein-getrieben wurde, erschien ihnen wie eine plötzliche Explosion von weißem Tüll, eine rollende Kugel, von eis-kalten Winden zwischen sie getrieben. Zwei nackte Beine mit Pfennigabsätzen scherten in der Kugel auf und zu, schlitzten tödliche Bögen und zerrissen einem alten Mann die Jacke, bevor der erschrocken zurückfuhr. Die weiße Kugel war in der Tat erschreckend, denn die ganze Zeit, während der Wind sie umherwarf und die Stamm-gäste der Bar sich duckten, um der Gefahr auszuwei-chen, gab sie ein ersticktes und unmenschliches Kräch-zen von sich. Doch dann, als die Tür schließlich zuge-schlagen war, kam das Gewand langsam zur Ruhe, Arme tauchten daraus auf und strichen wild Schicht um Schicht nach unten, bis endlich inmitten des zerrissenen Schaums ein Gesicht zutage kam.

«Menschenskind! Eine Königin!» sagte eine der Frauen in die erstaunte Stille hinein.

«Halt's Maul», sagte die andere Frau, die sich an Rus-sells Arm klammerte. «Das ist eine Braut!»

Und es war eine Braut, das konnte jetzt jeder sehen. Sie stand auf, zerzaust, aber sonst in jeder Hinsicht ganz normal, außer daß ihr Gesicht aufgelöst und wutverzerrt war und in gräßlichem Schweigen arbeitete.

Karl Adare

*Meine Herren und Damen, sehr geehrte Mitglieder des
Landwirtschaftsvereins, ich bin heute hierhergekommen,
um Ihnen ein Wunder vorzuführen.*

So fange ich meine Werberede immer an.

*Wir alle haben die Staubkugel gesehen, diese Wolken
aus fortgeblasener Erde. Wertvolle Ackerkrume, der
Laune des Windes ausgeliefert! Nun, meine Herren und
meine Damen, das Pflügen war die Ursache dafür, das
Eggen hat es möglich gemacht, und ein Weg, diesen teuf-
lischen Prozeß zu unterbinden, ist, nicht zu eggen.*

Aber...

Ich lege eine dramatische Pause ein.

*Ich muß doch eggen, um säen zu können, werden Sie
sagen. Nun, von jetzt an nicht mehr! Unter dieser Plane
habe ich die Antwort auf die Gebete der Natur. Meine
Herren...*

Ich ziehe an der Schnur, und die Plane fällt.

DIE LUFTDRUCK-SÄMASCHINE!

Und dann fahre ich fort, den Mechanismus zu erklären. Ich verweise auf die schmalen Röhrchen, die die Samen aus dem Saatvorratskasten zur Erdoberfläche leiten.
Ich erkläre, wie mittels Luftdrucks aus den motorisierten
Blasebälgen jedes Samenkorn sanft in die Erde geblasen
wird. Die Luftdruck-Sämaschine verletzt die Krume

nicht, erzähle ich ihnen, hält dadurch die Feuchtigkeit und verringert den Verlust an Mutterboden.

Es folgen die üblichen Fragen, dann die übliche Skepsis. Ich fing den Blick des Mannes auf, einen sehnsüchtigen, vorsichtigen Blick, während ich all die Fragen beantwortete, Broschüren austeilte und den Vorgang demonstrierte, so gut ich konnte.

Wir nahmen beide an der Tagung in Minneapolis teil. Es war ein schlanker Mann mit dichtem und kräftigem blonden Haar, großen grauen Augen und einer unbefangenen Art. Er stellte Fragen über Anwendung und Lebensdauer des Geräts. Die Idee gefiele ihm, ließ er mich wissen. Er habe etwas übrig für Innovationen.

«Ich heiße Wallace Pfef. Ich bin Spekulant drüben in Argus», sagte er. «Ich würde gern mehr Werbung treiben, der Stadt einen Namen machen, die Landwirtschaft ankurbeln. Deshalb interessiere ich mich für Ihre Sämaschine», fuhr er fort.

Ich sagte, diese Maschine sei stark im Kommen, zeigte ihm Tabellen und Zeitungsberichte aus der landwirtschaftlichen Fachpresse, aber die ganze Zeit dachte ich dabei: Warum Argus? Diese unbedeutende Kleinstadt tauchte auf, wo ich ging und stand. Ständig schüttelten mir Einwohner von Argus die Hand. Oder die Zeitungen waren voll von Meldungen über Monstrositäten, Katastrophen oder Mehrlingsgeburten im Saint Adalbert's Hospital in Argus. Ich war schon halb darauf gefaßt, eines Tages den Namen meiner Schwester in diesen Berichten zu lesen, und ich wußte, daß es keine Rolle spielen würde, wenn es so käme. Ich würde sie nie anrufen, besuchen oder ihr auch nur einen Brief schreiben. Es war einfach zu lange her. Und doch war da eine Faszination in mir, eine Neugier, die den Zufall anzog, und wahrscheinlich veranlaßte mich das auch dazu, diesen Pfef einzuladen, mit mir einen zu trinken.

Und außerdem macht ein Vertreter sich Freunde, wo er nur kann. Er war nicht mein Typ, aber er war nicht so schlecht wie manche anderen.

Wir verließen den Tagungsraum, gingen durch die Halle und betraten die dämmrige Hotelbar.

«Ich geb Ihnen einen aus», sagte ich und legte einen Fünfdollarschein hin, als unsere Drinks kamen. Die Bedienung nahm sich den richtigen Betrag von dem Fünfer und legte das Wechselgeld auf den Tisch. Ich rührte das Kleingeld nicht an.

Er bedankte sich, trank langsam einen Schluck und sagte nichts mehr, was mir zunächst Unbehagen verursachte, aber dann, als auch ich absichtlich abwartete, ohne die Lücke zu füllen, die er geöffnet hatte, wurde klar, daß sich mit dem Drink etwas zwischen uns verändert hatte.

«Sind Sie aus Minneapolis?» fragte er. Irgendwie schien das Thema jetzt persönlicher als zuvor, als wir darüber gesprochen hatten, daß er aus Argus kam.

«Von hier... und sonstwo», sagte ich.

«Von wo sonst?»

Ich schwieg, verspürte das alte Unbehagen über Fragen nach meiner Vergangenheit und wollte doch gerade genug preisgeben, um mir sein Interesse zu erhalten.

«Sankt Hieronymus», sagte ich. «Das ist ein katholisches Heim für uneheliche Kinder.»

Das hatte er ganz offensichtlich nicht erwartet. «Oh, Entschuldigung», sagte er. «Das tut mir aber leid.»

Ich winkte ab.

Er hatte jetzt zu gar nichts mehr sonderlich viel zu sagen, trug aber weiter diesen wartenden Gesichtsausdruck zur Schau, und obwohl ich normalerweise nicht von mir spreche, um Distanz zu wahren, sagte ich jetzt, was ich sonst noch nie jemandem erzählt habe.

«Ich hab eine Schwester. Sie wohnt in Ihrer Stadt.»

Er sah erwartungsvoll drein. Offenbar kannte er jedermann in Argus, und ich merkte, daß ich zu weit gegangen war. Er würde Mary erzählen, daß er mir begegnet war, wenn ich ihm ihren Namen sagte, was er offenbar erwartete. Ich hatte in Betracht gezogen, ihm meine Karte zu geben, aber jetzt würde ich vorsichtiger sein müssen.

«Aber ich kenne sie nicht», machte ich einen Rückzieher. «Vielleicht ist es auch nur ein Gerücht. So was passiert ständig in Heimen. Andere Kinder behaupten, sie hätten deine Akte gesehen, oder die Nonnen spinnen Geschichten zusammen...»

«Aber Sie glauben daran», sagte er und schaute mich direkt und überzeugt an. In diesem Augenblick schwand der Boden beträchtlich zwischen uns, wie immer, wenn ein Mensch zugibt, daß er einen anderen so genau beobachtet, und wenn er einem in die Augen schaut. Jetzt war es an mir, etwas zu sagen, das noch weiter ginge. Ich riskierte es.

«Gehen wir doch auf mein Zimmer, etwas essen», sagte ich.

Sein Blick verriet nun Überraschung. Inzwischen hatten wir drei schnelle Kurze gekippt, und der Rest des Fünfers, den er seinerseits hingelegt hatte – er hatte darauf bestanden –, lag zwischen uns. Drei Kurze waren die Grenze, bei der ich mich locker zu fühlen begann, und während ich ihm beim Aufstehen zusah, merkte ich, daß es bei ihm auch so war.

«O nein», sagte er und kramte unter seinem Sitz. «Jetzt sind mir meine Broschüren runtergefallen.»

Seine Hüften waren schön und schlank, das fiel mir auf, aber er war weder kräftig noch muskulös. Da war an meiner Erscheinung schon mehr zu bewundern. Ich hob Gewichte, schwamm Bahnen oder lief schon mal eine Meile, selbst wenn ich auf Tour war. Ich achtete auch auf mein Innenleben. Ich hatte genügend Schlappen mit anderen Menschen erlitten, und vielleicht ließ ich deshalb nie etwas so weit kommen, daß ich nachher der Gelackmeierte war.

«Wollen wir?» fragte ich.

Er hatte seine Broschüren wieder eingesammelt. Mit einem schnellen, nervösen Lächeln richtete er sich auf, und zusammen gingen wir den teppichbedeckten Korridor entlang, zwei Treppen hinauf und in mein Zimmer. Es war ein Einzelzimmer, das von einem Bett mit einem knallorangen Bettüberwurf beherrscht wurde. Pfef schaffte es, den Blick auf das Bett zu vermeiden, indem er sofort auf das Fenster zusteuerte und den Ausblick bewunderte. Der auf den Parkplatz hinausging.

Tatsächlich lagen in der Tischschublade Speisekarten, und ich war ehrlich hungrig. Ich merkte, daß mir jetzt, wo wir allein im Zimmer waren, gar nicht mehr so wichtig war, ob es nun so oder so weiterging. Nicht daß Pfef unattraktiv gewesen wäre, aber seine plötzliche Nervosität langweilte mich, das verlegene Sichverstellen, wo er es doch gewesen war, der anfangs die Hand ausgestreckt hatte, um meine festzuhalten, als ich versuchte, noch einen Geldschein für Getränke hinzulegen.

Ich setzte mich aufs Bett und schlug die Speisekarte auf. Ich wußte, worauf ich Hunger hatte, aber das war nicht verfügbar.

«Wachteln», schlug ich als Kompromiß vor, «obwohl die hier sicher trocken und zäh sind.»

Seine Anspannung ließ nach; er setzte sich in den Sessel neben dem Bett und nahm eine Speisekarte zur Hand.

«Für mich das Rippchen.»

«Dann haben wir's ja.» Ich rief bei der Rezeption an. Während wir auf den Servierwagen warteten, goß ich ihm einen Schluck aus der Flasche ein, die ich immer im Koffer bei mir hatte.

«Ist dies Ihr einziges Wasserglas?» fragte er höflich, bevor er es an die Lippen hob.

«Ich bin nicht zimperlich», sagte ich und nahm einen Schluck aus der Flasche, «nicht wie du.»

Unten war er der Beobachter mit den gewagten Bemerkungen gewesen, aber als ich ihn jetzt bloßstellte, errötete er und wurde still, schwenkte den Whiskey in seinem Glas und hatte dann wieder diesen erwartungsvollen Blick im Gesicht.

Also sagte ich nichts weiter, sondern nahm ihm nur das Glas aus der Hand.

«Aber das Essen», sagte er mit schwacher Stimme.

Trotzdem beugte er sich vor, und ich faßte ihn an den Schultern und zog ihn an mich. Dann legten wir uns zurück auf den knalligen Bettüberwurf.

Als der Hotelpage an die Tür klopfte, waren wir wieder da, wo wir begonnen hatten, angezogen, mit dem einzigen Unterschied, daß wir jetzt beide aus dem Wasserglas tranken. In Wirklichkeit trank ich nämlich lieber aus einem Glas.

Der Junge schob nur den Servierwagen herein, streckte die Hand nach dem Trinkgeld aus und verließ uns. Vielleicht dachte er, wir seien Gangster, die etwas ausheckten, oder er wußte die Wahrheit. Pfef aß schnell, gierig, offensichtlich erleichtert. Er schnitt sein Fleisch in kleine Stückchen und stopfte sie sich in den Mund. Es war wohl nicht so schlimm gewesen, wie er gedacht hatte, oder jetzt, wo es vorbei war, konnte er es hinter sich lassen, so tun, als sei es nie passiert, still und leise nach Argus heimfahren und seiner Frau erzählen, wie gut die Tagung gelaufen war, und sie mit einem Souvenir aus Minneapolis beschenken, um die knarrende kleine Türangel seiner Schuld zu ölen.

«Ich hab das noch nie gemacht», sagte er.

Ich wandte mich nur ab, zerlegte die winzigen Vögel und erinnerte mich an sein verhaltenes Sehnen, seinen erwartungsvollen Blick. Er war mit Sicherheit verheiratet, zumindest nahm ich das an. Er trug einen Ring, der wie ein Ehering aussah, und wirkte umsorgt – gebügelt, poliert, gestärkt.

«Und wie geht's dem kleinen Frauchen?» konnte ich mir nicht verkneifen zu fragen. Ich sagte es mit einem höhnischen Lächeln.

Er schaute auf, begriffsstutzig, wischte sich das Kinn. Ich tätschelte ihm die Hand.

«Oh», sagte er. «Ich war mal verlobt, aber das ist lange her.»

«Kann ich mir vorstellen.»

Dann drehte er den Spieß um.

«Und du?» fragte er.

«Was, und ich?»

«Du weißt schon.»

«Meinst du Frauen?» Er nickte. Ich erzählte ihm, daß ich haufenweise Frauenbekanntschaften gehabt hätte, und sehr enge, obwohl ich in Wahrheit die Berührung von Frauen immer als unerträglich empfunden hatte, als eine Quelle namenloser Panik.

«Aber Liebe und Heirat – das ist nichts für mich», erklärte ich.

Er war fasziniert.

«Laß mich doch versuchen, deine Schwester zu finden», schlug er vor. Das kam völlig unerwartet, und als er mich mit seinen klaren traurigen Augen ansah, hatte ich plötzlich dieses Gefühl, vor dem ich mich immer gefürchtet hatte, das Gefühl von Schwärze und davon, daß der Boden, auf dem ich stand, nachgab – das Fallen ins Nirgendwo. Vielleicht stimmte das ja bei ihm sogar, die Verlegenheit, die mangelnde Erfahrung, die schreckliche Möglichkeit, daß er mich wirklich kennenlernen wollte.

«Fertig», sagte ich, schob meinen Teller weg, und nur um etwas zu tun, nur um das Gefühl loszuwerden, rollte ich wie verrückt den Servierwagen aus der Tür. Dann kam ich ins Zimmer zurück und sprang aufs Bett. Ich mußte mich davor bewahren zu fallen, deshalb sprang ich. Ich fühlte mich albern und leicht, als ich in die Luft hopste. Ich kam mir vor wie ein Kind, das die Bettfedern ruiniert.

«Hör lieber auf», sagte Pfef schockiert und ließ das Fleisch von der Gabel fallen. «Die Hoteldirektion!»

«Scheiß auf die Hoteldirektion!» Ich lachte ihm in sein altjüngferliches Gesicht. «Ich kenn einen Trick, den zeig ich dir jetzt.» Ich hatte in Wirklichkeit gar nichts parat, aber während ich hüpfte und fast an die Decke stieß, kam mir plötzlich die Inspiration. Ich hatte auf dem Sprungbrett in der Stadt die Jungs mit den harten Muskeln sehr genau beobachtet. Sie sprangen hoch, wirbelten herum, schnellten mit Präzision in einem Salto durch die Luft und teilten dann scharf mit den Zehen das Wasser. Genauso würde ich es jetzt machen. Ich schnellte in die Höhe. Dann hockte ich die Beine an, drehte mich, wirbelte herum, und noch immer bin ich fest davon überzeugt, wenn Pfef nicht plötzlich aufgebrüllt hätte, wäre ich hervorragend auf den Füßen gelandet. Aber der Angstschrei warf mich aus der Bahn. Ich blieb zu lange angehockt und schlug am Fuß des Bettes auf dem Boden auf, auf einem so kleinen Fleckchen, daß es unmöglich schien, so haargenau darauf landen zu können, aber ich schaffte es und stauchte mir noch den Rücken dabei.

Im Augenblick des Aufschlags wußte ich schon, daß es schlimm war. Ich blieb bei Bewußtsein.

«Pfef», sagte ich, kaum daß er sich herunterbeugte, «rühr mich nicht an.»

Er war klug genug, es wirklich nicht zu tun, klug genug, die Klinik anzurufen, klug genug, sich ohne zu

reden neben mich zu setzen und die Sanitäter davon abzuhalten, mich zu bewegen, bis der Arzt ein Brett holen
ließ. Die dummen Gedanken, die mir dabei die ganze
Zeit durch den Kopf gingen, drehten sich nicht um meinen Hals oder darum, daß ich lebenslänglich gelähmt
sein könnte. Aus irgendeinem Grund hatte ich weder davor Angst noch vor sonst irgend etwas. Ich sah Pfef an,
und daran, wie er schmerzerfüllt und mit unverstelltem
Blick zurückstarrte, merkte ich, wenn ich ihn wollte,
könnte ich ihn für immer haben. Aber nicht einmal daran
dachte ich. Meine Schwester war es, an die ich mich erinnerte.

«Sie heißt Mary», sagte ich laut. «Mary Adare.»

Und dann wirkte die Spritze, die schwarze Wärme
überkam mich. Mir wurde klar, daß die Stelle, auf der ich
gelandet war, nur ein brüchiger Felsvorsprung war, und
daß es sonst nichts mehr gab, was mich halten konnte,
wenn ich fiele.

Wallaces Nacht

Ziegenmelker tauchten durch seine Scheinwerfer, kleine
dreieckige Schatten, die gefransten Schnäbel nach Insekten aufgesperrt. Die Luft aus den Gräben roch feucht,
und manchmal nahm er einen Schimmer des Wassers
wahr, das wie Spiegel zwischen den endlosen schwarzen
Furchen stand. Weitab vom Highway zwischen Minneapolis und Argus sandten einsame Lichter Signale aus wie
Schiffe, die weit draußen im Meer vor Anker liegen. Das
erste, was Wallace von Argus sah, war auch tatsächlich
das kleine friedliche rote Leuchtsignal oben auf dem
Wasserturm.

Er fuhr vom Highway ab auf eine schmale Lehmstraße, die bekannt dafür war, daß High-School-Liebespaare dort Zuflucht suchten. Sein Freund, Officer Ronald Lovchik, war von bestimmten Eltern unter Druck gesetzt worden, in den Wochenendnächten auf dieser Straße zu patrouillieren. An diesem Samstagabend lag die Straße allerdings verlassen da. Nirgends sah er etwas blinken; auch weiter unten auf der krummen schlaglochreichen Spur blendeten keine Liebespaare ihre Scheinwerfer auf. Er brachte das Auto sanft und holpernd zum Halten und stellte den Motor ab.

Rings um ihn begann eine nächtliche Musik. Grillen zirpten. Der junge Weizen raschelte. Träumende Vögel, die in den Bachdurchlässen und den niedrigen Windschutzhecken nisteten, stießen kleine spitze Schreie aus. Wallace ließ sich tiefer in den Sitz gleiten und atmete den milden, süßen Lufthauch ein. Das Lenkrad bog sich wie ein glatter Knochen, auf den er seine Finger legte. Über ihm war der ganze mondlose Himmel mit Planeten und Sternen bedeckt.

Er mochte noch nicht in sein halbfertiges, leeres Haus zurück, aber er wollte auch nicht zu genau über das nachdenken, was ihm in Minneapolis passiert war. Er schloß die Augen, konnte aber nicht einnicken. Er war zu wach, zu sehr bei Bewußtsein. Er versuchte, seine Gedanken mit etwas anderem als mit Karl zu beschäftigen.

Da war das Problem mit dem Schwimmbad, das Wallace neben seinen anderen Beschäftigungen noch betrieb. Das Schwimmbad war ein ABM-Projekt gewesen, ein ehrgeiziges dazu, viel zu groß und aufwendig für Argus. Jetzt waren die Installationen verrostet, und im Schwimmerbecken waren Risse aufgetaucht. Das Filtersystem taugte nichts mehr, und der kostbare handgemalte Fries, der die Wände der Umkleideräume zierte, bröckelte ab. Vandalen hatten den Zaun kaputtgemacht.

Das Schwimmbad machte ihm zu viel Kopfzerbrechen. Deshalb dachte er lieber an ein Finanzierungsprogramm der First National Bank. Er saß im Aufsichtsrat, der die Investitionen absegnete. Er versuchte, seine Gedanken auf das letzte Aktienportefeuille, das er gesehen hatte, zu konzentrieren, aber der Geruch von aufziehendem Regen lag in der Luft. Seine Gedanken glitten ab. Er sah Karls Hände, sein dunkles Haar, das erschöpfte Gesicht auf dem steifen, desinfizierten Krankenhausbettzeug. Als hinter ihm plötzlich die Lichter angingen, fuhr Wallace geblendet hoch.

Eine Autotür fiel zu. Sein Vordersitz war in grelles Licht getaucht. Jemand beugte sich in sein Fenster.

«Wally Pfef!»

«Ron!»

«Was machst du denn hier?»

«Ich...» Ja, was tat er eigentlich hier? «...hab nachgedacht.»

Lovchik richtete sich auf. Wallace tastete auf dem Vordersitz entlang und griff einen Stapel Broschüren, den er von der Tagung mitgebracht hatte. Er drückte sie an die Brust und sprang aus dem Auto.

«Schau dir das an», sagte er und nahm eine in die Hand. Ron Lovchik sah gequält drein. Er hakte eine Taschenlampe von seinem Gürtel los und richtete den Lichtschein auf die Broschüre.

«Hier steht ‹die Zuckerrübe›.»

«Genau!» sagte Wallace und wies schwungvoll mit einem Arm in die leere Nacht hinaus und über die weiten und stillen Felder.

«Diese Felder, alles, was du siehst, Ron, ist bestes Rübenland!»

Wallace packte Lovchik am Arm und klopfte mit dem Finger auf das glänzende Heftchen. «Hör zu. Zucker ist ein Dauerbrenner auf der Speisekarte, weltweit! Du magst Zucker. Ich mag Zucker. Der Zucker muß ja von irgendwo herkommen, und warum nicht von hier? Das könnte einen Aufschwung für Argus bedeuten! Geld in den Kassen. Das könnte einen neuen Streifenwagen bedeuten. Sprechfunk!»

Officer Lovchik trat von einem Bein aufs andere und spähte auf die kleine Schrift und auf das Bild von den Rüben hinunter.

«Ist das nicht ein herrlicher Anblick?» sagte Wallace. Seine Stimme schwang sich empor. «Eine große weiße Rübe, die nur darauf wartet, zu $C_{12}H_{22}O_{11}$ gemacht zu werden. Zucker! Stell dir vor, Ron! Alle Felder hierherum bepflanzt. Eine Zuckerrübenraffinerie. Geld strömt herein. Dein Gefängnis kriegt neue Fenster. Argus baut zwei neue Schwimmbäder. Wenn der Wind von den Rübenhalden herüberweht, halten sich die Leute die Nase zu, aber sie lächeln, Ron. Die wissen, wo die Moneten herkommen!»

Die Einfälle flogen Wallace nur so zu.

Officer Lovchik schüttelte den Kopf, schaute noch einmal auf die Broschüre hinunter, schnipste mit dem Finger daran entlang. Er gab Wallace einen leichten Schlag auf die Schulter.

«Du kannst es doch nie lassen, Wally. Jetzt hast du sogar schon Pläne für die Liebesallee.»

Wallace sprang in sein Auto, ließ den Motor an und trat begeistert aufs Gas, daß der Motor aufheulte.

«Was für eine Entwicklung!» rief er, als er in die Nacht hineinfuhr. «Diese Straße wird eine große Umgehungsstraße werden!» In seiner Phantasie stiegen vor ihm von den flutlichtbeleuchteten Haufen der Zuckerrübenfabrik zwei weiße Säulen eines stinkenden Dunsts schnurgerade in die Höhe wie der in die Luft aufsteigende Zauberer von Oz.

Siebtes Kapitel
1953

Celestine James

Die ganze Nacht hab ich mich mit Killer-Robotern rumgeschlagen», sagt Mary zu sich selbst, obwohl ich direkt neben ihr arbeite.

Es ist ein ganzes Jahrzehnt, bevor der Präsident erschossen wird und die ganze Welt überschnappt, aber Mary ist ihrer Zeit voraus. Die Geschichte mit den Robotern, die überall in den Zeitschriften hochaktuell ist, hat sich, zusammen mit ein paar anderen fixen Ideen, in ihrem Kopf festgesetzt. Atomwaffen. Raumfahrt. Ginseng. Sie findet, daß der Rübenzucker, um den diese Stadt so ein Trara macht, ungesund ist. Sie hat angefangen, vom Bienenzüchten zu reden. Aber ihr Lieblingsthema sind immer noch die mechanischen Menschen.

«Roboter hätten ja keine Gefühle», sagt sie jetzt finster. «Man könnte gar nicht an ihr Mitgefühl appellieren.»

«Seit wann», sage ich zu ihr, «kann man denn bei einem ganz normalen Soldaten an das Mitgefühl appellieren? Das wird denen doch schon im Ausbildungslager gründlich ausgetrieben.»

Laut Russell, der es wissen müßte. Er ist aus dem Veteranen-Hospital entlassen worden, wo er war, seit er aus seinem letzten Krieg in Korea zurückgekommen ist. Endlich ist er jetzt daheim und wird nie wieder Soldat sein. Aber er ist noch mehr durchlöchert als vorher, so daß jetzt die Rede davon ist, ihn zum höchstdekorierten Helden North Dakotas zu machen. Ich finde, es ist dumm, daß dieses Zerschossenwerden das einzige ist, wofür er sein ganzes Leben lang gelebt hat. Jetzt muß er warten, bis irgendein Angestellter im Kapitol die anderen Veteranen auspunktet, indem er ihre Wunden auf einem Schreibtäfelchen zusammenzählt und ausrechnet, wer am meisten Fleisch gelassen hat.

Er ist so lange im Militärdienst gewesen, daß er ans Warten gewöhnt ist. Und dann kriegen wir die Hiobsbotschaft von unserer Schwester Isabel, die in eine Sioux-Familie eingeheiratet hat und runter nach South Dakota gezogen ist. Wir hören, daß sie an den Folgen von Prügeln gestorben ist oder bei einem Verkehrsunfall, auf irgendeine gewaltsame Art und Weise. Aber nichts sonst. Wir hören nichts von ihrem Mann, und wenn sie Kinder gehabt hat, hören wir auch von denen nichts. Russell fährt am Wochenende runter, aber die Beerdigung ist lang vorbei. Er kommt heim und erzählt mir, es ist, als sei sie vom Erdboden verschluckt. Es gibt keine Spur von ihr, kein Zeichen.

Russell verbringt die ganze Nacht in Bars oder pusselt mit seinem Werkzeugkasten im Haus herum, bis Mary Wind davon kriegt und ihn anstellt, damit er sich um den Geschäftslieferwagen und das automatische Kühlsystem kümmert. Jetzt läuft er den ganzen Tag rein und raus, hinkend, von Kopf bis Fuß von neuen Narben und Streifen zerknittert, die fast aussehen wie Fährten von einem Tier. Er bastelt so viele Stunden an den Frostern herum, daß er Frostbeulen und offene Stellen an den Händen kriegt, aber es scheint ihm ein bißchen besser zu gehen, seelisch, er scheint wieder Spaß am Leben zu finden.

Während es Russell allmählich bessergeht, verliert

Sita so langsam den Boden unter den Füßen. Nicht, daß wir es von ihr direkt erfahren, eher durch Gerüchte, die die Kundschaft zur Tür hereinträgt, und durch das, was wir selbst beobachten. Man hat sie hinten in der Küche des Restaurants *Zum Achterdeck* gehört, wie sie Jimmy, ihren Mann, wegen seiner Bratmethode runtergemacht hat. Alles, was das *Achterdeck* anbietet, wird erst in Backteig getaucht und dann in schwimmendem Fett ausgebacken. Das Essen dort wird so zubereitet, wie die Leute es hier mögen. Aber Sita will aus dem *Achterdeck* ein erstklassiges Restaurant machen, ein Viersternerestaurant, haben unsere Kunden sie schreien hören. Sie haben Jimmy hinausstürmen sehen, wobei er mit seinen kleinen, scharfzehigen Füßen aufstampfte und ein knallrotes Gesicht hatte. Er setzt sich an die Ecke der Theke vor einen ganzen Teller mit glasierten Zimtröllchen und stopft sie mit gespreizten Fingern in sich hinein, ohne dabei mit seinem Flunsch aufzuhören. Davon, daß er seinen Ärger in Süßigkeiten erstickt, hat er so zugenommen, daß er kaum noch in eine Nischenbank paßt.

Sita dagegen bleibt zahnstocherdünn und säuerlich. Um schön zu bleiben, muß sie härter an sich arbeiten als je zuvor. Sie verbringt Stunden beim Friseur, gibt Geld für Hautkosmetik aus und sieht dann am Ende doch nur ausgestopft und konserviert aus.

Russell hat also Kriegsdepressionen. Sita säuert in ihrem eigenen Saft dahin. Und Mary schwirren massenweise Ideen im Kopf herum. Die Armee von Killer-Robotern, die ich erwähnt habe, war in der Nacht zuvor in ihren Träumen aufgetaucht.

«Sie gingen auf mich los», sagt sie mit Nachdruck, «und schossen Todesstrahlen aus den Fingern.» Wir sitzen auf Plastikstühlen auf ihrer gefliesten Glasveranda draußen hinter der Küche. Dort wächst ein feuchtwarmes Durcheinander von üppigen Schlingpflanzen. Ich bin der Meinung, daß die Idee mit den Robotern reichlich verstiegen ist, und sage ihr das auch.

«Natürlich», gibt sie zurück, «man braucht schon eine höhere Intelligenz dazu als normale Leute.»

«Stimmt, normal bist du nicht», sage ich zu ihr, «und ich glaube, darüber freust du dich auch noch.»

Ob sie es nun hört oder überhört, weiß ich nicht. Sie scheint in den vergangenen paar Jahren schwerfälliger geworden zu sein, nicht dicker, einfach nur unerschütterlicher in Wort und Tat. Was ihr nicht paßt, hört sie einfach nicht. Jetzt geht sie zwischen den wuchernden Töpfen und Frühbeeten umher, in denen sie ihre Vorstellungen von Pflanzenzucht praktiziert.

In diesen Beeten ist die Erde mit Kaffeesatz und zerkleinerten Eierschalen gemischt. Ihre Rosen wachsen dunkelrot und leuchtend auf Knochenmehl. Die winzigen Köpfe des grünen Salats werden von Strumpfbändern zusammengehalten. Die Tomaten hängen von dikken Stämmen, um die Blutmehl und Eichenlaub gemulcht sind. Spargelfarn und Schnittlauch schießen überall wie Haarbüschel aus der Erde. Mary verwendet alles, was ihr in die Hände fällt. Jetzt bückt sie sich, um ihre Tomaten an dünnen Stahlrohren festzubinden, die sie, glaube ich, auf einer Baustelle geklaut hat.

Wir haben uns zur Mittagspause hingesetzt, aber jetzt ruft Adrian, der Junge, der überall aushilft, wo er gerade gebraucht wird, und der angeblich ein Cousin von mir ist, daß Kundschaft da sei.

«Vertief dich nur nicht zu sehr», mahne ich Mary, als ich durch die Tür gehe, «die Leberwurst wartet.» Sie ist schon in einer riesigen Stahlmulde angerührt, aber jetzt muß einer von uns den Rinderdarm waschen, die Mischung durch das Füllrohr der Wurstspritze drücken und dann den langen Schlauch in Ringe abbinden.

«Ich weiß, ich weiß», sagt sie, aber ob sie damit mir

antwortet oder nur ihren Tomaten gut zuspricht, kann ich nicht unterscheiden. Ich gehe den Flur entlang, hinaus hinter die Theke, und der Kunde, den ich dort stehen sehe, ist unser alter Klassenkamerad Wallace Pfef, jetzt der Vorsitzende der Industrie- und Handelskammer und noch immer Junggeselle. Er beobachtet unsere Steaks aufmerksam durch das dicke Glas, als könnten sie plötzlich ihre grünen Papierkrausen abwerfen. Die Lichter aus der Glasvitrine beleuchten sein Gesicht von unten und legen lila Schatten um seine Augen und Nase.

«Was darf's denn heute sein?» frage ich. Eigentlich ist Wallace Stammkunde, aber jetzt ist er wochenlang nicht dagewesen.

«Guten Tag, Celestine», sagt er. «Ich hatte gehofft, daß Mary da wäre.» Er linst um mich herum, aber sie ist weder im Flur noch durch das Fenster, das in ihr Büro geht, zu sehen.

«Sie ist hinten draußen», sage ich, «und bindet ihre Tomaten an.»

Er sieht erleichtert und gleichzeitig enttäuscht aus. «Macht nichts, dann spreche ich nächstes Mal mit ihr», sagt er. Ich frage, ob es wichtig ist, aber er lächelt nur sein kleines Geschäftsmannlächeln und klopft mit einem Fingernagel auf das Glas.

«Könnte ich das da sehen?» fragt er.

Man muß Pfef sein Fleisch immer von nahem zeigen, als sei es ein Stück Schmuck in einem Schaukasten. Ich führe ihm das rote Steak auf einem Stück Wachspapier vor, und er betrachtet es prüfend, bevor er zustimmend nickt.

«Pack es ein», sagt er, «und ein Viertel Langhorn-Cheddar.»

Ich schneide den Käse ab und wickle seine Ware in weißes Papier. Und dann, weil sein Interesse für Mary mich neugierig gemacht hat, frage ich ihn, ob er sicher ist, daß ich sie nicht holen soll.

«Nein», winkt er ab, «nein, bitte nicht. Es war nur das hier.»

Er zeigt mir den *Sentinel*. Es ist eine Anzeige. Eine ganze Seite. GROSSER ERÖFFNUNGSABEND, heißt es da, *CHEZ SITA*, HAUS DER FLAM-BIERTEN KRABBE. Die Anzeige geht dann noch weiter und spricht von «einem ganz neuen Eßvergnü-gen», von «feinsinnigem Ambiente» und «erlesen ange-richteten Speisen». Eine Speisekarte ist auch drin.

«Sieht das nicht köstlich aus?» sagt Wallace. «Sitas Re-staurant bringt unserer Stadt enormes Renommee, weißt du.» Er hat die Stimme so begeistert erhoben, daß Mary ihn hört, dieweil sie mit einem Knäuel Schnur den Flur entlanggeht.

«Worum geht's?» sagt sie.

«Mary!» sagt Wallace. Er lächelt sie an und hält ihr einen kleinen weißlichen Umschlag aus seiner Anzug-innentasche hin. Er erklärt: «Alle Geschäftsleute in der Stadt bekommen so eine, aber deine Kusine Sita hat mich gebeten, mich besonders darum zu kümmern, daß du eine erhältst.»

«Das kann ich mir denken!» sagt Mary. Sie hat den Umschlag geöffnet, und ich sehe, daß es eine Einladung ist. Gedruckt. Mary gibt sie mir. Ich lese, daß wir herz-lich zum großen Eröffnungsabend von *Chez Sita* einge-laden sind, heute in einer Woche. Am unteren Rand ist ein Zusatz in Sitas gedrängter kleiner Handschrift, der uns mitteilt, daß Krawatte und Anzug für Herren er-wünscht sind, und daß auch die Damen angemessen ge-kleidet sein sollten. Das ist Sitas Art, uns zu verstehen zu geben, daß sie eigentlich nicht möchte, daß wir kommen, wir, ihre ordinären ehemaligen Freunde und Verwand-ten. Sie schickt uns die Einladung nur, um uns mit der

Nase auf das feinsinnige Ambiente ihres neuen und sehr erfolgreichen Lebens zu stoßen.

Während ich noch über die kleine cremefarbene Karte nachsinne, liest Mary die Zeitungsanzeige.

«*Chez Sita.*» Sie sagt *Chez* so, daß es sich auf Fez reimt. Sie scheint weder von der Speisekarte noch von der Anzeige beeindruckt. Und sobald Wallace gegangen ist, kriege ich heraus, daß ein Kunde Mary die Geschichte von Sitas Restaurant schon längst hinterbracht hat. Während wir noch an der Theke stehen, erzählt Mary sie mir. Sita und Jimmy haben sich endlich scheiden lassen, sagt sie. Es ist alles geheimgehalten worden, und jetzt ist es endgültig. Sie leben getrennt. Jimmy hat das Maklerbüro, den Schrottplatz, die Miet- und Lagerhallen und sogar das *Trampolin* übernommen, eine Bar, die er sich ausgedacht hat, um die jüngere Generation anzusprechen; dazu seinen Minigolfplatz. Sita hat das Haus und das Restaurant übernommen. Sie hat das *Achterdeck* geschlossen, das Innere umgebaut und völlig neues Personal eingestellt, einschließlich eines Kochs, der, wie Mary sagt, *extra aus Minneapolis* geholt worden ist. Diese Tatsache ärgert Mary ganz offensichtlich, und ihr Gesicht umwölkt sich, als sie es erzählt.

«Teuer ist das», sage ich mit einem Blick auf die Speisekarte. «Was meinst du, wer wird wohl im *Chez Sita* essen?»

Mary weiß es nicht und kann es sich auch gar nicht vorstellen. Aber die Geschichte des Kunden erklärt immerhin das, was mir in den vergangenen paar Wochen an äußerlichen Veränderungen am *Achterdeck* aufgefallen ist.

Ich habe gesehen, wie Arbeiter die bunten Plastikwimpel vom Fahnenmast des *Achterdeck* gerissen, das Rettungsboot heruntergeholt und schließlich das ganze weißblaue Marinedekor mit einem dunklen Weinrot überstrichen haben. Nicht verbergen lassen sich allerdings die Schiffsrumpfgestalt des Gebäudes, die Bullaugen und der Mast, den man wohl nicht absägen kann, ohne daß die Statik des Gebäudes darunter leidet. Wenn man sich jetzt vom Stadtrand her dem Restaurant nähert, sieht man nicht mehr ein fröhlich gestrandetes Boot, sondern ein Schiff, das so dunkel daliegt, daß man fast einen Schrecken bekommt: Sitas schwarzes Schiff, das in rollendem Eibengestrüpp vor Anker liegt, bereit zum Lossegeln, als wollte es Seelen fangen.

Das ist ein merkwürdiger Gedanke, aber ich fuhr mit Mary im Auto, als wir die Veränderungen zum erstenmal sahen, und sie fand, das Haus sähe aus wie ein Totenschiff.

Jetzt wirft Mary die Einladung in den Müll und rauscht hinaus, zum Leberwursttisch. Sie hat nicht die Absicht, zu Sitas großem Eröffnungsabend zu gehen, das ist klar, aber ich fische die Karte aus dem Abfalleimer und gehe ihr nach.

«Möchtest du nicht wissen, wie es von drinnen aussieht?» frage ich.

«Wie was von drinnen aussieht.» Mary kramt jetzt die Schüssel mit den Därmen hervor, entwirrt die langen, undurchsichtigen Stränge, bereitet sie zum Füllen vor.

«Sitas Restaurant.»

«Warum Geld rausschmeißen?»

Ich antworte nicht, um zu sehen, ob noch mehr kommt.

«Das Ding jagt mir Schauer über den Rücken», sagt sie.

«Das gleiche Gefühl haben manche Leute bei Metzgerläden», sage ich und wende mich von ihr ab, ärgerlich darüber, daß sie nie verstehen wird, worüber sie nicht nachdenken will. Ich nehme den Deckel von der Wurstspritze und fange an, die Lebermischung mit einem flachen Spatel in den Behälter zu füllen. Mary steckt das Darmende auf das Füllrohr und wischt sich dann die Hände an der Schürze ab.

«Ich gehe jedenfalls hin», teile ich ihr mit. «Mit dir oder ohne dich.»

So etwa eine Woche später, am Tag des großen Eröffnungsabends überlegt Mary es sich anders und fragt, um wieviel Uhr ich losfahre.

«Abendessenszeit», antworte ich.

«Dann laß uns den Lieferwagen nehmen.»

Ich würde lieber nicht mit dem tiefliegenden, dunkelroten Lieferwagen, auf dem an allen Seiten groß und deutlich FLEISCH- UND WURSTWAREN steht, auf Sitas Parkplatz aufkreuzen, aber es lohnt sich nicht, darüber zu streiten. So versammeln wir uns am Abend in unserer besten Sommerkleidung. Russell steigt auf den Fahrersitz. Mary läßt sich auf dem Beifahrersitz nieder. Ich muß auf die Ladefläche krabbeln und mich hinter sie hocken und dabei aufpassen, daß ich mir nicht die Knie von meinen Strümpfen kaputtmache.

Russell hat den neuen grauen Anzug an, den ich ihm gekauft habe, weil das County Museum um seine beiden Ausgehuniformen nachgesucht hat. Sie hängen jetzt auf Schneiderpuppen in einer Ausstellungsvitrine, zusammen mit einer Liste von Russells Orden und einem Foto. Das Bild zeigt ihn, wie er aussah, als er aus Deutschland zurückkam, vor Korea, als seine Narben noch attraktiver waren als jetzt. Mary hat ihr Pfeffer-und-Salz-Haar zu einem Dutt zusammengezwirbelt und ist in elektrisierendes Meergrün gehüllt. Ihr Kleid ist aus glänzendem Taft und wird an den Schultern von Straßspangen zusammengehalten. Es ist weder Marys Farbe noch ihr Stil, mit dem engen Oberteil und dem fülligen, angekräuselten Rock. Es gehört zu jenen Fehleinkäufen, die Damen-

oberbekleidungsgeschäfte beim Ausverkauf am Jahres-
ende billig verramschen, und dort hat Mary es auch
höchstwahrscheinlich erworben. Ich für meinen Teil
bin, bei meiner Größe und meinen schweren Knochen,
immer gut beraten gewesen, mich in Richtung Schnei-
derkostüm, aber nicht zu streng zu kleiden. Ich habe eine
gerüschte rosa Bluse an, einen braunen Blazer und einen
Faltenrock aus einem sommerlichen Wollstoff. Abgesehen von Mary, finde ich, können wir uns sehen lassen.
Sie sitzt nach vorn gebeugt da und poliert ihre Schuhe mit
einem Stück Zeitung, und dann murmelt sie etwas ins
Handschuhfach. Sie mag es nicht, wenn Russell fährt,
aber ich habe sie dazu überredet, ihn zu lassen, warum,
weiß ich auch nicht, außer daß ich gern den äußeren
Schein wahre und es Sitte ist, daß der Mann am Steuer
sitzt. Immer noch wünsche ich mir, wir müßten nicht
den Lieferwagen benutzen. Ich möchte in der eleganten
Umgebung nicht gern auffallen.

«Wo zum Teufel sind meine Schafgarbenstengel!» sagt
Mary und schielt zu uns hoch, während sie mit einer
Hand immer noch zwischen den Straßenkarten, Sonnen-
brillen und Lieferscheinen herumsucht.

Die Stengel sollen vorhersagen können, was in der un-
mittelbaren Zukunft passiert. Ich habe aber meine Zweifel, ob sie viel über diesen Abend hätten weissagen können. Mary hat sich in letzter Zeit Sonderangebote schikken lassen und Bücher über Telepathie gelesen. Sie behauptet, sie hätte mediale Fähigkeiten gehabt, damals als
Kind, als sie da, wo sie vor der Schulrutschbahn auf den
Boden aufkam, die Erscheinung des Christusgesichts bewirkt hat. Dieses Ereignis ist so lange her, daß sich keiner
mehr daran erinnert. Und ich selbst habe es damals auch
gar nicht gesehen, egal wie fest ich hinsah, deshalb glaube
ich es gar nicht. Ich sage zu Mary, daß sie wohl angefangen hat, ihren alten Zeitungsausschnitten zu glauben,

aber nichts scheint sie in ihrer tiefen Überzeugung zu erschüttern.

«So, da wären wir», sage ich. Meine Augen gehen über von dem glänzenden Stoff von Marys Kleid. Russell steigt aus. Ich bin ja daran gewöhnt, daß sein Gesicht so zusammengeflickt aussieht, aber andere erschrecken oft. Und ich selbst fühle mich in meiner Haut auch nicht so wohl. Ich bin so riesig. Mein Gesicht ist zu breit. Meine Zähne sehen grimmig aus, wenn ich grinse, eine Eigenart, die ich von meiner Mutter habe. Aber ich weiß, daß jegliche Besorgnis darüber, wie wir auf andere wirken, mir gar nichts bringt, und deshalb lasse ich es sein.

Beim Eintritt in das Restaurant mache ich mich weder klein, noch drücke ich mich an der Wand entlang. Ich schreite so weit aus wie immer und teile dem aufgeblasenen kleinen Empfangsfräulein in ihrem Ballkleid mit, daß ich einen Tisch reserviert habe.

«James?» sagt sie und lächelt albern in ihr ledergebundenes Gästebuch. «Tut mir leid, habe ich nicht.»

«Adare», sagt Mary und beginnt zu buchstabieren.

«O ja», sagt das Empfangsfräulein. «Der Tisch steht für Sie bereit, Madam. Hier entlang, bitte.»

Sie führt uns durch Türen, die gepolstert sind wie die Wände in einer Irrenhauszelle, und hinein in die hochvornehme Dämmerung.

«Was hab ich gesagt», sagt Mary. «Ist das unheimlich!»

Ich hole mit dem Arm aus, um sie von weiteren Bemerkungen abzuhalten, treffe aber nur leere Luft. Ich meine, ein geisterhaftes Aufleuchten von ihrem Kleid zu sehen, aber der Raum ist so trügerisch, so groß und voller Schatten. Im Gehen fassen wir einander an den Ärmeln. Russell, ganz vorn, hat den Arm unseres Empfangsfräuleins genommen, das in dieser Atmosphäre sicheren Fußes dahinschreitet wie ein Führer in einer

Höhle. Auf jedem Tisch, an dem wir vorbeikommen, flackert eine Kerze in einer Schale, und ich sehe, daß viele der Tische besetzt sind. Die Leute sind gekommen, angezogen von der Neuheit wie wir, oder vielleicht sogar mit dem legitimen Wunsch, ein ganz neues Eßvergnügen zu erleben. Zuerst denke ich, daß sie in riesige Fotoalben blinzeln, aber als wir uns setzen und auch welche bekommen, sehe ich, daß es natürlich Speisekarten sind.

«Unsere Geschäftsführerin, Mrs. Sita Bohl, wird gleich dasein, um Sie persönlich zu begrüßen», sagt das Empfangsfräulein.

«Sagen Sie ihr, sie soll sich nicht die Mühe machen», sagt Mary, bevor ich sie treten kann.

Das Empfangsfräulein hebt die Augenbrauen und entschwindet dann im Schatten zwischen den Tischen. Ein Kellner kommt. Wir bestellen alle einen Highball. Aber es ist wirklich zu dunkel hier drinnen, und ich glaube, Sita hat sogar die Bullaugen abdecken lassen, was schade ist, denn schon ein schwacher Schimmer von Sternenlicht könnte uns beim Lesen der Speisekarte von Nutzen sein. Unsere Kerze in ihrer Schüssel ist auch ganz besonders schwach. Sie strahlt einfach nicht genügend Licht zum Lesen aus. Zum Glück raucht Russell ja, oder vielmehr nicht zum Glück, denn wie es das Unglück will, steckt er, während er sein Feuerzeug dicht an die Seiten hält, um die Schrift zu sehen, die ganze Speisekarte in Brand. Zuerst merkt er es gar nicht. Keiner von uns merkt etwas, außer daß der Lichtschein an unserem Tisch heller wird. Ich nutze das Aufflackern aus, um rasch meine Wahl zu treffen. Dann schlägt Russell mit seiner Serviette, einem schweren, gestärkten Leinen, das zu einer Krone gefaltet ist, das Feuer aus. Die Serviette schluckt das Feuer und löscht es.

«Schon alles wieder in Butter», beruhigt Russell den Kellner, der mit einer erhobenen Eiswasserkaraffe hinter uns steht. Eine kleine Rauchwolke steigt in die dunkle Luft über unserem Tisch. Wir haben einen Tumult verursacht, der unvermeidlich, ich weiß es schon, Sita herbeilocken wird. Und tatsächlich, da erscheint sie auch schon, ist plötzlich neben uns, in schwarzem Futteralkleid mit Perlenkette. Sie beugt sich über den Tisch, versucht, keine Aufmerksamkeit zu erregen und zischt etwas Unverständliches. Das von unten kommende Licht verzerrt ihr Gesicht zu einer Halloween-Maske, hexenhaft und gruselig. Es dauert einen Moment, bis ich registriere, daß sie nichts von verkohltem Papier, der Rauchwolke, dem von uns verursachten Aufruhr flüstert, sondern etwas von einer Klemme, in der sie selbst steckt.

«Kommt raus, mit nach hinten», sagt sie. «Folgt mir unauffällig.»

Doch Mary fragt mit lauter Stimme: «Warum denn?»

Sita versucht, sie zum Schweigen zu bringen, aber Mary ist unerbittlich.

«Kommt überhaupt nicht in Frage, daß wir uns von der Stelle rühren», sagt sie, tief in ihren Sessel gelehnt.

Sita ist gezwungen, sich aufs Bitten zu verlegen, aber nichts von dem, was sie flüstert, überzeugt Mary, die fast brüllt: «Hast du irgendwelchen Ärger, oder was?»

«Komm, los.» Ich kann schließlich die Spannung nicht mehr ertragen. «Laß uns mit Sita gehen.» Ich ziehe Russell auf die Beine, so daß Mary gezwungen ist, entweder mitzukommen oder allein sitzenzubleiben. Sita geht voraus. Aber sie verschmilzt in ihrem schwarzen Kleid mit der Dunkelheit, und wir tappen herum und stoßen an Tische von anderen Leuten, bis wir schließlich eine Tür ausfindig machen, die uns in den hellen Küchenbereich führt. Dort sehen wir blinzelnd, daß Sita sich verwandelt hat. Sie hat eine Schürze vorgebunden und steht vor einem offenen Grill, und hinter ihr sind zwei lange Tische mit einem Chaos von aufgeschlagenen Kochbüchern und leeren Töpfen bedeckt.

Ein Ober kommt durch die Tür gesprungen.

«Irgendwas!» schreit er. «Sie kauen auf ihren Gabeln herum!»

«Mein Gott», sagt Sita und rührt mit einer Hand in einem Suppentopf, während sie mit der anderen ein Stück Fleisch ansticht. «Halt sie hin! Schenk jedem einen kostenlosen Drink aus!»

«Die sind schon betrunken!»

«Mein Koch», erklärt uns Sita keuchend über die Schulter, «hat eine Lebensmittelvergiftung. Und das ganze Hilfspersonal auch. Es waren die Garnelen mit der Krabbenfüllung!»

Die hatte ich auch bestellen wollen.

«So ein Pech», sagt Mary. In ihrer Stimme schwingt Triumph mit, und ich schäme mich ein wenig für sie, weil Sita wirklich am Ende ist. Ihr Gesicht ist vom Schock verzerrt. Das Haar steht ihr zu Berge. Ihre Bewegungen sind ruckhaft und mechanisch, wie die der Roboter in Marys Traum. Selbst nach allem, was Sita getan hat, um uns das Gefühl zu geben, daß wir ihr nicht das Wasser reichen können, macht es mir kein Vergnügen, das mitanzusehen. Doch hat Mary, was Sita betrifft, den meisten Grund zur Klage, und ich halte erst mal den Mund, weil ich das Gefühl habe, sie soll entscheiden, was wir jetzt tun.

«Na schön», sagt sie. «Machen wir uns an die Arbeit.»

Sita sackt in sich zusammen, als sei der Draht, der sie hielt, durchgeschnitten, und bindet dann die Schürze ab. Sie hängt sie an einen Haken, streicht sich übers Haar und geht zur Tür hinaus.

«Zieht das an», befiehlt Mary und reicht Russell und mir weiße Kittel und weiße Schürzen von einem Regal herunter. «So», sagt sie zu dem nächsten Ober, der den

Kopf zur Tür hereinsteckt: «Du gehst jetzt raus und sagst den Gästen, daß ihre Beilagen auf Kosten des Hauses gehen und daß auf das ganze Essen zwanzig Prozent Rabatt kommen. Das wird ihnen den Mund stopfen.»

Der Ober schießt nach draußen. Auf der Anrichte liegt ein hoher Stapel von Bestellungen. Ich fange an, sie zu lesen. Beim Renovieren ist zum Glück eine der großen Friteusen des *Achterdeck* zurückgeblieben. Ich drehe die Schalter auf volle Hitze. Mary findet in der Tiefkühltruhe Plastiktüten mit panierten Jumbo-Garnelen. Sobald das Fett Blasen wirft, bäckt Mary eine ganze Ladung, und dann noch eine, und Russell schickt an jeden Tisch einen Teller voll, je zwölf oder fünfzehn Stück. «Haus der flambierten Garnele» hat Sitas Anzeige angekündigt. Fast bei jeder Bestellung waren Garnelen dabei.

Ich versuche derweil, Kochbücher zu lesen und herauszufinden, wie man Froschschenkel pochiert, *Foie Gras* formt, eine *Velouté de Volaille Froid* zubereitet, ganz zu schweigen von den Hauptgerichten: *Poulet Sauté d'Artois*, *Filet de Bœuf Saint-Florentin*, *Huîtres à la Mornay*, und natürlich die verhängnisvollen Garnelen mit Krabbenfüllung. Aber das ist vorübergehend von der Karte gestrichen.

«Ich schaff das nicht», sage ich in meiner Verzweiflung zu Russell.

Er hat als nächstes Kartoffeln gerieben, nachdem er mit den Garnelen fertig war. Er brät jetzt eine riesige Menge von goldenen Reibekuchen.

«Ruhig Blut», sagt er grinsend unter seiner Kochmütze. Ihm scheint das Spaß zu machen. «Keiner da draußen hat die Speisekarte verstanden», erklärt er. «Falls du's nicht gemerkt hast, das verdammte Ding war nämlich auf französisch.»

Ich weiß nicht, worauf er hinauswill.

«Die wissen doch gar nicht, wie ihr Essen aussehen soll», sagt er. «Koch's einfach so, wie du's zu Hause auch machst.»

Er hat recht, also mache ich es so.

Wir braten Hähnchen und Rinderfilet, backen Austern in einer Pastete. Mary schüttelt Petes berühmte polnische Nudelsuppe aus dem Ärmel. Russell findet mehrere Kartons zarter französischer Waffeln und überzieht sie mit Schokolade, Beerenglasur, Sorbet und Eis. Wir machen etwas aus allem, was wir in der Küche entdecken. Sita kommt hin und wieder hereingeweht. Ihr Blick, wenn die Ober Schüsseln voller Brathähnchen an ihr vorbeitragen, ist resigniert und gleichzeitig voller Erleichterung.

Es ist schon gut nach elf Uhr, als wir zum Verschnaufen kommen. Die regulären Angestellten, Söhne und Töchter unserer Gäste, mußten in bezug auf den Gesundheitszustand des Kochs und unsere Beteiligung strenge Geheimhaltung schwören. Aber natürlich, das sehe ich an ihren Augen, ist es undenkbar, daß sie über das, was stattgefunden hat, Schweigen bewahren werden.

Und das Essen war wirklich gut. Die Gäste sind befriedigt weggegangen, satt, bereit wiederzukommen, und haben erklärt, die französische Fritiermethode sei zwar teuer, aber köstlich, und die Menge sei ihren Preis wert. Fast alle sind mit einer weißen, mit Alufolie ausgekleideten Tüte hinausgegangen, auf der *«pour le chien»* steht. Endlich setzen wir drei uns hin, im Schlachtfeld der Küche.

Das Empfangsfräulein hat die Strümpfe heruntergerollt und die Träger ihres Kleides von den Schultern geschoben. Sie setzt sich zu uns, die Füße auf einen Stuhl gelegt. Langsam kommen die Bedienungen und die Ober hereingetröpfelt, erschöpft und hungrig. Die Geschirrspüler laufen noch. Alle fangen an, Restchen hiervon und Pröbchen davon zu essen und Stückchen von Russells Desserts und übriggebliebene Reibekuchen.

«Ihr habt den Abend rausgerissen», sagt der Ober, der mit der Karaffe voll Eiswasser hinter uns gestanden hatte. «Sie ist immer noch draußen und rechnet ab.»

«Sie» ist natürlich Sita, die schließlich zur Tür hereinkommt.

«Tja», sagt sie und massiert sich die Schläfen, «ich sollte mich wohl bei euch bedanken.»

«Keine Ursache», sagt Russell.

«Warte!» Mary schaut Sita scharf an. «Wenn du dich wirklich wo bedanken willst, dann tu's doch und bedank dich bei der Nudelsuppe von deinem Vater.»

Sita nickt kurz, aber das ist alles, wozu sie sich überwinden kann. Nach einer Weile dreht sie sich um und geht zur Tür hinaus.

Nachdem Sita gegangen ist, lockert sich die Sache. «Was zu trinken?» fragt uns das Empfangsfräulein mit freundlicher Stimme. Wir bejahen. Es gibt Mengen von offenem Wein, den wir austrinken, und sogar Champagner. Das Empfangsfräulein rutscht mit verschmiertem Make-up noch tiefer auf ihrem Stuhl und läßt sich von Russell den Rücken massieren.

Der Morgen graut schon fast, als Mary, Russell und ich schließlich durch die Tür unter dem dunklen Schiffsbug hinaustreten. Die Luft ist kühl und grau. Der Himmel funkelt, und der Tau gibt allem einen frischen Geruch, sogar dem Kies auf dem Parkplatz. Russell bleibt einen Augenblick neben dem Lieferwagen stehen und zündet sich zwischen den Handflächen eine Zigarette an. Das Licht zwischen seinen hohlen Händen spiegelt sich auf seinem Gesicht wider. Auch Mary glüht auf. Ihr Kleid schwimmt geisterhaft über den Boden. Sie kramt in ihrer Tasche nach dem Schlüssel, weiß nicht mehr, daß

Russell ihn hat. Bevor er ihn zurückgeben kann, stößt Marys Hand auf etwas.

«Meine Stengel!» ruft sie und zieht ein dünnes Bündel heraus, das wie Besenstroh aussieht.

«Wirf sie aus, hier auf dem Kühler», sagt Russell. «Laß uns in die Zukunft sehen.»

Also summt Mary leise etwas vor sich hin und wirft dann entsprechend der Postversand-Gebrauchsanweisung ihre Schafgarbenstengel aus. Sie landen in allen Richtungen, in einem Durcheinander, aber sie schaut sie mit scharfen Blicken an, als sei ihr aufregendes Muster klar und deutlich. Aber egal, wie wir Mary drängen, sie will uns nicht verraten, was sie sieht, und läßt die Stengel einfach in einem Haufen auf dem Kühler liegen, als Russell ihr den Schlüssel für den Lieferwagen gibt. Wir steigen ein, und Mary fährt los. Im Fahren rutschen die Stengel einer nach dem anderen vom Kühler, und wir lachen jedesmal, wenn es passiert, als würden wir alle Warnungen in den Wind schlagen.

Nicht lange nach der Nacht, in der wir Sita vor der sicheren Katastrophe des großen Eröffnungsabends retten, kommen noch mehr Gerüchte über sie in Umlauf. Ein Kunde betritt den Laden und sagt, daß der Inspektor vom staatlichen Gesundheitsamt, der aus Bismarck hergeschickt wurde, um *Chez Sita* zu überprüfen, nachdem etwas von der Lebensmittelvergiftung durchgesickert war, schon viele Male dagewesen ist. Er hat nicht immer sein Dienstabzeichen an und seine Aktenmappe dabei, und keiner weiß, ob er nur zu Besuch kommt oder ob das ungewöhnliche Essen noch zu weiteren Befürchtungen Anlaß gibt. Das Empfangsfräulein und die meisten Kellner sind vorübergehend entlassen, hören wir. *Chez Sita* ist meistens leer. Aber diese Tatsache scheint Sita nicht zu beunruhigen.

Eines Tages, als ich unten im Lagerhaus in Fargo ein paar Fässer Salz abhole, sehe ich sie, wie sie eine grüne Bohne durchbricht und dann an der Bruchstelle riecht, um zu sehen, ob sie frisch ist. Ein Mann steht neben ihr. Er ist groß und nüchtern, hat eine graue Stahlbrille und graues Haar. Sita hält ihm das Ende der Bohne unter die Nase, und er runzelt die Stirn. Sie lächelt und sieht fast wieder mädchenhaft aus. Ihr Haar ist zerzaust. Ich drehe mich um, bevor sie mich stehen und zuschauen sieht. Der Mann neben Sita sieht aus wie einer von diesen Experten in der Fernsehwerbung, der Typ, dessen leise, ruhige Stimme uns über schmerzstillende Mittel berät. Ich habe das Gefühl, daß er der Inspektor vom staatlichen Gesundheitsamt sein muß, und Sitas Lächeln verrät mir, daß seine Besuche wahrscheinlich nicht mehr so offiziell sind. Dieser Mann scheint ein Ausweg aus der Restaurantbranche zu sein, eine Chance für Sita, ein neues Leben anzufangen. Das beruhigt mich für sie, und ich freue mich über ihre gute Stimmung.

Aber als ich mit den Fässern voller Pökelsalz vom Großmarkt zurückfahre, muß ich noch einmal an Sitas Gesicht denken, und ich sehe die knackige Bohne in ihren Fingern. Ich frage mich unwillkürlich, wie das mit mir so ist. Ob ich wohl jemals lächeln werde, erröten, jemandem ein Stück Gemüse unter die Nase halten? Sind diese Dinge, die Sita empfindet, diese Freuden, über die ich in Büchern gelesen habe, Gefühle, die ich auch erleben könnte? Bisher ist es noch nie passiert, obwohl ich schon Männerbekanntschaften gehabt habe. Vielleicht, überlege ich, bin ich selbst zu sehr wie ein Mann, zu stark, oder zu aufdringlich, wenn ich die Schultern recke, zu scharf darauf, die Oberhand zu behalten.

Ich fahre ein Stück zwischen den stillen, ebenen Feldern dahin, aber der weite Blick über das Getreide beruhigt mich nicht, und auch die Wolken, bloße Fetzen hoch in der Atmosphäre, und die aufgereihten Masten, die sich endlos im Vorüberziehen vorbeidrehen, tun es nicht. Als ich am Laden ankomme, bin ich immer noch nicht ruhig. Ich finde Marys Zettel, auf dem steht, daß sie weggefahren ist und ich für die Nacht abschließen soll. Vielleicht weil ich in dieser Stimmung bin – komisch, durcheinander, und im tiefsten Herzen einsam –, vielleicht auch, weil Mary unerwarteterweise nicht da ist, bin ich nicht gerade in Hochform, als der Mann zur Tür hereinkommt.

Er ist zartgliedrig, gewandt, angenehm und umwerfend angezogen in seinem engsitzenden schwarzen Anzug, der weinroten Weste, dem geknüpften braunen Schlips. Sein Haar ist mit Pomade an den Kopf geklebt. Seine Lippen sind fiebrig und rot wie zwei Knospen. Eine lange Weile steht er da und beäugt mich, bevor er den Mund aufmacht.

«Hübsch bist du nicht», sagt er als erstes.

Und ich, die ich mir nie etwas zu sagen verkneife, nicht einmal bei Kunden, bin so überrascht, daß ich verletzt schweige, obwohl ich nie zum Vergnügen in den Spiegel schaue, sondern höchstens, um den Schaden der vergangenen Nacht abzuschätzen.

Ich stehe auf einem Hocker und verändere die Preise, die ich jede Woche mit Kreide auf eine Schiefertafel über der Theke male. Blutwurst. Schwedenwurst. Kammschnitzel. Steak. Ich schreibe weiter und gebe ihm nicht die Genugtuung zu antworten. Er steht unter mir und wartet. Er hat die Geduld einer Katze. Als ich fertig bin, bleibt mir nichts anderes übrig, als herunterzusteigen.

«Aber hübsch aussehen ist nicht das einzige auf der Welt», fährt der Mann geschmeidig fort, als habe nicht mein ganzes Schweigen dazwischengestanden.

Ich schneide ihm das Wort ab. «Sagen Sie, was Sie wollen», sage ich. «Ich schließe jetzt den Laden.»

«Ich wette, du hättest nie gedacht, daß ich zurück-komme», sagt er. Er tritt dicht an die mit Fleischwaren gefüllte Theke. Durch den falschen hellen Schein in der Auslage sehe ich seine hantelgestählte Brust. Seine harten, dicken Hände. Durch den weißen Pfeffer und das Sägemehl des Ladens rieche ich Haarwasser, Tabak, aufdringliches Atemfrisch-Pfefferminz.

«Ich hab Sie mein Lebtag noch nicht gesehn», sage ich zu ihm. «Ich muß jetzt schließen.»

«Schau mal, Mary...» sagt er.

«Ich bin nicht Mary.»

«O Gott, *Sita*?»

«Sita ist fort», sage ich. «Sie wohnt im größten Haus in Blue Mound. Das ist die nächste Stadt.»

Er erstarrt, legt die Hände an den Schädel und streicht sich nachdenklich das Haar zurecht.

«Wer sind Sie denn dann?»

«Celestine», sage ich. «Als wenn Sie das was anginge.»

Ich muß noch die Kasse abschließen, die Türen sichern und die Alarmanlage am Safe einschalten, bevor ich heimgehen kann. Um diese Zeit am frühen Abend strömt das Licht durch die dicken Glaskachelfenster, ein goldenes Licht, das die Regale und die Fässer weicher erscheinen läßt. Die Dämmerung ist immer meine Zeit, diese besondere Atmosphäre der sich verschiebenden Formen, und mir geht durch den Kopf, auch wenn er sagt, daß ich nicht hübsch bin, vielleicht bin ich in der Dämmerung unwiderstehlich. Vielleicht habe ich etwas an mir, wie er sagt.

«Adare. Karl Adare.»

Er stellt sich vor, ohne daß ich gefragt habe. Er verschränkt die Arme auf der Theke, beugt sich herüber und lächelt ruhig angesichts meiner Reaktion. Seine Zähne sind klein, glänzend, perlmuttfarben.

«Na, so was», sage ich. «Marys Bruder!»

167

«Hat sie was von mir erzählt?»

«Nein», muß ich antworten, «und jetzt ist sie gerade unterwegs mit einer Lieferung. Sie kommt erst in ein paar Stunden zurück.»

«Aber du bist hier.»

Wahrscheinlich bleibt mir der Mund offenstehen. Daß ich jetzt weiß, wer er ist, hat das, was seine festen Absichten zu sein scheinen, nur eine Spur verschoben, aber was sind seine Absichten? Ich kann nichts in seinem Gesicht lesen. Ich drehe ihm den Rücken zu und mache mich an der Kasse zu schaffen, aber ich fummle nur herum. Ich muß an Sita denken, wie sie Bohnen probiert. Jetzt, scheint mir, passiert mit mir etwas. Ich drehe mich um und sehe Karl an. Seine Augen sind brennende Löcher, und es sieht aus, als will er durch mich hindurchschauen. Genauso verhalten sich die Männer in der Welt der Liebesromane. Außer daß er ein bißchen kleiner ist als ich und außerdem Marys Bruder. Und dann kommt wieder sein ärgerlicher Refrain.

«Hübsch aussehen ist nicht das einzige auf der Welt», sagt er wieder zu mir. «Du bist...» Er hält inne und versucht, seine Verwirrung zu verbergen. Aber sein Hals wird rot, und ich denke, vielleicht hat er auch nicht mehr Erfahrung bei dem hier als ich.

«Wenn du wenigstens die Enden aufdrehen würdest», sagt er und versucht, sich wieder zu fangen, «wenn du dir das Haar schneiden lassen würdest. Oder vielleicht ist es die Schürze.»

Ich trage immer eine lange weiße Metzgerschürze, gestärkt und mit dicken Bändern um mich herumgewikkelt. Jetzt nehme ich sie ab, drehe sie über dem Kopf wie ein Lasso und werfe sie auf den Heizkörper. Ich beschließe, daß ich ihn mit seinen eigenen Waffen schlagen werde, so, wie ich es insgeheim studiert und mir ausgedacht habe.

«Na schön», sage ich und komme um die Theke herum. «Hier bin ich.» Wegen der Fahrt zum Großmarkt habe ich ein marineblaues Kleid mit weißen Paspeln an. An meiner Taille steckt eine Schleife, und ich trage schwarze Schuhe und eine silberne Kette. Ich habe schon immer gefunden, daß ich in diesem Staat eindrucksvoll aussehe, nicht so einfach zu übersehen. Und tatsächlich, seine Augen weiten sich. Er sieht betroffen aus und plötzlich verunsichert über den nächsten Zug, den, wie ich sehe, ich wohl machen muß.

«Komm mit», sage ich. «Ich setze einen Topf Kaffee auf.»

Es ist natürlich Marys Herd, aber sie wird noch ein paar Stunden weg sein. Er kommt nicht sofort hinterher, sondern zündet sich zuerst einmal eine Zigarette an. Er raucht die starken, die nicht mehr meine Marke sind. Der Rauch kräuselt sich von seinen Lippen.

«Bist du verheiratet?» fragt er.

«Nein», sage ich. Er läßt die Zigarette auf den Boden fallen, drückt sie mit dem Fuß aus, und dann hebt er sie auf und sagt: «Wo soll ich die hintun?»

Ich deute auf einen Aschenbecher im Flur, und er wirft die Kippe hinein. Als wir dann nach hinten in Marys Küche gehen, sehe ich, daß er einen schwarzen Koffer trägt, den ich vorher nicht bemerkt hatte. Wir sind an der Tür zur Küche. Es ist dunkel. Ich habe die Hand auf dem Lichtschalter und bin im Begriff, den Neonring anzuschalten, als er sich hinter mich stellt, die Hände auf meine Schultern legt und mich auf den Nacken küßt.

«Laß mich», sage ich; so früh habe ich es nicht erwartet. Erst müssen die Blicke, die Bewunderung, die vielen Gespräche kommen.

«Was denn?» fragt er. «Das wolltest du doch.»

Seine Stimme zittert. Keiner von uns hat sich in der Hand. Ich schüttle seine Hände ab.

«Wollte ich doch», wiederhole ich dümmlich. Liebes-geschichten hören hier immer auf. Ich habe nie eine Mutter gehabt, die mir erzählen konnte, was danach kommt. Er tritt vor mich hin und drückt mich an sich, zieht mein Gesicht herunter zu seinem. Angeblich soll ich eine brennende Süße auf seinen Lippen schmecken, aber sein Mund ist hart wie Metall.

Ich mache einen Satz aus seiner eisernen Umarmung, aber er kommt gleich mit. Ich verliere das Gleichge-wicht. Er kämpft um die Oberhand, drückt mit aller Kraft nach unten, aber ich bin seinen Gewichtheberar-men und den zappelnden Beinchen mehr als gewachsen. Ich könnte ihn wegschubsen, das weiß ich, aber ich werde neugierig. Der Geruch von Maisbrei, den Mary heute früh verkleckert hat, ist um uns. Den nehme ich selbst dann noch wahr, als es passiert, als wir zusammen sind und ineinander verkeilt übereinanderrollen und ge-gen die Tischbeine stoßen. Ich bewege mich instinktiv, zucke unter ihm, meine Gedanken fliegen hoch wie ein Spiegelglas, in dem ich mein eigenes Gesicht sehe, amü-siert, verlegen und erleichtert. Es ist gar nicht so kom-pliziert und nicht einmal so schmerzhaft, wie ich be-fürchtet habe, und es dauert auch gar nicht lange. Er seufzt, als es vorbei ist, sein Atem fällt heiß und dumpf in mein Ohr.

«Ich kann gar nicht glauben, daß das passiert ist», sagt er zu sich selbst.

Komischerweise lehne ich mich genau in dem Moment gegen seine Gegenwart auf. Er ist so schwer, daß ich denke, ich schreie ihm gleich ins Gesicht. Ich drücke ge-gen seine Brust, ein tödliches Gewicht, und dann stemme ich ihn zur Seite, so daß er in der Dunkelheit ausgestreckt daliegt, entfernt von mir, und ich atmen kann. Dann strei-chen wir uns im Dunkeln so sorgfältig die Kleider und das Haar zurecht, daß es, als wir schließlich das Licht anmachen und in die Umgebung blinzeln, in der wir uns wiederfinden, so ist, als sei nichts passiert.

Wir stehen auf und schauen alles an, nur einander nicht.

«Wie war das mit dem Kaffee?» sagt er.

Ich drehe mich zum Herd um.

Und als ich mich dann mit der Kaffeekanne wieder umdrehe, sehe ich, daß er eine verwickelte Folge von Messingbeschlägen aufklappt, die seinen Koffer zu einer großen, aufrechtstehenden Auslage machen. Er ist ganz davon in Anspruch genommen, versunken, gar nicht so anders als unten auf dem Boden. Der Koffer ist mit scharlachrotem Samt ausgeschlagen. Messer blitzen auf dem Plüsch. Jedes einzelne liegt in einer vorgeformten Vertiefung, die Spitzen mit Kappen versehen, damit sie das Tuch nicht zerschneiden, die beinernen Griffe mit schmalen Streifen von Schweinsleder befestigt.

Ich setze mich. Ich frage ihn, was er da macht, aber er antwortet nicht, dreht sich nur zu mir her und schaut mich bedeutungsvoll an. Er hält mir ein Messer und ein kleines Rechteck aus hellem Holz entgegen.

«Sie können mit unserer gezackten Schneide», fängt er an, «Holz schneiden, sogar Gips. Oder auch...» er zieht ein bleiches Brötchen aus der Tasche, «das weichste Brot.» Er fährt fort mit seiner Demonstration, sägt fast ohne Schwierigkeiten ein Stück von dem Balsaholzklötzchen ab und säbelt dann mit dem Messer durch das Brötchen, so daß es in hauchdünnen, ebenmäßigen Ovalen auseinanderfällt.

«Da könnte man gar keine Butter mehr draufstreichen», höre ich mich sagen. «Die würden glatt auseinanderfallen.»

«Ebenso vorzüglich eignet es sich für alle Gemüsesorten mit weicher Schale», sagt er in die Luft. «Obst. Fischfilets.»

Er prüft die Messerschneide. «Fühlen Sie nur», sagt er und hält mir die Schneide hin. Ich beachte ihn nicht. Wenn ich mich mit etwas auskenne, dann mit Messern, und seine sind Tinnef, nicht den halben Preis seines feinen Köfferchens wert. Er setzt seine Vorführung fort, zerschneidet Stoffstückchen, eine sehr reife Tomate und eine Packung Speiseeis aus Marys Tiefkühltruhe. Er zeigt jedes Messer vor, eines nach dem anderen, erklärt, wozu es nütze ist. Er zeigt mir den Messerschleifer und schärft an seinem Rädchen sämtliche Messer von Mary. Als letztes nimmt er eine Allzweckschere heraus. Er schnippelt damit in die Luft, während er spricht.

«Kann ich mal einen Penny haben?» fragt er.

Mary bewahrt ihre Münzen in einem Glas auf dem Fensterbrett auf. Ich nehme einen Penny heraus und lege ihn auf den Tisch. Und dann nimmt Karl im grellen Küchenlicht seine Schere und schneidet den Penny zu einer Spirale.

So, denke ich, das kommt also nach dem brennenden Kuß, wenn die Musik aufbraust. Man stelle sich vor. Die Liebenden sind in einem verlassenen Herrenhaus eingeschlossen. Seine Lippen nähern sich. Sie berührt seine prachtvollen Muskeln.

«Schneidet absolut alles», sagt er und legt die Spirale neben meine Hand. Er fängt eine neue an. Ich beobachte die Spannung in seinen Fingern, das langsame Stirnrunzeln des Genusses. Er legt eine weitere perfekte Spirale neben die erste. Und da er aussieht, als könnte er ewig so weitermachen und vielleicht sämtliche Pennies aus dem Glas in Spiralen schneiden, beschließe ich, daß ich jetzt gesehen habe, was es mit der Liebe auf sich hat.

«Pack dein Zeug und geh», sage ich zu ihm.

Aber er lächelt nur, beißt sich auf die Lippen und konzentriert sich weiter auf den Penny, der sich in seiner Hand ringelt. Er rührt sich nicht von der Stelle. Ich kann hier sitzen bleiben und dem Mann und seinen Messern zuschauen oder die Polizei rufen. Aber keins von beidem scheint mir ein passender Abschluß.

«Ich nehme das da», sage ich und zeige auf das kleinste Messer.

Mit einer einzigen Bewegung schnallt er ein Gemüse-schälmesser aus seiner samtenen Nische und legt es zwischen uns auf den Tisch. Ich kippe einen Dollar in Münzen aus dem Pokertopf. Er läßt den Koffer zuschnappen. Ich befühle mein Messer. Es ist rasierklingenscharf, gut, um die Augen aus den Kartoffeln zu schneiden. Aber er ist schon verschwunden, als ich den nächsten Gedanken gefaßt habe.

In meinen Romanen kehren die Männer selbstverständlich zurück. Karl auch. An mir ist etwas, das ihn verfolgt. Er weiß nicht, was es ist, und ich kann es ihm auch nicht sagen, aber keine zwei Wochen später treibt es ihn wieder in die Stadt, immer noch, ohne daß er seine Schwester gesehen hat. Russell schaut eines Morgens raus und sieht ihn den Kopfsteinpflasterweg zu unserem Haus raufstelzen.

«Da kommt irgend so ein Würstchen», sagt Russell. Ich spähe über seine Schulter zum Fenster hinaus und sehe Karl.

«Ich hab geschäftlich mit ihm zu tun», sage ich.

«Dann mach du ihm auf», sagt Russell. «Ich verzieh mich.»

Er geht mit seinem Handwerkszeug zur Hintertür hinaus.

Die Glocke klingelt zweimal. Ich mache die Haustür auf und beuge mich raus.

«Ich brauche keine», sage ich.

Das Lächeln blättert von seinem Gesicht. Er ist einen Augenblick lang verwirrt, dann schockiert. Ich sehe, daß er durch Zufall an meine Haustür gekommen ist. Vielleicht hat er gedacht, daß er mich nie wiedersehen würde. An seinem Gesicht sehe ich, daß er völlig überrascht ist. Ich stehe da, in Schichten von dünnen Kleidungsstükken, mit einem Hammer in der Hand. Ich merke, daß er nervös wird, als ich ihn hereinbitte, aber er hält so viel von sich, daß er nicht kneifen kann. Ich ziehe einen Stuhl her, immer noch den Hammer in der Hand, und er setzt sich. Ich gehe in die Küche und hole ihm ein Glas von der Limonade, für die ich eben das Eis kleingeschlagen habe. Ich erwarte fast, daß er sich verdrückt, aber als ich zurückkomme, sitzt er immer noch da, den Koffer bescheiden zu seinen Füßen, einen schmierigen schwarzen Filzhut auf den Knien.

«Soso», sage ich und ziehe einen Stuhl neben ihn.

Ihm fällt keine Antwort auf meine Bemerkung ein. Während er an der Limonade nippt, schaut er jedoch umher und scheint langsam sein Verkäuferselbstvertrauen wiederzufinden.

«Wie macht sich das Schälmesser?» fragt er.

Ich lache nur. «Die Klinge ist aus dem Griff gebrochen», sage ich. «Deine Messer sind Miezenköder.»

Er behält irgendwie die Fassung und nimmt langsam mit seinem starren Blick das Wohnzimmer in sich auf. Als er meine Keramik, meine Bücher, die Schreibmaschine, die Kissen und Aschenbecher alle beisammen hat, wendet er sich mit einem schrägen Seitenblick seinem Köfferchen zu.

«Wohnst du allein hier?» fragt er.

«Mit meinem Bruder.»

«Oh.»

Ich fülle ihm aus meinem Krug Limonade nach. Jetzt wäre es an der Zeit, daß Karl mit seinem Geständnis herausrückt, daß ich eine langsam durchbrennende Sicherung in seinen Lenden bin. Eine hochexplosive Bombe.

Daß ich ein Name bin, den er nicht zum Verstummen bringt. Ein Traum, der niemals zerbrochen ist.

«Ach ja...» sagt er.

«Was soll das denn heißen?» frage ich.

«Nichts.»

Wir sitzen eine Weile da und stauben ein, bis die Stille und Russells Abwesenheit sehr auffällig werden. Und dann stellen wir die Gläser hin und gehen die Treppe hinauf. An der Tür zu meinem Zimmer nehme ich ihm den Hut aus der Hand. Ich hänge ihn an den Türknauf und winke Karl herein. Und diesmal habe ich den Vorsprung. Ich habe zwei Wochen Zeit gehabt, mir die fehlenden Stellen aus Büchern zusammenzusuchen. Er ist erschrocken darüber, was ich alles gelernt habe. Es ist, als ob seine Seele sich verdunkelt. Wo vorher Handgemenge und Schweigen waren, sind jetzt Schreie. Wo wir vorher versteckt waren, ist jetzt das grelle Licht. Ich ziehe die Jalousien hoch. Was wir tun, ist wohl zweimaliges Hinschauen wert, auch wenn nur Eichhörnchen in den Buchsholundern sitzen. Einmal fällt er richtiggehend aus dem Bett und läßt das ganze Haus erzittern. Und als er wieder hochkommt, ist er erledigt und hat Schmerzen, weil ihm der Rücken weh tut. Er liegt einfach nur da.

«Du könntest zum Abendessen bleiben», biete ich schließlich an, weil es nicht so aussieht, als wollte er gehen.

«Ja, gut.» Und dann schaut er mich an, mit anderen Augen, so, als ob er nicht schlau aus mir wird. Als ob ich ihm zu hoch bin. Ich werde kribbelig.

«Ich geh jetzt die Suppe kochen», sage ich.

«Geh nicht.» Seine Hand liegt auf meinem Arm, die gepflegten Fingernägel umklammern ihn. Ich kann nicht anders als hinunterzuschauen und sie mit meiner eigenen Hand zu vergleichen. Ich habe die Hände einer Frau, die mit zu vielen Messern hantiert hat, mit tiefen Kerben und von Linien durchzogen, von Gewürzen und Salzlauge gehärtet und gerillt, es fehlt sogar eine Fingerspitze und ein Nagel.

«Ich geh, wann ich will», sage ich. «Dies ist *mein* Haus, oder nicht?»

Und ich stehe auf, werfe mir einen Hauskittel und einen Pullover über. Ich gehe nach unten und beginne auf dem Herd was zu kochen. Bald darauf höre ich ihn herunterkommen, spüre ihn hinter mir im Türrahmen, diese schwarzen Augen, umgeben von Haut so weiß wie Kalbfleisch.

«Nimm dir einen Stuhl», sage ich. Er läßt sich schwerfällig nieder und kippt den Highball hinunter, den ich ihm gebe. Wenn ich koche, dann kommt in die Suppe, was gerade da ist. Erwarte immer das Unerwartete, sagt Russell immer. Butterbohnen und Gerste. Eine Schüssel gebratener Reis. Tiefgefrorener Ochsenschwanz. Das alles wandert in meinen Topf.

«Allmächtiger», sagt Russell, als er zur Tür hereinkommt. «Immer noch da?» Es läßt sich nicht übersehen, daß Russell mein Bruder ist. Wir haben die gleichen schrägstehenden Augen und den gleichen breiten Mund, den gleichen länglichen Kopf und die gleichen blitzend weißen Zähne. Wir könnten Zwillinge sein, bis auf seine Narben und mit Ausnahme davon, daß ich eine blässere Version von ihm bin.

«Adare», sagt der Vertreter und streckt ihm seine makellose Hand hin. «Karl Adare. Generalvertreter.»

«Was soll das denn sein?» Russell übersieht die Hand und kramt unter dem Spülbecken nach einem Bier. Er macht es selbst, nach einem Rezept, das er bei der Armee gelernt hat. Wenn er diesen Schrank aufmacht, gehe ich immer ein paar Schritte zurück, weil das Gebräu manchmal explodiert, wenn Luft drankommt. Auch unser Keller ist voller Bier. Mitten im Sommer, in schwülen, heißen Nächten, hören wir manchmal die Flaschen auf dem Lehmboden platzen.

«So», sagt Russell, «Sie sind also der, der Celestine dieses miese Messer verkauft hat.»

«Richtig», sagt Karl und nimmt einen raschen Schluck.

«Läuft das Geschäft gut?»

«Nein.»

«Wundert mich nicht», sagt Russell.

Karl schaut mich an und versucht abzuschätzen, was ich erzählt habe. Aber weil er keine Ahnung von mir hat, kommt nichts dabei heraus. In meinem Gesicht ist nichts zu lesen. Ich schöpfe ihm Suppe auf seinen Teller und setze mich ihm gegenüber. Ich sage zu Russell: «Er hat einen ganzen Koffer voll.»

«Na, zeigen Sie doch mal.»

Russell schaut sich immer gern Werkzeug an. Also kommt wieder der Koffer zum Vorschein, entfaltet sich zu einem Schaukasten. Während wir essen, unterzieht Russell die Messer einer ausführlichen Prüfung bis ins letzte Detail. Er probiert sie an Papierstückchen, an seiner Hose und seinen Fingern aus. Und währenddessen wirft mir Karl, immer wenn es ihm gelingt, meinen Blick aufzufangen, einen flehenden Trauerblick zu, als würde ich ihn zu dieser Vorführung mit den Messern nötigen. Als wäre der Apfel in Russells Fingern sein eigenes Herz, das hier geschält wird. Es ist richtig unangenehm. In den Liebesromanen kippen die Männer, wenn die Leidenschaft in ihnen tobt, auch nicht einfach um und fallen auf den Boden und liegen dann da wie tot. Doch Karl tut das. Noch am selben Abend, gar nicht so lange nach dem Essen, fällt er, als ich ihm sage, daß er jetzt gehen muß, plötzlich zu Boden wie eine umgestürzte Statue.

«Was ist das denn!» Ich springe auf und packe Russell

am Arm. Wir sind immer noch in der Küche. Nachdem er in der milden Dämmerung mehrere Flaschen geleert hat, hat Russell keinen klaren Kopf mehr. Karl hat noch mehr getrunken. Wir schauen hinunter. Er ist unter dem Tisch zusammengesackt, dort, wo er hingefallen ist, bewußtlos, so bleich und reglos, daß ich einen Spiegel vor seinen Bleistiftbart halte und mich nicht zufriedengebe, bis sein Atem eine silberne Wolke darauf hinterläßt.

Am nächsten Morgen, am Morgen danach und am darauffolgenden Morgen ist Karl immer noch im Haus. Zuerst gibt er vor, krank zu sein, und kriecht in der ersten Nacht dicht an mich heran, um tödliche Schüttelfröste zu vermeiden. Das gleiche in der nächsten und übernächsten Nacht, bis die Dinge für meinen Geschmack zu vorhersehbar werden.

Sobald er sich heimisch fühlt, fängt Karl damit an, in der Unterwäsche am Tisch herumzusitzen. Nie macht er sich nützlich. Nie verkauft er auch nur ein Messer. Jeden Tag, wenn ich zur Arbeit gehe, sehe ich zuletzt ihn, wie er die Zeit totschlägt und mit sich selbst redet wie die Blätter in den Bäumen. Jeden Abend, wenn ich nach Hause komme, ist er da, nimmt Raum ein wie ein zusätzliches Möbelstück. Nur hat er sich dann angezogen. Sobald ich die Tür aufmache, steht er auf wie ein Schlafwandler, kommt mir entgegen, um mich zu umarmen und mich nach oben zu führen.

«Mir gefällt das nicht, was sich hier abspielt», sagt Russell, nachdem er sich zwei Wochen an den Rändern dieser Affäre herumgedrückt hat. «Ich hau ab, bis du die Nase voll hast von dem Würstchen.»

Also geht Russell. Immer wenn ihm zu Hause der Boden zu heiß wird, zieht er hoch ins Reservat zu Eli, seinem Halbbruder, in ein altes Haus, das mit Kalendern von nackten Frauen tapeziert ist. Sie angeln oder stellen Fallen für Moschusratten auf und verbringen ihre Samstagabende halb betrunken beim Durchblättern der langen Jahre an der Wand. Ich habe es nicht gern, wenn er dort hochzieht, aber ich bin noch nicht bereit, Karl den Laufpaß zu geben.

Karl wird mir zur Gewohnheit, und ich schaue zwei Monate lang nicht links und nicht rechts. Mary sagt, was ich mit ihrem Bruder anfange, ist meine Sache, aber ich ertappe sie dabei, wie sie mich ansieht, mit scharfgelbem Blick. Ich nehme ihr das nicht übel. Karl war nur einmal zum Abendessen bei ihr. Es sollte ihre große Versöhnung sein, aber sie ging daneben. Sie schoben sich gegenseitig die Schuld zu. Sie stritten sich. Mary warf ihm eine Büchse Austern an den Kopf. Sie hat ihn von hinten am Kopf getroffen, und er hat eine gänseeigroße Beule davongetragen, das behauptet jedenfalls Karl. Mary erzählt mir ihre Version nicht, aber nach diesem Abend ändert sich unser Arbeitsklima. Sie spricht nicht mehr direkt mit mir, sondern läßt mir von anderen Dinge ausrichten. Ich höre sogar über einen der Männer, daß sie sagt, ich hätte neuerdings etwas gegen sie.

Inzwischen geht mir die Liebe langsam auf die Nerven. Mary hin oder her, ich bin es leid, zu Karl mit seinem schweren Atem nach Hause zu kommen, und sogar seine Berührung bedrückt mich allmählich.

«Vielleicht sollten wir Schluß machen, solange wir uns noch lieben», sage ich eines Morgens zu ihm.

Er schaut mich nur an.

«Du willst nur, daß ich dir die bewußte Frage stelle.»

«Nein.»

«Doch, willst du», sagt er und drückt sich um den Tisch herum.

Ich verlasse das Haus. Am nächsten Morgen, als ich ihn wieder auffordere zu gehen, macht er mir einen Heiratsantrag. Aber diesmal habe ich eine Drohung parat.

«Ich ruf die Irrenanstalt an», sage ich. «Du bist verrückt.»

Er beugt sich vor und tippt sich mit dem Finger an die Stirn.

«Laß mich doch einweisen», sagt er. «Ich bin verrückt vor Liebe.»

Irgend etwas hieran hat mir die Augen dafür geöffnet, daß Karl genau so viele Bücher gelesen hat wie ich und daß seine Phantasien immer aufgehört haben, bevor die Frau erschöpft nach Hause kommt, weil sie den ganzen Tag mit dem elektrischen Messer Rindfleisch zu Steaks verarbeitet hat.

«Es ist nicht wegen dir», erkläre ich ihm. «Ich will überhaupt nicht heiraten. Mit dir im Haus komme ich nicht mehr zum Schlafen. Immer bin ich müde. Den ganzen Tag gebe ich das Wechselgeld falsch raus, und träumen tu ich auch nicht mehr. Ich bin aber jemand, der gern träumt. Jetzt muß ich jeden Morgen, wenn ich aufwache, dich anschauen, und dann vergesse ich, ob ich etwas geträumt habe, und auch ob ich überhaupt geschlafen habe, weil du dann schon mit deinem heißen Atem auf mir liegst.»

Er steht auf, drängt seine Brust grob an meine, fährt mir mit den Händen über den Rücken und legt seinen Mund auf meinen Mund. Ich kann ihm einfach nicht widerstehen. Ich drücke ihn hart auf den Stuhl hinunter und setze mich gierig auf seinen Schoß. Und dabei ist mir so klar, daß ich Karls Bedingungen akzeptiere, auf die er nicht einmal ein Recht hat.

Die könnten mich auch gleich in ein nasses Laken wikkeln und abtransportieren, denke ich.

«Ich bin wie so ein Tier», sage ich, als es vorbei ist.

«Was für eins?» fragt er faul. Wir liegen auf dem Küchenfußboden.

«Eine große dumme Kuh.»

Er hört aber gar nicht, was ich sage. Ich stehe auf. Ich streiche meine Kleider glatt und fahre zum Laden. Aber den ganzen Tag, während ich Kunden bediene und das Feuer in der Räucherkammer schüre, während ich beim Großhändler Bestellungen aufgebe und den Preßkopf aufschneide und beim Cribbage die Hölzchen weiter- stecke, mache ich mich innerlich stark gegen ihn.

«Ich geh jetzt heim», sage ich zu Mary, als die Arbeit getan ist, «und schaff ihn mir vom Hals.»

Wir stehen allein im Hintereingang; die Männer sind alle weggegangen. Ich weiß, daß sie gleich etwas Seltsa- mes sagen wird.

«Mir ist was aufgegangen», sagt sie. «Wenn du das tust, nimmt er sich das Leben.»

Ich schaue den Ofen in der Ecke an und habe das Ge- fühl, daß ich in ihrer Stimme einen falschen Ton höre.

«Der bringt sich nicht um», erkläre ich. «Er ist nicht der Typ dazu. Und du...» – jetzt bin ich sauer – «du weißt nicht, was du willst. Du bist eifersüchtig auf Karl und mich, aber gleichzeitig willst du nicht, daß wir Schluß machen. Du bist konfus.»

Sie nimmt ihre Schürze ab und hängt sie an einen Ha- ken. Wenn sie nicht so stolz wäre, so gut darin, ihr Herz zu verhärten, hätte sie ja sagen können, wie schlimm das für sie so allein gewesen ist. Sie hätte sagen können, wie weh das alles tut, weil sie es einmal auf Russell abgesehen hatte und er hart blieb.

Aber sie dreht sich um und schiebt den Unterkiefer vor.

«Ruf mich an, wenn es vorbei ist», sagt sie, «dann fah- ren wir raus zur *Brunch Bar.*»

Das ist ein Restaurant, wo wir gern an Abenden hinge- hen, wenn die Arbeit sich häuft und wir keine Zeit zum Kochen haben. Ich weiß, es hat sie Mühe gekostet, das zu sagen, und sie tut mir leid.

«Gib mir eine Stunde, dann ruf ich dich an», sage ich.

Wie üblich sitzt Karl am Küchentisch, als ich heimkomme. Als erstes hole ich seinen Musterkoffer von der Couch, auf der er ihn immer ablegt, bereit für den Augenblick, wenn die Kunden anfangen, hereinzuströmen. Ich trage ihn in die Küche, setze ihn ab und jage ihn mit einem Tritt übers Linoleum. Das Leder quietscht, aber die Messer machen in ihrem Samt kein Geräusch.

«Was glaubst du wohl, will ich dir damit sagen?» frage ich.

Er sitzt vor dem schmutzigen Geschirr des Tages, vor halbvollen Aschenbechern und Brotkrumen. Er hat seine Anzughose an, die dunkelrote Weste und ein Hemd, das Russell gehört. Falls ich noch irgendwelche Bedenken hatte, das Hemd macht sie alle zunichte.

«Mach, daß du rauskommst», sage ich.

Aber er zuckt nur die Achseln und lächelt.

«Ich kann noch nicht gehen», sagt er. «Es ist Zeit für die Matinee.»

Ich trete näher, nicht so nahe, daß er mich anfassen kann, nur so weit, daß ihm keine Chance bleibt, meinem Blick auszuweichen. Er bückt sich. Er entzündet an seiner Schuhsohle ein Streichholz und fängt an, schroffen Rauch in die Luft zu blasen. Mein Innerstes zittert vor Anstrengung, aber mein Gesichtsausdruck ist noch unbewegt. Erst als er seine Lucky Strike bis zur Kippe runtergeraucht hat und spricht, zaudere ich.

«Schmeiß mich nicht raus. Ich bin der Vater», sagt er.

Ich halte meinen Blick auf seine Stirn gerichtet und habe gar nicht richtig gehört oder verstanden, was er gesagt hat. Er lacht. Er hebt die Hände hoch wie ein Bankangestellter bei einem Überfall, und dann mustere ich ihn von oben bis unten, als wäre er ein Fremder. Er sieht besser aus als ich, mit seinen dunklen Augen, den roten Lippen und der hellen Filmschauspielerhaut. Die Trinkerei sieht man ihm nicht an, und das Rauchen auch nicht. Seine Zähne sind weiß und perlengleich geblieben, allerdings haben die Finger gummigelbe Flecken vom aufkräuselnden Rauch.

«Ich geb's auf! Du bist die dümmste Frau, die mir je begegnet ist.» Er nimmt die Arme herunter, zündet sich eine neue Zigarette an der ersten an. «Bei dir hat's eingeschlagen», sagt er plötzlich, «und du merkst es nicht mal.»

Wahrscheinlich schaue ich wirklich dumm, weil ich in dem Moment begreife, daß es stimmt, was er sagt.

«Du kriegst ein Baby von mir», sagt er mit ruhigerer Stimme, bevor ich meine Sinne wieder beisammen habe.

«Das weißt du doch nicht.»

Ich schnappe seinen Koffer und schmeiße ihn an ihm vorbei durch die Fliegengittertür. Er kracht durch das brüchige Geflecht hindurch und schlägt hart auf der Veranda auf. Karl ist lange Zeit still, während er diese Tat auf sich wirken läßt.

«Du liebst mich nicht», sagt er.

«Ich liebe dich nicht», antworte ich.

«Und was ist mit meinem Baby?»

«Es gibt kein Baby.»

Und jetzt setzt er sich endlich in Bewegung. Er weicht vor mir zurück, auf die Tür zu, aber er kann nicht hindurch.

«Mach schon», sage ich.

«Noch nicht.» Seine Stimme klingt verzweifelt.

«Was nun noch?»

«Ein Souvenir. Ich habe nichts zur Erinnerung an dich.» Wenn er jetzt weint, breche ich zusammen, das weiß ich, deshalb schnappe ich den nächstbesten Gegenstand, ein Buch, das ich auf dem Kühlschrank liegen hatte. Ich habe es irgendwo gewonnen und niemals aufgeschlagen. Ich strecke es ihm hin.

«Hier», sage ich.

Er nimmt das Buch, und dann gibt es keine Ausreden mehr. Er verdrückt sich die Treppe hinunter und schließlich mit langsamen Schritten durchs Gras und die Straße entlang. Ich stehe lange Zeit da und schaue ihm von der Tür aus nach, bis er in der Ferne schrumpft und verschwunden ist. Und dann, sobald ich sicher bin, daß er Argus erreicht hat und vielleicht in einen Bus gestiegen ist oder auf dem Highway 30 nach Süden trampt, lege ich den Kopf auf den Tisch und lasse meinen Gedanken freien Lauf.

Das erste, was ich tue, als es mir wieder bessergeht, ist Marys Nummer wählen.

«Ich bin ihn los», sage ich ins Telefon.

«Gib mir zehn Minuten», sagt sie, «ich komm und hol dich ab.»

«Warte mal», sage ich. «Ich brauch noch eine Weile.»

«Wozu?»

«Ich habe mich in andere Umstände bringen lassen.»

Sie sagt nichts. Ich horche auf das Schweigen an ihrem Ende, bis ich endlich höre, wie sie den Hörer vom Ohr nimmt und ihn auflegt.

In den Liebesromanen kommt nie ein Baby von alldem, also bin ich wieder einmal nicht vorbereitet. Ich bin nicht gefaßt auf die Schwäche in meinen Beinen und die geschwollenen Knöchel. Die Geschichten von der heißen Liebe erwähnen nie, wie ich allein in der Hitze einer Augustnacht wach liege und mir die Panik kommt. Ich weiß, daß das Kind spürt, wie ich nachdenke. Es dreht und wendet sich so rabiat, daß ich weiß, es muß sich in die Nabelschnur verwickeln. Ich habe Angst, daß etwas mit ihm nicht stimmt. Daß es nicht ganz bei Trost ist, genau wie sein Vater. Oder daß es aussehen wird wie die kranken Lämmer, die ich totschlagen mußte. Millionen von schrecklichen Dingen werden geschehen. Und während ich daliege und mir in der Dunkelheit Sorgen mache, platzen unter dem Haus die Flaschen. Russells Gebräu explodiert, und die ganze Nacht, während das Baby sich dreht und wendet, schrecke ich aus meinen Träumen hoch, zum Geräusch von Glas, das durch die Erde fliegt.

Marys Nacht

Nachdem Mary mitten im Gespräch mit Celestine den Hörer aufgelegt hatte, nahm sie das Brecheisen vom Kühlschrank, wo auch Pete es immer liegengehabt hatte, und ging zurück in ihren Arbeitsraum, um die Versandkiste zu öffnen, die im vergangenen Monat aus Florida geschickt worden war.

Die Kiste hatte schon so lange an derselben Stelle gestanden, daß sich darauf Bohrspitzen, Wäscheklammern und ausgebrannte Glühbirnen angesammelt hatten. Mary räumte den ganzen Krempel auf ein Fensterbrett und fing an, die Nägel aus den rauhen Kieferbrettern herauszustemmen. Draußen dämmerte es, aber sie hatte Licht genug zum Sehen und hörte nicht auf, bis sie zwei Seiten der Holzkiste abgezogen hatte. Sie enthielt eine Truhe. Mary knipste das blendende Licht an.

Die Truhe war klein, elegant, aus dunkel gebeiztem Holz geschnitzt, mit reichverzierten Füßen und Schubladengriffen aus Gußeisen. Jede Schublade war mit einem Rankenmuster aus bernsteinfarbenem Holz verziert. Der Deckel war mit Scharnieren versehen. Mary machte ihn auf, entfernte das Verpackungsmaterial und hob die Nähmaschine heraus. Dann trat sie einen Schritt zurück und überlegte. Die Maschine sah aus wie ein kleiner schwarzer mechanischer Drachen mit einem emsigen, mörderischen Reißzahn. Nach einer Weile stellte sie die Maschine zurück und ließ den Scharnierdeckel darüber zufallen. Dann knipste sie das Licht aus, ging in die Küche zurück und nahm den Telefonhörer ab.

Es war Sitas Nummer, die sie wählte, mit einer auswärtigen Vorwahl, da Sita gerade das Restaurant verkauft hatte und mit ihrem wissenschaftsbegeisterten Ehemann nach Blue Mound gezogen war.

«Was willst du?» sagte Sita, als sie Marys Stimme hörte.

«Ich will nichts von dir», sagte Mary, «aber ich hab was von dir.»

Sita war still, während sie überlegte, was das wohl sein konnte. Schließlich mußte sie doch fragen.

«Eine Nähmaschine», sagte Mary.

«Ich hab schon eine», sagte Sita.

«Ich weiß», antwortete Mary. «Deine Tante hat dir noch eine geschickt.»

Sita mußte einen Moment nachdenken, dann fiel ihr Adelaide ein und wie gern sie genäht hatte. Sie erinnerte sich an die Pelzkrägelchen, die ausgestellten Schleifen, die modischen Abänderungen an aus der Mode gekommenen Kleidern.

«Ich sage Louis Bescheid, daß er sie abholt», sagte sie.

«Sie steht im Hinterzimmer», sagte Mary.

Dann hängte sie ein und legte das Brecheisen wieder auf den Kühlschrank. Sie stand unter dem hellen Schein und dem schwachen Summen der Leuchtstoffröhre da.

Aus der Stille draußen drang nichts zu ihr herein außer dem leisen, rastlosen Klirren der Hundekette und dem säuerlichen Duft der Tomatentriebe, die der Hund abgebrochen hatte, als er an der Mauer seine Knochen vergrub. Um diese abendliche Zeit rief Mary gewöhnlich ihre Hunde herein und schlief über einem Buch ein. Aber der heutige Abend war bedeutungsschwanger. Der heutige Abend war voller versteckter Zeichen.

Sie dachte an ihre Tarotkarten, die sie unter ihrer Matratze aufbewahrte, wie die Zigeuner-Gebrauchsanweisung riet, damit sie die Schwingungen ihrer Träume aufnahmen. Sie besaß auch ein Ouija-Brett. Ein Kunde hatte ihr gezeigt, wie man ein Ei auf eine bestimmte Weise in ein Wasserglas aufschlägt und dann aus dem Eigelb liest. Aber keine dieser Methoden konnte auch nur annähernd den Glanz jenes Tages wieder herbeiholen, an dem sie mit dem Gesicht das Eis aufgeschlagen und wie in einem Zauberspiegel ihren Bruder gesehen hatte. Sie stand auf ihrem sauberen Linoleum, dachte in die Zukunft und wünschte sich mit aller Willenskraft ein Zeichen herbei.

Im Viehstall brüllte ein Ochse. Ein leichtes Lüftchen löste im Dickicht des verblühenden Rosengestrüpps im Hof ein Geraschel aus. Motten flogen gegen das Fliegengitter.

Mary löschte das Licht und ging nach draußen. Sie begann herumzugehen. Der Hof hinter dem Zaun bestand aus einem Gewirr von Ställen, Vorratsschuppen, alten Güterwaggons und Hühnerausläufen voller rostender Utensilien. Onkel Pete hatte in seinem Leben viele Dinge angesammelt. Eine riesige eiserne Badewanne, die einst zum Absengen der Schweineborsten diente, stand inmitten des Unkrauts und lief mit rostigem Regenwasser voll, in dem Mücken brüteten. Hinter dem Gerümpel kam Fritzies Waldstreifen mit Maulbeerbäumen, Koniferen, Wildpflaumen und Zedern. Unter den Bäumen lag das Gras dichtgrün in kühlen Schichten. Mary stand da, atmete den Geruch von Nadeln und Blättern ein und dachte an Karl.

Wieder sah sie ihn nach dem Ast greifen, die weißen Blüten und den unsichtbaren Duft dicht an seinem Gesicht, vor so langer Zeit. Sie sah, wie sich seine Augen in zarter Gier schlossen. Seine Lippen öffneten sich. Und dann sah sie auch Celestine, ihr Mund war groß, ihre Arme breiteten sich aus und griffen zu, ihr Körper war stärker als der Baum, den Karl umarmt hatte, bevor er verschwunden war.

Das Hoflicht warf von hinten einen schwachen Schein herüber. Die Nadelbäume schienen undurchdringlich dunkel, ja bedrohlich. Mary dachte an Landstreicher, Eulen, die tollwütigen Stinktiere und Mäuse, die das Waldstück beherbergen mochte. Trotzdem trat sie vorwärts in das wuchernde Gras. Mit diesem ersten Schritt spürte sie, wie die Schwere sich in ihren Beinen sammelte. Beim nächsten Schritt wollten ihr die Augen zufallen vor Müdigkeit. Trotzdem warf sie sich vorwärts zwischen das Gewirr von Zweigen.

Die Erde war feucht, kühl, und Mary sank ins Gras. In ihrer Trance schien ihr, als verstreiche ein langer Zeitraum. Die Pflaumen waren grün und hart, als sie sich anfangs hinlegte, die Maulbeerfrüchte noch unsichtbar, das Gras war grün und biegsam. Dann kam der Mond herauf. Sterne kreisten in Paillettenmustern, Vögel flogen flüchtend auf. Der Sommer verging, und Celestines Baby wuchs groß heran wie der Tag.

Es war ein Mädchen, viel größer als Marys verschollener kleiner Bruder, aber genauso lebhaft und mit einem Kopf voller flammend dunkelroter Locken.

Es schaute Mary aus den graublauen Augen des Neugeborenen an, ohne etwas zu erkennen, aber schon willensstark und mit einer hartnäckigen Intensität, die Mary als ihre eigene wiedererkannte. Dann vertiefte sich die Dunkelheit, und die Nacht wurde köstlich sanft. Von da, wo sie lag, hörte Mary die Pflaumen reifen. Sie schwollen

an ihren dünnen Stengeln und fielen vom Wind geschüttelt herab. Im Schlaf hörte sie sie durch das spröde hohe
Gras herunterfallen und sich in herrlichem Überfluß um
sie her aufhäufen.

Sita Kozka

Nur Wochen nach dem Fiasko mit der Lebensmittelvergiftung in meinem Restaurant heiratete ich in aller
Stille Louis, und er gab seine Stelle als Gesundheitsinspektor beim Staat auf, um einen Aufgabenbereich im
Bezirk zu übernehmen, der es uns ermöglichen würde,
für immer in der Nähe wohnen zu bleiben. Louis verkaufte sein Haus in Bismarck und brachte seine gesamte
naturwissenschaftliche Experimentierausrüstung nach
Blue Mound, wo wir in dem großen Halbgeschoßhaus
mit Kolonialstilelementen und Fensterläden wohnten,
das Jimmy als eine Art Vorzeigehaus gebaut hatte. Und
obwohl wir erst zwei Monate verheiratet waren, war es
dort dann, als wären Louis und ich schon unser ganzes
Leben zusammengewesen. Vielleicht kam das, weil er
sich so sehr um mich kümmern mußte. Durch die Aufre-
gungen des Umzugs und des Konkurses war ich mit den
Nerven völlig am Ende. Glücklicherweise hat unser
Haus einen riesigen Garten, und während ich mich von
meinen Leiden erholte, beschäftigte ich mich damit,
Ziergehölze, Stauden und Kletterpflanzen zu züchten.

Mit der Scheidung hatte ich mich gegen die Kirche ver-
sündigt. Louis versuchte, mich davon zu überzeugen,
daß am Glauben sowieso nichts dran sei, aber ich war
nicht so glücklich über meinen Austritt. Jahrelang hatte

ja die Klosterschule von Sankt Katharina eine große Rolle in meinem Leben gespielt, und die Religion selbst übte noch immer großen Einfluß auf mich aus. Unter anderem war mir die Vorstellung neu, mich jetzt für Antworten und Hilfeleistungen nur noch auf Louis und mich selbst verlassen zu können. Ich war mir nicht sicher, ob mir das gefiel. Aber ich versuchte, stark und auch auf das Unerwartete gefaßt zu sein, und vielleicht erschrak ich deshalb auch nicht zu Tode an dem Morgen, als ich meinen Cousin völlig durchweicht und schlafend in meiner am Spalier gezogenen Klematis liegen fand. Als ich ihn entdeckte, erkannte ich ihn zunächst nicht. Ich hatte ihn ja fünfundzwanzig Jahre lang nicht gesehen. Er hatte den einen Arm um einen Koffer gelegt und hielt ein kleines Buch in der Hand.

Er schlug die Augen auf.

«Oh, hallo, Sita», sagte er noch im Liegen. Er war in meinen Garten gelangt, indem er sich unter dem Zaun hindurchgeschoben hatte. «Wahrscheinlich erkennst du mich nicht», sagte er, kam stolpernd auf die Füße und machte sich dann vorsichtig von den Ranken los. «Ich bin dein Cousin Karl.»

Ein Herumstreuner und Hausierer sei er geworden, hatte ich gehört. Er wirkte recht gebeutelt von den Abenteuern des Lebens. Kragen und Manschetten waren durchgescheuert. Kein Hut. Sein Gesicht war auf übertriebene, beunruhigende Weise hübsch, aber seine Lippen waren zu rot, als hätte er einen Kater. Seine Lider hingen ihm halb über die Augen und waren geschwollen und müde. Das mit Pomade bearbeitete schwarze Haar hing ihm in Strähnen um die Ohren.

In seinen schäbigen Kleidern sah er verdächtig aus, ja gefährlich. Und doch weckte er mein Interesse. Ich wußte, wenn er auf mich losging, brauchte ich nur laut zu schreien. Louis war in der Garage, keine drei Meter

weit weg, wo er seine entomologischen Musterexemplare fütterte. Während Karl redete, packte ich meinen
Handspaten wie eine Waffe und beschloß, ihm den Schädel zu spalten, sobald er eine unerwartete Bewegung
machte. Meine weißen Segeltuchhandschuhe würden
keinerlei Fingerabdrücke entstehen lassen. Louis und ich
könnten ihn mitsamt der Mordwaffe hinter den Dahlien
vergraben. In den vergangenen Wochen hatte ich Kisten
voller Krimis konsumiert, um meine Nerven zu beruhigen.

«Karl Adare», wiederholte er. «Ich bin dein Cousin,
erinnerst du dich? Ich war unterwegs zu einer Verkaufs-
tagung. Ich bin sehr früh hier angekommen und wollte
dich nicht wecken.»

Ich ging davon aus, daß es wohl eine Ehre ist, wenn ein
lang verschollener Cousin zu Besuch kommt, auch wenn
er durch das Blumenbeet hereinkriecht. Hier in der Gegend wäre das jedenfalls sicher eine tolle Neuigkeit, fast
so aufregend wie meine Scheidung und plötzliche neuer-
liche Vermählung. Mit meinen Nerven und zu allem anderen noch dem Restaurant hatte ich Blue Mound und
Argus offenbar den ganzen Monat über mit Klatsch versorgt. Der Gedanke verursachte mir Kopfweh. Ich legte
meinen Handspaten hin.

«Wie schön», sagte ich, mich auf meine guten Manieren besinnend, «dich nach so langer Zeit zu sehen. Du
bleibst doch hoffentlich zum Essen?»

Er nickte zustimmend und schaute sich im Garten um.
«Nicht schlecht», sagte er. An seinem gepreßten Ton erkannte ich, daß er neidisch war auf meine üppigen Blu-
menrabatten, den gefliesten Innenhof und das ganze
Haus, das die Leute, wie mir zu Ohren gekommen war,
gelegentlich als Herrenhaus bezeichneten, das größte
Haus in ganz Blue Mound. Louis hatte gutes Ackerland
geerbt, das er weiterverpachtet hatte. Und obwohl er das

Restaurant geschlossen hatte, konnten wir uns den Unterhalt dieses Hauses leisten.

«Jetzt mußt du mir aber von dir erzählen», sagte ich und deutete auf den Koffer und das dicke kleine Buch in seinen Händen. Das Buch sah vertraut aus, schwarz, mit rötlichen Rauten auf dem Umschlag, und als er das darum herumgeklebte Papier aufgerissen und es aufgeschlagen hatte, wußte ich auch warum. Es war eine Bibel, eine typische Billigausgabe des Neuen Testaments.

«Hier ist Platz, um die Familienereignisse einzutragen», sagte er und schaute dabei auf den Innendeckel. «Geburten, Todesfälle, Hochzeiten.»

Er schien mit sich selbst zu sprechen, deshalb sagte ich nichts dazu. Ich wollte auch nicht, daß er versuchte, mir das Buch anzudrehen.

«Setzen wir uns doch», sagte ich, aber er schien meine Gedanken gelesen zu haben, denn weder klappte er das Buch zu noch folgte er meiner Aufforderung; statt dessen blickte er verdrießlich weiter auf den Innendeckel.

Jetzt läßt er gleich seinen Werbespruch los, dachte ich und nahm seinen Arm.

«Du mußt müde sein», sagte ich, «so viel unterwegs.»

«Das bin ich auch», stimmte er zu und sah mich dabei unverwandt und dankbar an. «Ich bin schrecklich froh, dich zu sehen, Sita. Es ist so lange her.»

«Viel zu lang», sagte ich mit warmer Stimme, obwohl ich ihn in Wirklichkeit nie vermißt und in all den Jahren sogar kaum an ihn gedacht hatte, und obwohl mir allmählich der Verdacht kam, nur der leise Verdacht, für den ich auch keine richtigen Anhaltspunkte hatte, daß er mich nur in der Hoffnung auf ein leichtes Geschäft aufgesucht hatte.

In diesem Augenblick trat Louis in den Garten. Er musterte die Leute immer scharf, schien sich dann aber an nichts, aber auch gar nichts zu erinnern, sobald sie weg waren. Jetzt schaute er Karl durchdringend an. Karl lächelte verunsichert zurück. «Ich bin Sitas Cousin», rief er zu Louis hinüber. «Lange her, seit wir uns das letzte Mal gesehen haben!» Aber Louis beachtete ihn gar nicht, sondern ging hinüber zum Komposthaufen, um sich noch ein paar von seinen Versuchsexemplaren zu holen.

«Was macht er denn da?» fragte Karl erstaunt.

«Würmer ausgraben.»

«Wozu?»

«Um zu sehen, wie sie organische Materie zersetzen.»

Louis hielt mich stets über alle seine Überlegungen auf dem laufenden. Im Zusammenhang mit seiner neuen Stelle als Außendienstbeauftragter sammelte er gerade Informationen über typisches Ungeziefer und Helfer des Landmanns in unserer Gegend. Regenwürmer waren Helfer des Landmanns, und Louis war dabei, mit ihrem Lebensraum herumzuexperimentieren. Was man dem Boden zusetzen mußte, damit sie Hilfe leisteten.

«Sie stellen Humus her», informierte ich Karl mit strenger Stimme, da seine Aufmerksamkeit nachgelassen hatte. Er betrachtete schon wieder eingehend die Einzelheiten unseres Heims, meine weißgestrichenen Gartenmöbel aus Gußeisen, die beschnittenen und blühenden Sträucher. Bald bezog er auch mich in seine Bilanz mit ein und warf mir einen langen, kühnen Blick zu. Ich war nicht mehr so schlank wie früher, aber Louis sagte immer, innere Zufriedenheit stehe mir am besten zu Gesicht, und ich wußte, daß ich eine gute Farbe hatte.

«Habe ich mich verändert?» sagte ich, und dann, weil mich der kokette Ton in meiner Stimme peinlich berührte, beantwortete ich meine Frage selbst. «Aber natürlich. Wer verändert sich nicht?»

«Schön wie immer», sagte Karl. Ich wandte mich ab. Louis machte mir selten Komplimente. Aber er war eben auch oft tief in seine theoretischen Gedanken versunken. Was Karl sagte, bedeutete mir mehr, als es eigentlich gedurft hätte, und deshalb war ich unfähig zurückzuhalten, was ich dann sagte:

«Graue Haare, ein paar Falten hier und da. Die Jahre machen sich bemerkbar.»

«Aber nein», sagte Karl, «du bist jetzt viel hübscher. Die Reife bekommt dir gut.»

«Ach wirklich?» Ich tat wirklich einfältig wie ein Pfau.

«Ja», sagte er.

Ein langes Schweigen stand zwischen uns, fast intim, und dann kamen noch mehr Worte aus meinem Mund gepurzelt.

«Alles Fleisch ist wie Gras», sagte ich. Ich traute meiner eigenen Stimme kaum und hörte wegen dieser Fremdheit den Satz ganz neu. Wir standen verlegen da und schauten auf den Rasen, und mir fiel auf, daß der ganze Garten voll von dem gleichen Gras war, das immer auf Friedhöfen wächst – feines, kurzgeschnittenes Gras von leuchtend grüner Farbe.

«Ich mach was zu essen», sagte ich, um meinen Gedankengang zu unterbrechen.

Ich ließ meinen Cousin stehen und zusehen, wie Louis Würmer aus der Mulche zog, und ging hinein, um uns einen Teller Sandwiches für einen frühen Lunch zu machen. Schinkensalat. Ich habe einen Fleischwolf, den man an der Spüle befestigt. Ich war gerade dabei, den durchgedrehten Schinken mit Kapern und Mayonnaise zu mischen, als Karl an die Fliegengittertür trat und leise anklopfte.

«Könnte ich vielleicht mal deine Örtlichkeiten benutzen?»

«Natürlich», sagte ich.

Ich ließ ihn herein. Er stellte den Koffer an der Tür ab und legte das Buch im Vorbeigehen auf meinem Küchentisch ab. Er tat es so beiläufig, daß ich dachte, er hätte es absichtlich getan, um mein Interesse daran zu wecken. Und deshalb nahm ich, während er oben war, das Buch in die Hand. Ich besah mir die stumpfroten Rauten auf dem Umschlag. Abgesehen davon, daß es ein Neues Testament war, erinnerte das Buch mich noch an etwas anderes. Ich brauchte mehrere Augenblicke der Konzentration, um darauf zu kommen, wo ich es schon einmal gesehen hatte. Dann fiel es mir ein. Letztes Jahr hatten wir bei einer Tombola für den Freundeskreis Sankt Katharina ein solches Neues Testament als Preis vergeben, und Celestine James hatte es gewonnen.

«Es mag ein Zufall sein», sagte ich zu Karl, als er wieder herunterkam, «aber genau so ein Buch hat einmal einer ehemaligen Freundin von mir gehört.»

Er nahm das Buch, wog es in der Hand und drückte es mir in die Hände.

«Du kannst es haben», sagte er. «Füll es aus.»

Dann griff er sich seinen Koffer und ging hinaus, um sich zu Louis auf einen der Gartenstühle zu setzen. Ich konnte mir keinen Reim auf seine Worte machen, bis mir der Platz für die Familienereignisse wieder einfiel. Ich schlug das Buch auf.

Freundeskreis Sankt Katharina, war in den Innendeckel gestempelt, und dann das Datum. 4. Mai 1952 und der Name Celestine James.

«Aha!» sagte ich wie ein Detektiv in einem schlechtgeschriebenen Kriminalstück. Aber dann schlug ich, aus unerfindlichen Gründen über meine Entdeckung beschämt, das Buch wieder zu und mischte weiter die Zutaten in der Milchglasschüssel. Nachdem ich meiner Bekanntschaft mit Celestine James entwachsen war, wußte ich ohnehin nicht recht, was ich mit der Bibel machen sollte. Jahrelang hatte ich nichts mehr mit Celestine zu tun gehabt. Ich strich die Mischung auf Brotscheiben, schnitt die Sandwiches in Dreiecke und ging hinaus. Karl hatte meinem Mann offenbar gesagt, daß der Lunch im Kommen sei, denn Louis hatte sich am Gartenschlauch gewaschen, und jetzt versuchten die Männer, auf den kleinen schmiedeeisernen Gartenstühlen das Gleichgewicht zu halten. Der Tisch reichte ihnen nur bis an die Knie. Es war ein komischer Anblick. Aber ich hatte gelernt, nicht über alles zu lachen, das absurd aussah. Lachen war eines der Symptome meiner schlechten Nerven gewesen.

«Ist es nicht herrlich», sagte ich, «die Sonne ist so mild.»

Ich stellte das Tablett ab, auf dem alles stand außer dem Krug und den Gläsern, und ging dann noch einmal hinein, um sie zu holen. Als ich wieder herauskam, sah ich, daß die Männer angefangen hatten zu essen, und das ärgerte mich.

«Wie unhöflich ihr zwei seid!» rief ich.

«Du hast recht», sagte Louis und legte sein Sandwich hin, um mir den Teller zu reichen. Mein Cousin dagegen aß ruhig weiter. Ich sah zu, wie er ein Sandwich nahm, es zum Mund führte und dann mit seinen weißen Zähnen hineinbiß. Eins, zwei, und das Sandwich war verschlungen. Ich starrte ihn an und überlegte, ob er Celestine wohl etwas angetan hatte, sie vielleicht bedroht hatte, um an das Buch zu kommen. Vielleicht hatte er sie auch bewußtlos geschlagen. Und dann war da ja noch der Koffer. Ob er noch mehr Besitztümer von ihr darin verstaut hatte?

Louis räusperte sich und sagte in dem geduldigen Ton, den ich sehr gut kannte:

«Sita, du schaust unseren Besuch ein wenig sehr unverwandt an, meinst du nicht?»

Ich sah hinab auf meinen Teller. Aber ich konnte nicht anders, ich mußte flüstern:

«Die Art und Weise, wie mein Cousin ißt, ist ziemlich unheimlich.»

«Nein, überhaupt nicht», sagte Louis und suchte nach einem anderen Gesprächsthema. «Die Kolibris werden von Sitas Trompetenblumen angezogen», sagte er. Ich lächelte Karl an, aber der aß schneller als je zuvor. Wahrscheinlich hatte er meine geflüsterte Bemerkung gar nicht gehört.

«Ja», fuhr ich fort, «sie schwirren oben drüber und stecken den Schnabel hinunter in den... wie heißt das gleich?»

«Fruchtknoten.»

«... den Fruchtknoten der Blume.»

Karl schlang einen letzten Bissen Sandwich hinunter und nickte uns beiden flüchtig zu. Mir fiel plötzlich auf, obwohl die Sache sicher schon die ganze Zeit über in Gang war, daß die scharfen Eisenbeine seines Stuhls sich in den feuchten Rasen eingruben. Der Boden unter ihm war offenbar sehr weich, vielleicht von dem Treiben der Regenwürmer, und Karl sank ganz allmählich ein. Der Tisch reichte ihm jetzt schon gut über die Knie. Er schien es indessen nicht zu merken und warf mir ein angespanntes Lächeln zu.

Ich erwiderte das Lächeln, aber während wir ohne zu reden in weitere Sandwiches bissen, wurde mir klar, warum Karl hier war.

Er hatte Celestine ausgeraubt, und jetzt waren wir dran. Warum hätte er sich sonst wohl in der Klematis verstecken, von dort aus spionieren und unsere Gewohnheiten erkunden sollen, wenn nicht, um uns dann um so leichter zu bestehlen? Und noch etwas. Er war nicht nach oben gegangen, um die Örtlichkeiten zu benutzen, sondern um meine Schmuckschatulle zu plündern. Es schien mir, als hätte ich ihn selbst dabei beobachtet. Ich sah ihn das winzige Schloß aufbrechen, meine silberne Anstecknadel, mein Diamantenarmband herauszerren und sich meine Granatkette zurückholen. Ich sah ihn meine Schätze in die Hosentasche schieben. Meine Broschen, meine Ringe, meinen Amethyst.

«Ich geh mal kurz rein», verkündete ich leichthin und erhob mich.

Louis schien etwas zu ahnen. Er schaute stirnrunzelnd das eiserne Spitzenmuster des Tisches an. Aber ich war jetzt überzeugt von Karls Schuld und ging nach drinnen zum Telefon.

«Der größte Kolibri», hörte ich Louis sagen, während ich wegging, «ist immerhin seine achtzehn Zentimeter lang. Kommt in Südamerika vor.» Ich wußte, daß Louis meinen Cousin mit irgend etwas Erstaunlichem unterhalten würde, und tatsächlich, als ich den erforderlichen Anruf getätigt hatte und zurückkam, sah ich, er hatte Karl so in Bann geschlagen, daß mein Cousin merklich tiefer gesunken war. Der Tisch reichte ihm jetzt schon bis zur Brust. Er hatte die Arme vor der Brust verschränkt.

«Traurig ist das», sagte ich und fixierte ihn, «daß manche Leute einfach nicht die Hände von anderer Leute Sachen lassen können.»

«Das stimmt», sagte mein Mann mit ernster Stimme. «Weißt du noch, wie diese kleinen Scherchen immer aus dem Sezierbesteck verschwanden?»

«Louis war Lehrer», informierte ich meinen Cousin. «Er hat in einer High-School unterrichtet.»

«Und wissen Sie, wo diese Scherchen hinkamen?» fragte Louis.

Karls Augen weiteten sich, und er hob die Schultern. Sein Mund war voller Sandwich, deshalb konnte er nicht antworten.

«Die Mädchen haben sie gestohlen, um sich damit die Fingernägel zu maniküren!» sagte mein Mann.

In dem Augenblick kam Sheriff Pausch den Plattenweg herunter. Er war klein, hatte ein scharfgeschnittenes, bissiges Gesicht und eine überraschend tiefe Stimme, die bei Tornadowarnungen gottvatergleich durch sein Megaphon dröhnte. Bevor er Sheriff geworden war, hatte er Botanik unterrichtet, deshalb hatten Louis und er viel gemeinsam. Sie waren beide Mitglieder der Mykologischen Gesellschaft von Blue Mound, die ihre erste Sitzung bereits in unserem Untergeschoß abgehalten hatte. Es schien merkwürdig, ihn jetzt in offizieller Funktion hier zu sehen, in seiner Khakiuniform, mit einem Blatt Papier in der Hand an Stelle der Brottüten voller getrockneter Pilze.

Karls Augen wurden noch größer, als er den Sheriff sah. Seine Bestürzung setzte seiner Schuld noch die letzten überzeugenden Pinselstriche auf. Er streckte die Hand aus und sagte: «Bitte, nehmen Sie doch meinen Platz.»

«Nein danke», sagte Sheriff Pausch mit fester Stimme und machte Karl ein Zeichen sitzenzubleiben. «Ich habe eine Beschwerde vorliegen.»

Karls Gesicht wurde kindlich, neigte sich von seinem niedrigen Sitz besorgt schräg nach oben.

«Ich geh die Beweise holen», murmelte ich und erhob mich.

«Bleib hier», sagte Louis. «Was soll das denn alles?»

«Deine Frau hat mich angerufen», sagte Sheriff Pausch mit überraschtem Gesicht und gesenkter Stimme. «Sie hat etwas von einem Diebstahl gesagt.»

Ich deutete auf Karl und warf ihm einen kalten Blick zu. «Er hat Celestine James' Neues Testament gestohlen», sagte ich, «und dann hat er sich meine Schmuckkassette vorgenommen. Ketten, Anstecknadeln und alles, was ihm in die Hände fiel, hat er genommen. In die Hosentaschen gesteckt. Durchsucht ihn!» drängte ich die beiden Männer. «Seht selbst nach!»

«Nehmen Sie die Hände hoch», sagte Sheriff Pausch mit seiner tiefen Stimme. Er stellte sich hinter Karl und klopfte ihn rasch von oben bis unten ab.

«Entschuldigen Sie», sagte er und stellte sich wieder vor Karl, der bleich wie ein Laken geworden war. «Sie können jetzt die Hände herunternehmen», sagte der Sheriff und errötete bis in seine Hemdöffnung hinein. «Da scheint ein Irrtum vorzuliegen.»

Es gab einen langen Augenblick voller Spannung. Ich sah die drei Männer argwöhnisch an. Sie sahen mich argwöhnisch an.

«Es ist wahr», sagte ich schließlich. «Lassen Sie mich das Buch holen.»

«Ich glaube, da liegt ein Irrtum vor», wiederholte Sheriff Pausch, und da wußte ich ganz plötzlich, weil eine vorsichtige Sanftheit in seiner Stimme mitschwang, daß ich etwas sehr Falsches getan hatte. Und schlimmer noch, ich wußte, daß gleich etwas noch viel Falscheres geschehen würde. Ich sah auf Karl hinunter. Seine Stuhlbeine waren noch tiefer gesunken.

«Hör... auf!» befahl ich ihm langsam.

«Sita, setz dich, bitte», sagte Louis.

Aber ich fühlte mich unter Karls dunklem angespannten Blick wie im Stehen festgewurzelt. Ich konnte den Blick nicht von ihm wenden, obwohl ich mich über den Tisch beugen mußte, um ihn richtig zu sehen, so tief war er schon versunken. Die Luft war sehr still. Die winzigen Vögel huschten leicht wie Motten in die Trompetenblumen. Ein Ton erklang. Ich wollte Louis fragen, ob er ihn auch hörte. Aber dann beugte sich mein Cousin zur Seite und zog den schwer aussehenden Koffer, den er auch durch die Klematis gezogen hatte, auf seinen Schoß. Er saß da, den Koffer an sich gedrückt; vielleicht hatte er vor, ihn zu öffnen, vielleicht hatte er vor zu gehen. Aber statt dessen geschah etwas.

Der Koffer, der auf seinem Schoß und seinen Knien lag, war so schwer, daß seine Füße begannen, sich in die Erde zu graben, und sehr schnell stieg ihm der Rasen bis an die Knie. Ich sagte nichts. Ich war vor Angst gelähmt. Ich hatte ihn verraten, und jetzt mußte ich zusehen, wie der Mann und der Stuhl immer weiter versanken. Der Koffer ging unter. Der Rasen kroch sein ochsenblutrotes Hemd hinauf. Das Gras strich ihm ans Kinn. Und immer noch versank er weiter.

Es ist zu spät, dachte ich, während ich zusah, wenn er nicht die rettenden Worte sagt.

«*Mea culpa*», keuchte ich. «*Mea maxima culpa.*»

Aber schon wurde sein Mund mit Erde versiegelt. Seine Ohren wurden verstopft. Seine sanften traurigen Augen wurden zugedeckt, und dann war nur noch der bleiche Streifen seiner Stirn da. Die Erde hielt inne, bevor sie ihn gänzlich schluckte, und dann ging ganz plötzlich der Rest von ihm unter. Das letzte, was ich sah, war das schlampige weiße Kreuz auf seinem mit Pomade frisierten Haar. Der Boden bebte ein wenig, um ihn zu bedecken, und dann war nichts mehr, wo er gewesen war.

Ich starrte lange das friedliche Gras an und blickte dann auf. Louis und der Sheriff beobachteten mich. Es schien, als warteten sie darauf, daß ich ihnen sagte, was das bedeutete.

«Wir erwachen, wenn wir sterben. Wir sind alle gerichtet», sagte ich.

Dann ging ich hinunter zu dem Baum, in dem mein Silber hing. Armkettchen und Ringe und alte Münzen aus Silber. Ich streckte die Hände aus. Die Blätter bewegten sich über mir, glänzend und geschärft, mit angelaufenen Rändern. Sie fielen in Bergen herunter. Die Luft war ein glitzernder trockener Regen. Während ich dort unten war, sagte ich viele Dinge. Louis schrieb sie alle auf einen Block.

Ich beschrieb den Baum in allen Einzelheiten. Er trug die Blätter meines Verrats. Die Wurzeln reichten unter alles. Wo ich auch ging, mußte ich auf die Toten treten, die übereinander gebettet dalagen und auf die Posaune warteten, auf die Stimme im Megaphon, auf das kleine Buch, das sich öffnen würde und eine Million Namen enthielt.

«Du stehst nicht in dem Buch», sagte ich zu Louis. «Du bist da unten bei deinen Versuchstieren.»

Russells Nacht

Den Sommer über baute Russell sich in aller Ruhe eine Angelhütte, und im Herbst schleppte er sie dann über zwei Felder und ließ sie am Ufer stehen, dort wo der Fluß langsamer und tiefer wurde, bevor er sich von Argus wegschlängelte. Als der Fluß zu einem Winkel aus schwarzem Eisen gefror, schob er die Hütte hinaus aufs Eis, bohrte mit seinem Erdbohrer ein Loch und ging von da an oft dorthin.

Als er an einem naßkalten Dezembernachmittag die steile Böschung hinunterschlidderte, verfing er sich mit seinem Streichnetz in einem Gewirr von altem Strandgut von der Überschwemmung und stürzte in ein Spinnennetz aus dicken alten abgestorbenen Ranken, die ihn festhielten. Er schlug mehrere Augenblicke wild um sich und ließ es dann sein. Das Netz war erstaunlich gemütlich, eine Hängematte wie geschaffen für seine Größe, wenn er sich erst einmal entspannt hatte. Er tastete nach seiner Feldflasche mit dem *Four Roses*, die er im Wollfutter seiner langen Jeansjacke verstaut hatte, und trank einen Schluck.

Russell blies sich in die Hände und schob die Flasche zurück in die Tasche. Egal wie kalt, er zog nie mehr Handschuhe an, da er es vorzog, wenn seine Hände hart und schwielig wurden, jetzt wo er keine Scheine und Münzen mehr zählen mußte. Er brauchte Schwielen, um Schrauben anzuziehen, heiße Kühlerdeckel anzufassen, Radmuttern loszubekommen und, an den Wochenenden, um Fisch auszunehmen. Er schaute nach oben in die tiefhängenden Wolken und kippte noch einmal seine Flasche. Vielleicht würde es Schnee geben. Der Wind war jedenfalls warm genug. Genau dies gefiel ihm daran, daß er keiner regelmäßigen Arbeit nachging. Er konnte den ganzen Nachmittag hier liegenbleiben, wenn es ihm gefiel, und sich einen antrinken. Aber er war gar kein großer Trinker, und nach einer Weile machte er sich los und setzte den Weg zu seiner Hütte fort.

Er hatte jetzt ein Schloß an der Tür, seit Celestine seine Behausung gefunden hatte. Vor Wochen war er einmal hineingekommen und hatte gemerkt, daß jemand sich dort zu schaffen gemacht hatte, nicht schlimm, aber gerade so viel, daß er wußte, daß sie dagewesen war. Er war sicher, daß sie es gewesen war, obwohl sie keine direkten Beweise dafür hinterlassen hatte. Die Hütte machte den komischen Eindruck, als stimme irgend etwas nicht, aber dann merkte er, daß nur alles geordnet worden war. Das war eine Angewohnheit von Celestine, im Haus, wenn sie unruhig war. Seine Kaffeebüchsen mit dem Angelzubehör waren sorgfältig in Reih und Glied geschoben. Einer der Sandsäcke, die er benützte, um das Haus zu beschweren, damit es nicht umgeblasen würde, war da, wo der Sand herausrieselte, mit Klebeband geflickt. Er bewahrte das Klebeband immer in seiner Gerätekiste auf. Sie hatte es dorthin zurückgelegt. Russell bemerkte, daß eine Büchse Sterno aufgemacht, angezündet und dann zu den anderen zurück aufs Regal gestellt worden war. Sein kleiner Drahtkocher hing wieder an seinem Haken, und sein Wassertopf und die Kaffeekanne waren sauber, so wie er sie immer hinterließ. Trotzdem hatte er es nicht gern, wenn Celestine hierherkam. Er wußte, daß sie immer wieder kam, weil sie mit ihm reden wollte, aber er wollte ihr noch ein Weilchen länger aus dem Weg gehen.

Jetzt, seit das Schloß an der Tür hing, wußte er, daß sie nicht drinnen gewesen war, wenn auch draußen im Schnee vereinzelt ihre Fußspuren zu sehen waren.

Er nahm seinen Schlüssel heraus und ließ das Schloß aufschnappen, dann trat er in die milde grüne, nach Fisch riechende Luft. Heute kam es ihm drinnen sogar ohne Heizofen warm vor. Die Wärme hatte sich in den Teer-pappewänden festgesetzt. Mitten in der Hütte, schwarz im Mittelpunkt des Eisbodens, war das Loch, das er vor zwei Tagen aufgeschlagen hatte, noch immer offen. Er schöpfte den Matsch mit einer Kaffeebüchse heraus und kippte ihn neben die Tür. Dann spießte er einen Köder auf einen Haken mit einem langen baumelnden Blinker, der gehämmert und poliert war wie der Silberohrring einer Frau. Er stellte den Klappstuhl mit dem Maschen-geflecht auf, der immer an eine der Wände gelehnt stand, setzte sich hinein und begann zu angeln. Seine Augen hatten sich jetzt vollständig an das dämmrige Innere ge-wöhnt, und das graue Licht, das durch das kleine Fenster hereinfiel – er hatte es aus einem kaputten Hühnerstall requiriert –, erhellte die Bretterwände mit einem ruhigen und diffusen schwachen Lichtschein.

Sein Bein, das mit dem alten Rotationsbruch und den Granatsplitterwunden, das mit Draht verstärkte linke, schmerzte von dem Sturz beim Herabsteigen der Bö-schung. Er rieb sich den Oberschenkel langsam mit der einen Hand und hielt mit der anderen die Angelrute fest, die er zwischen den Latten seines Stuhls durchgesteckt hatte. Er behielt die Schnur im Auge, den rotweißen Schwimmer und dachte an nichts. Immer wenn Celestine ihm in den Sinn kam, schob er sie fort. Er war nicht mehr zu Hause gewesen und hatte auch nicht mehr mit ihr gesprochen, außer an jenem einen Tag, als er das Offensichtliche bemerkt hatte.

Damals im Juli hatte er gehört, daß ihr Freund weg war, aber Russell hatte es nicht eilig gehabt, aus dem Reservat zurückzukommen. Dann hatte er eines späten Abends ein Auto hinunter nach Argus erwischt und sich in sein Zimmer geschlichen, als Celestine schon schlief. Er hatte vorgehabt, sie mit dem Frühstück zu überraschen, aber sie war schon wach und auf den Beinen, als er aus seinem Zimmer in den engen Flur trat.

Er hatte etwas gemurmelt und an sich heruntergeschaut, weil er sich schämte, in einer schlabberigen langen Hemdhose ertappt zu werden. Aber Celestine hatte auch nichts an außer einem Unterrock, und er registrierte ihre gewölbte Silhouette.

Bevor sie ihn erkannte, schrie sie erschrocken auf, aber dann wurde sie rot, schaute nach unten und lächelte über ihre Neuigkeit.

«So wollte ich dir das eigentlich nicht mitteilen, aber du wirst bald Onkel.»

Russell ging ohne ein Wort an ihr vorbei und ins Badezimmer. Er verriegelte die Tür sorgfältig. Drinnen starrte er den bräunlich gefleckten Linoleumboden an, bis ihm plötzlich merkwürdig schwindlig wurde. Um seinen Kopf klarzumachen, schüttelte er sich am ganzen Leib wie ein Hund und wusch sich dann das Gesicht. Celestine hämmerte an die Tür.

«Du brauchst dich gar nicht so zu haben», sagte sie. «Ich bin verheiratet.»

«Das ist deine Sache», antwortete er. Das waren die letzten Worte, die sie gewechselt hatten.

Als er im Bad fertig war, ging er nach unten und durch-
suchte rasch die Kühlschrankfächer in der Hoffnung,
daß Celestine und der Vertreter nicht in die Küche kommen würden, bevor er sich ein Mittagessen zusammen-
gepackt hatte und gegangen war.

Auch als Mary ihm erzählte, daß Karl schon lange fort
sei, konnte er sich nicht dazu bringen heimzugehen. Irgend etwas hielt ihn davon ab.

Jetzt ruckte die Rute in seiner Hand, und es zog den
Schwimmer nach unten. Er nahm die Schnur zwischen die
Finger, wartete einige Sekunden und zog sie dann sachte
an, in der Hoffnung, daß sich der Haken fest im Maul des
Fisches eingraben würde. Die Schnur brannte an seinem
Daumen entlang. Er hatte es geschafft. Der Fisch mußte
groß sein, dachte er, vielleicht ein halb verhungerter
Northern-Hecht, den er ein wenig würde drillen müssen,
um ihn an Land zu bringen. Er holte Schnur ein, ließ sie
wieder aus und ermüdete ihn langsam, bis er ihn dann
hereinzog, gar nicht so groß, wie er erwartet hatte, als er
schließlich auftauchte, und so erschöpft, daß er im Netz
kaum mehr zappelte. Es war ein langer dünner Hecht mit
vielen Zähnen, in dunklem, vollem Grün gesprenkelt,
schön und grimmig kalt, und zu jung. Nachdem er den
Haken und die Schnur behutsam aus dem Maul losge-
macht hatte, sich dann die Hände naß gemacht und den
Fisch zurück unters Eis geschoben hatte, warf Russell die
Schnur von neuem aus und ließ sich wieder auf seinem
Stuhl nieder. Seine Körperwärme und das farblose Licht
hatten die Hütte erwärmt. Er ballte die Hände auf den
Knien, um seine Finger zu wärmen, und hoffte, daß er
denselben Fisch nicht noch einmal fangen würde. Wäh-
rend er dasaß und wartete, tauchte vor seinen Augen das
Bild von Celestine im Unterrock auf, im Schatten des
engen Flurs, voll und geschwungen wie ein Schiffsbug.
Diesmal ließ er sie bleiben.

Sie war da, als er das erste Ziehen in seiner Brust spürte.

Bald ging es in ein langsames Prickeln über, ein Nerv, der in seinem Arm kribbelte, und ein Gefühl satter Müdigkeit überall sonst. Es gab keinen Schmerz. Nur ein scharfes Bersten, als habe sich der Whiskey ausgedehnt, als habe er sein Gehirn überflutet. Er schaute überrascht um sich. Wie an dem Tag vor ein paar Wochen, als er hergekommen war und festgestellt hatte, daß sich jemand an seinen Sachen zu schaffen gemacht hatte, sah auch jetzt alles irgendwie verzerrt aus. Es schien jetzt, als sei selbst das Licht durcheinandergebracht worden. Es hing in flackernden Schichten. Dann barst der Schmerz durch. Er zog sich zusammen und dehnte sich aus wie eine große Stahlfeder, raus und rein, bis er plötzlich schrumpfte und zu einem schwarzen Knopf zusammenfiel.

An diesem Abend gegen fünf kam Celestine die Böschung herunter, fiel genau dort hin, wo Russell gestürzt war, stand aber sofort wieder auf und klaubte ihre Taschenlampe aus dem Schnee. Als sie ans Eis kam, wäre sie fast wieder umgekehrt. Die Dämmerung war fast da, und er hätte jetzt Licht gebraucht. In der Hütte war es dunkel. Doch dann sah sie im Spiel des Lichtstrahls ihrer Taschenlampe das offenhängende Schloß.

Sie ging über den verharschten Flußschnee und öffnete die Tür. Ihre Taschenlampe machte Russells zusammengesackte Gestalt auf dem Klappstuhl aus, und zuerst dachte sie lächerlicherweise, daß er eingeschlafen sei, die Angelrute zwischen die Hände geklammert. Dann merkte sie, daß die Schnur gerissen war. Sie ging hinein, legte ihm die Hand auf den Rücken und sagte seinen Namen. Als er schaudernd Atem schöpfte, legte sie den Arm um seine Brust, zog ihn aus dem Stuhl, und zerrte ihn hinüber zu den Sandsäcken und legte ihn hin. Einen Augenblick später öffnete er die Augen.

«Ich hole Hilfe», flüsterte sie. Ihre Stimme hallte in der Hütte wider, und dann lief alles um sie her im Zeitlupentempo ab, wie in einem Alptraum. Gegenstände versuchten sie zurückzuhalten, als sie zu laufen begann. Das Eis. Der Schnee. Das dichte Gestrüpp. Die Felder. Sogar die Luft. Es kam ihr wie Stunden vor, bis sie endlich ihr Auto erreichte.

Wallace Pfef

Ich war nie verheiratet, aber ich habe ein Mädchen, das von den Leuten in Argus als Pfefs «arme verstorbene Liebste» bezeichnet wird. Sie ist ein schmales graues Gesicht hinter Glas. Ihr Foto hält in seinem polierten Messingrahmen diskret Wache über mein Wohnzimmer. Meine Besucher erkundigen sich nach meiner Sammlung von Hummelfiguren, den Souvenir-Löffelchen auf dem Ständer, nach den eisigen Glocken, den Kristallglocken, die ich sammle. Aber nie fragen sie nach meiner armen verstorbenen Liebsten, obwohl sie vor ihrem Porträt verharren, während sie meine Sammelobjekte betrachten, wie um ihr stillen Respekt zu zollen.

Um die Wahrheit zu sagen: Ich kenne die Frau auf dem Bild gar nicht.

Ich habe sie vor vielen Jahren auf einer jener traurigen Farmauktionen in Minnesota erstanden. Sie steckte zwischen den leeren Einmachgläsern, Nadelkissen, Buttertellern und angeschlagenen Blumenvasen in einer Schachtel, die ich für fünf Dollar ersteigerte. Wer sie auch sein mag, inzwischen ist sie mit ihrem energischen Kinn, ihrem jungen verhärmten Mund und dem säuberlich gewellten Haar ein Teil der Stadtlegende. Ich habe kleine Dinge um sie herum erfunden, so wie sie mir eingefallen sind: die Krankheit, an der sie starb, war Enzephalitis. ➤

Ziemlich häufig damals, wenn man mit Pferden zu tun hatte. Sie versank in einer Trance, aus der sie nie wieder erwachte. Ihre Füße waren schlank und lang, passend zu ihrem Kinn, und sie war groß.

Wegen meiner armen verstorbenen Liebsten brauchte ich niemals zu heiraten. Wohl habe ich den Damen hier in der Gegend den Hof gemacht und mich als eine Art Ein-Mann-Dinner-Partner-Service den Arguser Witwen zur Verfügung gestellt. Ehemänner haben sogar Eifersucht durchblicken lassen angesichts meiner Aufmerksamkeiten ihren Frauen gegenüber. Aber die Leute haben schon lange aufgehört zu glauben, daß ich jemals dem Bild in meinem Wohnzimmer untreu werden würde.

«Sie hält ihn zu sehr gefangen. Er kann sie nicht vergessen», sagen sie.

Ich wohne in dem flachen baumlosen Tal, wo die Zuckerrüben wachsen. Hier herrscht kein gemäßigtes Klima, sondern eines der heftigen Extreme. Ich mag aber Gewitter und überhaupt jegliche Form von schlechtem Wetter. Denn dann habe ich einen Grund, um im Bett bleiben zu können, Krimis und Spionageromane zu lesen, gelegentlich ein wenig zu dösen und auf den Wind zu horchen, eine große Hand, die gegen mein Haus schlägt. Klapp! Klapp! Die Balken und die verdeckten Zapfen quietschen und beben. Ich habe es noch nie bereut, daß ich so weit außerhalb der Stadt gebaut habe, an der Straße, die aus Argus heraus nach Norden führt, obwohl sie selten von Leuten befahren wird, außer von denen, die es unbedingt müssen. Es ist wunderschön hier. Mein Ausblick geht auf einen nackten Horizont aus Grau- und Brauntönen. Ich habe damals als Ansporn für andere Eigenheimbauer hier gebaut, aber die einzigen Nachbarn, die ich habe, waren schon vor mir da. Celestine und ihr

Baby sind jetzt meine nächsten Nachbarn, nur die beiden, seit dem Schlaganfall ihres Bruders.

Aber um mich erst einmal vorzustellen:

Ich heiße Wallace Pfef. Mitglied der Industrie- und Handelskammer, der Zuckerrübenförderungsgemeinschaft, der *Optimists*, der *Knights of Columbus*, der Parkaufsichtsbehörde und anderer Organisationen, die aufzuzählen hier zu weit führen würde. Zusätzlich zu meiner Funktion als Stütze des Piano-Clubs B-moll und Betreiber des städtischen Schwimmbads bin ich derjenige, der die Rüben hier im Tal einführt, Rüben, die sich bisher noch überall als kapitaltragende Feldfrucht bewährt haben, Rüben, die den weißen Raffinadezucker zu etwas ebenso Amerikanischem machen werden wie Maiskolben.

Mein Vorhaben ist auf Widerstand gestoßen, und warum auch nicht? Die Agronomen schätzen die zyklische Regelmäßigkeit. Innovationen sind ihnen verdächtig, und es ist nun mal mein Geschäft, mich um den Wandel zu bemühen. Um sie zu umwerben, bin ich mit den landwirtschaftlichen Kooperativen gut Freund geworden und habe jeden Bauern in der Gegend persönlich aufgesucht. Ich habe Schlehen-Gin und Schnaps und namenlose Kellergebräue getrunken. In der Stadt bin ich Verbindungen beigetreten, noch und noch, denn ich weiß, daß die Macht bei den Bruderschaften liegt. Bei den *Eagles* und *Moose*, den *Kiwanis* und *Elks*. Ich muß mich absichern. Ich habe hundert Ohren geliehen bekommen, Hände geschüttelt, mit meinen Brüdern Geheimparolen ausgetauscht. Ich habe ihnen klargemacht, daß Rüben doch viel mehr sind als eine einfache Feldfrucht. Sie sind die vollkommene Ehe zwischen Natur und Technologie. Wie Rohöl muß auch die Rübe raffiniert werden, und das bedeutet Raffinerien. Und das heißt Industrie am Ort. Jeder profitiert davon.

Ich wurde während der Jahrestagung des Landwirtschaftsvereins 1952 in Minneapolis von der Rübe überzeugt. Viele der Teilnehmer rings um mich waren Vertreter, aber keiner war so gut wie Karl Adare.

Ich hatte es gar nicht gewußt und es wahrscheinlich
auch irgendwo tief in mir vergraben, aber mir kam die
Anziehung ebenso selbstverständlich vor wie das Ein-
und Ausatmen. Und so geschah es. Ich saß da, ich, ein
Mitglied der *Kiwanis*, aß mein Rippchen und ließ mich
von einem anderen Mann mit Leckerbissen von seiner
gebratenen Wachtel füttern. Der reine Wahnsinn. Aber
ich empfand Verwunderung, fühlte mich, als seien die
Wolken fortgeblasen und das Wesentliche endlich sichtbar. Ich war schwul.

Ich weiß auch gar nicht warum, außer vielleicht, daß
die Pfefs von jeher unzufrieden waren. Wir kamen aus
dem großartigen Ruhrtal herüber, vielleicht trugen wir
schon damals eine genetische Erinnerung an die weiße
Runkelrübe in uns. In Amerika zogen wir oft um, immer
mit der Klage auf den Lippen, daß irgendwas noch nicht
stimme. Am Ende lag es vielleicht an uns selbst, an den
Plänen meines Vaters, die immer danebengingen, und an
meinen Schwestern, die verschwenderische, alkohol-
süchtige Bauersfrauen wurden. Bis Minneapolis war ich
immer der Stabile, die Überraschung in der Familie.

Es war ein Schock für mich, als Karl auf das Bett
sprang und zu hüpfen anfing. Ich hatte nach einem Gesprächsthema von beiderseitigem Interesse gesucht und
wohl eine empfindliche Stelle getroffen, als ich nach seiner Schwester fragte. Das wunderte mich auch gar nicht
mehr, nachdem er mir ihren Namen gesagt hatte. Ich
kannte Mary aus der Volksschule. Sie war skrupellos. Ich
hatte gesehen, wie sie Sita Kozka langsam fertigmachte.
Mary zog an den Nerven von Leuten wie an Fäden aus
einer Decke, bis der ganze locker gewobene Stoff von

Sitas Gehirn aufgeribbelt war. Damals hatte sie schon so ein, zwei Nervenzusammenbrüche gehabt. Und gerissen war Mary noch dazu. Sie war bekannt dafür, daß sie mit vollen Händen nahm und behielt, so daß ich schon einiges ahnte, was Karl bisher entgangen war.

Aber während Karl auf- und abhüpfte und mit der Handfläche an die Decke klatschte, hatte ich dafür keinen Gedanken übrig. Ich befürchtete irgendeinen Schaden, am Bett, nicht an ihm. Ich befürchtete, daß er die Matratzenfedern kaputtmachen oder daß der Rahmen zusammenbrechen würde. Ich sehe es noch immer ganz deutlich vor mir, wie auf einem Schnappschuß: Karl in seinen engen schwarzen Hosen, angehockt, die Krawatte frei in der Luft wirbelnd, ein Scherenschnitt gegen die mit Preßblech verzierte Hoteldecke.

Dann schlug er auf.

Ich reagiere gut, wenn andere in der Patsche stecken, und geriet nicht in Panik. Er hatte sich den Rücken verletzt. *Völlig ruhigstellen*, dachte ich. Ich achtete darauf, daß das Richtige getan wurde. Als er im Streckverband eingegipst und vermutlich unter unvorstellbaren Schmerzen wieder zu sich kam, lächelte er verträumt mit zusammengebissenen Zähnen und rollte mit den Augen.

«Immer noch da», stellte er fest.

«Natürlich.»

Ich durfte ihn ja nicht anfassen, sondern ihn nur anschauen, und ich versuchte ihm auf diesem Wege alles zu vermitteln. Das war aber wohl ein Fehler. Er schien von meinem Mitgefühl abgestoßen. Dann trieben ihn die Medikamente wieder dorthin zurück, wo er gewesen war, und mir blieb nichts, als weiter neben ihm zu sitzen. Ich hielt Stunden bei ihm Wache. Es war Mitternacht, als ich endlich zurück in mein Zimmer ging. Und dann sorgte ich noch für eine saftige Telefonrechnung, weil ich ganz Minneapolis und Saint Paul nach einem Blumengeschäft

absuchte, das um diese späte Stunde noch Blumen aus-
fuhr.

Während der Tage, die auf den Unfall folgten, summte
Karl den ganzen Tag vor sich hin oder schaute an die
Decke und lebte ganz in seinen eigenen Gedanken und
war überhaupt nicht an mir oder seiner Umgebung im
Krankenhaus interessiert. Er sprach kaum mit mir; ich
dagegen schloß ein paar Freundschaften. Noch heute
korrespondiere ich mit der dortigen Morgenschwester.
Sie war der Meinung, Karl müsse seelisch labil sein, weil
er die Bettlägerigkeit so genoß.

«Adieu», sagte ich eines Morgens, als ich ins Krankenzimmer trat. Er hatte schon eine Woche lang ein Einzelzimmer und keinen Besuch außer mir. Ich hielt meinen
Hut in der Hand. Meinen leichten Mantel hatte ich über
den Arm gelegt. «Ich muß los», sagte ich. «In Argus wird
man sich schon fragen, was wohl aus mir geworden ist.»

Er sah gut aus, war bereits rasiert, hatte sich erfrischt
und das Haar gekämmt. Es wirkte, als hätte er sich den
Gipsverband nur zum Spaß angelegt.

«Bon voyage», sagte er und blätterte in irgendeiner
Zeitschrift die Seite um.

Ich ging hinaus, wütend auf mich, daß ich so ein Narr
gewesen war. Ich dachte, ich würde ihn nie wiedersehen.

Ich hatte mein halbfertiges Haus zu Ende zu bauen,
und ich wohnte im Untergeschoß, während am oberen
Teil gebaut wurde. Ich nahm mir Zeit dazu und machte
es richtig ordentlich. Es ging langsam, aber als man endlich darin wohnen konnte, war mein Heim vollkommen.
Die Wände waren richtig verputzt. Ich hatte ein abge-
dichtetes Panoramafenster, Einbauregale und Unter-
putzstrahler, um meine Sammelobjekte zur Geltung zu
bringen. Ich zog ein, noch bevor der Teppichboden gelegt war, bevor die Küchengeräte angeschlossen und die
Schränke geschmirgelt waren. Das erste, was ich hinein-

trug, war das Foto von meiner armen verstorbenen Liebsten, die noch jünger und ernster geworden war seit damals, als ich sie erstanden hatte. Ich stellte sie auf mein
Wohnzimmerregal. Von dort starrte sie hinaus in das
kahle weiße Zimmer, auf die grundierten Wände, den
mit Plastik zugedeckten Lehnstuhl und das Panoramafenster.

«Theoretisch», sagte ich zu ihr, «gehört dies alles dir.»
Ich prostete ihr mit einem Glas Gemüsesaft zu und
machte mich wieder an die Arbeit.

Ich verstehe es, zu meinem eigenen Schutz Dinge unter den Teppich zu kehren und zu vergessen. So vergaß
ich Karl die meiste Zeit über. Doch gab es Tage, wenn ich
etwa in den Laden seiner Schwester trat, um mir mein
Schnitzel oder Gulaschfleisch zu kaufen, da stellte ich
fest, daß er mir höchst ungemütlich auf der Zunge lag.
Ich hätte ihr am liebsten von ihm erzählt. Ich hätte gern
ihre Selbstgefälligkeit zerschlagen. Aber ich hatte Angst
vor ihrer harten Art, ihren kalten Augen und konnte ihre
unpersönliche Langmut nicht durchdringen, von der sie
glaubte, daß sie ihren Kunden zustehe. Ich ging nur weiter dorthin, weil Das Haus der Fleisch- und Wurstwaren
die frischesten Steaks in der Stadt hatte, und es war mir
lieber, wenn Celestine mich bediente. Trotz ihrer unver-
schämten Körpergröße und der Art und Weise, wie sie
mit in die Hüften gestemmten Fäusten dastand, wenn sie
ihre Kunden bediente, erinnerte sie sich immer von einer
Woche zur anderen an die Namen, die Probleme und die
Vorlieben und daran, was man beim vergangenen Mal
gekauft hatte. Sie fragte, wie mir ihr letzter hausgemach-
ter Sauerbraten geschmeckt hatte, oder warum ich keinen Hering mehr kaufte. Ich plauderte gern mit ihr. Nie
und nimmer hätte ich mir träumen lassen, wie alles aus-
gehen sollte.

Eines Frühlingabends in der Dämmerung war ich gerade aus dem Laden nach Hause gekommen, als der Anruf kam.

«Wie geht's in Argus?» sagte die Stimme.

Ich sagte, es gehe gut, obwohl die Bauern wie üblich Regen brauchten. Ich wartete darauf, daß die Stimme sich zu erkennen geben würde, obwohl ich vom ersten Wort an wußte, daß es Karl war.

«Ich bin jetzt in der Besteckbranche», erzählte er mir. «Eins a Qualität. Ich komme morgen früh durch Argus und dachte, ich wollte kurz Aufenthalt machen. Vielleicht bei dir vorbeischauen und bei Mary. Hast du ihr von mir erzählt?»

«Nein, nie», sagte ich. Ich war so schockiert, daß ich bei der Beschreibung des Wegs nach Argus stotterte und mich verschluckte. Und dann blieb ich die halbe Nacht auf, um das Haus zu putzen.

Er tauchte am nächsten Abend auf, sehr spät. Erleichtert und gleichzeitig enttäuscht hatte ich ihn schon aufgegeben und die Lampe auf der Veranda ausgeschaltet. Ich hatte meinen Schlafanzug angezogen, dazu eine gesteppte seidene Morgenjacke und Hausschuhe mit Trodeln. Als er klingelte, schaute ich aus dem Fenster im Obergeschoß. Ich wußte, daß das besser wäre, falls es doch ein anderer Besucher sein sollte.

Die dunkle Gestalt war nicht zu erkennen. Aber als ich ihn mit Licht überflutet hatte, war er es wirklich, stand da und blinzelte.

«He», sagte er schließlich, «wie schön, dich zu sehen. Soll ich hier draußen stehenbleiben, oder willst du mich hereinlassen?»

«Komm rein», sagte ich. Und er kam.

Ich weiß nicht, wie er zu meinem Haus gelangt war. Es gab keine Spur von einem Auto. Tage vergingen. Er schien keine festen Absichten zu haben, abgesehen von seinen

Messern, und sah mich nur mit seinen hellen kühlen Augen an, wenn ich fragte, bei welcher Firma er arbeitete. Es war mir im Grunde genommen auch egal. Es reichte, daß er da war, meine Kleider anzog und meine Handtücher benutzte, sich Toast machte und endlich meinem Bett einen Sinn gab. Früher hatte ich nie gewußt, was ich vom Leben eigentlich erwarten sollte, aber jetzt wußte ich es.

Was ich mir wünschte und was ich erwartete, das waren allerdings zwei verschiedene Paar Stiefel. Und so war ich auch nicht sehr überrascht, als er zwei Wochen später eines Nachmittags einfach fortging, ohne Nachricht, ohne Vorwarnung.

Ich dachte, er wäre vielleicht endlich Mary besuchen gegangen, aber als ich in ihrem Laden haltmachte, um die Zutaten für mein Abendessen zu kaufen, war dort nichts von ihm zu sehen. Ich fuhr mit meinen Vorbereitungen für das Abendessen fort. Er schien meinen Hackbraten zu mögen, der aus einer ungewöhnlichen Mischung von gehacktem Kalbfleisch, Schweinefleisch, Rindfleisch, Sahne und Petersilie bestand, mit Speck belegt war und bei niedriger Hitze im Backofen gegart wurde. Ich pürierte Kartoffeln, drückte Kürbis durch, schmolz etwas Käse für die Kartoffeln. Das sorgfältige Rühren und ständige Nachsehen half mir, die Zeit zu überbrücken. Außerdem war es auch jetzt in der Dämmerung noch sehr warm. Die Hitze schaffte mir Unbehagen. Auch das half mir, mich abzulenken, aber trotzdem wurde es später und später.

Schließlich deckte ich über alles Aluminiumfolie. Ich hatte eine große Glastür in der Küche und davor einen backsteingepflasterten Innenhof mit zwei Liegestühlen aus klotzigem Rotholz. Ich hatte hier eine Laube geplant, mit Weinranken, Flieder und Rosen. Ich holte mir eine leichte Häkeldecke, um es mir gemütlich zu machen, wickelte mich hinein, lehnte mich in den Liegestuhl zurück und ließ die Nacht über mich hereinbrechen. Mein eingesäter Rasen erstreckte sich zehn Meter nach Westen, dann fingen die Felder an. Zuckerrüben natürlich, eine niedrige Sorte mit dicken rauhen Blättern. Darüber hing der Mond, eine große Glocke in der Leere.

Was mich überraschte, was mir den größten Schock versetzte, war, *wo* er hinging.

Eine Woche verstrich, und es blieb nur eine trockene schwarze Ecke des Hackbratens zurück. Ich verfütterte sie an den Hund, einen mürrischen Streuner mit ramponiertem weißen Fell und einem Schwanz, der so geknickt und dünn war wie der einer Ratte. Er lebte an den Rändern meines Gartens, tauchte zwischen dem hohen Buschwerk und den Zuckerrüben auf und verschwand wieder auf der Jagd nach Wildkaninchen. Manchmal kam er bis zur Glastür, und ich spürte seinen dumpfen kalten Blick. Ich drehte mich gerade noch so rechtzeitig um, daß ich seine abgemagerten Hinterbacken herumfahren sah. Nachdem er gefressen hatte, was ich ihm draußen hingestellt hatte, verschwand er wieder.

Manchmal denke ich, der Hund war eine Art Kollaborateur, weil er einfach so auftauchte und mich schließlich zu dem Haus hinführte. Ich wäre nie selbst dort hingegangen, aber eines Abends um die Dämmerung war ich auf der Heimfahrt, als meine Scheinwerfer auf den Hund fielen, ein Stück vor mir, auf der Straße zum Haus der James'. Er trottete zur Seite, aber nur bis zum Straßenrand, und ich hatte Angst, daß ich ihn anfahren würde. Deshalb hielt ich kurz vorher an und versuchte ihn dazu zu bringen, ins Auto zu springen, aber natürlich konnte davon überhaupt keine Rede sein. Also fuhr ich hinter ihm her, im ersten Gang, geradewegs auf Celestines Haus zu. Der Hund lief die Lehmeinfahrt hinauf und verschwand hinter dem Haus. Ich war gespannt. Er tat so geheimnisvoll, daß ich dachte, er hätte vielleicht Junge.

Ich schaltete die Scheinwerfer aus, stieg aus und folgte ihm hinters Haus. Ich betrat widerrechtlich ein fremdes Grundstück. Russell hatte mir einmal von seinem Gewehr erzählt, das mit Vogelschrot geladen war und direkt über der Hintertür hing. Ich spürte in meiner Vorstellung das heiße Stechen des Schrots, als ich um den Springbrunnen herumkroch, direkt unter das Quadrat von gelbem Licht aus den rückwärtigen Fenstern. Ich hörte Stimmen. Zuerst war es nur ein Gemurmel, dann lautere Töne, schließlich Karl.

Als ich seine Stimme erkannte, setzte mein Verstand aus.

«Teufel auch, das ist mal gut», rief er von drinnen. Ich hörte Schritte knarren. Er kam zur Hintertür und warf eine Zigarette ins Gras. Ein dünnes Rauchfähnchen stieg davon auf, jenseits der Fliegengittertür, kräuselte sich langsam in der feuchten Luft. Karl kam die Stufen herunter, kauerte sich mit den Ellbogen auf den Knien hin und zündete sich die nächste Zigarette an. Ich hätte ihn mit der ausgestreckten Hand berühren können. Seine Gestalt war nur undeutlich auszumachen, aber ich sah, daß er nur Unterzeug anhatte, meins vermutlich, da ich ihm Verfügungsgewalt über meinen Kleiderschrank gegeben hatte.

Die Tür schlug zu. Es war Celestine. Sie stand auf der Treppe hinter ihm, monumental aus meiner Perspektive und nur mit einem weißen Büstenhalter und einem Halbunterrock bekleidet. Der dünne Stoff glänzte. Ihr Büstenhalter war steif und spitz. Sie streckte die Hand aus. Darin hielt sie eine kleine Schere. Sie setzte sich neben Karl und nahm seine Hand. Er klemmte die Zigarette zwischen die Zähne, als sie anfing, ihm die Nägel zu schneiden.

«Wozu die Maniküre?» fragte er.

«Du hast mich heut nacht gekratzt», antwortete sie.

Karl lachte plötzlich auf und kuschelte sein Gesicht an Celestines Schulter, unter ihr Haar.

«Vorsicht.» Sie zog die Schere zwischen ihnen heraus und legte sie auf die Stufe.

Ich konnte meinen Blick nicht von den scharfen Schneiden wenden.

«Komm wieder rein», sagte sie nach einer Weile zu Karl, «hier sind Mücken.»

«Die mögen keinen Rauch», sagte er und zündete sich eine neue Zigarette aus dem Päckchen auf der Treppe neben ihm an.

Es stimmte. Er trieb sie alle herüber zu meinem Versteck, fügte meinem tief verletzten Herzen auch noch diese Schmach zu. Zuerst dachte ich, ich könnte das schrille Schwirren ertragen. Es erfüllte meine Ohren und schwoll dann fürchterlich an, als weitere Mücken auf mich herunterflogen, eine richtige Wolke. Ein paar landeten auf mir, dann noch welche, und dann ging das Blutgelage los. Aus Angst, im hohen trockenen Unkraut zu rascheln, wagte ich nicht, sie zu verscheuchen.

«Wahrscheinlich hast du recht», sagte Celestine und setzte sich wieder neben ihn auf die Treppe.

«Nimm die», sagte Karl und gab ihr eine angezündete Zigarette. Noch mehr Mücken drehten vor ihrer Tabakwolke ab und fanden mich.

«Was ist das?» sagte Celestine.

«Was ist was?» sagte Karl und blies Ringe in die Luft.

«Sei still!»

Ich schnitt Grimassen und versuchte, so die Insekten abzuschütteln. Sie waren überall, saßen an meinen Augenlidern, meinen Schläfen, dick an meinem Hals, saugten an meinem Kreuz.

«He... nicht...» sagte Celestine und schüttelte seine Hand ab. «Da draußen ist was. Ich hör es doch.»

Voller Haß auf die beiden zwinkerte ich jämmerlich

und knirschte mit den Zähnen. Karls Hand war immer noch nicht sichtbar. Celestine klatschte auf die Stelle unter ihrem Unterrock, wo sie sich befinden mußte.

Ich schlug mir unwillkürlich ins Gesicht, als sie das tat.

«Hörst du?» Sie stand auf. «Wie ein Echo.»

«Na komm schon», sagte Karl. «Du ziehst die Mücken an.» Er zündete noch einmal eine Zigarette an und gab sie ihr in die Hand. Sie setzte sich. Ich stand Höllenqualen aus und war mir ihrer Gegenwart kaum mehr bewußt, ganz mit meiner eigenen Not beschäftigt, als der Hund am anderen Ende des Gartens am Gebüsch vorbeistrich.

«He», sagte Celestine, «da drüben ist wieder der Hund.»

Sie trat von der Treppe herunter und ging durch das Gras, wobei sie leise rief, in der Absicht, den Hund herbeizulocken. In vollendeter Gleichzeitigkeit mit Celestine erhob auch ich mich und schritt durch das Unkraut und aus dem Garten hinaus, vorbei an Karl, dessen Gesicht starr vor Schreck wurde, als ich erschien.

Das Land war weit, der Himmel war ein Trost. Der Blick aus meinem Fenster war meine einzige Zuflucht. In jenen ersten Wochen verging die Zeit langsam oder überhaupt nicht. Die Tage wiederholten sich, in so vieler Hinsicht gleich, aber dann gab es auch kleine Unterschiede, die mich retteten. Die Hündin kam eines Tages zurück, mager wie zuvor, und ich fütterte sie mit einer Dose Räucherlachs. Sie bewegte sich jetzt mit weniger Argwohn in meiner Nähe, und als ich eines Tages dabei war, einen Silberahorn zu pflanzen, von dem ich hoffte, daß er anwachsen würde, und ihn mit Mulche umgab, kam sie her und legte ihren Kopf an mein Bein. Sie ließ sich sogar von mir tätscheln. Sie hatte ein trockenes, silbriges Fell, überraschend sauber, und als ich sie anfaßte, spürte ich ganz plötzlich meine gesamte Traurigkeit ausbrechen. Ich legte meinen Kopf an ihren Hals. Sie roch nach Gras, Staub, Regen und darunter ganz schwach nach Stinktier. Sie hatte in ihrem Hundeleben höchstwahrscheinlich viel Schlimmeres erfahren als ich. Doch sie blieb ruhig stehen und lief nicht fort.

Monate nach dem, was ich in Celestines Garten gesehen hatte, hörte ich, daß sie schwanger war und keiner wisse, wer der Vater sei. Natürlich gab es Mutmaßungen, höchstwahrscheinlich ein Kunde, sagten sie, oder jemand, der in der Nähe wohnte, wie ich. Keiner außer mir schien zu wissen, daß Karl bei ihr gewesen war.

Manchmal sah ich Celestine aus der Ferne. Es war schwer, ihr aus dem Weg zu gehen, da sie auf dem Weg zur Arbeit immer an meinem Haus vorbeifuhr. Ich sah nur ihr Gesicht von der Seite, ein herbes Profil, das in meiner Erinnerung, wenn sie vorbei war, schmaler und schärfer wurde. Nur ein einziges Mal standen wir uns direkt gegenüber. Es war in der Stadt, nicht lange vor Weihnachten. Sie war groß, in kariertem Wollstoff gehüllt und so umfangreich, daß es aussah, als wolle ihr Baby jeden Tag auf die Welt kommen.

Nach Weihnachten wurde der Winter unangenehm, und der Luftdruck sank, bis sich im Januar dann ein Blizzard zusammenbraute. Ich hatte mich gemütlich hingelegt, döste und las und machte mir in meinem Kalender Notizen. Ich merkte, wie der Wind stärker wurde, harter Schneeregen gegen mein Haus klatschte, und zog die Decken fester um mich. Die Hündin schlief jetzt am Fußende meines Bettes, was ein Glück war, denn wenn ihr Jaulen und ihr unruhiges Gebell nicht gewesen wäre, wer weiß, was dann aus Celestine geworden wäre, die eine kurze Atempause im stärker werdenden Sturm ausnutzen wollte, um sich auf den Weg ins Krankenhaus zu machen.

Sie hatte Wehen, schon richtige Wehen, aber die Windstille war trügerisch. Der Schnee wirbelte trotzdem weiter, und ihr Buick fuhr in eine Schneeverwehung. Mein Eingangslicht war durch das Schneegestöber gerade noch erkennbar, und sie hielt auf mein Haus zu. Die Felder ringsumher waren vom schneidenden Wind fast kahlgeblasen, und das war ein Glück. Das Baby wäre womöglich dort auf dem Feld zur Welt gekommen, wenn es seiner Mutter nicht so leichtgefallen wäre, auf der dünnen gefrorenen Eiskruste zu gehen. Erst an meinem Gartenzaun geriet Celestine in tiefe Schneeverwehungen. Sie sagt, sie hätte sich direkt unter meinem Fenster halb die Lunge aus dem Leib geschrien um Hilfe. Aber man stelle sich einmal vor: Das Getöse war so laut, daß ich sie nicht hörte, oder ihre Schreie für den Wind hielt. Seit damals gehe ich während Blizzards in regelmäßigen Abständen ans Fenster, schaue nach allen Seiten hinaus und horche aufmerksam. Celestine und ihr Baby hätten unter meinem Fenster umkommen können, während ich drinnen Geschichten las. Am Morgen hätte ich Mutter und Kind vielleicht dicht an meinen roten Schneezaun geschmiegt vorgefunden, wie die dummen Fasanen, die ich manchmal dort finde, vom Schnee angetrieben, mit einem so warmen und leuchtenden Glanz auf ihrem Gefieder, daß es scheint, als könnten sie unmöglich erfroren sein, als müßten die brennenden Farben sie warm halten.

Aber die Hündin machte mich aufmerksam, sie lief hin und her und schnappte in die Luft, und nach einiger Zeit ging ich, nur um mal nachzusehen, was los sei, zur Tür. Selbst da sah ich Celestine noch nicht, bloß Schnee. Fast hätte ich die Tür schon wieder vor dem Wind zugeschlagen, da quälte sie sich vorwärts, ich fing sie auf, und wir stolperten durch die Tür in mein Wohnzimmer, so daß das Regal mit den Glasglöckchen klingelte. Fix und fertig mit

neuem Teppichboden, einem weichen blauen Plüschläu-
fer darauf und eierschalenfarben gestrichenen Wänden,
war das Zimmer mein ganzer Stolz und meine Freude.
Meine marineblaue Veloursamt-Couch war gerade angekommen und noch in Plastik verpackt. Celestine kam
wieder ins Gleichgewicht und stand aufrecht da, riesig in
ihrem karierten Mantel und der Farmerhose. Sie entschied sich sofort für die Couch. Ein wattierter Baum-
wollschlafsack war um ihren Bauch gebunden. Bis sie
sich hinlegte, ihn aufschnürte und wie ein Nest öffnete,
war mir ganz entfallen, daß sie schwanger war. Dann sah
ich ihren Bauch, vom geblümten Stoff eines Morgen-
rocks bedeckt, wie einen Hügel aufragen.

«Zieh mir die Schneehose aus», befahl sie mir.

Dann schloß sie die Augen und gab ein leises, schnelles, keuchendes Geräusch von sich, wie Rohrdommeln
im Park, wenn sie vom Teich auffliegen. Erst nachdem
der Ausdruck von Konzentration aus ihrem Gesicht ge-
wichen war und sie die Augen wieder öffnete, so tief ver-
ausgabt, daß sie die Farbe verloren zu haben schienen,
sah ich, daß sie Schmerzen hatte.

«Sie kommen schnell», sagte sie. «Schon wieder eine.»
Dann machte sie wieder ihre Laute. Als sie diesmal damit
anfing, zog ich meine nassen Pantoffeln aus und lief nach
oben, um dicke trockene Wollsocken für uns beide zu
holen. Ich kam wieder herunter und sah, daß ihre Augen
geschlossen waren. Ihr Gesicht war grau, eine Maske der
Versunkenheit. Sie hatte sich inzwischen selbst die Hose
ausgezogen und lag jetzt mit nichts als ihrem Morgenrock bekleidet da.

«Hol Laken», sagte sie vor der nächsten Wehe.

Ich lief aus dem Zimmer und holte saubere Handtücher, Eisbeutel, einen Erste-Hilfe-Kasten. Ich nahm ein
paar nagelneue Laken aus ihrer Verpackung und brachte
alles zu ihr und legte es neben die Couch. Sie nickte kurz.

Ermutigt fuhr ich fort, Sachen zusammenzutragen. Ich kochte Wasser, sterilisierte meine beste Schere. Ich machte in einem Wäschekorb ein Bettchen für das Baby. Ich wärmte Waschlappen und wrang heiße Handtücher aus, um Celestine die Stirn abzuwischen. Währenddessen war sie die ganze Zeit an der Arbeit, spannte sich an und schaukelte vor und zurück, manchmal im Knien neben der Couch, manchmal darauf. Der Wind war fürchterlich und blies so heftig, daß die Holzbretter klapperten. Das elektrische Licht ging noch, aber die Telefonleitung war unterbrochen.

Ich angelte gerade einen heißen Waschlappen aus einem Topf, als Celestine laut aufschrie.

«Mein Gott! Mein Gott! Mein Gott!»

Dreimal, wie jemand in Liebesqualen oder jemand, der seinen Geist aufgibt. Ich lief ins Wohnzimmer und hielt mich an Celestines Ellbogen fest.

«Ich habe den Kopf gespürt!» keuchte sie. «Nur eine Sekunde. Jetzt ist er wieder weg.»

An dem Augenblick war etwas, das mich ganz ruhig werden ließ. Vielleicht die Verwunderung in ihrem Gesicht, die so ähnlich, wenn auch viel stärker war, als die Überraschung in Karls Gesicht, damals im Hotelzimmer, als er sich plötzlich auf dem Boden wiederfand. In ihrem Gesichtsausdruck lag auch etwas, das mir Kraft gab. Ich kniete mich ans andere Ende der Couch und hielt ihr die Beine.

Sie schloß die Augen, und an Stelle des keuchenden Geräusches gab sie jetzt eine Art leises Winseln von sich. Für mich klang es nicht so sehr nach Schmerzen als vielmehr nach Anstrengung. Sie brüllte, als der Kopf kam. Dann preßte sie wieder nach unten und hielt mit dem Pressen lange durch. Das Geräusch, das sie jetzt von sich gab, war tiefer, ein Geräusch ungeheurer Erleichterung, und das Baby glitt mir in die Hände.

Lehmblau, benommen, aber schon jetzt mit weit offenen Augen kam es erschreckend lebendig und vollständig heraus. Voll da. Ich kam gar nicht auf die Idee, ihm einen Klaps zu geben, weil es so vollendet aussah, so eindrucksvoll. Es holte sofort Luft und lief rosa an, was sich zu einem Rot vertiefte, noch während ich es Celestine gab, mit einer Wäscheklammer die Nabelschnur abklemmte und sie durchschnitt.

Später am Abend, als es mir endlich gelungen war, telefonische Verbindung zu bekommen und wir auf den Rettungsjeep warteten, der nicht vor Morgen eintreffen würde, hielt Celestine mir das Baby hin.

«Nimm es mal», sagte sie, «und hör zu. Ich muß es nach dir nennen.»

Verwirrt nahm ich das Baby zu mir. Es hatte sich in einen tiefen hypnotischen Schlaf zurückgezogen, aber sein winziges ruhiges Gesicht schien voll von eigensinniger Zielstrebigkeit. Ich vertiefte mich in die Form seines breiten Mundes, des spitzen und winzigen Kinns. Ich war völlig von ihm hingerissen und tief und blind beglückt von dem unverhofften Gedanken, daß es meinen Namen tragen würde.

«Was ist dein zweiter Name?» fragte Celestine.

Ich sagte ihn ihr, aber er ist noch schlimmer als Wallace. Horst.

«Gib es mir wieder», sagte Celestine. «Ich muß nachdenken.»

Als die Schneepflüge am nächsten Morgen durchkamen, wurde ein Krankenwagen geschickt, um Celestine und das Baby ins Saint Adalbert's Hospital zu bringen. Ich fuhr mit, half ihnen, die Formulare auszufüllen und sich in ihrem Zimmer auf der leeren Entbindungsstation einzurichten. Dann fuhr ich nach Hause, aß ein Sandwich und setzte mich im Wohnzimmer hin. Die Hündin ließ sich auf dem Sessel mir gegenüber nieder und döste auf die zufriedene Art vor sich hin, die sie sich angewöhnt hatte. Ich wollte die tiefe Bedeutsamkeit von allem, was geschehen war, nicht abschwächen, deshalb schaltete ich weder den Fernsehapparat an noch nahm ich ein Buch zur Hand oder zerstreute mich auf irgendeine andere Weise.

Das Telefon weckte mich. Ich stolperte zu der Nische, in der ich es aufgestellt hatte, und hob den Hörer ans Ohr. Durch den knisternden eisbedeckten Draht kam das Geräusch von Celestines Stimme und danach eine trockene Pause.

«Wallacette», war alles, was sie sagte.

Doch Wallacette Darlene war nicht dazu bestimmt, lange meine Namensschwester zu bleiben. Schon von Anfang an hatte Mary einen Kosenamen für sie: Dot. Als wir das Baby zur Taufe nach Sankt Katharina trugen, nannte Celestine sie auch schon Dot. Ich sagte nichts. Aber für mich würde das Kind immer Wallacette bleiben. Als ihr Taufpate war ich froh, für die Kirchenbücher ihren vollen Namen angeben zu dürfen, dann das Datum ihrer Geburt. Doch als die Namen ihrer Eltern dran waren, hielt ich inne. Ich mußte mich erst sammeln, bevor ich sie ohne Beben in der Stimme aussprechen konnte.

Kurz nachdem Wallacette geboren worden war, hatte Celestine Karl in Rapid City in South Dakota geheiratet. Ich hatte Einzelheiten über ihre Busreise ausgekundschaftet und stellte fest, daß sie dort in einem Hotel übernachtet hatte. Flitterwochen? Ich hatte nie gewagt, mich das zu fragen. Ebensowenig hatte ich sie gefragt, ob er wiederkommen würde. Ihr Bild würde bald in der Hochzeitsspalte des *Sentinel* erscheinen, und für den Augenblick schien das das ganze Ausmaß ihrer Verbindung zu sein.

Die Taufkapelle befand sich hinten in der Kirche, in der Nähe der Türen und der undichten Buntglasfenster, was heißen will, daß es dort feucht und schrecklich kalt war.

«Wir brauchen nicht die Mäntel auszuziehen», sagte der Pater, als er mit den Taufgeräten hereinkam. «Wickeln Sie auch den Täufling nicht aus. Wir wollen doch nicht, daß unser kleines Mädchen sich erkältet.» Er lächelte und nahm den Deckel vom Taufbecken. Mit einem leichten Fingertippen brach er die dünne Eisschicht, die sich an der Wasseroberfläche gebildet hatte.

«Sagen Sie mal», sagte Mary, «Sie können doch einem Baby kein eiskaltes Wasser auf den Kopf schütten!» Sie starrte dem Priester kampflustig in die Augen.

«Aber natürlich nicht.» Der Priester nahm einen kleinen gläsernen Krug mit Wasser aus der Brusttasche seiner Soutane. «Wir werden ein wenig hiervon benutzen. Es ist geweiht. Dann wischen wir ihr gleich die Stirn ab und decken sie wieder zu.»

Mary nickte zufrieden, und die Befragung begann. Der Priester hielt das Babybündel auf den Armen und fragte es, was es von der Kirche Gottes erwarte. Mary und ich hatten die Antwort des Babys auswendig gelernt.

«Den Glauben», sagten wir.

«Und was wird der Glaube dir bringen?» fragte der Priester.

«Das ewige Leben.»

Dann betete er und legte dem Baby die Stola auf. Alle gemeinsam sagten wir das Apostolische Glaubensbekenntnis und das Vaterunser auf. Der Priester bewegte Wallacette ein wenig in seinen Armen. Sie erwachte und schaute uns unter ihrer kleinen grünen Wollmütze unverwandt an.

«Wallacette Darlene», fragte der Priester, «schwörst du dem Satan ab?»

«Ich schwöre ihm ab», wiederholten Mary und ich. Unsere Stimmen hallten wider, laut und feierlich. Unsere Antworten sammelten sich in der kalten Luft und füllten die Kirchennischen zur Gänze aus. Ich sah unwillkürlich Karl vor mir, seinen dünnen schwarzen Bleistiftbart, seine Wendigkeit, die Ströme seines blauen Rauchs.

«Und allen seinen Werken?» fragte der Priester.

«Ich schwöre ihnen ab.» Meine Stimme wurde lauter. Ich spürte, wie Mary mich verärgert ansah.

«Und all seiner leeren Pracht?»

«Ich schwöre ihr ab.»

Diesmal sprach Mary lauter als ich. Meine Stimme war kaum ein Flüstern, und dann Stille. Celestine streckte die Arme aus und lüftete das wollene Babyjäckchen für die Finger des Priesters. Er tauchte sie in heiliges Öl und machte ein Kreuzzeichen auf Wallacettes Brust und zwischen ihre Schulterblätter. Er fragte sie, was sie glaube, und wir antworteten. Und dann, weil Celestine auf diesem Teil bestanden hatte, übergab der Priester mir Wallacette. Ich nahm sie in die Arme.

«Wallacette Darlene», fragte er, «willst du getauft werden?»

Ich antwortete, daß sie es wolle.

Als der Priester ihr das erste kleine Wasserkreuz auf den Kopf goß, sah Wallacette verwundert aus. Dann kamen die nächsten Tropfen. Wut verzerrte ihr Gesicht. Sie riß den Mund auf, als der Priester mit dem weißen Tuch der Reinheit darüberfuhr, und dann sammelte sie sich zu einem langen Schrei, als er die Kerzen anzündete, die Mary hielt.

Er sprach ein weiteres Gebet. Mary blies die Kerzen aus. Wallacette brüllte weiter und weiter, als wolle sie nie mehr aufhören.

Celestines Nacht

Im ersten Sommer nahm Celestine ihr Baby mit zur Arbeit, und den ganzen Tag schlief das Kind, saugte an seinen Fingern oder wachte auf, um Celestine aus einem alten, mit Decken ausgepolsterten Einkaufswagen heraus zu beobachten. Manchmal drehte Celestine sich um und begegnete dem direkten Blick ihrer Tochter, der so durchdringend war, daß Celestine der Atem stockte. Sie ließ das Gewürz, die Schnur, das Messer, das sie gerade in der Hand hatte, fallen und nahm das Mädchen in die Arme, in der Erwartung, es würde zu sprechen beginnen, als sei plötzlich ein Zauberbann aufgehoben.

Wenn das Baby den ganzen Körper anspannte und sich losstrampeln wollte, legte Celestine es wieder hin. Egal wie tief Celestines Erschöpfung war, egal wie wenig Schlaf sie bekommen hatte, ein Nerv von Erregung lief durch jede Stunde. Gewohnte Gegenstände und Ereignisse kamen ihr eine Spur fremd vor, als begegne sie ihnen in der Klarheit eines deutlichen Traumes. Es war Dots Gegenwart, ihre schwere Süße, die Milch von Celestines eigenem Körper in ihrem Atem, der weiche Duft ihres Haares, die wunderbare Fülle von rosa und lavendelfarbener Haut, was den Zuschnitt von Celestines alltäglicher Welt veränderte.

Manchmal, wenn sie das Baby beobachtete, während es schlief, oder in der Dunkelheit die Hand nach ihm ausstreckte, war es Leidenschaft, was Celestine verspürte, sogar stärker als bei Karl. Sie stahl sich Zeit, um mit Dot zusammenzusein, als seien sie Liebende. Bei Tage waren es halbe Stunden des Stillens im Hinterzimmer des Ladens, manchmal noch mit dem rohen Geruch des Bluts an den Händen. Abends hatte Celestine das Baby zu Hause ganz für sich. Während sie ihre Liebesromane las, telefonierte, kochte oder nur dasaß, schlief Dot in einem Wäschekorb in der Nähe und atmete dann und wann tief.

In jenen Tagen und Nächten war Celestines Seele überflutet, grün wie Jade. Ihre Liebe zu dem Baby hing in klaren, wehenden Schichten um sie.

Eines Nachts schlief Dot über ihre Stillzeit hinaus, und Celestine wachte im Zwielicht der Dämmerung mit vollen Brüsten auf. Das Baby klammerte sich an sie wie ein Faultier, schwer vor Schlaf, schnappte hungrig zu, ohne aufzuwachen. Es saugte die Milch stumm, in einem langen Zug in sich hinein. Und da bemerkte Celestine, daß eine winzige Spinne im feinen mondhellen Haarflaum ihres Babys ihr Netz spann.

Es war ein zierliches Tierchen, nahezu durchsichtig, mit langen, hauchdünnen Beinen. Es bewegte sich so schnell, daß es zu vibrieren schien, während es unsichtbare Fäden auswarf und sie wieder fing und damit sein eigenes dehnbares Seil spann. Celestine sah zu, wie es begann. Ein Netz bildete sich, ein kompliziertes Haus, das zu zerstören Celestine nicht übers Herz bringen konnte.

Dritter Teil

Mary Adare

Nachdem Dot geboren war, fiel drei harte Winter lang so viel Schnee, daß es die hungernden Rehe von den Feldern zu meinen Viehställen zog und sie hineinsprangen. Die Laderampe hinauf ließen sie sich nicht treiben, und der einzige andere Weg nach draußen war die Schlachtrutsche. Aber sie taugten nichts, hatten die Lungen voller Würmer, und die Rippen konnte man einzeln zählen; sogar das Fell war dünn wie Papier. Meine Obstbäume litten. Der Schnee reichte so hoch, daß Hasen die Stämme und oberen Äste anknabberten und sie vollständig abschälten, so daß sogar noch der Frühling, wo sich die neuen Knospen hätten zeigen sollen, eine Zeit des Todes war. In meinem Wäldchen stieß ich auf weitere vor Schwäche zusammengebrochene Rehe, und die Flußufer stanken nach verwesten Karpfen. Ein alter Mann, der schon jahrelang allein lebte, wurde tot aufgefunden. Er lag in einer großen Schneewehe zusammengekrümmt unter seiner Wäscheleine, die Arme voller Handtücher.

Wie um dieses traurige Werk wiedergutzumachen, wurde dann das Wetter mild, und wir bekamen einen Schwall von trübseligem Januarregen. Während dieser Zeit, im fünften Jahr nach ihrer Geburt im Winter, begann ich mir Gedanken darüber zu machen, wie ich es eigentlich geschafft hatte, mich von Dot so fernzuhalten.

Zuerst war es wegen des Namens. Wenn überhaupt nach jemandem, dann hätte Celestine sie nach mir benennen sollen. Ich konnte den Namen Wallacette nicht ausstehen, und ich wußte, daß er dem Mädchen sein ganzes Leben lang nur Schwierigkeiten machen würde. Deshalb dachte ich mir eine Abkürzung für Darlene aus. Und das war Dot. Eine einzige runde Silbe, so viel einfacher auszusprechen.

Natürlich gab Celestine niemals zu, wie schlimm Dots richtiger Name war. Als ich ihr sagte, daß der Name Wallacette schrecklich sei, zuckte sie nur die Achseln, schaute aus ihrer Höhe auf mich herunter und meinte, er habe etwas Vornehmes. Weil Dot kriegen und ihr diesen Namen geben das erste war, womit Celestine jemals aus der Reihe getanzt war, stellte sie die Stacheln auf. Sie wollte einfach keine andere Meinung gelten lassen, nicht was den Namen anging, und auch nicht in anderen Dingen. Füttern, Anziehen und Bäuerchen machen fielen in ihren Zuständigkeitsbereich. Sie war die einzige, die die Windeln wechselte, das Kind badete, die kleinen weichen Nägel schnitt und sogar das Kind ins Auto trug und wieder ins Haus. Ich mußte danebenstehen und zusehen, wie sie all das machte. Ich mußte warten und den rechten Augenblick abpassen, und ich schaffte es auch, obwohl es ein Kampf war, denn jedesmal, wenn ich das Baby ansah, durchfuhr mich eine heftige Erschütterung. Zwischen Dot und mir bestand eine Gemütsverwandtschaft, da war ich ganz sicher. Ich verstand Dinge an dem Baby, die seine Mutter einfach nicht akzeptieren konnte.

Zum Beispiel, daß es nie dazu geschaffen war, ein Baby zu sein.

Dot war bezüglich des Babydaseins genauso ungeduldig wie ich. Sie versuchte sofort, herauszuwachsen. Celestine merkte das überhaupt nicht, weil sie und sie allein Vergnügen an Dots hilfloser Weichheit hatte.

Allein Celestine war über die stürmische Entwicklung ihrer Tochter traurig. Tag für Tag wurde Dot stärker. In ihrem Einkaufswagen übte sie bis zur Erschöpfung, sie hopste stundenlang herum, um ihre Beinmuskulatur zu entwickeln. Sie haßte es, auf dem Rücken zu liegen, und wenn sie so hingelegt wurde, drehte sie sich sofort um und nahm eine Ringer-Hockstellung ein. Der Schlaf, dem sie Widerstand leistete, kam nicht sanft über sie, sondern fällte sie in merkwürdigen Stellungen. Über die Seite des Wagens hängend oder in eine Ecke geklemmt, schien sie im Kampf gefallen zu sein. Doch es war nur eine vorübergehende Kapitulation. Sie wachte auf, forderte Nahrung, und wenn sie freigelassen wurde, krabbelte sie wie aus der Pistole geschossen los und gelangte überraschend schnell innerhalb von Sekunden von einem Ende des Zimmers zum anderen.

Celestine blies Trübsal, als ihr Baby sich nicht mehr stillen lassen wollte. Ich dagegen war insgeheim froh. Ein weiterer Schritt zur Unabhängigkeit. Dot bekam Zähne. Sie kamen alle gleichzeitig durch, winzige flache Knospen mit einer breiten gierigen Lücke zwischen den beiden oberen Schneidezähnen. Sie grinste, bog sich, stand wie ein Baum und mußte bald in einer ungefährlichen Ecke angebunden werden, während wir arbeiteten, weil wir Angst hatten, daß sie die Messer herunterziehen oder in die Maschinen geraten könnte. Doch sie bekam ihre Knoten auf und stolperte wild entschlossen auf die Gefahr zu, auf die kochendheißen Behälter oder die Tiefkühlschränke. Das *Haus der Fleisch- und Wurstwaren* wie ich es aus *Kozkas Fleisch- und Wurstwaren* umbenannt hatte, war kein Ort für ein Kind. Ich hatte Angst, daß eine Speckseite auf sie herunterfallen und sie erschlagen würde, daß sie in die Viehställe krabbeln oder unter die Hufe einer schwerfälligen Kuh geraten würde. Doch im Gegensatz zu ihrem Vater, der das Unheil immer angezogen hatte, jagte Dot es in die Flucht. Herunterfallende Konservendosen schlugen hinter ihr auf, und ohne zu schauen lief sie über offene Abfluß- rinnen hinweg.

Inzwischen denke ich, daß sie das Unglück vielleicht mit ihrem großen Stimmvolumen verschreckte. Nach- dem sie einmal entdeckt hatte, was sie da besaß, wurde sie ein Tyrann, ein Kind, das ständig forderte und un- möglich zufriedenzustellen war. Im tiefsten Innern merkten wir mit fortschreitender Zeit, daß wir ein egoi- stisches Mädchen produzierten, dessen erstes verständ- liches Wort MEHR war. Sie war gierig und wurde dick, weil wir so viel Mitgefühl mit ihr hatten. Wir hatten als Kinder gehungert und konnten ihr keinen Bissen verwei- gern. Celestine versuchte, sie zu disziplinieren, ihr das Wort *bitte* beizubringen. Aber sie konnte Dot nicht bei- bringen, *wie* sie es sagen sollte. «MEHR BIDDE», knurrte Dot, mit Augen hart wie Knöpfe.

Wir gaben die Macht aus der Hand. Sie suckelte Milch, brüllte, warf ihre Flasche vor Wut auf den Boden, biß Celestine, riß sich die Plastikspangen aus dem Haar und das Haar gleich dazu, mitsamt den Wurzeln. Dann hielt sie uns das Büschel in der Hand hin. Es schien, als ob ihre Schmerzen ihr gar nichts ausmachten, denn unsere wa- ren immer schlimmer. Wir machten mehr Theater wegen der kahlen Stellen, den aufgeschlagenen Knien, den lila Beulen auf ihrer Stirn als sie selbst. Wir beherrschten es meisterhaft, durch sie zu leben, durch sie unsere Kind- heit noch einmal zu erleben.

Als Celestine Dot erlaubte, in die erste Klasse einzu- treten, war sie so groß wie die meisten doppelt so alten Kinder und stark und verwöhnt dazu. Ihre kurzge- schnittenen Locken waren von einem dunklen, klaren Rot, und ihr Gesicht war kantig und grüblerisch. Ich er- kannte meinen Bruder in Dots Flunsch, in den tiefliegenden Augen und in den Augenbrauen, die so gerade und fein waren, daß sie wie mit einem braunen Stift und einem Lineal aufgemalt schienen. Sie hatte die Haare meiner Mutter. Ansonsten ähnelte sie eindeutig mir. Blaß, breit und stämmig. Ich glaube nicht, daß ich mir das einbilde, obwohl Celestine sich das eine Mal, als ich sie darauf hinwies, in ihrer steifen weißen Schürze empört aufblies und sagte: «Du bist ihre Tante, und das ist alles. Ich bin ihre *Mutter*», und damit definierte sie die Nebenrolle, von der sie glaubte, daß ich sie annehmen würde. Das hieß, Spenderin von Geburtstagsgeschenken, immer einen Rock oder eine Bluse. Beiwohnerin von Schulfeiern, Wettspielen und Theaterstücken. Babysitterin, falls es wirklich einmal hart auf hart käme, und ganz eindeutig kein Mensch, dem man ähnlich sein durfte. Nicht äußerlich und nicht im Wesen. Vor allem nicht im Wesen.

Aber da war Celestine einfach auf dem Holzweg. Ich erkannte mich in Dots verbohrtem Kopf und ihren geballten Fäusten. Und ich verwöhnte das Kind fürstlich, da bin ich die erste, die das zugibt.

Am ersten Schultag ging ich mit. Dot hatte die Vorschule übersprungen, deshalb kannten die anderen Kinder einander alle schon. Sie ging mit ihrer Mutter ins Klassenzimmer, während ich, in der Tantenrolle, zuschaute. Ich stand vor dem Klassenzimmer voller sanftmütiger Kinder. Ich sah die Klebstofftöpfe, die Schachtel mit den stumpfen Scheren, die Stapel von buntem Papier, die kleinen, stabilen Stühle. Ich roch den trockenen säuerlichen Schulgeruch, den Kreidestaub und das Bohnerwachs, das rosa Pulver, das der Hausmeister auf die Toilettenböden streute. Die Lehrerin, Mrs. Shumway, fuchtelte mit ihren dünnen Ärmchen herum, und zwei Jungen standen auf, um die rot-weißen Milchtüten auszuteilen. Celestine hatte eine Schachtel voller Bäckereiplätzchen mitgebracht, als Geschenk für die Lehrerin, um sicherzustellen, daß ihre Tochter bei den anderen Kindern gute Aufnahme fand. Aber ich sah schon, daß die Plätzchen keine Rolle spielten, nicht nur für den Augenblick, sondern auch für die Zukunft. Denn Dot war wie ein Wolf, der bereit ist, sich auf den Pferch zu stürzen. Gegen sie würde sich kein Widerstand regen. Das merkte ich von da aus, wo ich stand. Nicht einmal Mrs. Shumway, eine junge, aber verhutzelte, wachsame Frau, würde in der Lage sein, ihr Einhalt zu gebieten. Ich wußte, daß die Lehrerin noch ihr blaues Wunder erleben würde, als sie Dot den Arm um die Schultern legte und sie als «unsere neue Mitschülerin» vorstellte. Dot war stolzgeschwellt. Ihre Augen leuchteten. Sie schob das Kinn vor. Als sie sie ansahen, wurden die Jungen stumm und das Rückgrat der kleinen Mädchen versteifte sich wie ein angespannter Bindfaden. Kinder haben einen sechsten Sinn für einander. Sie alle sahen, was Celestine und auch die zähe kleine Mrs. Shumway nicht sehen konnten. Sie waren die Spatzen. Dot war der Habicht, der voller Verlangen über ihnen kreiste. Sieben Jahre lang, bis zur High-School, wo sich dann alles änderte, sollte jedes dieser Kinder ihrer Willkür ausgeliefert sein.

Und sie waren es von Anfang an, denn Dot machte sich sofort daran, sie mit Ingrimm zu verfolgen. Sie wollte ihnen gar nicht weh tun, sie wollte nur ihre Zuneigung. Doch das war schwer zu erklären, da Dots Mittel, sie sich zugeneigt zu machen, solch gewalttätige Formen annahmen.

Eines Tages, etwa um die Zeit, wenn Dot normalerweise zur Ladentür hereingerasselt kam, legte Celestine ihr Messer hin und sagte, daß sie heute einen Brief von der Shumway erwartete.

«Und warum?» sagte ich interessiert, für Celestines Geschmack aber schon viel zu interessiert.

«Ist ja egal», murmelte sie, «es ging nur um eine kleine Kabbelei, die Dot mit einem anderen Mädchen hatte. Die Mutter des Mädchens hat angerufen.»

Celestine begann, sich die Schürze abzubinden, während sie um die Theke herumging. Ich folgte ihr zur Tür. Als wir hinausschauten, sahen wir Dot langsam die schlackebestreute Einfahrt heraufkommen; ihre dicken Schuhe schleiften unheilvoll am Boden. Das Haar war ihr aus den schwanförmigen Haarklemmen gerutscht und verdeckte ihr Gesicht. Selbst durch das Haar hindurch und auf diese Entfernung sah ich, daß ihre Augen trübe vor Kummer waren. Ich ahnte, daß ihr entschlossener Mund zitterte.

«*Ich* gehe zu ihr», bot ich an. «Das ist manchmal besser.»

Celestine drehte sich zu mir um. Die ganze Muskulatur ihres Gesichts schien sich zu verhärten, wenn sie ärgerlich war, und ihre Augen wurden dunkel und verhangen, als hätte jemand draufgeschlagen.

«Was soll das heißen», sagte sie, ««das ist manchmal besser›?»

«Wenn die Tante hingeht.»

««Wenn die *Tante* hingeht›», wiederholte sie. Sie drückte mir ihre zusammengebündelte Schürze in die Arme und marschierte mit einer Abruptheit, die mich entmutigen sollte, zur Ladentür hinaus. Aber unfähig zu widerstehen, folgte ich ihr trotzdem, obwohl ich ein wenig hinter ihr stehenblieb, als sie ihrer Tochter gegenübertrat.

«Gib mir den Brief!» befahl Celestine mit fester Stimme. Sie streckte ihre Hand aus, so wie eine Mutter das tun muß, offen und streng. Dot steckte die Hände in die Taschen. Ihr Hals lief rot an, und sie wich dem Blick ihrer Mutter aus.

«Ich habe noch keinen», sagte sie schließlich.

«Hast du Mrs. Shumway meinen Brief gegeben?» ver-
hörte Celestine sie.

«Ja.»

«Nein!» schrie Celestine. «Das hast du nicht. Mein lie-
bes Fräulein, du hast mich gerade eben angelogen!»

Dot sah mit einem Blick zu ihrer Mutter hoch, der auf
mich wie ein unglückliches Flehen wirkte. Ich glaubte,
ihre Wangen glühten vor jähem Kummer, aber es mag
auch Trotz gewesen sein. Sie brachte kein Wort mehr
heraus, deshalb sprang ich ihr bei. Ich konnte es einfach
nicht ertragen. Ich streckte rasch die Hand aus, an Celestine vorbei, faßte ihre Tochter beim Handgelenk und
zog sie zu mir her, in Sicherheit.

«Komm, wir setzen uns drinnen hin», sagte ich. «Wir
reden drüber. So schlimm kann es doch nicht sein.»

«Doch, so schlimm kann es sein», sagte Celestine, die
zornig neben uns die Einfahrt hinaufschritt. «Gestern
hat dein Liebling einer Erstkläßlerin einen Zahn ausgeschlagen.»

«Rausge*zogen*», korrigierte Dot sie. «Er war schon
ganz locker.»

«Die Mutter des kleinen Mädchens hat mich gestern
abend angerufen», fuhr Celestine fort. «Der Zahn hat
vorher überhaupt noch nicht gewackelt!»

«Doch, hat er», beharrte Dot. «Sie hat gesagt, ich soll
ihn ihr rausziehen. Sie kriegt einen Vierteldollar von der
Zahnfee.»

«Du hättest doch keinen Stein dazu nehmen brauchen!
Einen Stein!» schrie Celestine. «Und dann der Brief! Du
solltest den Brief Mrs. Shumway geben, als Entschuldigung für dein Benehmen.»

Celestine hielt plötzlich inne und versperrte uns den
Weg. Ihr war ein bestürzender Gedanke gekommen.

«Ist heute vielleicht noch etwas anderes passiert, etwas
Schlimmes?» fragte sie grimmig.

«Nein», antwortete Dot mit, wie sogar mir schien, verdächtiger Eile. Aber Celestine wurde es langsam leid und verfolgte diesen Faden nicht weiter.

«Das will ich auch sehr hoffen.» Sie nahm mir ihre Schürze aus den Armen und band sie sich wieder um. «Jetzt geh und iß dein Vesper, lauf; ich räume derweil hinten draußen auf, und dann gehen wir nach Hause und gehen der Sache auf den Grund.»

Ich ging mit Dot hinaus in die Küche, um ihr ein Sandwich zu machen, ihr einen Keks zu geben und in Ruhe mit ihr zu reden. So bekam ich denn aus erster Hand berichtet, was an diesem Tag in der Schäme-Kiste passiert war. So kam es auch dazu, daß ich der Shumway Schaden zufügte, die es wohl auch verdient hatte, obwohl Dot das Blaue vom Himmel herunterlog und die Schäme-Kiste vielleicht nicht gerade das Marterinstrument war, das ich mir vorgestellt hatte. Jedenfalls bedaure ich dieses Ereignis inzwischen, und ich weiß auch, daß ich Dot gegenüber nicht so leichtgläubig hätte sein dürfen, als sie mir, nachdem ich ihr Milch eingeschenkt und ein paar Kleiekekse vor sie hingestellt hatte, erzählte, sie habe den ganzen Tag in der Schäme-Kiste sitzen müssen und da sei es ganz dunkel gewesen.

«In der Schäme-Kiste?» sagte ich und setzte mich neben sie, ganz entsetzt über die Vorstellung, daß sie im Dunklen eingesperrt gewesen war. «Ist das eine richtige Kiste?»

Aber da Dot den Mund voll hatte, ließ sie nur ihre Augen Bände sprechen. In ihnen glitzerten unvergossene Tränen der Scham. Sie weinte sonst nur, um ihren Willen durchzusetzen, aber an diesem Nachmittag überzogen Tränen ihre haselnußbraunen Augen mit einem Schleier, der mitleiderregender und edler schien als Schluchzer. Sie kaute heißhungrig, stürzte ihre Milch hinunter und ging dann daran, die Kiste zu beschreiben.

243

«Es ist eine rote Kiste hinten im Zimmer, unter der Uhr. Mrs. Shumway steckt da massenhaft Kinder rein. Sie stößt einen rein und schlägt den Deckel zu. Sie ist groß. Sie ist aus Holz. Und es sind *Splitter* dran.»

Dot hielt entsetzt inne – unter dem Eindruck allzu deutlicher Erinnerungen, das dachte ich jedenfalls. «Und drinnen ist die Luft ganz, ganz schwarz», flüsterte sie. Ihr Blick war düster und ging ins Leere. Sie steckte sich zum Trost einen ganzen Keks in den Mund, und während sie ihn kaute, streckte sie schon die Hand nach dem nächsten aus. Aber ich habe eigentlich nie viel an Dots Manieren herumerzogen. Im Gegenteil, ich habe alle möglichen Tricks angewandt, um zu dem Mädchen nicht nein sagen zu müssen. Dieses Wort war für sie wie ein Elektroschock und erfüllte sie mit rasender Wut. *Nein* erhöhte die elektrische Spannung, bis der Strom aus ihr herausfloß und uns einen Schlag versetzte. Ich ließ zu, daß sie sich noch einen Keks in den Mund stopfte. Ich dachte an die Shumway. Die Methoden der Lehrerin jagten mir Schauer über den Rücken, als würde ich einen Krimi lesen.

«Die Shumway... diese Shumway... ist ja eine Hexe!» Ich stand auf, ganz aus dem Gleichgewicht gebracht. «Die kommt mir nicht ungestraft davon!»

Ich sah auf Dot hinunter, und sie sah zu mir hoch. Ich glaubte in ihren Augen Hingebung zu sehen, unschuldiges Vertrauen. Ich war die gute Fee aus dem Märchenbuch, ihre Beschützerin.

«Iß nur ruhig auf», sagte ich und tätschelte ihr mit erwachsener Autorität die Schulter. «Ich werd mir die Shumway vorknöpfen.»

Dots Lächeln leuchtete auf, war begeistert und blendend. Ich marschierte davon in seinem Licht, stieg in den Lieferwagen und drehte den Zündschlüssel um. Ich nahm mir nicht einmal die Zeit, meinen Hut aufzusetzen oder mir ein Tuch um den Hals zu binden. Ich fuhr Hals über Kopf in die Schule, um die Shumway noch zu erwischen, bevor sie sich davonschleichen konnte in ihre Einliegerwohnung oder wo immer die Erstkläßler-Lehrer in Argus hinschleichen mochten, wenn sie ihre Schäme-Kisten ausgeleert und alle ihre Rotstifte nadelscharf angespitzt hatten.

Die Schule war meine Schule, die Sankt Katharinen-Schule, wo ich vor langer Zeit ein bedeutendes Wunder bewirkt hatte. Sie hatte sich mit unserer wachsenden Einwohnerschar vergrößert und war weltlicher geworden, mit Laienlehrern in vielen Klassen und ohne die Pflichtmesse an den Werktagen. Trotzdem stürmte ich voller Zuversicht durch die neuen Doppelglastüren. Ich schritt durch den verlassenen Flur, bis ich zum Klassenzimmer der Shumway kam. Ich war inzwischen schier besinnungslos vor Zorn. Ich konnte es gar nicht abwarten, sie zu fassen zu kriegen. Und ich hatte Glück. Wie ich gehofft hatte, war sie noch da und machte sich gerade fertig zum Nachhausegehen. Sie drückte sich eine leuchtendblaue Baskenmütze auf den Kopf, wobei sie sich im Spiegel des Lehrerschranks betrachtete. Ich beobachtete sie einen Augenblick lang und sah dann nach hinten ins Klassenzimmer. Was ich dort erblickte, verdoppelte meinen Zorn noch, so daß ich ihn nicht mehr bändigen konnte.

Unter der Uhr, genau an der Stelle, die Dot beschrieben hatte, stand eine lackierte Kiste, die in einem unheimlichen, glänzenden Rot gestrichen war. Sie war lang wie ein Sarg und doppelt so breit. Ich ging an Mrs. Shumway vorbei, die überrascht wie ein Specht mit dem Kopf herumruckte, und riß den Deckel auf. Ich erwartete fast, dort drinnen ein paar bleiche, zusammengekauerte Kinder vorzufinden. Aber die Kiste war voller Spielsachen.

«Füllen Sie die jeden Abend auf?» wandte ich mich empört an die Shumway.

«Was?»

Ich zeigte auf die Kiste, hob das eine Ende hoch und schüttete das Spielzeug aus. Bauklötze, Feuerwehrautos, Puppenmöbel aus Plastik und bunte Gummiringe fielen auf den Boden. Ich ließ die leere Kiste krachend fallen.

«Mrs. Shumway, kommen Sie hierher», sagte ich.

Sie kam zu mir nach hinten, aber nicht gehorsam, sondern bedrohlich wie ein dreister Terrier.

«Was soll das bedeuten?» schrie sie. «Wer sind Sie?» Ihre blaue Mütze schien sich vor Überraschung von ihrem Kopf zu heben, und ihre Stimme bebte beunruhigt. Vornübergeneigt schaute sie mich unverwandt an. Ihr Gesicht war facettiert und scharf, die Art Gesicht, die früh faltig wird. Sie konnte nicht viel älter als sechsundzwanzig sein, aber schon jetzt waren ihre Augen rotgerändert wie die einer sehr alten Frau. Ihr Haar war merkwürdig koboldartig geschnitten.

Ich stemmte die Hände in die Hüften, Metzgerhüften, die es gewöhnt waren, schwere Last zu schleppen und ganze Schinken auf die Räucherroste zu wuchten.

«Ihr kleines Spiel ist vorbei, Mrs. Shumway», sagte ich.

Sie hustete vor Überraschung. «Wovon reden Sie eigentlich?» quiekste sie. Sie machte einen Schritt nach hinten und lachte unsicher. Wenn ich es jetzt bedenke, dachte sie wahrscheinlich nur, ich sei eine harmlose Verrückte, aber damals nahm ich ihr nervöses Gelächter als Schuldeingeständnis. Ich langte hinüber und packte sie an den Schultern ihres Kamelhaarmantels. Ich zerrte sie zu der roten Kiste.

Zuerst war sie so schockiert, daß ihre Knie nachgaben und ihre Fersen hinterherschleiften, aber als wir bei der Kiste waren und ich versuchte, sie mit Gewalt hineinzubugsieren, indem ich schob und ihre Arme und Beine wie die Glieder einer Puppe zurechtbog, gewann sie plötzlich ihre Sicherheit wieder und wehrte sich. Sie war überraschend flink und sehr stark, so daß es mich mehr Mühe kostete als man hätte denken sollen, sie in die Kiste zu schubsen und alle ihre Glieder hinterherzubugsieren. Stolz war sie auch: Sie gab keinen Ton von sich, bis sie in der Falle saß und alles verloren war. Erst dann, als ich mich schweratmend oben auf die rote Kiste gesetzt hatte und allmählich die Fassung wiedererlangte, begann Mrs. Shumway dagegenzuhämmern und zu heulen.

«Das nützt alles nichts», rief ich zu ihr hinunter, über alle Maßen befriedigt. «Sie sitzen in der Schäme-Kiste! Sie dürfen erst wieder raus, wenn Sie versprechen, brav zu sein.»

Nun herrschte Stille, eine Denkpause für Mrs. Shumway, die selbst noch in ihrem Schock auf den Sinn meiner Worte achtgab.

«Dies ist nicht die Schäme-Kiste», sagte sie gedämpft unter mir. «Die ist an der Tafel.»

Aber die Wandtafel an der Stirnseite des Zimmers war geputzt und nicht einmal richtig schwarz, sondern grün, matt und beruhigend.

«Mrs. Shumway», sagte ich, «ich bin keine Fünfjährige, der Sie einen Bären aufbinden können!»

Wieder herrschte Stille.

«Lassen Sie mich raus», sagte sie nach einer langen Weile, «sonst lasse ich Sie festnehmen.»

«Das werden Sie nicht, Mrs. Shumway», antwortete ich, nachdem ich ein wenig darüber nachgedacht hatte. «Ich werde allen von der Schäme-Kiste erzählen, und dann entzieht man Ihnen die Lehrerlaubnis.»

«Die Schäme-Kiste ist nichts Schlimmes. Sie ist an der Tafel», erwiderte sie.

Aber ich hörte nicht weiter auf ihre Entschuldigungen. Ich schaute mich im Klassenzimmer nach etwas um, das massiv genug war, um den Deckel zu beschweren. Es gab die langen Holztische, Stühle, Feuerlöscher und die grauen Metallpapierkörbe. Dann war da das Pult der Shumway, das ich von der Stelle bewegen und sogar hochheben zu können glaubte, wenn sie nur lange genug in der Kiste bliebe. Aber da es keine Möglichkeit gab, sie gewaltsam drinnen zu halten, würde ich sie wohl so einschüchtern müssen, daß sie still sitzenblieb. Ich hob einen rechteckigen violetten Bauklotz auf und schlug damit auf den Kistendeckel.

«Den hau ich Ihnen auf den Kopf, falls Sie rausspringen!» warnte ich sie, überzeugend, wie ich hoffte, aber kaum war ich von der Kiste gesprungen und fing an, das Pult der Shumway durch das Zimmer zu schieben, da streckte sie den Kopf heraus. Der rote Kistendeckel krachte nach hinten, und sie sprang heraus, immer noch sauber und ordentlich in ihrem beigen Mantel, den spitzen schwarzen Schuhen und der blauen Baskenmütze, die nur ein ganz klein wenig eingedellt war. Sie langte nach unten, griff sich ebenfalls einen Bauklotz und schwang ihn in der Luft, während sie langsam rückwärts zur Tür ging. Ich lief um das Pult herum und hob den Bauklotz auf, den ich fallen gelassen hatte. Dann bewegten wir uns beide mit gleicher Geschwindigkeit in den Flur, wo wir unsere ungewöhnliche und wachsame Verfolgungsjagd durch die Eingangstüren auf den Schulhof hinaus fortsetzten, und dort verlor ich die Shumway dann. Sie machte sich die Tatsache zunutze, daß noch ein paar Kinder nach der Schule zum Spielen dageblieben waren, indem sie mitten zwischen sie trat und eine verzweifelte Unterhaltung mit ihnen anfing. Ich zog mich zurück. Doch ich tat es in der festen Überzeugung, daß ich Dot gerächt, daß ich der Shumway eine unvergeßliche Lehre erteilt und auf diese Art und Weise etwas für alle Kinder in Argus getan hatte, die je gezwungen waren, ein volles Schuljahr ihres Lebens in den Händen der Shumway zu verbringen.

Darüber hinaus dachte ich nicht weiter über die Sache nach, und ganz bestimmt nicht über ihre Drohung, mich festnehmen zu lassen, aber es stellte sich heraus, daß sie tatsächlich zur Polizei ging und die ganze Geschichte erzählte und dazu eine Liste aller unartigen Kinder vorlegte, da sie mich für die Mutter von einem von ihnen hielt.

Aus diesem Grund kam am nächsten Tag Officer Ronald Lovchik in den Laden. Er war ein großer, trauriger Mann mit schlaffen Schultern, der einen Horror davor hatte, Straftätern gegenüberzutreten. Die Jahre, seit die Zuckerrübe in die Stadt gekommen war, waren schwer für ihn. Bauarbeiter von der Rübenraffinerie krakeelten in den Bars, und die Straßenbauunternehmen schlugen am Stadtrand, wo die Umgehungsstraße abzweigte, wilde Zeltlager auf. Volksschulzankereien hatten Lovchik damals gerade noch gefehlt. Außerdem kam er gar nicht gern in die hinter dem Laden gelegenen Räumlichkeiten. Er war immer hoffnungslos in Sita verknallt gewesen, bis er sie an Jimmy verloren hatte. Es schmerzte ihn, sich auch nur in den Räumen aufzuhalten, die sie einmal bewohnt hatte. Damals hatte er Sita Briefe geschrieben und ihr kleine, gelbe Schachteln mit Whitmans Pralinen geschickt, die Fritzie und ich immer aßen, um Sitas Figur zu schonen. Jetzt erinnerte mich allein seine Gegenwart an diese Pralinen und ließ mir das Wasser im Mund zusammenlaufen. Doch er war ja aus ernsten dienstlichen Gründen hier. Er beschrieb nun den Vorfall mit der Shumway, wobei er die Augenbrauen zusammenzog, als sei er unfähig, Celestine anzuschauen, aus Angst, sie könnte denken, er beschuldige sie.

«Und deshalb…» schluckte er, als er seine Geschichte

beendet hatte, «der Kern der Sache ist also, ich muß wissen, wo du gestern nachmittag warst.»

«Laß mich mal überlegen», antwortete Celestine und dachte angemessen nach. Ich merkte, daß sie von der Vorstellung, einer Sache verdächtigt zu werden, die sie nicht getan hatte, beeindruckt war, und daß sie es genoß, diese dramatische Frage gestellt zu bekommen. Ich wußte, daß sie im Kopf eine komplexe Antwort vorbereitete, doch bevor sie das Vergnügen hatte, ihr Alibi vorzutragen, löste ich Lovchiks Fall.

«Ich hab es getan, Ron», gab ich mit lauter Stimme und ohne jede Scham zu. «Ich habe es getan, und aus gutem Grund.»

«Oh?» Nur einen Moment lang war er überrascht, dann hatte er sich schon damit abgefunden. «Es tut mir leid, das zu hören.» Er ließ den Kopf hängen, erschüttert über die Überzeugung in meiner Stimme. In seinen Augen zeigte sich eine feuchte Verzagtheit, und er fragte, ob wir uns irgendwo in Ruhe hinsetzen könnten, um die Anklage zu besprechen.

«Nur zu.» Ich lud ihn mit einer Handbewegung durch den Flur in meine Küche ein. Celestine folgte uns mit offenem Mund. Alle drei ließen wir uns am Küchentisch nieder, und Lovchik nahm ein Spiralheft aus seiner Brusttasche und klemmte einen Kugelschreiber von seiner Krawatte los.

«Also dann», sagte er, «was hast du dazu zu sagen?»

«Es war meine Pflicht als Bürgerin dieser Stadt», sagte ich. «Mrs. Shumway war grausam zu Kindern.»

«Auf welche Weise?» fragte Lovchik emsig kritzelnd. Da begann ich, Officer Lovchik von der Schäme-Kiste zu berichten und sie detailliert zu beschreiben. Während ich sprach, hoben sich seine Augenbrauen, er schüttelte den Kopf und summte mißbilligend vor sich hin.

«Einen Augenblick mal», sagte Celestine mitten in

meine Beschreibung der Splitter hinein, die sich in die Hände der haltsuchenden Kinder bohrten. «Sprichst du von der Schäme-Kiste?»

«Ach, du weißt auch davon?» Ich schaute sie an und war schrecklich überrascht, daß sie etwas gewußt, es aber nie erwähnt hatte.

«Natürlich weiß ich Bescheid... Mary», sagte sie mit einem merkwürdigen Blick, «... das ist keine richtige Kiste, das ist eine Ecke an der Tafel, wo die Namen der Kinder aufgeschrieben werden, wenn sie frech sind.»

Ich hielt verwirrt inne.

«Bist du sicher?»

«Ich habe sie ja selbst gesehen.»

Officer Lovchik legte seinen Kugelschreiber hin.

«Also laßt mich das jetzt mal klarstellen», sagte er, aber dann schien er den Glauben daran zu verlieren, daß das möglich war, und saß einfach nur da, besah sich stirnrunzelnd seine Knöchel und wartete darauf, daß einer von uns etwas sagte.

«Na schön», meinte er schließlich, «dann war das alles eine Art großes Mißverständnis?»

Nachdem ich mir inzwischen alles zusammengereimt hatte, mußte ich antworten, daß das richtig sei.

«Also... dann will ich mich darum bemühen, daß die Anklage zurückgezogen wird», seufzte er. Dann stand er unglücklich auf und ging den Flur zurück und zur Tür hinaus.

«Jetzt sag mir nur noch eins», sagte Celestine, nachdem die Tür unter Geklingel hinter ihm zugefallen war, «hat Dot dir diese Lügen erzählt? Hat sie die ganze Sache erfunden?»

Da ich an die heftige Gemütsbewegung in Dots Gesicht dachte, an das stumme Flehen, die unvergossenen Tränen der Scham – alles, was mich so überzeugt hatte –, konnte ich nicht antworten.

«Das sähe ihr ähnlich», sagte Celestine. «Ich versuche gerade, ihr den Unterschied zwischen einer Lüge und der Wahrheit beizubringen.»

«Das dürfte ja nicht so schwer sein.» Ich beschäftigte mich damit, den gemahlenen Kaffee für die Kaffeema- schine abzumessen. Vielleicht kannte ich selbst den Un- terschied nicht so genau oder wußte zumindest nicht, was dieser Vorfall zu bedeuten hatte. Es ist schwer, solche Dinge zurückzuverfolgen, aber ich glaube, der Vorfall mit Mrs. Shumways Schäme-Kiste war das erste Mal, daß Celestine und ich uns wegen Dot in die Haare gerieten, und das alles, nur weil ich mich hatte täuschen lassen.

«Du machst es einem nicht gerade leichter», sagte sie und fuhr mit dem Finger das Muster von Fritzies gehäkel- ter Spitzendecke nach. «Du machst es einem genauge- nommen sogar schwerer.»

Ich füllte immer weiter Kaffee ein, Löffel für Löffel, ein starkes Gebräu. Ich wollte mich nicht umdrehen, weil ich nichts zu meiner Verteidigung sagen konnte und auch nichts, was einen Sinn ergab, jedenfalls nicht, nachdem ich Mrs. Shumway in ihre Spielzeugkiste gesteckt hatte. Während ich mit dem Löffel in der Hand dastand, stellte ich mir plötzlich vor, wie sie der Polizei die Geschichte erzählt hatte, mit einem Zucken in ihrem dünnen Gesicht, die blaue Baskenmütze selbstgerecht und platt wie einen Pfannkuchen auf ihrem Koboldhaar.

«Du hättest sie sehen sollen», sagte ich, und dann fing ich an zu lachen, was aber genau das Falsche war, jeden- falls nach Celestines Ansicht, denn als ich mich umdrehte, war sie verschwunden. Den ganzen nächsten Tag und bis in den Sommer hinein weigerte sie sich, mit mir zu spre- chen, und beantwortete alles, was ich sagte, nur mit Ja und Nein, so daß die Sommerferien anfingen, bis die ganze Geschichte endlich vergeben und vergessen war.

In diesem Sommer schickte Karl Dot einen sehr hübschen elektrischen Rollstuhl, den er bei der Eintrittsverlosung einer Ausstellung von medizinischen Hilfsgeräten gewonnen hatte. Der Stuhl wurde in Einzelteile zerlegt geliefert, aber es gelang Celestine, sie innerhalb der ersten beiden Tage ihrer einwöchigen Ferien zusammenzusetzen.

Ich ging sie besuchen, weil sie gerade am ersten Juni wieder angefangen hatte, mit mir zu sprechen, und inzwischen war ich genauso erleichtert wie sie, wieder reden zu können. Ich wußte, daß sie sich vorgenommen hatte, genau bis zu diesem Tag auf strikte Einsilbigkeit zu halten. Als der Juni dann gekommen war, rief sie mich an und überschüttete mich mit all ihren angestauten Geschichten von Dots interessanten Beobachtungen und Verhaltensweisen. Ich war die einzige in der ganzen Stadt, die Celestine zuhörte und nicht abweisend war. Die Menschen in Argus haben ein gutes Gedächtnis. Sie fanden es immer noch merkwürdig, ja sogar anrüchig, daß Celestine so spät in ihrem Leben noch ein Kind bekommen hatte, und das von einem flatterhaften Ehemann, der sie überhaupt erst ehelichte, als das Baby schon geboren war. Der Postbeamte und die Postbeamtin, die Mann und Frau waren und sich jegliche Post sehr genau ansahen und schließlich auch dabei erwischt wurden, wie sie gegen Provision bestimmte Bankauszüge über Wasserdampf öffneten, erzählten herum, wie selten Karl schrieb und was für ungewöhnliche Pakete er Dot schickte.

Streichholzbriefchen. Tabletts von Serviertischchen. Hotelhandtücher und -waschlappen. Er schickte ihr Muster von allem, was er im Augenblick gerade verkaufte. *Fuller*-Bürsten. Radioantennen. Haarspray oder Spezial-Fußbodenreiniger mit Wunderwirkung. Dergleichen kam alle paar Monate mit der Paketpost an. Wenn er schrieb, dann war es eine Postkarte aus der Schublade irgendeines billigen Hotels. Auch das Hotelbriefpapier ließ er mitgehen, ganze Stapel, und auch das schickte er, wenn sich zuviel ansammelte.

Der Rollstuhl dagegen war etwas ungewöhnlicher. Das Briefpapier, die Bürsten, die Kugelschreiber mit Reklameaufdruck und Dosen mit Haarspray konnten zumindest praktisch verwertet werden.

«Er hat einen Vorwärts- und einen Rückwärtsgang», sagte Celestine. «Sehr hübsch, wirklich.»

Wir hatten uns in der Einfahrt zu dritt um den Rollstuhl gruppiert und schauten zu, wie Celestine die letzten paar Chromschrauben anzog. Sie hatte sich eifrig über die komplizierte Bauanleitung gebeugt, während Dot und ich zusammen auf der Treppe saßen. Während ich in Acht und Bann lebte, hatte Celestine alle kleinen Imbisse nach der Schule und freundschaftlichen Ausflüge unterbunden, und es ist nun mal so, in Dots Alter bedeutet aus den Augen aus dem Sinn. Ich vermißte sie mehr als sie mich. Ich fühlte mich ohne sie nur wie ein halber Mensch, geistesabwesend, vergeßlich und traurig. Jetzt war ich so glücklich, zum Stand der Dinge vor dem Zwischenfall mit der Schäme-Kiste zurückzukehren, daß ich ihr nichts übelnahm. Während Celestine über den merkwürdig geformten Teilen brummelte, diskutierten Dot und ich über das gebesserte Verhalten der Shumway und spekulierten über Schwester Seraphica, ihre Lehrerin für das kommende Jahr, eine große, verträumte Nonne, die Orgel spielte und den Chor leitete. Dot hoffte, daß es eine Rhythmusgruppe geben würde, und freute sich darauf, Klangstäbe schlagen zu dürfen.

«Ich bring dir auch noch die Blasinstrumente bei», sagte ich und blies auf einem Grashalm.

Aber Celestine war fertig, und Dot wurde abgelenkt. Sie sprang in den Rollstuhl und begann auf der schlackebedeckten Einfahrt hin und her zu manövrieren. Celestine kam zur Treppe herüber, um sich neben mich zu setzen.

«Also irgendwie...» fing sie an und hörte dann wieder auf.

«Was?»

«Ich halte das nicht für das einfühlsamste Geschenk, das er je geschickt hat.»

Ich hatte es mir angewöhnt, meinen Bruder zu verteidigen, nicht etwa, weil ihm etwas daran gelegen gewesen wäre oder er gar Gleiches mit Gleichem vergolten hätte, sondern einfach nur wegen der Stimme des Blutes. Vielleicht war ich ihm auch dankbar, daß er mir, wie zufällig auch immer, meine einzige verwandtschaftliche Bindung geschenkt hatte, die zu Dot.

«Ich finde es originell», sagte ich. «Mal ganz was anderes, und schau nur, wieviel Spaß ihr der Stuhl macht!»

Tatsächlich hatte Dot innerhalb kurzer Zeit gelernt, die Steuervorrichtungen zu bedienen, und sauste und ruckte jetzt in verrückten Kreisen halb auf der Kippe herum, fing sich aber immer noch im letzten Moment. Es machte ihr Spaß, doch für Celestine war dieser Anblick von Dot eine unangenehme Mahnung oder vielleicht eine Art böses Omen.

«Es macht mich...» sie suchte in ihrem Liebesromanwortschatz nach dem richtigen Wort, «...schaudern. Ja, schaudern», entschied sie. «Kommt nicht in Frage, daß wir das Ding behalten.»

«Was!» schrie Dot. Sie hatte Ohren wie ein Luchs.

«Wir werden ihn jemandem schenken, der ihn wirklich braucht», sagte Celestine. «Er ist viel zu teuer, um als Spielzeug benutzt zu werden.»

Dot rollte heran und kam stotternd zum Stehen. «Der ist von meinem Vater! Er gehört mir!» Sie kniff die Augenbrauen zusammen und warf uns einen erschreckenden, bösen Blick zu.

Aber Celestine hatte eine ihrer entschlossenen Launen. «Ja», sagte sie noch einmal, «wir werden ihn jemand anders schenken.»

«Wem anders?» sagte ich. Ich fand, sie hätte ihn Dot ruhig lassen können.

Celestine war eine Weile still und dachte nach. Dann drehte sie sich zu mir um und warf mir einen langen tadelnden Blick zu, so, als hätte ich irgendwo nicht aufgepaßt, als hätte ich Bescheid wissen müssen.

«Denk mal nach», sagte sie. «Es ist ganz klar, wem.»

Dot sprang aus dem Stuhl und schob ihn zum Abhang im Hinterhof. Sie setzte sich hinein, löste die Bremse und gönnte sich eine wilde kurze Fahrt.

«Laß mich doch nicht so zappeln», sagte ich ärgerlich.

«Russell», antwortete sie.

Sie hatte recht. Das mußte ich einsehen. Nach seinem lähmenden Schlaganfall hatten die Pfleger Russell hinauf ins Reservat gebracht, wo er bei seinem Halbbruder Eli Kashpaw in einem kleinen Holzhäuschen wohnen sollte, das voller aufgespannter Felle ist, sagt Celestine, voller Fallen, Fuchsgeruch und Kalender mit badenden Schönheiten, einem Haus, wo der Zucker in einem zugeknoteten Sack aufbewahrt wird und alle Gabeln krumm und verbogen sind, weil jemand mit ihnen Büchsen aufgemacht oder Nägel aus den rauhen Bretterwänden gestemmt hat.

Eli hatte das Reservat nur zweimal verlassen, behauptete Celestine. Das erste Mal drei Tage, nachdem Celestines Mutter gestorben war, da war er in der Kirche aufgetaucht, hatte sich still und leise wie ein Marder in die hinterste Bank geschlichen und war ohne ein Wort zu irgend jemandem wieder hinausgeschlichen. Um ihn kennenzulernen, mußten Isabel, Pauline und Russell ihm fast mit derselben Raffinesse auflauern wie er seinen Tieren. Und sie machten sich oft die Mühe, denn Eli war

nur anfangs schüchtern, und danach war er ein angeneh-
mer Gesellschafter, wie das die Einsamen oft sind. Irgendwann nahm er ein Kind auf, ein Mädchen, dem er
das Fallenstellen und Jagen beibrachte, und wie man sich
im Wald mit Nahrung versorgt und sich dabei vor dem
Wildhüter versteckt, ein Mädchen, das June hieß und das
noch wilder wurde, als er sie erzogen hatte.

Eli lebte so zurückgezogen, daß die meisten seiner
Verwandten gar nicht wußten, wie sehr er den für seine
vielen Orden berühmten Russell schätzte. Als Eli dann
im Saint Adalbert's Hospital auftauchte und die Entlas-
sungspapiere seines Bruders mit dem Namen Kashpaw
unterschrieb – dem einzigen Wort, das Eli je zu kritzeln
gelernt hatte –, da sei sie, sagte eine Kusine, die außerhalb des Reservats lebte und in der Krankenhausauf-
nahme arbeitete, genauso erstaunt gewesen wie alle anderen auch. Das war das zweite Mal, daß Eli das Reservat
verließ – um Russell zu sich nach Hause zu holen. Und
jetzt wohnte Russell bei Eli in dessen zwei Zimmern,
schlief im Sitzen, ließ sich von seinem Bruder baden, anziehen und bei gutem Wetter hinaus auf den festgetrete-
nen Hof rollen, wo er dann stehengelassen wurde, um zu
dösen, von zottigen und pantherdünnen Hunden be-
wacht.

Celestine fuhr ein paarmal im Jahr hinauf, um sie zu
besuchen. Auch zwischen den Besuchen kam sie von diesem Thema offenbar gar nicht wieder los, und das war
zumindest einer der Gründe, warum ich einmal mit hinfahren wollte. Ich wollte selbst sehen, ob Russell schon
wieder etwas sagen, mit Messer und Gabel essen oder
überhaupt seine Hände benutzen konnte. Ich hatte immer ein schlechtes Gewissen gehabt wegen der Art und
Weise, wie wir bei unserer letzten Begegnung im Krankenhaus auseinandergegangen waren.

Ich war ganz aufgewühlt von dieser Begegnung nach

Hause gekommen. Es war sein Schweigen gewesen, oder, vielleicht noch schlimmer, sein Reden. Russell hatte den Mund aufgemacht, und ein Durcheinander von ungeheuren Lauten kam heraus, dringliche Laute, die an mir zerrten. Laute, die ich zu verstehen versuchte. Ich hatte erst seinen Saftkrug hochgehoben und ihn ihm hingehalten, dann die Zeitung. Ich hatte auf die Toilette gezeigt und ihn näher ans Fenster gerollt. Und schließlich, als ich mir genug Mühe gegeben und alle Angebote im Zimmer ausgeschöpft hatte, war er ermattet und wieder still geworden. Er hatte an mir vorbeigestarrt und war in ein Schweigen versunken, das ich nicht durchbrechen konnte.

Er war abgemagert während seiner Rekonvaleszenz, und wenn er so gänzlich bewegungslos dasaß, war es schwer, ihn anzusehen. Der Kontrast zwischen seinen zerfurchteten Wangen und Schläfen und seinen Augen – schrägstehend, tiefschwarz und fein geformt – war unerträglich. Ich wußte, daß es in seinem Kopf arbeitete. Ich nahm seine Hand.

«Russell», sagte ich, «glaub mir, es tut mir wirklich leid.»

Er starrte hinunter auf unsere beiden Hände, meine so rauh, mit dicken, gesprungenen Fingernägeln und vielen Narben. Seine lang, trocken und braun. Er war unfähig, seine Hand willentlich aus meiner zu nehmen, unfähig, seine Hand auch nur das kleinste Stückchen zu bewegen. Ich spürte einen so rohen Ärger aus seinen Knochen schießen, daß ich seine Hand fallen ließ und aufsprang. Ich ging weg, ohne ihm auch nur zu sagen, daß ich ging, und auf dem ganzen Nachhauseweg im Lieferwagen genierte ich mich wegen meines Übergriffs. Ich versuchte mir vorzumachen, daß ich kein Vergnügen dabei empfunden hätte, daß es mich nicht gereizt hätte, so wie damals, vor vielen Sommern, als ich die Kriegsnarben auf seiner Brust berührt hatte, aber die Wahrheit war, daß ich seine Hand mit innerer Erregung angefaßt hatte. Bald danach ging er zu Eli, und das war jetzt auch schon sechs Jahre her. Sechs Jahre.

«Dein Onkel Russell würde sich sehr über den Stuhl freuen», rief Celestine ihrer Tochter hinterher. «Du kannst mitkommen, wenn wir ihn hinbringen. Er kann ein Geschenk von dir sein.»

Dot hielt in ihrem Spiel inne, dann sauste sie wieder los, entschlossen, ihrem Geschenk jeden nur möglichen Augenblick des Vergnügens abzupressen. Celestine seufzte, schlug sich fest auf die Knie und stand auf.

«Sie tut ihr Bestes, um ihn noch kaputtzukriegen, bevor wir hinfahren.»

«Wie willst du ihn hochtransportieren?» fragte ich nach einem Augenblick. Ich wußte die Antwort schon. In meinem Lieferwagen. Und auch Celestine wußte, daß ich es wußte. Sie schaute nachdenklich über den Hof auf den Rollstuhl.

«Willst du fahren?» fragte sie.

«Gut, ich fahre», sagte ich. «Aber ich kenne diesen Eli überhaupt nicht.»

«Und meine Tante auch nicht», sagte Celestine. «Sie ist jetzt auch viel dort drüben.»

«Welche Tante?»

«Fleur. Die, die hier runter kam, als Mama starb, weißt du.»

«Was für ein Name. Flöhe.»

Celestine schaute mit angestrengter Nachsicht auf mich herunter. «Fleur», sagte sie. «Das ist französisch für Blume.»

«Oh, là, là!» sagte ich und stand auf, um zu gehen. «Sei nur nicht so hochnäsig. Ich habe in der High-School Buchhaltung gehabt statt Französisch.»

Als ich am nächsten Morgen hinaus in den Laden kam,

packte Celestine gerade einen Preßkopf in Zeitungspapier ein und zurrte Gummibänder darüber fest. Ich schloß daraus, daß wir den wohl mitnehmen würden, und dazu eine Wurst, und wenn ich gebacken hätte, hätten wir auch noch einen Blechkuchen mitgenommen. Wenn wir irgendwohin zu Besuch gingen, mußte ich mich immer um die Lebensmittel kümmern. Ich holte ein paar Beutel Ingwerplätzchen aus dem Lebensmittelregal, ging nach hinten in mein Zimmer, band mir mein Kopftuch um, und dann schien der Abfahrt nichts mehr im Weg zu stehen. Adrian war da, um das Geschäft zu beaufsichtigen, und an Vorbereitungen war nichts Besonderes zu treffen. Es war später Vormittag, und Dot war draußen hinterm Haus mit meinen Hunden. Sie würde hinten sitzen. Der Lieferwagen war geschlossen wie ein Lastwagen und hinter den Sitzen schön mit Schaumstoffkissen ausgepolstert. Den Rollstuhl könnte man auf die Seite legen, neben sie. So fuhren wir los. Noch bevor wir halb durch die Stadt waren, sank Dot in die Schaumgummikissen, ließ den Kopf auf die Arme sinken und fiel in einen tiefen Schlaf.

Aus Argus herauszukommen war jetzt ein richtiges Hindernisrennen um all die orange-weißen Tonnen, die Ölfässer, Warnleuchten und fähnchenschwingenden Männer herum, die auf dem neuen Highway standen, der in die Stadt hineinführte. Wir brauchten fast eine halbe Stunde, um an ihnen vorbeizukommen, aber dann war es eine kurze und hübsche Fahrt, bis wir zur Grenze kamen. Ich hielt neben dem Schild, das das Reservat ankündigte, und sagte zu Celestine, jetzt sei sie dran, jetzt müßte sie das Steuer übernehmen. Also stieg sie aus, kam vorn ums Auto herum und setzte sich hinters Steuer. Wir fuhren jetzt auf Schotterstraßen. Hinter uns stieg der Staub in einer gelbbraunen Wolke auf. Wir ließen alle Spuren von städtischen Gebäuden hinter uns, und die

Häuser, an denen wir jetzt vorbeifuhren, sahen bis auf die Hunde seltsam verlassen aus.

Dot krabbelte nach vorn, setzte sich zwischen uns auf die Ablage und half ihrer Mutter lenken. Celestine hatte Dots dickes Haar zur Form eines Sturzhelms gestutzt. Im Sommer leuchteten zwischen dem Rostrot und Mattbraun goldene Lichter. Eine Seite ihres Gesichts war zerknittert und gerötet, dort wo sie darauf gelegen hatte. Jetzt, wo sie wach war, wollten ihre Fragen und Aufschreie gar kein Ende nehmen; Dot war die geborene Weltenbummlerin, dazu bestimmt herumzureisen, ganz im Gegensatz zu uns. Die einzige richtige Reise meines Lebens war die mit dem Güterzug nach Argus gewesen. Ich hatte nicht viel für den Wechsel der Landschaft übrig, aber Dot war ganz begeistert von der Leere und dem Staub, von den geballten Baumgruppen und den halbversteckten Häusern. Sie interessierte sich sogar für die löchrige Straße, die zu Elis Haus führte.

«Paß auf», rief sie streng und zog am Lenkrad. «Nach links! Jetzt nach rechts!»

Mrs. Shumway hatte ihrer Klasse am Ende des Schuljahres links und rechts beigebracht, und sie auf das wirkliche Leben anzuwenden war seither eine von Dots Leidenschaften. Aber es gab so viele Furchen und Biegungen auf unserem Weg, daß sie schließlich, als wir bei Elis Lichtung ankamen, die Lust an ihrem Spiel verloren hatte.

Elis Haus war winzig, mit stumpfgrauen Schindeln gedeckt und von einem schmalen Garten voller Staubsuhlen umgeben. Bevor wir noch zum Stillstand gekommen waren, sprangen schon grimmig aussehende Hunde auf uns zu, und Dot krabbelte über meinen Schoß, war zur Tür hinaus und mitten unter ihnen, bevor Celestine auch nur den Mund aufmachen konnte.

Auch Russell war da, ein Stückchen weg, neben die Fliegengittertür in einen kleinen Keil von Schatten ge schoben. Er hob sich so wenig von dem gesprenkelten Licht und der Dunkelheit des Hauses, den verwitterten Brettern und der eingezogenen Farbe ab, daß Dot ihn zuerst gar nicht sah. Sie sah auch Eli nicht, als er lautlos aus einem dunkleren Gestrüpp am Rande der Lichtung trat. Er sah Dot an, die Hunde und Celestine, die aus dem Lieferwagen stieg. Er sah zu, wie Russell seiner Schwester zusah.

Celestine trug den Preßkopf und einen langen harten Prügel Sommerwurst, und sie ging mit einem eifrigen Lächeln auf Russell zu. Doch mußte in ihrem Schritt etwas Ängstliches gelegen haben, denn die Hunde schossen an Dot vorbei und bildeten einen Kreis aus gebleckten Zähnen um ihre Mutter. Von ihnen eingeschlossen, blieb sie stehen. Doch dann ließ sie plötzlich die Sommerwurst mit Wucht auf die Nase des größten Hundes heruntersausen und brüllte: «Aus! Kusch!»

Eli ging hinüber zu Celestine und streckte die Hand aus, um ihre zu schütteln, und dann öffnete sich die Tür seines Hauses, und heraus kam die Tante. Das einzige, was Celestine mir von Fleur erzählt hatte, war, daß sie einmal bei Onkel Pete gearbeitet hatte und daß sie ein wenig gestört sei. Aber mir kam Fleur durchaus nicht gestört vor, ganz im Gegenteil. Sie stellte sich direkt neben Russell und legte ihm die Hand auf die Schulter, vielleicht um ihn zu beruhigen, obwohl er uns gar nicht wahrzunehmen schien. Diese Fleur war großknochig, aber mager, sehr ähnlich gebaut wie Celestine, und sie hatte ein Gesicht wie Sitting Bull. Ihre wachsamen Augen waren schwarz und standen eng beieinander. Ihr Mund war breit. Sie trug eine schlabberige geblümte blaue Kittelschürze, die wie ein alter Sofabezug aussah.

Celestine ging hinüber und küßte Russell auf die Wange. Er drehte den Kopf weg und schaute in den Wald. Celestine nahm seinen Arm, aber er schaute auf ihre Hand, als sei sie ein Blatt, das zufällig auf ihn heruntergefallen war.

«Er freut sich, dich zu sehen», sagte Fleur.

Dot kam vorsichtig heran und stellte sich, die Hände in den Taschen vergraben, vor Russell hin. Sie betrachtete ihn von oben bis unten, als sei er in einen Eisklotz eingefroren oder in einen Drahtkäfig eingesperrt.

«Starr nicht so», sagte Fleur.

Celestine hielt den Atem an. Direkte Befehle mißfielen Dot, machten sie dickköpfig und wütend. Und tatsächlich drehte Dot sich wortlos um und marschierte zurück zum Lieferwagen.

«Hilf mir meinen Rollstuhl rauszuholen», befahl sie. Also half ich ihr, das Ding auszuladen. Sie rollte ihn vorwärts, fest entschlossen, wenn sie ihn schon abgeben mußte, es dann auch selbst zu tun. Das neue Chrom blitzte, das Leder quietschte.

«Der ist für ihn», sagte Dot und schob den Stuhl vor Russell hin.

Keiner sagte ein Wort.

«Es geht ihm gut hier», sagte Fleur schließlich zu Celestine. «Du wüßtest gar nicht, wie du mit ihm umgehen sollst.»

«He», rief Dot, «ich *schenk* ihn Onkel Russell!»

«Wir sind nicht gekommen, um ihn zu holen», sagte Celestine zu Fleur. «Das ist nur ein Geschenk.»

Daraufhin schien die Tante freundlicher und zeigte die Zähne in einer Art Lächeln. «Wo kommt der Rollstuhl her?»

Ich konnte nicht umhin, mich einzumischen.

«Der Rollstuhl ist von ihrem Vater.»

«Wer sind Sie denn?» fragte Fleur mit einem frostigen Blick.

«Ich bin ihre Tante, die die Wurstfabrik besitzt», sagte ich.

Fleurs Blick fing blitzartig Feuer und wurde dann wieder kalt.

«Geht rein», sagte sie und wies an sich vorbei zum Haus hin.

Elis Haus war klein, vor allem die Küche, in der wir saßen. Im angrenzenden Zimmer sah ich ein altes Radio. Auf zwei orangefarbenen Kisten lagen Russells Kriegserinnerungsstücke, die, die nicht im Museum waren. Ich erkannte die zusammengefalteten Fahnentücher, die kleinen Ledermäppchen, die Russells Orden enthielten und ebenso die Granatsplitter und die Kugeln, die die Ärzte ihm herausoperiert hatten. Eine deutsche Luger war mit Hilfe eines Netzes aus Nägeln und Bindfäden aufgehängt.

Celestine packte den Preßkopf aus. «Kann ich den wohl in deinen Kühlschrank legen?»

Eli hatte ein uraltes bauchiges vergilbendes Exemplar, das die halbe Wand einnahm. An der Tür hing eine alte, mit Klebestreifen wieder und wieder festgeklebte Bleistiftzeichnung von einem Reh.

«Das ist gut gezeichnet», sagte ich und berührte das Bild.

«Das ist June», sagte er. «Das hat sie in der High-School gezeichnet.»

Ich schaute mich um. Es gab in dem Raum sonst nichts, was auf das Mädchen hinwies, außer dem, was ich für ihr Foto hielt, hoch auf einem Regal. In einem Wasserglas vor diesem Bild lag eine rote Samtrose, die so aussah, als sei sie von einem Kleid abgeschnitten worden. Das Mädchen war dunkel und hübsch, mit kurzem schwarzen Haar und einem großen ernsten Lächeln.

«Das ist sie», sagte er, als er meinen Blick bemerkte.

«Deine Tochter?»

«Mehr oder weniger.» Eli zuckte die Achseln und hob eine Kaffeekanne hoch.

«Ich habe gerade frischen gemacht», sagte er mit so sanfter Stimme, daß ich plötzlich sehr gern Kaffee wollte und mich auf den Stuhl neben Celestine setzte. Er groß drei Tassen ein.

Wir hörten draußen Dots Stimme, unterdrückt, aber immer noch durchdringend.

«Ich brauche meinen Stuhl überhaupt nicht wegzugeben, wenn ich nicht will. Ich kann ihn auch behalten.»

«Sei still.» Das war Fleurs Stimme, sehr kalt.

Wir hörten ein schlurfendes Geräusch. Metall klapperte.

«Wahrscheinlich haben sie Russell hineingesetzt», sagte Celestine.

Aber es war nicht Russell in dem neuen Rollstuhl. Wir hörten Räder durch Sand sausen, ein plötzliches Bumsen, ein Brausen, und Dot schoß durch einen Busch vorbei.

«Fang mich doch!» brüllte sie, und ihre Stimme verklang, als sie verschwand.

«Sie zeigt Russell, wie man mit dem Ding fährt», sagte ich entschuldigend.

«Die vertragen sich prima da draußen», sagte Eli, «was wetten wir?»

Wir horchten auf das Geklapper von Steinchen an den Rädern, auf Dots Schreie, als sie sich aufbäumte, mit kurzen, schnellen Drehern wendete und dann wieder aufs Haus zuhielt.

Fleur war direkt vor dem Fenster. «Hör auf», sagte sie, als Dot bei ihr ankam. «Das reicht.»

Celestine und ich erstarrten beide auf unseren Stühlen und schauten uns wissend an.

«Was?» sagte Dot, als hätte sie Fleur nicht gehört.

«Steig aus», sagte Fleur.

Während der geräuschlosen Stille, die darauf folgte, malte ich mir aus, wie Dots Gesicht sich vor Zorn rötete, ihre Fäuste zu Stein wurden. Es überraschte mich deshalb, als sie versuchte, Fleur zu beschwatzen.

«Kann ich nicht noch ein ganz kleines bißchen weiterfahren?»

«Nein», sagte Fleur mit eiserner Stimme.

Wir schoben die Tassen beiseite und standen auf, bereit einzuschreiten, benommen vor Furcht. Wir mußten
für Eli ein verblüffender Anblick gewesen sein.

«Setzt euch doch», drängte er. «Setzt euch und eßt ein
Rosinenbrötchen.»

Da setzte Dots Gekreische ein, leise, als Knurren,
schwoll dann zu gemarterten Schwingungen an, und wir
bewegten uns auf die Tür zu.

«Ich schau mal lieber nach, was los ist», sagte Celestine, doch dann brach Dots Schrei ab, ganz plötzlich,
wie zurück in ihren Mund gestopft.

Ich ließ meine Tasse auf Elis Tisch und ging nach drau
ßen. Fleur war verschwunden. Russell saß in seinem
neuen Stuhl. Dot hockte mit einem konfusen Gesichtsausdruck mit dem Hinterteil im Dreck. Celestine stand
über die beiden gebeugt, und ihre Sorge schlug eben um
in Befriedigung.

«Kommt, wir fahren», sagte ich unvermittelt. Aber sie
schien nicht unglücklich darüber. Russell hatte nicht die
geringste Miene in ihre Richtung verzogen. Dot stand
auf, wischte sich den Hosenboden ab und lief zum Auto.
Ich beugte mich hinunter und schaute Russell an, weil
ich es einfach mußte, zumindest um auf Wiedersehen zu
sagen.

«Erinnerst du dich an mich?» fragte ich; dann kam ich
mir lächerlich vor.

«Du siehst gut aus», sagte ich, obwohl Russells Gesicht in Wahrheit bis auf die Knochen eingefallen war. Er
war sauber. Seine Kleider waren gebügelt. Aber er war
eine ganze Portion weniger als vor vier Jahren, und als

Celestine anfing, laut und auf eine Art, die mir kindisch vorkam, mit ihm zu sprechen, wandte ich mich ab.

«Ich bin's, Celestine. Kannst du mich anschauen? Wie geht's dir denn so?»

Eli kam heraus und zog Russell mit langsamen, geübten Bewegungen sachte auf die Füße.

«Sag ihnen adieu», wies er seinen Bruder an. Russells Mund ging auf, aber es kamen keine Worte heraus, und seine Augen trübten sich ein. Er lehnte sich an Eli und schwankte dabei wie ein halb vom Wind entwurzelter Baum. Wir ließen sie dort im Hof aufeinandergestützt stehen und machten uns wieder auf den Weg.

Wir fuhren zwanzig Meilen, ohne zu sprechen. Ich dachte, Dot würde versuchen, Einzelheiten über Russells Fall aus uns herauszuquetschen, aber sie schien nicht daran interessiert, sondern legte wieder den Kopf ab und schlief. Auch Celestine sprach nicht, bis wir zur Ausfahrt nach Argus kamen.

«Wo ist alles hin?» sagte sie ganz plötzlich. Sie starrte zur Windschutzscheibe hinaus, als sie die Stimme erhob.

«Wo ist was hin?» sagte ich.

«Alles.»

Ich sah, daß sie eigentlich gar nicht mich ansprach oder fragte. Sie schaute nicht in meine Richtung, sondern auf die Getreidestreifen an beiden Seiten, die endlosen säuberlichen Reihen, die sich beim Fahren an uns vorbeizudrehen schienen.

«Alles, was er in seinem Leben erlebt hat», sagte sie. «Alles, was wir gesagt und getan haben. Wo ist es hin?»

Ich wußte keine Antwort, deshalb fuhr ich einfach weiter. Früher einmal hatte ich ein Wunder bewirkt, indem ich mit dem Gesicht das Eis aufschlug, aber jetzt war ich ein ganz normaler Mensch. Während der wenigen Meilen, die uns noch blieben, konnte ich nicht umhin, Celestines merkwürdige Idee in meinem Kopf weiterzuspinnen. In meinem Beruf habe ich schon Tausende von Gehirnen gesehen, die Schafen, Schweinen und Ochsen gehört hatten. Es waren alles graue Klumpen wie unser Gehirn auch. Wo ging das alles hin? Was war überhaupt darin? Die flachen Felder breiteten sich vor uns aus, die seichten Gräben liefen neben der Straße entlang. Ich spürte, wie die lebendigen Gedanken in mir summten, und ich stellte mir winzige Bienen vor, Insekten aus blauer Elektrizität, in einer so zerbrechlichen Kolonie, daß sie bei der geringsten Berührung zerbrechen würde. Ich stellte mir einen Schlag vor, wie vom Holzhammer am Kopf eines Schafs oder einen Schlaganfall, und ich sah den ganzen Schwarm nach draußen pulsieren.

Wer konnte sie aufhalten? Wer konnte sie mit den Händen greifen?

Sitas Nacht

Die Fenster auf Station A waren aus normalem Glas, darauf wies Louis hin, und auch nicht vergittert, nicht einmal verschlossen. Sie gingen auf ausgedehnte Rasenflächen hinaus, die in diesem Vorfrühling gerade von Braun in Grün übergingen. Es gab sogar eine mit Fliegengitter umgebene Veranda. «Dort draußen kannst du an warmen Tagen sitzen», sagte Louis, «genau wie zu Hause.» Er legte den Arm um Sita und beobachtete ihr Gesicht. Sie standen vor einem niedrigen Backsteinhaus abseits der anderen Gebäude der staatlichen psychiatrischen Anstalt. Aber Sita wollte weder die Fenster anschauen noch Louis.

Louis und der Psychiater hatten Sita erklärt, Station A sei eine Art Durchgangsort für Patienten, deren Chancen, in die Gesellschaft zurückzukehren und ein normales Leben zu führen, sehr gut standen. Sie kam dorthin, weil sie vier Monate zuvor vorgegeben hatte, sie habe die Stimme verloren, und seither hatten Louis und die Nachbarn ihr alles von den Lippen abgelesen. Es fing an, ihr zu gefallen, wie sie sich nahe heranbeugten, ihre Worte enträtselten und ihr Gesicht nach Hinweisen absuchten. Es fing an, ihr so gut zu gefallen, daß sie tatsächlich die Fähigkeit verlor, etwas laut zu sagen. Wenn sie jetzt den Mund aufmachte, um etwas in normalem Ton zu sagen, geschah nichts. Doch wenn sie in die psychiatrische Anstalt käme, würde sie vielleicht geheilt werden. Sie würde vielleicht wieder laut sprechen können. Soviel hatte der Psychiater gesagt.

«Sie haben sie noch bestärkt, Mr. Tappe. Sie sind überhaupt viel zu freundlich gewesen.»

Das sagte der Anstaltsarzt zu den beiden, als sie in seinem Zimmer saßen. Sie schauten zu, wie er die Stapel von schwarz gebundenen Skizzenheften durchblätterte, die Louis beim Versuch, sie von ihren Anfällen zu heilen, jahrelang geführt hatte. In diesen Heften waren Sitas Träume festgehalten, ihre Unterhaltungen mit Gegenständen und Blumen, Phantasien, von denen sie Louis berichtet hatte. Die Hefte waren ihnen als etwas genauso Persönliches erschienen wie ihre Umarmungen. Es war ein Schock für sie, sie in einem Stapel auf dem Schreibtisch des Arztes liegen zu sehen. Und Sita hatte jetzt Angst. Louis hielt ihren guten braunen Lederkoffer in der Hand.

Sie versuchte ihm zu sagen, daß sie nicht hierbleiben würde, daß sie nach Hause gehen wollte.

«Warte», sagte Louis und schaute auf ihren Mund, der sich langsam bewegte, «das habe ich nicht verstanden. Versuch's noch einmal.»

Sita benutzte nachdrücklich ihr ganzes Gesicht. Sie befahl ihm, sie wieder mit nach Hause zu nehmen.

«Das kann ich nicht», sagte Louis. Er war unglücklich. «Ich darf nicht einmal versuchen, dich zu verstehen, wenn du deine Gedanken nicht laut aussprichst.»

Sita teilte ihm stumm mit, daß sie Station A haßte, und ihn dazu.

«Komm», seufzte Louis und dirigierte sie auf dem Bürgersteig dem Eingang zu. «Wir wollen dein Zimmer suchen.»

Sita ließ sich von ihm die Treppe hinaufführen, dann durch eine zweiteilige Glastür, die aussah, als liefe mitten im Glas ein Hühnerdraht hindurch, und einen Flur entlang. Die Flurwände waren in einem matten Blattgrün gestrichen. Der Boden bestand aus grün-schwarz gemusterten Linoleumplatten. Sie gingen auf eine sehr große Krankenschwester in einem schlaff hängenden weißen Kleid und einem weißen Pullover zu.

«Na, wen haben wir denn da?» sagte die Schwester und schaute Sita an, die offenbar die Patientin war, da sie von Louis geführt wurde. «Ach ja», erinnerte sich die Schwester. «Ich habe einen Anruf von der Verwaltung bekommen. Sie sind Mrs. Tappe.»

Die Schwester kam um ihren Schreibtisch herum und stand bedrohlich groß vor Sita.

«Sie werden nächste Woche ein Einzelzimmer bekommen, Mrs. Tappe, aber bis dahin bringen wir sie bei Mrs. Waldvogel unter.»

Sita machte sich von Louis los und bewegte ärgerlich die Lippen. Die Schwester beachtete sie nicht mehr und ging fort.

«Wir bringen Ihre Tasche ins Zimmer, ja?» rief sie.

Louis legte Sita mit sanftem Druck die Hand auf die Schulter, und sie stolperte hinter der Schwester her, einen anderen Gang entlang, der auch grün war. Das viele Grün ließ Sita an ein Aquarium denken, daran, wie es sein mochte, in einem mit Algen bedeckten Glastank zu leben. Sie wollte Louis das mitteilen, damit er ihren interessanten Gedanken in sein Heft schrieb. Aber da waren sie bereits bei ihrem Zimmer angelangt, und schon von draußen sah Sita, daß die Wände senfgelb gestrichen waren.

Sie versuchte Louis klarzumachen, daß sie in diesem Zimmer nicht schlafen könne. Die Farbe verursachte ihr Übelkeit. Außerdem haßte sie Zimmergenossen. Mit einer anderen Frau im Zimmer zu sein, würde sie daran erinnern, wie sie im selben Zimmer mit Mary geschlafen hatte. Ganze Nächte hatte sie wach gelegen, hatte zugehört, wie Mary ihren Schlaf genoß, und sie für jeden unbewußten Atemzug gehaßt. Morgens war Sita dann kaputt und müde gewesen, egal wieviel Kaffee sie trank. Das versuchte sie auszusprechen. Aber Louis redete mit der Schwester und schrieb Telefonnummern und Besuchszeiten auf einen kleinen Block. Sitas Koffer lag schon auf dem Bett. Louis küßte sie, nahm ihre Hand von seinem Arm und führte sie hinüber ans Bett. Er setzte sie hin. Als sie erst einmal saß, konnte sie sich nicht mehr rühren. Die Wände lähmten sie mit ihrer fürchterlichen Farbe.

Sita saß lange auf dem Bett, und ihr Mund bewegte sich in eingeklemmten Sätzen. Als sie schließlich fähig war, den Blick von den Wänden loszureißen, merkte sie, daß Louis fort war und die Schwester ihre letzten Sachen in eine Stahlkommode packte.

Halt! versuchte sie zu schreien. Packen Sie alles zurück in meinen Koffer! Ich gehe!

«Sie werden schon laut reden müssen, Mrs. Tappe», sagte die Schwester. «Wir lesen hier nicht von den Lippen ab.»

Sita schloß den Mund und sah böse drein. Die Schwester lächelte ihr ins Gesicht.

«Bitte machen Sie sich in einer halben Stunde für das Abendessen fertig», sagte sie. «Und bis dahin können Sie ja ruhig hier ein wenig sitzenbleiben und sich an Ihr neues Zimmer gewöhnen.»

Sobald die Schwester gegangen war, sprang Sita auf, um das Fenster zu untersuchen. Es war weder verschlossen noch vergittert, aber es ließ sich nicht sehr weit öffnen. Jedenfalls nicht weit genug, daß sie hindurchpaßte. Sie drückte gegen das äußere Fliegengitter, um zu sehen, ob es fest saß.

«Na, bißchen Frühlingsluft genießen, Mrs. Tappe?» Das war wieder die Schwester, die ins Zimmer platzte, zusammen mit einer älteren Dame, die so fügsam war, daß sie sich am Handgelenk führen ließ. «Mrs. Waldvogel», sagte die Schwester, «hier ist Ihre neue Zimmernachbarin.»

Sita besah sich die alte Frau. Mrs. Waldvogel war die vollendete Großmutter, eine von der Sorte, die einem auf Anzeigen in Illustrierten eine Schinkenplatte hinhält oder im Fernsehen an einem Strauß mit drahtversteiften Blumen riecht. Ihr weißes Haar war mit einem kleinen Schildpattkamm nach hinten gesteckt. Sie trug ein altmodisches Hauskleid und eine Rüschenschürze.

«Ich lasse Sie jetzt zusammen allein, dann können Sie sich ein wenig kennenlernen», sagte die Schwester.

Mrs. Waldvogel trat auf Sita zu und nahm sie an der Hand.

«Was für ein hübsches Mädchen Sie sind», sagte sie. «Ich hoffe, Sie werden hier glücklich sein.»

Sita nickte ihr ein Dankeschön zu. Es war beruhigend, als Mädchen bezeichnet zu werden. Sie fand sich auf dem Bett sitzend wieder, Mrs. Waldvogel gegenüber, die jetzt ein paar Familienfotos aus ihrer Schublade zog und begann, sie Sita eins nach dem anderen zu zeigen.

«Das ist Markie», sagte sie, «und hier ist mein Sohn.

Und das Kleine hier auf dem Bild ist auch schon vier Jahre alt.»

Sita betrachtete jedes Bild sehr aufmerksam. An den Menschen auf den Bildern war nichts Ungewöhnliches, und auch an der alten Dame nicht. Vielleicht, dachte sie, hat Louis doch die Wahrheit gesagt. Ein Aufenthalt in diesem Haus würde ein erholsamer Urlaub sein. Und wenn der Urlaub vorüber wäre, würde sie wieder laut sprechen, anstatt nur die Lippen zu bewegen.

«Es ist schön, daß Sie hier sind», sagte Mrs. Waldvogel. «Ich hatte schon langsam Angst, daß sie niemand mehr hier hereinlegen würden.»

Eine Welle fast schmerzhafter Zuneigung zu der alten Frau durchlief Sita. Obwohl die Wände immer noch gräßlich starrten und obwohl sie von der langen Reise und der Unruhe erschöpft war, lächelte sie. Mrs. Waldvogel errötete, als sie langsam ihre Bilder weglegte.

«Es ist schrecklich, Menschenfleisch zu essen», sagte sie mit ihrer lieben alten, gebrochenen Stimme.

Mrs. Waldvogel klopfte auf ihr Bilderpäckchen und schob dann die Schublade zu. «Den letzten habe ich gierig verschlungen», sagte sie.

Sita rang nach Luft und wandte sich ab. Mrs. Waldvogel merkte es gar nicht. Sie drehte eine heruntergefallene Haarsträhne in ihre Frisur zurück und strich sich über ihr Kleid.

«Es ist Zeit zum Abendessen. Wollen wir gehen?» fragte sie.

Aber Sita blieb ganz still sitzen.

Nachdem sie das Abendessen verweigert und zugeschaut hatte, wie das Licht im Fenster zu einem weichen Gold ausdünnte, stand Sita vom Bett auf, nahm einen Stift und ein kleines Kaufhausnotizbuch aus ihrer Handtasche und schrieb etwas hinein. Dann ging sie den Flur hinunter in den Aufenthaltsraum. Die große Schwester löste an ihrem Tisch ein Kreuzworträtsel. Sita baute sich vor ihr auf und zeigte ihr, was sie geschrieben hatte.

Bitte rufen Sie meinen Mann an, stand dort. *Ich werde nicht in einem Zimmer mit einer Frau schlafen, die glaubt, sie sei eine Kannibalin.*

Aber die Schwester schaute ihr Briefchen gar nicht an.

«Tut mir leid, Mrs. Tappe», sagte sie, «aber ich darf weder Ihre Lippenbewegungen noch Ihre Briefchen lesen. Ärztliche Anweisung.»

Die Schwester wartete ab, ob Sita laut mit ihr reden würde. Sita machte den Mund auf und bewegte Muskeln in ihrem Hals, aber kein Ton kam heraus. Sie haßte das absurde Bild, das sie abgeben mußte, wie sie hier vor dem Schreibtisch stand und stumm glotzte. Sie steckte ihr Heft wieder in ihre Tasche und ging hinüber, um sich zu den anderen Patienten vor den Fernseher zu setzen.

Es gab *Rowan and Martin's Laugh-In*, eine Sendung, die sie verabscheute. Es war ein Martyrium, vor dem großen Bildschirm zu sitzen und zuzusehen, wie die schlanken Bikinimädchen herumwirbelten. Weder die Witze waren lustig noch die Sketche, aber die Patienten kreischten vor Lachen über den Mann, der mit dem Dreirad gegen Bäume fuhr und umfiel, über die alte Jungfer mit ihrem häßlichen Haarnetz, und überhaupt über alles.

Sita beobachtete die Patienten, weil die Sendung so schlecht war. Wie Mrs. Waldvogel schienen auch sie normal, mit Ausnahme davon vielleicht, daß sie zu eifrig lachten und daß sie – Sita konnte nicht umhin, das zu bemerken – alle sehr ungepflegt waren. Die Männer hatten ein oder zwei Tage alte Bartstoppeln und waren kein bißchen anziehend. Ihre Gesichter wirkten schlaff und alt, egal wie alt sie in Wirklichkeit waren. Und die Frauen sahen noch schlimmer aus. Sie hatten schlechte Dauerwellen. Ihre Kleidung paßte nicht richtig, und die

Farben ihrer Hosen und Pullover bissen sich. Die Luft war ganz blau um sie, weil sie alle rauchten. Der Aufenthaltsraum war voller Aschenbecher – nicht zerbrechliche Gefäße aus Kristallglas wie die, die Sita für den verkohlten, nassen Tabak aus Louis' Pfeife aufstellte, sondern zerkratzte, mit Sand beschwerte Kaffeebüchsen.

Mrs. Waldvogel kam herein. Sie setzte sich auf einen gesprungenen Plastikstuhl neben Sita.

«Das Abendessen war köstlich», sagte sie zufrieden. «Es ist wirklich schade, daß Sie es versäumt haben.»

Sita beachtete sie überhaupt nicht. Trotzdem fuhr die alte Frau fort.

«Sie, ich lasse mir morgen das Haar richten. Wir haben eine Schönheitsschule für Patienten.»

Sita schaute noch einmal in die Runde auf die häßlichen, ungekämmten Frisuren und ausgefransten Haarspitzen der Frauen. Dann überwand sie ihr Entsetzen, preßte die Lippen aufeinander und ging zurück in ihr Zimmer. Sie knipste das Licht an. Sie haßte grelle Deckenbeleuchtung, aber es gab sonst keine Lampen.

Schönheitsschule für Patienten! Sogar in ihren schlimmsten Zeiten hatte Sita immer ihre wöchentlichen Friseurtermine eingehalten. Sie war stolz darauf, daß sie sich nie hatte gehenlassen. Aber was in der Schönheitsschule für Patienten geschehen konnte, war nicht auszudenken. Negerkrausen. Verbrennungen an der Kopfhaut. Wild aufgetragene Farben. Sitas Kopf, jedes einzelne Haar darauf begann zu schmerzen.

Das Licht ließ das fahle Gelb der Wände erglühen und pochen. Sita beschloß, sich im Dunkeln hinzulegen, selbst wenn Mrs. Waldvogel hereinkommen und sie beißen sollte. Sie knipste das Licht aus und fand in ihr Bett. Sie ließ sich zurück auf die Sprungfedern sinken, breitete eine zerschlissene weiße Baumwolldecke aus und steckte sie um ihre Beine fest. Die Decke, das Kissen und die

Überdecke rochen, als hätte jemand anderes eine scharfe Medizin in ihre Nähte hineingeschwitzt. Sita schloß die Augen und atmete in ihre hohlen Hände. Bevor sie weggegangen war, hatte sie noch daran gedacht, ihre Handgelenke mit Muguet-Parfum zu betupfen.

Der schwache Duft dieser Blume, die so rein und der Erde so nahe war, war tröstlich. Sie hatte echte Maiglöckchen gepflanzt, weil sie sie als Parfum so liebte.

Erst im letzten Herbst, vor dem starken Frost, als sie sich wieder in Ordnung fühlte, waren die Knollen in einer kleinen weißen Schachtel angekommen. Ihre Bestellung von einer Versandgärtnerei. Der Boden war vom Frost schon hart, aber gerade noch zu bearbeiten. Sie hatte ihre Hirschlederhandschuhe angezogen und auf den Knien liegend mit einem Handspaten eine flache Rinne am Rand ihrer blauen Zwergiris gezogen. Dann hatte sie die Knollen eine nach der anderen gepflanzt. Sie sahen aus wie geschälte Eicheln, nur winziger. «Mit den Spitzen nach oben pflanzen», stand auf einer Gebrauchsanweisung. Sie gingen im Vorfrühling auf. Die winzigen Speere ihrer Blätter würden bald zu sehen sein.

Während sie schlaflos dalag, stellte sie sich ihre weißen geäderten Wurzeln vor, ein ganzes Gewirr, das miteinander verwuchs, unter der Erde neue Sprossen bildete und die steifen Blätter entfaltete. Sie sah sich die winzigen Glöckchen, wachsweiß und gezackt, berühren und den hinreißenden Duft einatmen, den sie ausströmten, weil Louis wieder einmal geistesabwesend die Schaufel hinter sich herziehend durch ihre Rabatte gegangen und mit seinen großen unvorsichtigen Füßen auf sie getreten war.

Ihr schien, als habe sie Stunden in der Phantasie gegärtnert, als Mrs. Waldvogel endlich auf Zehenspitzen hereinschlich, ohne das Licht anzuschalten. Sita war immer noch wach.

«Schon eingeschlafen?» flüsterte die alte Frau.

Sita sah durch ihre zusammengekniffenen Augen zu, wie Mrs. Waldvogel ihr Kleid und ihren Unterrock auszog und zusammenfaltete und sich dann ein blaues Baumwollnachthemd über den Kopf zog. Sie tastete sich am Ende von Sitas Bett vorbei zu ihrem eigenen. Die Betten standen direkt nebeneinander. Mrs. Waldvogel schüttelte ihr Kissen auf und setzte sich auf ihre Bettdecke. Durch das Oberlicht fiel genügend Licht, daß Sita sie deutlich sehen konnte. Wenn die alte Frau tatsächlich eine Kannibalin war, dann war jetzt ihre Chance gekommen.

Hier liege ich also, dachte Sita, wie ein Menschenopfer aufgebahrt.

Die alte Frau schnitt ungeheure Grimassen und bleckte die Zähne. Sie waren stark, weiß, perfekt und glänzten im Flurlicht. Sitas Augen weiteten sich vor Schreck. Sie setzte sich kerzengerade auf. Aber dann nahm Mrs. Waldvogel ruhig und fachmännisch ihr Gebiß heraus und legte es in einen Plastikbecher mit Wasser.

«Sie sind ja doch noch wach», murmelte sie erfreut, als sie Sitas Blick bemerkte. Aber Sita sank zurück und drehte sich um. Lange Zeit starrte sie, bevor der Schlaf sie herunterzog, die düstere Wand ihrem Bett gegenüber an. Schon jetzt spürte sie, wie es geschah. Der Knoten in ihrer Zunge löste sich.

Die Sonne war noch kaum aufgegangen, als sie erwachte, aber schon zu dieser frühen Stunde hörte sie das hohle Murmeln des Fernsehers im Aufenthaltsraum. Sita zog sich um und ging zum Schalter. Eine neue Schwester und ein Sanitäter waren da und sahen sich über ihren Styroportassen voller Kaffee eine morgendliche Talkshow an. Sita hatte einen Zettel geschrieben.

Ich möchte meinen Mann anrufen, stand auf dem Zettel.

«Das geht wohl in Ordnung, obwohl, Sie sollen eigentlich bis sieben warten», sagte die Schwester. «Geh mit ihr runter», wies sie den Sanitäter an, einen stämmigen Jungen mit einem kurzen schwarzen Pferdeschwanz. Er lachte über einen Witz, den der Wetteransager gemacht hatte, und stand dabei auf, und in der Annahme, daß Sita stumm oder taub sei, machte er ihr übertriebene Zeichen, ihm durch den Flur zu folgen. Er schloß die Tür zum Büro auf, das Medikamente und ein Telefon enthielt. Er nahm den Hörer ab und hielt ihn ihr hin, dann schüttelte er den Kopf.

«Warten Sie mal», überlegte er, «wenn Sie nicht reden können...»

Sita riß dem Jungen den Hörer aus der Hand und hielt ihn sich ans Ohr. Sie wählte und wartete zwei Klingelzeichen lang, bis Louis sich den Weg aus dem Schlaf ertastete. Sie hörte ihn abnehmen. Noch bevor er überhaupt Hallo sagte, sprach sie.

«Hol mich hier raus!» schrie sie. «Ich bin geheilt!»

ELFTES KAPITEL
1964

Celestine James

Eines Abends ruft Mary mich an, um mir zu sagen, daß ich mir morgen nicht die Mühe machen brauche, zur Arbeit zu kommen. Dann wartet sie und hält am Telefon den Atem an, damit ich sie frage, warum nicht. Also frage ich.

«Im Laden hat's gebrannt», antwortet sie in zufriedenem Ton.

«Was!» Ich bin entsetzt.

«Keine Angst», sagt sie, «mir ist nichts passiert. Das meiste ist nur Rauchschaden. Es wimmelt hier nur so von Versicherungsgutachtern.»

«Soll ich rüberkommen?» überlege ich.

«Ich komme rüber zu euch», sagt sie.

So kommt es also, daß sie den ganzen Dezember über in meinem Haus wohnt.

Mary ist nicht allzusehr schockiert über den Schaden im Laden, denn, um die Wahrheit zu sagen, er läuft nicht mehr so gut wie damals, als Pete und Fritzie ihn geführt haben. Das ist nicht Marys Schuld. Seit der Boom mit den Zuckerrüben angefangen hat, sind Supermärkte mit dem Vorteil des Alles-unter-einem-Dach aus dem Boden geschossen. Ich kann ihre Anziehungskraft verstehen, aber Mary bezeichnet sie als Schrott. Jedenfalls ist dieses Unglück eine Gelegenheit zu renovieren. Anders hätte sie sich das nicht leisten können. Sie ist richtig aufgeregt. Die Handwerker fangen mit den Reparaturen am Metzgerladen schon an, bevor die Versicherung durch ist. Ein Loch ist durch die Räucherkammer gebrannt, und das Feuer hat sich über die inwendigen elektrischen Leitungen ausgebreitet. Mary hat Glück gehabt. Der einzige Schaden in ihrem Wohnbereich waren ein paar graue Rauchwolken, die an den Wänden aufgestiegen sind. Sie möchte aber nicht mit dem Rauch und dem Gehämmer leben und auch nicht mit dem Gips und den Männern, die durch die rückwärtigen Räume trampeln, und sagt, es sei für sie viel bequemer, sich in Russells altem Zimmer bei Dot einzuquartieren. Wenn es mir nichts ausmacht, allerdings.

«Es macht mir nichts aus», sage ich zu ihr.

Aber die Wahrheit ist, nach drei Tagen bin ich kribbelig. Ich weiß nicht, warum. Vielleicht weil Dot und ich uns an unsere alltäglichen Abläufe gewöhnt haben und Mary die Abende mit ihrer pausenlosen Berichterstattung stört. Sie ist in der Bücherei gewesen und hat wieder einmal ihr Lieblingsbuch ausgeliehen. Es ist von einem Mann namens Cheiro und handelt davon, wie man aus der Hand liest. Mary macht das schon seit Jahren, und ich habe die Nase voll davon. Ich weiß, was die Linien in meinen Händen bedeuten.

«Keine Liebe, kein Geld, keine Reise nach Hawaii», erkläre ich, als sie um einen Blick auf meine Hände bittet. «Nein danke.»

«Ich möchte nur sehen, ob diese Insel in deiner Kopflinie geschrumpft ist», sagt sie und befragt mit einem Blick ihr Buch. «Das könnte einen Gehirntumor oder einen Schicksalsschlag bedeuten.»

Wir sitzen im Vorderzimmer um den Gasofen. Ich schaue auf die blauen Kräusel in dem kleinen schraffierten Sichtfenster. Ich erkläre Mary, daß hier in den hüp-

fenden Flammen mehr Geheimnisse sind als in allen Büchern von Cheiro.

«Na schön, dann sag mir folgendes», sagt sie und
beugt sich nachdrücklich in ihrem Sessel vor. «Ein Kind
wird mit ganz bestimmten Linien in der Hand geboren.
Diesen und keinen anderen. Wie erklärst du dir das?»

Die Flammen spiegeln sich auf ihrem Gesicht wider,
das so gewöhnlich ist und doch so wild. Sie hat sich angewöhnt, jeden Tag einen anderen Turban zu tragen,
der ihr Haar bedeckt. Jetzt hat sie einen weißen auf.
Ihre schrägstehenden Augen sind von einem scharfen
Gelb, und die kleinen lila Spinnenäderchen auf ihren
Wangen haben sich wie Nähte verdunkelt. Wenn man
nicht wüßte, daß sie eine Frau ist, würde man es nie ahnen. Sie könnte der berühmte Cheiro höchstpersönlich
sein.

«Da gibt's nichts zu erklären», sage ich eigensinnig.
«Es sind doch nur Linien.»

Aber Mary hört gar nicht zu. Sie betrachtet Dots
Hand, aus der sie mindestens schon tausendmal gelesen
hat. Das ist allerdings das einzige, dessen Dot nie müde
wird. Jetzt überlegt sie, ob Mary wohl die Initialen des
Jungen herausfinden kann, den sie einmal heiraten
wird. Dot ist fast elf, aber sie ist schon mehr als einmal
sehr verliebt gewesen. Ich kann ihre Enttäuschung kaum
mit ansehen, wenn es soweit ist und sie sich wieder verknallt hat. Um auf sich aufmerksam zu machen, hat sie
sich eine laute, dröhnende Stimme zugelegt, und wie ich
ist sie groß und imponierend und hat ein breites Lachen,
bei dem sie viele Zähne zeigt. Sie verschreckt die anderen
Kinder mit ihren hitzigen Nachstellungen. Um Freunde
zu gewinnen, schlägt sie Jungen zu Boden und drückt
ihnen dann das Gesicht in den schmutzigen Schnee. Um
Freundinnen zu bekommen, bindet sie die Bänder von
den Kleidern der Mädchen an ihre eigenen. Sie zerrt sie

auf dem Spielplatz herum, bis sie versprechen, ihr ein Briefchen zu schreiben.

Die Nonnen wissen nicht, was sie mit Dot anfangen sollen, und ich weiß es auch nicht. So tue ich das Falsche und gebe ihr alles, bis nichts mehr übrigbleibt. Ich versuche, eine Mutter zu sein, wie ich niemals eine hatte, für eine Tochter, wie ich niemals eine war. Ich sehe zuviel von mir selbst in Dot. Ich weiß, wie das ist. Ich war immer für alle Jungen zu groß. Aber ich bin nie so weit gegangen, sie bewußtlos zu schlagen, wie Dot es schon getan hat.

Ich versuche, sie vor Gewalttätigkeiten und Schwärmereien zu bewahren, aber Mary stachelt sie noch an.

«Ich sehe ein S», sagt sie nachdenklich, «und dann ein kleines j. S. j., S. j.»

«Das ist er nicht», sagt Dot enttäuscht. Sie brütet über ihrer Hand, als könne ihr Blick die Linien verändern.

«Nimm deine Hausaufgaben mit in die Küche», sage ich, «und sieh zu, daß du damit fertig wirst.»

Ich spüre, wie Dot hinter meinem Rücken ein Gesicht zieht. Eltern entwickeln ein Gespür für so etwas.

«Ich helfe ihr», sagt Mary, allzuschnell. Also gehen sie nach drüben und lassen mich allein. Eine Weile höre ich sie dann kichern, während sie die Seiten von Dots Buch durchblättern. Ich habe keinen Zweifel, daß sie über mich lachen, und ich weiß, daß ich dieses Gefühl auch später noch haben werde. Mary wird in Dots Bett schlafen, und Dot wird sich auf die Liege plumpsen lassen. Während ich versuche zu schlafen, werde ich die beiden flüstern hören, aber ich werde sie nicht ermahnen, ruhig zu sein, weil ich weiß, daß Mary nicht gehorchen wird.

Das ist es, wird mir jetzt klar, während ich auf das glühende Glas schaue. Deshalb bin ich so deprimiert, seit Mary hier ist. Es ist, als hätte ich zwei aufsässige Töchter, die nicht hören wollen und mir nicht gehorchen. Ich bin in der Minderheit, die einzige Erwachsene.

Als Mary und Dot zurück ins Zimmer kommen, bin ich fest entschlossen zu fragen, wie die Arbeit an Marys Haus vorangeht, und vorzuschlagen, daß sie vielleicht bald wieder dort einzieht. Aber bevor ich auch nur den Mund aufmachen kann, verkündet Dot, sie habe ein Geheimnis, das sie eine Woche lang gehütet hat. Mary lächelt wissend, und an der Art, wie sie scharf gestikuliert, damit ich zuhöre, wird offensichtlich, daß Dot es ihr schon erzählt hat. Das ärgert mich, aber mit Mühe setze ich ein gespanntes Gesicht auf.

Wir schweigen. Dann spricht Dot mit lauter Stimme.

«Ich spiele den Joseph, den Vater vom Christkind», erklärt sie. «Wir üben schon für das Krippenspiel nächste Woche.»

Ich finde es schrecklich, daß sie mein kleines Mädchen dazu ausersehen haben, in ihrem Krippenspiel den Vater Christi zu spielen. Dann schaue ich Dot an und stelle sie mir mit einem langen grauen Bart und einem rauhen Gewand vor. Ich sehe sie den Zimmermannshammer in der Hand schwingen. Ich seufze. Ich bemühe mich zu lächeln. Es stimmt, sie wird überzeugend sein.

Dot gibt mir ein zusammengefaltetes fotokopiertes Blatt von ihrer Lehrerin, und ich lese, daß in der zweiten Dezemberwoche ein Krippenspiel stattfinden wird. Die Eltern sind eingeladen zuzuschauen und ein warmes Gericht oder einen Nachtisch für ein anschließendes buntes Buffet mitzubringen. Es folgt eine gepunktete Linie, auf die ich schreiben soll, was ich zu essen mitbringen werde. Aber sie ist schon ausgefüllt mit dem Wort *Wackelpudding*.

«Wackelpudding mit Einlage», sagt Mary, als sie meinen Blick bemerkt. Ich schaue Dot an und versuche vernünftig zu sein.

«Ich bin stolz auf dich», sage ich zu Dot. «Natürlich komme ich.»

Dann bitte ich Dot, jetzt ihren Schlafanzug anzuziehen und sich das Gesicht zu waschen. Sie sagt nein. Ich sage doch. Mary spielt den Feigling und hält sich raus. Eine Stunde später trampelt Dot, aufgeregt und befriedigt darüber, es so lange hinausgezögert zu haben, nach oben, unter lautem Absingen ihres Lieblingsweihnachtslieds, das den Kehrreim «Pa-ra-papa-pam» hat. Während ich auf ihre Schritte im oberen Flur horche, wird mir das Herz schwer. Auch wenn sie schwierig ist, bin doch ich ihre Mutter. Ich bin diejenige, die ihre Einladung zur Weihnachtsfeier unterschreiben sollte. Aber das kann ich Mary nicht sagen, weil es kleinlich und dumm aussieht, deshalb entfährt mir etwas noch Idiotischeres.

«Ich nehm an, du willst wieder deine blöden Radieschen in den Wackelpudding tun!»

Ich sage das plötzlich, mit einer krächzenden Stimme, die widerzuhallen scheint.

Marys Antwort ist ein Versuch, unschuldig zu tun. Sie meint, sie dachte, sie könne mir die Mühe sparen, wenn sie das Essen mitbrächte. Sie habe gedacht, weil ich so beschäftigt sei, würde sie ihren berühmten Wackelpudding mit Einlage machen. Ich sage aber nicht, daß ich darüber froh bin, weil es nämlich nicht ihre Angelegenheit ist. Und etwas anderes kommt noch hinzu: Sie weiß, daß ich ihren Wackelpudding mit Einlage nicht mag. Das habe ich schon oft gesagt. Sie tut Walnüsse oder Bleichselleriestückchen hinein, Makkaroni, Zwiebeln, Mini-Marshmallows oder, und das ist am schlimmsten, Radieschenscheiben.

Schon der Gedanke an ihren komischen Wackelpudding macht mich wütend. Nichts, was sie kocht, ist normal, ihre Kleieplätzchen nicht, ihre Blechkuchen nicht und auch ihre Leberaufläufe nicht. Ich will nicht, daß ihre fürchterlichen Kochkünste auf Dot zurückfallen.

«Na schön», sage ich trotzdem ganz kühl, «tu, was du willst.»

Dot kommt in einem wollenen Nachthemd munter und gewaschen die Treppe herunter. Sie ist so glücklich darüber, eine Stunde länger aufgeblieben zu sein, über ihre Starrolle und darüber, daß wir die Einladung annehmen, daß ich es nicht übers Herz bringe, ihr einen Dämpfer aufzusetzen. Aber für einen Augenblick setzt sie ihrer Freude selbst einen Dämpfer auf, und das auf überraschende Weise.

«Ich hab vergessen, euch zu sagen, wie das Stück heißt», sagt sie. «Es heißt *Der schicksalhafte Esel*.»

Und dann verändert sich plötzlich ihr Gesichtsausdruck.

«Ich kann den Esel nicht leiden», sagt sie, fast zu sich selbst.

«Dot?» sage ich.

Aber schon hat sie sich umgedreht, überraschenderweise ohne weitere Auseinandersetzungen, und ist nach oben gelaufen, um ins Bett zu steigen.

An diesem Abend halte ich Mary lange mit meinem Gerede unten fest. Ich bin immer noch wütend auf sie, und der wahre Grund, warum ich noch so lange rede, ist, sie daran zu hindern, Dot vom Schlafen abzuhalten. Ich lasse Mary erst schlafen gehen, als ihr die Augen zufallen. Sie gähnt erschöpft und kann sich kaum mehr aus ihrem Sessel nach oben schleppen.

Ich bin auch müde. Und ich weiß, daß ich, indem ich Mary abgelenkt habe, Dot ihr Problem mit dem Esel allein habe ausfechten lassen. Was für ein Problem es auch ist, ich hätte ihr helfen sollen. Ich hätte ihr nach oben hinterhergehen und sie dazu bringen sollen, mir zu sagen, was los war. Aber ich weiß, wenn ich das getan hätte, wäre Mary mir auf den Fersen gefolgt und hätte versucht, die Sache an sich zu reißen.

Das muß aufhören! denke ich beim Zubettgehen, als es im Haus still ist. Ich beschließe, daß Mary unter allen Umständen nach dem Krippenspiel wieder in ihr Haus zurückkehren muß, selbst wenn das Mißverständnisse verursachen sollte. Bis dahin will ich es ertragen, daß sie mit Dot so kindisch herumtut. Ich will versuchen zu ertragen, daß sie spätabends auf der anderen Flurseite flüstern und einander Geheimnisse erzählen. Aber nur, bis das Krippenspiel vorbei ist. Danach, beschließe ich, will ich meine Tochter wieder für mich haben.

Aber schon am nächsten Tag muß ich wieder an alle meine Vorsätze denken und mir auf die Lippen beißen. Denn Mary erzählt mir etwas über meine eigene Tochter, das ich nicht weiß, obwohl ich es erfahren hätte, wenn ich nicht am Abend vorher Mary hätte wachhalten müssen.

Wir sind im Laden. Es ist spät am Vormittag, und nachdem wir ein paar Wochen geschlossen hatten, wollen wir jetzt in wenigen Stunden wieder aufmachen. Wir haben schon angefangen, die Bestellungen für unsere Stammkunden zu richten, was mir ein gutes Zeichen zu sein scheint. Um uns her sind Reparaturarbeiten im Gang. Ich möchte die Männer mit dem Werkzeug in ihren Schürzentaschen drängen, schnell zu machen. Aber sie arbeiten schon so schnell sie können. Für mich ist ihr hektisches Gehämmer und das Winseln ihrer Bohrer eine fröhliche, emsige Musik. Für Mary ist es ein Ärgernis.

«Mir geht das auf die Nerven», sagt sie, während sie Pfund um Pfund Bratwurst abpackt.

«Je fleißiger sie arbeiten, desto schneller kannst du wieder hier zu Hause einziehen», antworte ich. Es gelingt mir nicht, einen freudigen Unterton in meiner Stimme zu unterdrücken.

«Aha», sagt Mary mit einem argwöhnischen Blick, «ich kann ja auch jederzeit ins Fox-Hotel ziehen.»

«Aber nein», antworte ich in einem Ton, der nicht echt klingen kann. «Zieh bloß nicht ins Hotel. Ich bin sicher, daß deine Gegenwart für Dot von großem Nutzen ist.»

«Ja, da bin ich auch sicher», sagt Mary und wirft mir denselben Blick aus zusammengekniffenen Augen zu, den sie bei hartnäckigen Fällen anwendet, die Kredit wollen. Aber ich will keinen Kredit. *Sie* ist in dieser Lage, *sie* will bei mir wohnen bleiben und sich Dots Liebe erschleichen. Nicht daß ich dafür kein Verständnis hätte: Mary ist allein, das weiß ich. Nur die Art, wie sie es tut, gegen die habe ich etwas. Wallace Pfef zum Beispiel hat meine Tochter auch sehr gern, aber er mischt sich niemals in unsere Angelegenheiten ein so wie Mary.

Also erwidere ich Marys stechenden Blick mit einem leeren Gesichtsausdruck, den sie nicht deuten kann, und haue auf die Summentaste der Registrierkasse. Ich addiere gerade eine Bestellung. Als ich die Summe heraushabe, hat sie sich schon wieder erholt und sich umgedreht.

«Weißt du, was das mit dem Esel auf sich hatte gestern abend?» Das fragt sie, sobald ich die Schublade zugestoßen habe. Ich möchte sie nicht um eine Erklärung bitten müssen.

Aber Mary läßt sich gar nicht erst bitten.

«Dot *liebt* den Esel. Oder jedenfalls die eine Hälfte.» Sie kräht geradezu. «Der kleine Junge, der das Vorderende spielt, ist ihr Schatz.»

«Das überrascht mich nicht», sage ich ruhig, aber tief drinnen denke ich, sie treibt mich noch zum Äußersten. Ich könnte mich zu Dingen genötigt sehen, die ich hinterher bedauern würde.

Ich wende mich von Mary ab und beginne nachzudenken. Wenn es ihr schon gelungen ist, sich so weit ins Herz meiner Tochter einzuschleichen, wo soll das hinführen? Falls Dot je fortlaufen sollte, denke ich, wird sie in die Stadt trampen und zu ihrer Tante ziehen. Was für ein Triumph für Mary! Ich werde vom *Haus der Fleisch- und Wurstwaren* gefeuert werden und Hausverbot bekommen. Ich werde mir einen Rechtsanwalt nehmen müssen, um meine Tochter zurückzubekommen. Es ist nicht fair. Ich muß streng sein und Dot anhalten, ihre Hausaufgaben zu machen. Mary hält sie spätabends noch wach und treibt Späßchen mit ihr, so daß sie am nächsten Tag in der Schule einschläft. Ich versuche Dot dazu zu bringen, dicke Bohnen zu essen und sich den Hals zu waschen. Mary liest ihr aus der Hand und erzählt ihr Lügengeschichten. Ich habe mich nach einer Mutter gesehnt, weil ich nie eine gehabt habe. Ich wäre froh gewesen um eine Mutter, die mir gesagt hätte, was ich tun soll. Aber Dot hat mich eben schon immer gehabt, egal, was war. Ich war regelmäßig da, sorgte aber nicht für Aufregung. Ich koche Hackfleischauflauf zum Abendessen, während Mary einfach auftischt, was ihr gerade unter die Finger kommt.

Eine Woche vergeht, und dann ist der Vormittag des Krippenspiels da, trostlos und kalt und mit den üblichen Warnungen vor Straßenglätte im Wetterbericht. Dot dreht fast durch vor Aufregung, ist ganz aus dem Häuschen. Sie schlingt ihr Frühstück hinunter und umarmt in einer Welle von Zärtlichkeit mich, dann Mary. Ich merke, daß Mary so gerührt und überrascht ist, daß sie keine Worte findet und nicht einmal auf Wiedersehen sagen oder Dot viel Glück wünschen kann. Dot vergißt, sich die Haare zu bürsten, und springt zur Tür hinaus, wild und widerspenstig sieht sie aus. Umarmung hin, Umarmung her, ich laufe ihr rutschend und schlitternd mit der Haarbürste nach. An der Bushaltestelle hole ich sie ein.

«Dot», sage ich, «steh mal still. So beruhige dich doch,

sonst bist du schon müde, wenn du auf die Bühne kommst.»

Ihre Wangen glühen, und ihre Augen blitzen wie Dolche. Sie hat einen alten Bademantel von Wallace und ein Paar Ledersandalen von mir in einer Papiertüte. Den Rest ihres Kostüms werden die Nonnen zur Verfügung stellen. Der Wind ist rauh. Meine Beine sind nackt. Die Straße ist spiegelglatt und von gefrorenem Schmutz gesäumt. Dot zappelt, während ich ihr das Haar bürste und Fusseln von ihrem blauen Samtmantel klaube. Der Bus rettet sie. Sobald die schmale Tür aufzischt, springt sie hinein.

«Das nächste Mal, wenn du mich siehst, bin ich *verkleidet*!» brüllt sie.

Die Gangschaltung des Busses ächzt, und Dot läuft den Gang entlang nach hinten, um sich zu den anderen, wie ich gehört habe, Unruhestiftern zu setzen. Aber sie winkt mir. Ihr Gesicht ist durch den festgebackenen Fensterstaub ein heller Lichtklecks. Der Bus schiebt sich vorsichtig die Straße hinunter, und fort ist sie. Ich gehe zurück zum Haus, mit einem festen Plan im Kopf.

Als erstes werde ich Wallace Pfef anrufen, weil an meinem Auto ein Winterreifen kaputt ist und ich heute abend bei diesem Eis eine Mitfahrgelegenheit brauche. Ich kann Mary nicht darum bitten, weil ich etwas Geheimes zum Essen mitbringe, wovon sie nichts wissen soll. Jedenfalls nicht, bis das Stück zu Ende ist und die Eltern dann hungrig nach hinten in die Aula gehen, wo die langen Lunchtische aufgestellt sind und voller zugedeckter Schüsseln stehen. Dann wird sie es entdecken. Bald genug. Denn ich habe beschlossen, etwas noch Verrückteres zu tun, als Mary sich je trauen würde. Ich habe entschieden, daß eine eifersüchtige Mutter das Recht hat, unberechenbar zu sein. Und ich habe es auch so eingerichtet, daß all die merkwürdigen Blicke in Marys Richtung gehen werden und nicht zu Dot und ihrer Mutter. Wir werden von unseren Papptellern essen, mit Wallace Pfef reden und das erstaunte Kopfgekratze und Gekicher am Tisch gar nicht beachten. Mary ihrerseits wird woanders sein. Ist mir doch egal. Ich habe nicht einmal vor, während der Aufführung neben ihr zu sitzen.

Als ich zum Haus zurückkomme, ist sie schon bereit, in die Stadt zu fahren. Ich bin froh, daß sie früh fährt. Ich nehme den Tag frei. So werde ich Zeit haben, mein besonderes Gericht für heute abend zu vollenden.

«Warte nicht auf mich», sage ich, als sie hinausgeht, «such dir nur heute abend einen Platz im Festsaal und setz dich hin. Es wird sehr voll sein.»

Sie nickt mir zu und fährt davon, wobei sie die Augen zusammenkneift, um durch das kleine Antifrostquadrat aus Plastik, das auf ihrer Windschutzscheibe klebt, sehen zu können. Ich rufe Wallace an, mache mit ihm eine Zeit aus und denke, daß jetzt alles wie am Schnürchen gehen wird. Aber natürlich geht es, wie die meisten Dinge im Leben, nicht so.

Die Turnhalle ist an diesem Abend gesteckt voll und laut. Ich trete mit Wallace und meiner mit Folie bedeckten Schüssel in das Durcheinander, aber noch bevor ich sie wohlbehalten zu den Spenden der anderen Eltern auf dem Tisch abstellen kann, kriegt Mary uns zu fassen. Sie ist aufgedonnert bis zum Gehtnichtmehr, mit einem schwarzen Turban mit Straßspange und einem neuen Rayonkleid. Der Stoff ist so ungewöhnlich, daß ich kaum die Augen davon abwenden kann. Der Untergrund ist blau, und er ist über und über mit Zeichnungen bedeckt, die von Steinzeitmenschen mit Holzkohlestökken gemalt sein könnten. Es ist eine Art Schrift, lesbar und doch bedeutungslos. Es drängt einen fast, sich nach vorn zu beugen und sie zu entziffern.

«Ich habe Plätze für uns belegt», sagt sie, «ganz vorn. Kommt, bevor sie uns jemand wegschnappt.»

«Ich finde euch schon», sage ich und stupse Pfef, mit ihr zu gehen. Glücklicherweise ist sie so darauf aus, zu den Plätzen zurückzukommen, daß sie nicht merkt, daß ich etwas zu essen mitgebracht habe. So kann ich die Schüssel unbemerkt zwischen die anderen stellen. Ich begrüße die Lehrer, die hinten stehen und die Pappbecher anordnen. Sogar Mrs. Shumway lächelt heute abend freundlich, obwohl ihre Blicke, die über die Menge huschen, sich einen Augenblick an Marys blitzende Spange heften und eine glasige Wachsamkeit annehmen.

Schließlich dränge ich mich dann zu der Stelle durch, wo Mary den Platz zwischen sich und Wallace freigelassen hat. Sie hat Wallace nichts zu sagen, seit er Dots Freund geworden ist. Außerdem gibt sie ihm die Schuld für die Zuckerrüben, die die neuen Supermarktketten hervorgebracht haben, an die sie so viel Kundschaft verloren hat. Wir schauen umher und lassen uns von der allgemeinen Aufregung anstecken. Scheinwerfer blenden in Maschendrahtfassungen. Väter heben mit aufgekrempelten Ärmeln zusätzliche Klappstühle von Seitenwagen und versorgen Großmütter in Nerzkrägelchen mit Plätzen. Vorne, an den Seiteneingängen zur Bühne, drängeln sich Nonnen in ihren schwarzen Schleiern. Die Turnhalle ist schäbig, ein Allzweckraum der Gemeinde, der für Hochzeits- und Beerdigungsessen, Haushaltssitzungen und Bingo verwendet wird. Der lila Websamtvorhang ist ein abgewetztes ausrangiertes Exemplar von der Public School. Der Holzboden quietscht und schwankt. Aber die mit Lamettafäden dekorierten Wände glitzern. Der fiebrige Lärm schwillt immer mehr an, dann, plötzlich, verstummt er, und man hört nur noch Programme rascheln. Flüsternd suchen und bewundern wir Dots Namen. Die Lichter verlöschen. Es herrscht vollkommene Stille. Dann gehen quietschend die Vorhänge auf. Der Scheinwerfer ist auf einen Jungen gerichtet, der einen gestrickten Poncho und einen riesigen Sombrero trägt, wie ihn sich Leute, die in Mexiko waren, an die Wand hängen. Dieser Junge hält eine lange traurige Rede über seinen Freund, den Esel, den er an die Leimfabrik verkaufen muß, um Essen kaufen zu können. Auf einer verdunkelten Tribüne hinter ihm beklagt ein Chor von Erstkläßlern das Schicksal des Esels.

Der Junge zieht an dem Seil, das er in den Händen gedreht hat, und der Esel stolpert aus den Kulissen. Er hat graue Hosen und Tennisschuhe an. Der Körper ist faßförmig, schief, und der Kopf aus Pappmaché baumelt herum, als sei er betrunken. Das aufgemalte grinsende Maul und die schrägstehenden schwarzumrandeten Augen verleihen ihm einen seltsam grausamen Ausdruck.

Eltern rufen ooooh und aaaah, aber ein paar sehen bestürzt aus. Der Esel ist ein unerfreuliches Geschöpf. Sein gefärbtes Fell aus Sackleinen und Decken wirkt mottenzerfressen. Ein Ohr ist lang und eins ist kurz. Mary dürfte der einzige Mensch in der ganzen Menge sein, der den Esel süß findet. «Ach guck doch nur, wie er tänzelt», flüstert sie mir ins Ohr.

Ihre tatarischen Augen schimmern weich; sie beißt sich auf die Lippen. Ihre Handschuhe sind zu einem strammen Ball zusammengeknäuelt, wie ein Paar Sokken. Sie lächelt, als der Junge und sein Esel sich auf den langen Weg zur Leimfabrik machen. Tragik, ihr Lieblingselement, liegt in der Luft. Ihre Augen blitzen, als der Chor klagt.

«Amigos! Wir sind Amigos!» ruft der Junge unter seinem Sombrero. Dann beginnen sie langsam über die Bühne zu wandern. Sie weinen. Doch bevor sie die Leimfabrik erreichen, tritt der heilige Joseph auf.

Mein Herz tut einen Sprung. Ich habe solche Angst,

daß sie stolpern oder das Falsche sagen wird. Aber sie macht alles richtig.

Sie hat einen langen, mit Farbe besprühten Wattebart um, ein Stück altes Polstermaterial auf den Kopf gebunden und trägt den braunen Frottee-Bademantel, den Wallace ihr geliehen hat. Meine Sommersandalen sehen biblisch an ihr aus. Wie in meiner Vorstellung hat sie einen Hammer aus Holz in der Hand. Mary nickt stolz, und ich ahne, daß der Hammer ihr alter Schafhammer ist. Das gefällt mir gar nicht. Der heilige Joseph sollte ein Bauwerkzeug tragen, finde ich, nicht ein Instrument des Todes. Dot sieht, vielleicht wegen des Hammers, unerbittlicher aus als die sanften Kirchenstatuen und auch kraftvoller. Ich glaube an ihren heiligen Joseph, auch wenn sie meine Tochter ist. Der Esel macht sich von der Seite mit seinem bösen, dümmlichen Grinsen an sie heran. Sie steht vor ihm, die Beine weit gespreizt, auf den Fußballen balancierend. Alles, was ich von dem Jungen, den sie laut Mary angeblich liebt, sehe, sind die grauen Cordknie und zerschlissene schwarze Schuhe. Dot faßt den Esel um den Hals, und einen Augenblick lang zucken die grauen Beine in der Luft. Dann setzt sie den Esel wieder ab und richtet an den Amigo des Esels ihre Zeilen.

«Señor, wo geht Ihr mit diesem Esel hin?»

«Ich muß ihn an die Leimfabrik verkaufen, denn meine Familie hungert», sagt der Junge traurig.

«Vielleicht kann ich Euch helfen», sagt Dot. «Meine Frau Maria, ich selbst und unser kleiner Sohn Jesus wollen vor König Herodes fliehen. Meine Frau könnte auf diesem Esel reiten, wenn Ihr ihn verkaufen würdet.»

«Gern verkaufe ich meinen Esel, um Euch zu helfen!» ruft der Junge. «Dann wird er nicht getötet werden!»

«Natürlich nicht», sagt Dot. «Wir wollen nur mit ihm durch die Wüste nach Ägypten reiten.»

Sie entnimmt ihrer Bademanteltasche einige große

Münzen aus zusammengedrückter Aluminiumfolie und gibt sie dem Jungen.

Und so geschieht es, der Handel ist abgeschlossen. Der schicksalhafte Esel gehört damit Dot, die jetzt versucht, sein gefletschtes Papiermaché-Maul zu streicheln. Aber hier ereignet sich der Zwischenfall, von dem ich später hoffe, daß er im Gemüt meiner Tochter keine Wunde fürs Leben schlagen wird. Der Esel scheut. Ob das im Stück drinsteht? Zweifelnd streife ich Wallace mit einem Blick, dann Mary. Aber Wallace zuckt die Achseln, und Marys Blick verengt sich zu einem Blitzlichtstrahl böser Vorahnungen.

«Komm mit, kleiner Esel», sagte der heilige Joseph durch zusammengebissene Zähne. Sie zerrt, vielleicht ein wenig grob, an dem Strick um seinen Hals. Plötzlich schlängelt sich eine Hand vorn aus dem Hals des Esels und reißt dem heiligen Joseph den Strick aus der erstaunten Faust.

Meine Hände fliegen hilflos hoch, als könnten sie das alles aufhalten. Aber zu spät.

Das Publikum kichert, ein paar laute Männer brechen in schallendes Gelächter aus, und der heilige Joseph hört das Publikum, wie es über ihn lacht! Er reißt den Strick wieder an sich. Von neuem schiebt sich die Hand aus dem Esel, und diesmal zieht sie dem heiligen Joseph den Watteflaum vom Kinn.

Dots Arm erstarrt. Ich spüre es. Ihr Gesicht wird rot vor Wut, lila, weiß, und dann hebt sie den Hammer, und zwar hoch. Ich weiß, was passieren wird. Das Publikum hält den Atem an. Dann läßt sie ihn geradewegs, wie ein Standgericht, auf den Pappdeckel-Kopf des Tieres heruntersausen.

Der vordere Teil des Esels fällt hin. Der Kopf fliegt ab, zerschmettert. Das letzte, was wir von dieser Szene sehen, ist der heilige Joseph, der in verbrecherischem

Triumph mit fest umklammertem Holzhammer über dem reglosen Körper eines flachshaarigen Jungen steht.

Der Vorhang hat sich geschlossen, und unruhige Verwirrung packt das Publikum. Eine dicke, blonde hysterische Frau eilt durch den Mittelgang, zweifellos die Mutter des zu Boden gestreckten Vorderteils des Esels. Ich sitze wie angewurzelt da.

«Komm!» zischt Mary und klemmt sich die Handtasche unter den Ellbogen. «Sonst lassen die Nonnen es an ihr aus!»

Wir überlassen Wallace die Stühle und finden die Seitentür zur Bühne. Wir schlüpfen durch den Vorhang hinter die Bühne. Engel und Hirten stehen in entsetzten Grüppchen beisammen. Die Jungfrau Maria hat ihren Schleier abgerissen und schluchzt in einer Ecke. Die bemalten hölzernen Silhouetten von Schafen und Rindern starren in dümmlicher Verblüffung.

«Wo ist Dot?» Marys Stimme dröhnt. Alle fahren zusammen.

«Sie ist zur Hintertür aus der Turnhalle rausgelaufen», sagt eine der Nonnen mit zusammengekniffenem Mund.

«Dann schicken Sie eine Suchmannschaft los!» sagt Mary. «Sie ist barfuß, in dem Schnee!»

Aber auf ihre Worte hin bildet sich keine Suchmannschaft.

Ich fasse Mary am Ellbogen und steuere sie zum Hinterausgang hinaus.

«Wir nehmen deinen Wagen und schauen nach ihr», sage ich, «und mach dir nur keine Sorgen. Sie hat bestimmt Stiefel angezogen.»

Wir fahren langsam die Straßen von Argus auf und ab. Es gibt so viele neue Straßen, daß wir manchmal kaum wissen, wo wir sind. Wir fahren zurück, steigen bei Mary kurz aus und fahren schließlich die ganze Strecke bis nach Hause, wo wir Dot in eine Decke gewickelt auf dem Couchtisch im Wohnzimmer sitzen finden, die nackten Füße vor der Heizspirale. Die roten Stiefel, die sie sich zum Anziehen genommen hat, trocknen auf einer Plastikmatte.

«Mädchen!» rufe ich erleichtert und gehe auf sie zu, aber Mary ist zuerst dort.

«Warte», sagt Mary und hält mich zurück. «Sie hat was.»

Natürlich, Dot frißt etwas in sich hinein. Sie sitzt da, ihren Schauspielerbart an sich gedrückt, zitternd vor Kälte oder vielleicht nur, weil sie sich so fest umfaßt hält. Geschlagen und in eine Decke gehüllt, sieht sie merkwürdigerweise aus wie ein gewöhnlicher Mann mittleren Alters. Ihr Gesicht ist blaß, vor Kummer verzogen, und ihre blauen Augen sind entrückt und, da ausnahmsweise jede Spur von Wut darin fehlt, befremdlich.

«Dot!» sage ich und breite die Arme aus.

Sie zögert, möchte gern kommen, gesteht es sich aber nicht zu, will mir nicht ins Gesicht sehen, aber sie kommt langsam zu mir. Zwischen uns steht jedoch Mary im Weg. Mary geht mit einem steifen Knarren in die Knie, schießt dann plötzlich und heftig vor und packt meine Tochter mit einem Würgegriff quer über die Brust und den Hals. In diesem Moment ist es mir sogar egal, daß es Mary ist, die sie nun in den Armen hält, denn ich spüre nur Dots Traurigkeit. Doch plötzlich wirft Dot sich mir in die Arme, trampelt dabei wie ein Stier über Mary weg und stößt sie um, daß sie in einem Haufen schwarzer Schriftzeichen auf dem Boden landet. Dann poltert sie die Treppe hinauf. Die Tür zu ihrem Zimmer knallt zu.

Mary ist beim Umfallen so heftig auf dem Boden aufgeschlagen, daß ich einen kleinen Moment innehalte, um ihr zu helfen. Aber sie hat sich nichts getan und versucht perverserweise sogar entzückt dreinzusehen angesichts

296

dessen, was Dot getan hat. Sie schiebt meine hilfreichen Hände beiseite und stemmt sich hoch.

«Typisch mein Mädel», sagt sie und rückt sich den Turban zurecht.

Ich gehe nach oben.

«Dot», sage ich und klopfe an die Tür.

Nach einer Weile höre ich ihre erstickte Stimme und trete ein. Ich setze mich in der Dunkelheit zu ihr auf die Liege, auf die sie sich geworfen hat, und lasse langsam und wie zufällig die Arme um sie gleiten. Sie rührt sich nicht, aber sie ist angespannt wie ein verschrecktes Tier, bereit, nach der Hand des Herrchens zu schnappen oder sich an sie zu schmiegen. Ich lege meine Hände auf sie, mache die Handflächen flach, so daß ich Dot zentimeterweise berühre. Als ich die Hände bewege, Dot meine Finger ins Haar drücke, seitlich an ihrem Hals entlangstreichle, schüttelt sie mich fast ab. Aber sie schafft es nicht, der Kampfgeist hat sie verlassen, und sie braucht mich zu sehr, um noch Widerstand zu leisten, als ich sie dicht heranhole. Ihr schwerer Kopf fällt gegen mich, salzig und nach saurer Wolle riechend. Ihre Schultern beben, aber ich merke erst, daß sie weint, als mein Rock feucht an meinen Oberschenkeln klebt und sie rauh und tief ausatmet.

Es dauert so lange, bis sie wieder Atem schöpft, daß ich sie fast erschrocken schüttle. Aber sie ist nur eingeschlafen, und jetzt kann nichts mehr sie stören. Ich stehe nicht auf, auch wenn meine Arme taub werden und Mary drunten wartet. Ich gehe nicht weg, als sie sich in ihrem ersten Traum herumwirft und sich noch schwerer gegen mich lehnt. Ich sitze vollkommen still.

Dann entspannen sich ihre Finger, so, als sickere Sand heraus, und sie kommt mir leichter vor. Der Heizkörper zittert in der Zimmerecke. Dots Zimmer riecht nach den Nestern aus Schuhen und Socken, die sie diese Woche gemacht hat. Es riecht nach der schimmligen Füllung ihrer abgeschabten und mißhandelten Puppen und nach dem Sägemehl, in dem sich ihre Hamster verstecken. Es riecht nach dem Öl, mit dem sie ihren Softball-Handschuh einreibt, nach dem Fliederwasser, das sie sich ins Haar kippt. Es riecht nach dem kalten Sand zwischen dem Fenster und dem Fensterbrett. Es riecht nach Dot, ein reiner und bitterer Geruch wie junge Rinde, den ich überall erkennen würde.

Ich schlafe ein, während ich in Frieden dasitze, und als ich aufwache, weiß ich nicht, wie spät es ist. Ich gehe nach unten und sehe, daß Mary vor der Gasheizung sitzt. Sie hält ein Butterbrot in der einen Hand und einen Becher dünnen Kaffee in der anderen. Die Uhr zeigt Mitternacht.

«Ich habe eine Kanne voll gemacht.» Sie zeigt zur Küche. «Hol dir auch welchen.»

Ich tue es, und eine Weile sitzen wir kauend und schluckend wortlos da.

«Wallace muß dortgeblieben sein, um mit den Eltern zu reden», sage ich schließlich. «Wahrscheinlich haben die Nonnen die Situation noch irgendwie gerettet.»

«Der Kleine hat es verdient», sagt Mary. «So ein Arsch von einem Esel!»

Ich stimme ihr zu. Mary stellt Vermutungen an, daß er vielleicht neu hier ist, eins von den Kindern, die in der großen Reihenhaussiedlung wohnen, die allgemein unter dem Namen Kartenhausfeld bekannt ist. Ich erkläre ihr, daß Kinder schon seit eh und je ihre Momente der Grausamkeit gehabt haben und daß das auch wieder vorbeigeht. Sie fängt an, über das Abendessen zu reden, darüber, wie jetzt wohl alle nach hinten strömen, ihre Teller füllen und sich über ihren speziell kreierten Wackelpudding unterhalten. Sie hat ein Rezept gefunden, das sie noch nie ausprobiert hat. Ich träume und schlafe schon fast, nachdem ich bei Dot gesessen habe, und deshalb erzähle ich ihr, ohne etwas dabei zu denken, von der Speise, die ich mitgebracht habe.

«Hast du gemerkt, daß ich noch etwas ganz Besonderes mitgebracht habe?» frage ich.

«Nein», sagt sie. Sie fragt nicht einmal, was es war. Ich lege die Hand auf ihren Sessel.

«Hör doch mal eine Sekunde zu», sage ich. «Dein Name stand drauf.»

«Mein Name?» Sie ist interessiert.

«Ich habe ihn mit Klebeband unten auf die Schüssel geklebt», berichte ich, «obwohl ich das Gericht selbst zubereitet habe.»

Jetzt ist sie still und neugierig.

«Was war drin?» fragt sie.

«Ich habe einen Wackelpudding mit Einlage gemacht.»

«Ach ja?» sagt sie. «Was für einen?»

«Den mit den Schrauben und Muttern drin», sage ich, «und dazu alle möglichen Dichtungsringe. Für die besonderen Zutaten habe ich Russells Werkzeugkiste geplündert.»

Ihre Pupillen werden hart wie Stecknadelspitzen. Sie richtet einen langen Blick auf mein Gesicht. Dann dreht sie sich weg und bläst auf ihren Kaffee, wie um ihn abzukühlen. Ich erwarte, daß sie jeden Augenblick loslacht und den Witz daran versteht. Ich erwarte von ihr alles andere als das, was wirklich passiert. Denn sie sagt keinen Ton. Ihre Schultern sacken nach unten, und ihr Rücken gibt nach. Und dann lese ich schließlich in den merkwürdigen Schriftzeichen ihres Kleides, daß sie verletzt ist. Sie würde das niemals zugeben, das weiß ich, aber Mary hat sich noch mehr als ich gewünscht, daß dieser Abend erfolgreich verläuft. Sie hätte gern hier und dort von den warmen Gerichten probiert und dann darüber gesprochen. Sie hätte gern mit der Hauptrolle ihrer Nichte großgetan. Es war das erste Mal, daß sie so sehr in Dots Leben einbezogen gewesen war, und wahrscheinlich wird es auch das letzte Mal sein, falls nicht ein Sturm über den Laden fegt und ihn dem Erdboden gleichmacht. Sie hat keinen Grund mehr hierzubleiben, gerade jetzt nicht mehr.

«Ich gehe», sagt sie. «Ich habe den Laden noch nicht abgeschlossen, und die Hunde sind noch draußen.»

Sie zieht ihren Mantel an und geht zur Tür hinaus. Ich bleibe allein im Eingang stehen, als ihre Scheinwerfer in die Dunkelheit tauchen. Ich mache mir eigentlich fast nie Gedanken über Marys Gefühle, aber jetzt tue ich es. Ich stelle sie mir vor, allein in der zitternden Höhle ihres Fahrzeugs. Sie hat dünne, feine Handschuhe angehabt für das Theater, und jetzt ist die Nacht so kalt, daß sie immer nur mit einer Hand das Steuer halten kann. Während sie fährt, haucht sie sich in die andere Hand, um sie zu wärmen. Dann wechselt sie die Hände. Es sind drei Meilen von meinem Haus bis Argus, und die Straße ist schlecht. Ich sehe zu, wie Marys Auto sich vorsichtig die gefährlich überfrorenen Kiesfurchen entlangbewegt. An der Kreuzung in der Ferne zittern ihre roten Rücklichter und blinken dann aus.

Vogelshow

Schon seit Tagen warnten Adelaides Schweigen und der brütende Blick, den sie den regennassen Blättern vor dem winzigen Fenster ihres Schlafzimmers zuwarf, Omar, daß sich bei ihr ein Wutausbruch anbahnte. Ihr Zorn hatte nichts mit ihm zu tun. Er staute sich regelmäßig an wie Wasser, und es nutzte nichts, zu versuchen, ihn aufzuhalten. Wenn sie ihn losließ, ging Omar ihr aus dem Weg und ließ sie auf Tische und Stühle schlagen, ließ sie gegen Fliegengitter treten und trommeln und sie verfluchen und ließ Adelaide kaputtschlagen, was immer ihr Frieden brachte.

In blauer Dunkelheit wachte er auf und stellte fest, daß sie aus ihrem gemeinsamen Bett verschwunden war, und er schlich sich nach unten, um ihre Laune auszuspähen. Sie saß mit einer Tasse Kakao an ihrem Küchentisch. Adelaides Haut war mit dem Alter papierweiß geworden und auch ihr Haar, ein Heiligenschein, der wie elektrisiert nach außen stand. Ihr Hals und ihre schlanke Taille waren geschmeidig geblieben. Ihr Griff war schnell und hart. Sie sprach abgehackt, und ihre Augen strahlten ein kühles, schroffes Licht aus, das die Besucher, die kamen, um ihre Vögel anzusehen, einschüchterte. Jetzt bauschte sich ihr Morgenrock in einer weißen Woge um sie, und Adelaide stocherte mit einem gespitzten Bleistift an einem jadegrünen Pflänzchen in einem Blumentopf herum. Omar beobachtete sie einen Augenblick lang, dann zog er sich wieder nach oben zurück, kleidete sich an und stieg über die Feuerleiter hinunter.

Draußen stieg der Dampf vom Gras auf, und die Palmen waren graublau und lebendig und fröstelten in den Winden, die sich in der Morgendämmerung regten. Die ersten erwachenden Vögel begannen ihre Klage und warfen sich in der Drahtkuppel hin und her. Sie hingen einen Flügelschlag lang in der Luft und fielen dann mit zwei oder drei Flatterschlägen, je nach Flügelspannweite, zur anderen Seite. Jeden Morgen mußten sie die Grenzen ihres Quartiers erforschen und sich von neuem über dessen Form klarwerden, bevor sie zur Ruhe kommen konnten, um zu singen und zu futtern. Ihre Gehirne waren winzig, von der Größe eines Uhrwerks, akkurat, aber dumm. Sie konnten nicht einen einzigen Gedanken über Nacht im Kopf behalten.

Als Omar in das große silberne Gehege trat, das durch die Palmen glitzerte und Besucher aus den nahen Erholungsorten anzog, wirbelten alle Vögel auf, warfen die Krallen aus und schlugen die Luft in Kreisen, dann ließen sie sich nieder, um an den abgestorbenen Baumstämmen, die in den Beton gepflanzt waren, ihre Schnäbel zu wetzen. Die gewölbten Rippen des Käfigs strebten schwarz zu dem perlgrauen Himmel auf. Auf der anderen Seite des Gartens legte Adelaide los. Er sah sich nicht um, aber ihr wortloser Schrei traf ihn in den Eingeweiden. Draußen im Boot banden seine Freunde, mit denen er schleppnetzfischte, manchmal zwei Fische, die nichts taugten, aneinander und warfen sie für die Möwen hinaus, um dann zuzusehen, wie die Vögel die Fische schnappten und sich in verwirrtem Schrecken selbst umbrachten, durch die Eingeweide aneinandergefesselt. Zu Zeiten wie diesen waren er und Adelaide genauso tückisch miteinander verbunden. Er spürte ihren Schmerz, als sei er in ihm selbst, aber er konnte nichts tun.

Er ging durch das Kuppelgehege nach hinten zum Futterraum. Die Vögel kannten den Ablauf und versammelten sich, mit glänzenden Augen wie Schlangen. Sie mußten mehr als ihr eigenes Gewicht fressen, und ihre morgendliche Hektik war unerfreulich anzusehen, auch wenn dies die einzige Zeit war, zu der sie intelligent schienen. Ihre Köpfe schossen gierig auf und nieder wie Kolben, und ihre Schnäbel spießten Stückchen von Obst und Talg auf. Als er sich abwandte, hörte Omar, wie im Haus in langen, silbernen, gedämpften Wellen Glas zu bersten begann. Adelaide fegte Ziergegenstände von Regalen herunter, oder vielleicht hatte sie das Küchenregal mit den Weingläsern heruntergezogen. Sie verletzte sich selbst nie, und es gab eigentlich keinen Grund, sie davon abzuhalten. Glas war billig, und der nächste Nachbar war eine Viertelmeile entfernt. Es war die Warterei, die Omar bedrückte.

Um sich die Zeit zu vertreiben, stellte er sich vor, was sie tun würden, wenn Adelaide wieder zu sich gekommen war. Er sah sich selbst und sie, wie sie sich im Vorgarten hinter dem Jacarandabaum an den Händen hielten und über die blöde Äußerung eines Kunden lachten. Er sah, wie sie ihn beim Kartenspielen besiegte und wie sie das ganze Kartenspiel in einem Fächer hinwarf. Sie fand auf ihrer Einfahrt einen flachen glitzernden Stein und hielt ihn gegen seine Wange. Sie sah ihm in die Augen. Gab ihm ein Stück Seife. Einen Schnitz von einer reifen Orange. Eine Zeitung. Er sah sie beide schlafen, in ihrem Bett mit der Kuhle, eng aneinandergeschmiegt.

Das Haus wuchs riesenhaft angesichts der Stille, und er stand auf, um hineinzugehen. Die Vögel, seiner nicht mehr gewahr, sprachen jetzt miteinander. Der Himmel hing tief und undurchdringlich, die Hitze war schon jetzt drückend und der Regen ein unsichtbarer warmer Wasserschleier. Er hörte das Geräusch von Adelaides Besen und wartete vor der Tür, bis die Schaufel melodiös zweimal überfloß. Dann ging er hinein. Sie stand in der Mitte des Küchenbodens, die Füße blutbeschmiert. Ihr Haar war straff in eine gebogene Stahlspange nach hinten gekämmt, und die Kumuluswölkchen ihres weißen Mor-

genrocks hingen schlaff herunter. Ihre Lippen waren zu-
sammengepreßt und blaß, und ihre erschöpften Augen
hielten seinem Blick erschreckt stand. Sie nahm eine Kaf-
feetasse in die Hand, goß sie zittrig voll, und er streckte
die Hand aus, um sie ihr abzunehmen, bevor sie etwas
verschüttete.

ZWÖLFTES KAPITEL
1964

Wallace Pfef

Sie liebten Dot zu sehr, und als Strafe für diese Sünde machte sie ihnen das Leben schwer. Manchmal war es, als seien die schlimmsten Charakterzüge der Familie sämtlich in ihr zusammengekommen – Marys dickköpfiges, kurz angebundenes Wesen, Sitas Eitelkeit, Celestines gelegentliche Härte, Karls Verantwortungslosigkeit. Ich regte mich wahnsinnig auf, ging Celestine und Dot monatelang aus dem Weg und wurde dann doch wieder weich. Dot hatte eine Eigenschaft, die mich immer wieder anzog.

Sie fürchtete sich vor nichts. Nicht vor der Dunkelheit, nicht vor großen Höhen noch vor irgendwelchen Reptilien. Sie sprang von hohen Sprungbrettern, stieg auf meine Leitern, marschierte durch die Nacht, als ob sie ihr gehörte. Sie zeigte mir Marmeladegläser voller ekliger Geschöpfe, die sie stundenlang liebevoll beobachtete – Nacktschnecken und Raupen, sogar eine gelbe Spinne und schwarze Schlangen mit orangeroten Längsstreifen über dem ganzen Körper. Sie hielt auch noch andere Kleintiere. Im Sommer verströmte sie den Heuduft der gepreßten Luzernekügelchen, mit denen sie ihre Kaninchen fütterte, und den fauligen Geruch des Schildkrötenfutters. Aber sie war freundlicher zu ihren stummen Tieren als zu ihrer Mutter und ihrer Tante.

Die ließ sie verhungern.

Ich glaube, Dots Verhalten war teilweise das Ergebnis von Celestines und Marys Gezänk. Manchmal dachte ich, die Reibung zwischen den beiden Frauen würde Dot zu Staub zermahlen, aber statt dessen verhärtete sie sich zwischen ihnen und wurde zäh. Mit fünf stand sie ehern im Hof, stemmte die Hände in die Hüften und schrie die Katzen an. Als sie zehn war, konnte sie einen vollen Arbeitstag durchhalten, wenn sie nur wollte.

Manchmal kam Dot nachmittags herüber, angeblich, um die Spiräen und die blühenden Holzapfelbäume zu beschneiden oder das frischgemähte Gras zusammenzurechen. Ich war mit der Zuckerrübe zu Wohlstand gekommen. Die Ländereien, die ich aufgekauft hatte, erzielten Rekordpreise, als die Rüben soweit waren, und ich war Teilhaber der neuen Zuckerraffinerie. Ich konnte es mir leisten, im Garten zu pusseln. Sie sah mir dabei zu und probierte mein Handwerkszeug aus. Sie hämmerte ums Leben gern, und alles war ihren kräftigen Schlägen ausgeliefert: Fußböden, Töpfe, Tische, Wände. Ich überredete sie, ein Vogelhäuschen zu bauen, das gewaltig ausfiel, windschief und groß genug für eine ganze Hundemeute. Wir montierten auch noch eine Dachrinne und nagelten eine Pergola zusammen.

Das Netteste, was sie mir je gemacht hat, das einzige Geschenk von ihr, an das ich mich erinnere, war ein Eierkarton, der mit säuberlich in der Mitte aufgebrochenen Eierschalen gefüllt war. Jede Eierschale enthielt einen Teelöffel Erde und, wie sie mir versicherte, einen Überraschungssamen, der wachsen würde, wenn ich ihn gewissenhaft gösse. Ich stellte meinen Karton auf die Fensterbank, goß, und ein paar Samen keimten tatsächlich. Sie schoben zerbrechliche gespaltene Triebe nach oben, die verblaßten und vertrockneten, noch bevor ich erkennen konnte, was es war.

Ich war stolz darauf, daß Dot zuerst zu mir kam, als sie von zu Hause ausriß. Irgendwann einmal fand ich sie, zusammengerollt, erschöpft und dösend, oben an meiner Kellertreppe, und ich setzte mich neben sie. Sie war barfuß und hatte Sommershorts an. Sie hatte sich in einen alten grauen Gartenpullover gewickelt, den ich unten an einem Nagel hängen hatte.

«Ich reiße aus», sagte sie. «Ich habe sogar einen Brief hinterlassen.»

«Warum?»

«Ich will zu meinem Dad ziehen.»

«Na komm», sagte ich mit beruhigender Stimme, «nun erzähl es mal dem Onkel Wallace, und der macht dann alles wieder gut.»

Dots Augen weiteten sich und verschossen Strahlen brennender Verachtung.

«Es ist alles gut. Er schickt mir Sachen», sagte sie, «tolle Sachen, wie Seife. Er schickt mir Busfahrpläne und Puppenarmbanduhren. Ich fehle ihm, und er ist nicht das, was Tante Mary sagt.»

«Was sagt Tante Mary denn?»

«Ein Tagedieb.»

Ich zögerte. Früher einmal hätte ich Karl verteidigt. Ich brauchte einige Sekunden, um zu merken, daß meine Loyalitäten sich über die Jahre verschoben hatten, daß es geschehen war ohne ein Wort zu mir selbst, ohne daß ich es mir eingestand.

«So würde ich das nicht gerade sagen.» Damit zog ich mich aus der Schlinge.

Sie betrachtete das als Zustimmung.

«Ich weiß schon», sagte sie. «Wenn er ein Tagedieb wäre, wo hätte er dann den großen Rollstuhl her? Ein Tagedieb könnte gar nicht an so was rankommen.»

«Das stimmt», sagte ich, während mir das lächerliche Geschenk einfiel.

Dot dachte argwöhnisch darüber nach.

«Weißt du», sagte sie schließlich und reckte das Kinn in meine Richtung, «die ganzen Streichhölzer in meiner Sammlung? Die sind fast alle aus weit entfernten Städten. Manchmal schickt er welche aus Iowa und Minnesota, aber fast nie. Er ist in der Welt herumgekommen!»

Ihre Behauptung wirkte nicht überzeugend, nicht einmal für ihre eigenen Ohren. Ich merkte es an der Art, wie sie sich abwandte, unfähig, meinem Blick standzuhalten.

«Dot», sagte ich, «komm mit nach oben, dann mach ich dir ein schönes Brot zurecht. Käsetoast mit Thunfisch?»

Sie kam mit, ließ sich aber von ihrem Vorhaben durch keine ihrer Lieblingsspeisen ablenken, nicht einmal durch die Plätzchen namens Mystic Mint, die sie so gern mochte. Ich hatte immer eine Schachtel davon für sie im Eis. Wir mochten sie beide gefroren lieber. Sie ließ mich eine Handvoll davon in eine Plastiktüte packen, die wollte sie mit auf die Reise nehmen. Erst als ich sie fragte, wo sie glaubte, Karl finden zu können, hörte sie auf, von der strahlenden Zukunft zu schwärmen und von den Dingen, die sie zusammen sehen würden. Und dann dauerte es noch einmal eine Weile, bis sie mich Celestine anrufen ließ.

«Weißt du was», sagte ich zu Dot, nachdem ich aufgelegt hatte, «du solltest ihn vergessen.»

Sie legte ihr Brot hin und sah mich feindselig an.

«Wieso denn?»

Ich holte tief Atem. Mein Herz klopfte, blödsinnigerweise, aber der Gedanke an Karl machte es gerade in diesem Augenblick schwer, normal zu atmen. Etwas war passiert in der langen Zeit, während der ich es mir nicht gestattet hatte, an ihn zu denken. Unüberprüft, ungelüftet können Gefühle sich verändern, zu Fetzen

verrotten oder Gift ausbrüten. Ich hörte mich überraschende Sachen sagen.

«Er ist schlimmer als ein Tagedieb», erklärte ich Dot.
«Er hat deine Mutter in andere Umstände gebracht und
ist dann davongelaufen. Er hat Geld von mir gestohlen,
und dann ging er zu Tante Sita, ließ sich ein Almosen
geben, brachte sie ins Irrenhaus und verschwand. Er versucht, Sachen zu verkaufen, aber es läuft nicht. Er trinkt
und lügt, schafft es nicht, sich seinen Lebensunterhalt zu
verdienen, legt die Leute rein und hält sie zum Narren.
Er ist ein Nichts... er hat meinen Hund getreten.»

Ich hielt inne, außer Atem, erstaunt und angewidert.
Doch ich hätte keine Bedenken zu haben brauchen, denn
Dots ganzes Gesicht leuchtete. Sie war von meinen Worten hingerissen, war bereit, loszustürmen und ihn zu suchen.

«Und», sagte ich und nahm in meiner Verzweiflung
eine Lüge zur Hilfe, die einzige übrigens, «er haßt Kinder.»

«Mich nicht», schrie Dot, sprang aus dem Stuhl und
stampfte in einem Tanz auf, der sich zur Ekstase steigerte. «Mich nicht! Mich nicht! Mich nicht!»

Ich hatte den schrecklichen Drang, ihr den Arm um-
zudrehen, sie anzuherrschen, ihren Traum zu zerstören.
Doch, dich auch, hätte ich so gern gesagt, vor allem
dich!

Aber natürlich ging ich nicht soweit. Celestine stand
an der Tür. Sie kam hereingeplatzt, schoß durchs Haus
wie ein Güterzug, fast in Tränen aufgelöst. Wenn ich
nicht so bekümmert über mich selbst gewesen wäre,
hätte mich das gerührt. Doch dann lernte ich im Laufe
der Zeit die Lektion, die Eltern schon sehr früh lernen:
Manchmal versagt man. Egal, wie sehr man seine Kinder
liebt, es gibt Zeiten, in denen einem Ausrutscher unterlaufen. Es gibt Augenblicke, wo man stottert, wo man

nicht geben kann, wo man die Beherrschung verliert oder einfach vor der Welt das Gesicht verliert, und das kann man einem Kind nicht erklären.

Es war ein Jahr, in dem so viel anderes seinen Anfang nahm, Dinge von größerer und schrecklicherer Bedeutung. In Übersee braute sich ein Krieg zusammen, es schien, als wolle der Tod sich an die Helden unseres Volkes heranpirschen. Auch der Regierung konnte man nicht trauen, nicht einmal hier zu Hause. Bei uns in North Dakota hielten Raketen Einzug in eine Reihe von unterirdischen Silos, die kein Getreide speicherten. Und in der Stadt selbst war der Teufel los vor lauter Bauen und Planen. Unseren Stadtplanern gingen schon die gängigen Straßennamen aus, und sie hatten angefangen, Sackgassen nach ihren Ehefrauen und Kindern zu benennen.

Aber trotz allem, was da draußen vor sich ging, sticht dieses Jahr hervor als dasjenige, in dem ich Dot gegenüber versagt habe.

Weihnachten ist schwer für einen alleinstehenden Mann. Ich wurde immer von irgend jemandem zum Festessen in die Familie einbezogen, aber dann mußte ich nach Hause gehen. Es war die Jahreszeit, in der ich mich am leersten fühlte und mir am meisten leid tat. Bücher lenkten mich nur kurze Zeit ab, das Fernsehen machte alles noch schlimmer mit seinen Weihnachtssendungen, den in Samt gekleideten Filmstars, die Weihnachtslieder sangen und in dicke weiße Pelze eingehüllt Schlittenfahrten machten. Das einzige Ereignis, auf das ich mich in diesem Jahr wirklich freute, war, Dot als den heiligen Joseph im Krippenspiel zu sehen. Sie hatte mich persönlich eingeladen und sich sogar einen alten Bademantel ausgeliehen, den ich bei mir hängen hatte. Man hätte denken können, sie spiele statt des heiligen Joseph das Jesuskind persönlich, so stolz war sie. Sie bekam die Rolle nicht nur wegen ihrer Größe, sondern auch wegen ihrer Stimme. Sie hatte ihre Stimmbänder stark entwickelt, als sie den Sommer über für ihr Baseballteam draußen auf dem Feld den Anfeuerungschor spielte, indem sie wie eine aufgeregte Heuschrecke «Hmm baby» und «Hey battah, hey battah, hey battah» dröhnte. Ich konnte mich nicht erinnern, daß der heilige Joseph in Krippenspielen sonderlich viel zu sagen hat, aber Dot behauptete, sie hätte zwanzig Zeilen. Ich freute mich also auf den Abend der Vorstellung, war glücklich, als der Abend da war, und summte Weihnachtsmelodien von Burl Ives vor mich hin, als ich losfuhr, um Celestine abzuholen. Ich war nicht im geringsten auf die Katastrophe vorbereitet.

Ich spreche von der privaten Katastrophe, meiner eigenen geheimen, nicht von dem Jungen, der Dot zur Weißglut brachte, oder der Strafe, die sie ihm deshalb mit Marys altem Schafhammer verabreichte. Das war gar nicht so überraschend, denn Dot kam ja wegen ihres aufbrausenden Temperaments oft in Schwierigkeiten. Ich weiß auch nicht, warum die Nonnen sie überhaupt so eine zentrale Rolle spielen ließen. Die Katastrophe, die mich so schockierte und die mir durch und durch ging, geschah unmittelbar vor der öffentlichen, als ich nämlich Karl sah.

Es war der alte braune Bademantel, den ich Dot als Kostüm geliehen hatte. Ich war ein Narr gewesen, daß ich seine Bedeutung vergessen konnte. Der Bademantel war so ein Kleidungsstück, wie man es einem Mann leiht, der auf Besuch kommt, aber daran hatte ich jahrelang nicht gedacht, und auch nicht daran, wie Karl aussah, wenn er in der Tür stand.

Und dann erschien er.

Es geschah, als die Hand des Jungen aus dem Eselsmantel schlüpfte und dem heiligen Joseph den Bart wegzog. Ich fand gar nicht, daß Dot Karl ähnlich sah, aber da lag ich falsch. Denn plötzlich stand er da, im Halbschatten, hinter ihm das Licht auf der weißen Holzverkleidung. Er senkte die Augen, so daß die Wimpern seine Wangen streiften, und dann hob er den Blick und sah mich so direkt an, daß im Raum kein Abstand mehr war und auch zwischen uns nicht mehr.

Ich schrak hoch, sprang auf. Die Turnhalle war ein Bienenkorb voller goldener Insekten, die summten, schwärmten und den Honig sammelten, der mich erfüllte. Mir liefen die Tränen herunter. Meine Brille beschlug. Keiner merkte etwas, Gott sei Dank. Durch eine Lücke in der Menge sah ich den vorderen Teil des Esels zu einem Häufchen zusammensacken. Dann taumelte sein hinteres Ende nach vorn, und ein Junge krabbelte schreiend aus der Hülse von grauen Teppichmustern.

Ich wandte den Kopf ab, schlug die Hände vor die Augen, aber es half nichts. Karl war immer noch da, saß mir am Morgen am Tisch gegenüber, goß Kaffee ein und rührte drei Löffel Zucker hinein, kämmte sich mit den Fingern sein schwarzes Haar aus den Augen und leckte sich die Milchtropfen aus dem Schnurrbart.

Der Vorhang ging zu. Eine der Schwestern trat auf, um anzukündigen, daß das Stück abgebrochen werden müßte. Beifall brandete durch das Publikum, und Menschen begannen, die Gänge zu füllen. «Sollen wir nicht wenigstens etwas essen?» fragte jemand. Ich war gezwungen zu antworten, gezwungen, mir die Stirn zu wischen und mir mit größter Sorgfalt die Brille zu putzen. Dann ging ich durch die Trauben von Menschen, die schon an den hinteren Tischen Trost suchten.

Die Deckel der feuerfesten Schüsseln waren abgenommen worden. Aus den Kaffeemaschinen wurde Kaffee ausgeschenkt und verteilt. Ich ging mechanisch in der Schlange mit, sammelte auf meinem Teller undefinierbare Häppchen, aß in verrückter Hast. Zwischen den Bissen sprach ich Entschuldigungen für das Temperament des heiligen Joseph aus, und bald kam man, wie immer, auf die Zuckerrübenernte und Hypothekenzinsen, Aktienumlagen und Straßenbaukosten zu sprechen. Dann brach ich mir an einem Metallbolzen fast einen Zahn aus.

«Da muß sich jemand einen Scherz erlaubt haben», sagte die Direktorin, mit der ich gerade sprach. «Keiner weiß, wer es war. Vielleicht ein Teenagerstreich. Jemand hat eine ganze Schüssel mit Eisenwaren gefüllt, aber falls an der Schüssel ein Name war, dann ist er offenbar abgefallen.»

«Sehr merkwürdig», sagte ich und stupste das Stückchen Metall an den Tellerrand.

Die Schraube brachte mich zur Besinnung. Es war an der Zeit, nach Hause zu gehen, fort aus der Gefahrenzone, dorthin, wo ich meinen Wahn in der Badewanne abspülen konnte. Ich brauchte jetzt dringend ein heißes Bad. Ich schaute mich um, aber Celestine und Mary waren nirgends zu sehen. Ich vermutete, daß sie nach dem Fiasko wahrscheinlich Dot mit Marys Lieferwagen nach Hause gebracht hatten. Und an diesem Punkt hätte ich an Dot denken sollen. Ich hätte mir Gedanken darüber machen sollen, was sie dazu gebracht hatte, den Esel zu Boden zu strecken. Aber ich war einfach zu erschöpft, von Erinnerungen gebeutelt, von der Anstrengung, auch Karl unter Kontrolle zu halten. Ich verließ die Schulturnhalle, stieg in mein Auto und fuhr nach Hause. Und während der ganzen Fahrt ließ ich Karl nicht ein einziges Mal nach oben kommen, obwohl er sich unter meinen Händen wand, obwohl sein Körper bleich und schmal war und seine Schreie sanft. Ich hielt ihn mit aller Macht unten.

Zu Hause stolperte ich zu meiner Couch, zu erschöpft, um zu weinen oder mich hin- und herzuwerfen, zu tieftraurig, um zur Tür zu gehen, als es zum erstenmal klingelte.

Dann klingelte es noch einmal. Ich glaube, ich hätte auch beim zweitenmal nicht geöffnet, wenn ich mich nicht seit der Nacht, in der Dot geboren wurde, zu der Bereitschaft erzogen hätte, jederzeit für Menschen in Not verfügbar zu sein. Außerdem bellte der Hund. Es war kalt, und ich hatte ihn hinten im Garten angebunden. Also ging ich zur Tür und stand dann einen Augenblick davor, strich mir das Haar zurecht und sammelte mich, bevor ich nachsah, was sie wollte.

«Onkel Wallace?»

Ich brauchte gar nicht zu fragen. Ich hörte ihre Stimme, die gefährlich klang vor Not, wie seine. Ich öffnete die Tür einen winzigen Spalt.

«Laß mich rein, es ist eiskalt.»

«Nein», sagte ich. «Ich meine, geh bitte nach Hause.»

Dot schwieg ungläubig. «Ich muß dir was erzählen», beharrte sie. Sie stellte den Fuß in den Türspalt und drückte sich dann selbst hindurch, genau wie ihre Mutter, oder eher wie ihr Vater vielleicht, der Vertreter.

«Nein», sagte ich noch einmal und schob sie in einem Augenblick der Überraschung wieder zur Tür. «Ich meine es ernst! Geh!» Ich warf sie mehr oder weniger hinaus und versuchte dann, noch etwas zu retten.

«Tut mir leid, mein Kleines.»

Aber ihr Gesicht hatte sich zusammengezogen wie eine blasse Wachspapiermaske, zu einem Knäuel voller Haß. Seltsam. Sie sah vor Kälte durchsichtig aus, wie ein Kind aus Glas. Das blaue Schneelicht schien durch sie hindurch, als sie sich meinen alten Bademantel herunterriß und einen Augenblick dastand und mir ins Gesicht sah. Jetzt sah ich, daß sie alles andere als Karl war, und halb erfroren dazu, mit nichts auf dem Leib als einem geblümten Mädchenunterhemd und Baumwollhöschen, die heller aufleuchteten, als sie meine Treppe hinunterhüpfte, über den zerknüllt daliegenden braunen Bademantel.

«Komm zurück!» rief ich, aber auch da noch, und das ist am unverzeihlichsten, meinte ich es nicht ernst genug, um ihr nachzulaufen. Sie lief in Richtung ihres Zuhauses. Aber das war fast eine halbe Meile. Ich legte den Bademantel über dem Arm zusammen und schwor mir, daß ich so lange auf der Türschwelle stehenbleiben würde, wie es meiner Meinung nach dauerte, bis sie dort wäre. So würde ich mich davon überzeugen, daß ihr nichts passiert war. Schon nach wenigen Minuten fröstelte ich von tief innen heraus, und mein Gesicht war gefühllos geworden.

Ich rannte nach drinnen, griff meinen Autoschlüssel und jagte Hals über Kopf aus der Garage, um ihr zu folgen. Ich mußte an das erste Mal denken, als ich durch die Nacht zu diesem Haus gefahren war, hinter dem streunenden Hund her. Schon damals hatte Dot existiert, als winziger Zusammenstoß. Damals hätte sie in der Rundung eines gedruckten Fragezeichens Platz gehabt.

Ich schaute angestrengt, konnte sie aber nicht sehen, fuhr langsamer und achtete aufmerksam auf jegliche Bewegung in den Gräben zu beiden Seiten. Vielleicht versteckte sie sich vor meinen Scheinwerfern, und es war kalt draußen, so kalt. Ich erreichte das Haus, ohne sie gefunden zu haben, aber dann ging ein Licht an, und plötzlich sah ich sie durchs Fenster, einen Schatten, der die Treppe hinaufstolperte.

Alle meine Weihnachtsgeschenke für Dot brachten mir in diesem Jahr nichts weiter ein als eine Dankeskarte von Celestine, geschrieben in einer Schrift, die der ihrer Tochter ähnlich sein sollte. Ich rief an. Celestine zwang

Dot, mit mir zu sprechen, aber alle meine liebevollen Fragen und Späße ließen sie kalt. Ich zerbrach mir den Kopf über etwas, womit ich sie zurückgewinnen könnte. Ich dachte daran, ihr einen Hund zu schenken, aber ich wußte, daß Celestine schon Hunde von Mary abgelehnt hatte. Celestine würde auch sauer sein, wenn ich ihrer Tochter ein Pferd schenkte. Ein Auto vielleicht? Wenn sie alt genug gewesen wäre, hätte ich tief in die Tasche gegriffen, um ihr einen kleinen Flitzer zu kaufen. Oder ich hätte ihr einen Ring mit Perlen und Diamanten erstanden. Nur, Dot haßte Schmuck. Feste dagegen mochte sie. Ich rief Celestine an und fragte sie, was sie an Dots elftem Geburtstag in der nächsten Woche vorhätte.

«Nichts, ich meine, ich habe noch keine Pläne.»

«Dann laß mich planen», sagte ich. «Laß mich die Geburtstagsfeier für sie organisieren.»

Celestine war leicht zu überreden. Kindergesellschaften waren für sie eine lästige Pflicht. Ich wußte genau, daß sie sie nur veranstaltete, weil sie Dot helfen wollte, in der Schule Freunde zu gewinnen, und daß diese Feste bisher das Gegenteil bewirkt hatten. Und zwar vor allem wegen Mary, die eingeladen werden mußte. Kinder fürchteten sich vor Marys gelbem Starrblick und ihrer tiefen Stimme. Sie organisierte Spiele mit Hilfe von beiläufigen, aber schauerlichen Drohungen, und die Kinder fügten sich wie Geiseln mit der Pistole im Nacken. Sie spielten mechanisch, mit einem ängstlichen Auge darauf, ob Mary es guthieß. Ihr Lachen war künstlich. Aber Mary merkte das gar nicht und ließ sich durch keine Andeutung von Celestine dazu bewegen, von ihren Einschüchterungstaktiken abzulassen. Dot wiederum wurde Marys Helfershelferin, die zweite in der Rangfolge, und führte die Befehle ihrer Tante mit entschlossener und geschäftsmäßiger Eile aus. Es schien Dot nicht zu beunruhigen, daß die anderen Kinder voller

Erleichterung aus ihrem Garten stürzten, sobald die Feier zu Ende war.

«Vielleicht kannst du dann Mary dazu bringen, die Kinder in Frieden zu lassen», sagte Celestine jetzt. «Bei dir ist sie schließlich auf fremdem Terrain.»

Wenn es nach mir gegangen wäre, hätte ich Mary gar nicht eingeladen. Aber das war der Preis dafür, daß ich dieses Fest veranstalten durfte. Natürlich mußte ich Dots Tante einladen. Aber wenn Mary sein mußte, beschloß ich, dann würde ich auch Louis und Sita dabeihaben. Man hatte sie in letzter Zeit nicht viel zu sehen bekommen, obwohl Louis gesagt hatte, daß es wichtig für Sita sei, unter Menschen zu kommen. Ich kannte Louis vom Lions-Club, aus dem Gemeinderat und natürlich auch beruflich, weil er die wenigen Schädlinge diagnostiziert hatte, die Zuckerrüben befallen konnten. Er war ein bedeutender Mann in unserer Gegend und wurde bei Krisen stets zu Rate gezogen. Für Sita war er der ideale Mann gewesen, als sie so viel Fürsorge brauchte – stark und geschickt wie er war. Doch inzwischen sah man deutlich, wie die Fürsorge für Sita ihn ausgemergelt hatte. Jedesmal wenn ich Louis traf, sah er dünner und grauer aus. Er hatte Angina pectoris und mußte immer seine Nitroglycerin-Kapseln bei sich tragen. Trotzdem dachte ich, daß seine vernünftige Art und seine Autorität Mary vielleicht mäßigen könnten.

«Es wird eine gemischte Gesellschaft sein», erklärte ich Louis am Telefon. «Familie, ein paar von Dots Kameraden, vielleicht ein paar Lions-Freunde.»

«Es ist Jahre her, daß ich das letzte Mal bei einer Geburtstagsfeier war», sagte Louis. «Wir haben sie verpaßt, weil wir selbst keine Kinder haben. Wir kommen sehr gern.»

«Wohin?» Das war Sitas Stimme; sie hatte das andere Telefon abgenommen und war jetzt am Apparat.

«Ich habe dich doch gebeten, das nicht zu tun, Liebling», sagte Louis.

«Ich weiß», sagte Sita, «Liebling.»

«Ich rufe an, weil ich euch beide zu Dots elftem Geburtstag einladen möchte.»

In Sitas Leitung klickte es.

«Wir kommen. Sie mag das Mädchen sehr, sehr gern.
Also bis dann», sagte Louis.

Als alle eingeladen waren, Dots Schulfreunde und
-freundinnen und auch Mary, setzte ich mich gemütlich
hin und machte mir zum erstenmal klar, daß ich von
Mary und Sita verlangte, mehrere Stunden lang miteinander auszukommen, wo sie doch seit Jahren nicht mehr
unter einem Dach gesessen hatten. Ich machte mir auch
klar, daß ich zwar Louis dazu eingeladen hatte, weil ich
auf seinen ausgleichenden Einfluß zählte, daß ich aber
verloren wäre, wenn er in letzter Minute dann doch nicht
kommen könnte. Ohne ihn, dachte ich, würde ich den
Hexenkessel der Elemente, die ich gemischt hatte, niemals am Überkochen hindern können. Wie sich heraus-
stellen sollte, reichte sein Einfluß nicht aus.

Trotz aller eventuellen Probleme machten mir die Vorbereitungen Freude. Ich entschied, daß unser Geburts-
tagsmotto Hawaii sein sollte. Wir würden im Haus ein
Luau abhalten, mit «South Pacific» als Hintergrundmu-
sik, und «Dem Wildschwein den Schwanz anstecken»
spielen. Dot würde ein Körbchen mit Kreppapier-Blu-
mengirlanden bekommen und jedem Gast an der Tür
eine umhängen. Als Geburtstagskuchen sollte es eine ge-
stürzte Ananastorte geben. Ich kaufte im Geschenkarti-
kel-Laden in der Stadt einen aufziehbaren Kuchenteller.
Ich stellte mir schon vor, wie die Torte sich darauf
drehte, während die Spieldose im Tortenständerfuß
«Happy Birthday to you» klingelte. Wir würden singen.
Es würde jede Menge exotische Drinks geben, aus

Dosensäften gemixt, mit zerstoßenem Eis und Papierschirmchen darauf. Ich würde Dot eine Ukulele schenken, die ich unten in Fargo bestellt hatte. Und am allerwichtigsten: sie würde mir verzeihen.

Der 18. Januar dämmerte. Elf Jahre, seit ich im Schneesturm an die Haustür gegangen war. Der Tag war ruhig und nicht schrecklich kalt. In der Stadt schimmerte die Sonne auf dem Straßenpflaster und schmolz stückweise den Schnee, und die Kinder, die ich abholte, schienen gespannt, wenn auch ein wenig ängstlich. Vielleicht waren sie schon bei Dots früheren Geburtstagsfeiern dabeigewesen. Aber diese würde anders verlaufen!

Es waren vier Kinder, Dots einzige Freunde, drei stämmige Jungen und ein kleines Mädchen mit frischen Wangen und einem lieben Gesichtsausdruck. Als wir zu meinem Haus kamen und Marys Lieferwagen wie ein großer dunkelroter Raubfisch hinter uns auftauchte, verhärtete sich allerdings das Gesicht des kleinen Mädchens.

«Hab keine Angst», setzte ich an, als wir aus dem Auto stiegen, aber das, was ich vielleicht noch gesagt hätte, um sie zu beruhigen, wurde von Dots entzücktem Gejodel und Marys Reibeisenstimme übertönt.

«Jetzt aber ran an den Feind. Hier wird Geburtstag gefeiert!»

Marys Gesicht war vor Aufregung rot angelaufen, und sie bemerkte mich kaum, so stark konzentrierte sie sich auf die Kinder. Sie trieb sie hinter sich zusammen und ließ sie zur Tür marschieren, bevor ich mich überhaupt darauf einstellen konnte, einzugreifen.

«Kompanie halt!» brüllte sie.

Dann riß sie die Tür zu meinem Haus auf, und sie gingen hinein. Dot war hinter ihr hineinmarschiert, aber die anderen Kinder hoben nur zögernd die Füße vom Boden und schauten mit flehenden Blicken zurück.

«Keine Angst!» rief ich noch einmal, aber die Tür ging

zu, und ich mußte meine letzten Einkäufe zusammenklauben – Pappbecher, zusätzliche Wäscheklammern für das Klammer-in-die-Flasche-Werfen und besondere Party-Trinkhalme –, bevor ich hinterhereilen konnte, um sie zu beschützen.

Drinnen konnte ich dann allerdings nicht viel machen. Die Kinder standen ergeben in einem Häufchen zusammen und beugten die Köpfe, um sich von Dot oder Mary die Blumengirlanden überstreifen zu lassen. Ihre entblößten Nacken wirkten zart und verletzlich. Ich versuchte, das Fest zu beleben, indem ich ein grell orangerotes Hawaiihemd und Bermudahosen anzog und einen großen Strohhut aufsetzte. Als erstes verteilte ich dann die Geschenke, kleine Vogelpfeifen, die es im Haus bald zirpen ließen wie in einer Voliere. Dann kam Celestine herein und blieb mit erwartungsvollem Blick in der Wohnzimmertür stehen, aber keiner außer mir bemerkte sie. Ihr Gesicht verfinsterte sich, als sie die Lage erfaßt hatte.

«Siehst du jetzt, was ich meine, mit Mary?» sagte sie.

Die Kinder standen in einer Reihe, während Mary sie für irgendeine Mannschaft abzählte, die sie gerade organisierte. Sie sahen allesamt so aus, als seien sie für ein Exekutionskommando bestimmt worden.

Ich hob die Hände in einer Gebärde der Niederlage.

«Ich konnte sie nicht bremsen», sagte ich.

«Das kann ich auch nie.» Celestine zuckte die Achseln.

Während wir noch dort standen, fuhren Sita und Louis in ihrem großen silbernen Auto vor. Sie kamen herein. Wie immer war Louis ruhig und beherrscht; aber er sah auch zerbrechlicher aus. Seine Augen waren müde und umschattet. Vielleicht hatte Sita eine schwierige Nacht gehabt. Trotzdem lächelte er über das ohrenbetäubende Vogelgepfeife, das wieder eingesetzt hatte.

Mary hatte Pfeifmannschaften organisiert. Louis gab Dot seinen Mantel, und er küßte sie, als sie ihm die Girlande um den Hals legte. Sie küßte ihn begeistert zurück und umarmte auch Sita. Ich war der einzige außer ihrer Mutter, den Dot nicht mit Zärtlichkeiten überschüttet hatte.

Ich war aber sicher, daß sie ihre Haltung mir gegenüber in wenigen Minuten ändern würde. Die Ukulele lag schon in ihrem Kasten bereit. Bei dem anmutigen Instrument aus hellem Holz lagen eine gutverständliche Gebrauchsanweisung und ein Anfängerliederbuch, das *Inselfavoriten* hieß; aus ihm würde Dot das «Tahitische Liebeslied», «Jenseits des Riffs» und das «Papeete-Wiegenlied» lernen können.

Sita tippte mir auf die Schulter. Sie war in der psychiatrischen Klinik abgemagert und hatte all ihren Schmelz verloren, aber das wußte ich ja schon. Nur schien es mit ihr von da an ständig weiter bergab gegangen zu sein. Ihr Gesicht war eingefallen und über und über von zarten Fältchen durchzogen wie feines Japanpapier. Sie sah krank aus, und doch war sie immer noch eine auffallende Erscheinung mit ihrer guten Figur und ihren modischen Kleidern.

«Das ist sehr hübsch», sagte sie und deutete auf das grüne Kreppapier, das von der Lampe zu den Wänden gespannt war, den Plastikhibiskus, das Werbeplakat und das Kokosnußgebinde. «Wo ist dein Badezimmer?»

Ich wies sie die Treppe hinauf, und sie stieg graziös nach oben. Das war das letzte, was wir von ihr sehen sollten, bis der Imbiß gereicht wurde.

Mittlerweile war es Zeit für das Wildschweinspiel. Und nun stellte sich heraus, daß der Plan, Mary einzuschüchtern, völlig mißlungen war. Daß das Fest bei mir gefeiert wurde, stellte sich keineswegs als Vorteil heraus. Sie führte das Kommando. Ich hatte ein großes braunes

Schwein auf ein Stück Karton gemalt und es an der Wand aufgehängt. Ich hatte einen gekringelten Papierschwanz ausgeschnitten und ihn an eine Hutnadel gesteckt. Und jetzt hielt Mary den Schwanz mit der Hutnadel in der Hand. Mit verbundenen Augen fuchtelte sie mit der langen, bedrohlich aussehenden Hutnadel vor sich herum, und alle Kinder im Zimmer mit Ausnahme von Dot wichen vor ihr an die Wände zurück. Dot ging furchtlos der Nadel aus dem Weg und gab ihrer Tante einen ordentlichen Schubs nach vorn. Das Schwein wurde mit solcher Kraft durchbohrt, daß Marys Arm dabei einknickte. Sie riß sich das Tuch von den Augen.

«Wer ist nächster!» schrie sie und rüttelte an der Nadel mit dem Schwanz.

«Ich», sagte Louis mit seiner leisen, ruhigen Stimme. Er nahm ihr die Nadel und den Schwanz aus der Hand, ließ sich die Augen verbinden und sich herumdrehen. Die Kinder blieben dichter bei ihm, so, als fühlten sie sich bei ihm sicher, wie im Frei-Mal. Er hielt die Nadel in der Deckung seines Körpers, und plötzlich war das ganze Spiel so komisch und lustig, wie es sein sollte. Nur Mary, die jetzt nicht mehr im Mittelpunkt der Aufmerksamkeit stand, schien weniger interessiert.

Sie folgte mir in die Küche, wo ich den Luauschinken begießen ging, einen Fünfzehnpfünder, der mit Ananasschnitten bedeckt, eingekerbt und mit roten Maraschinokirschen getüpfelt war.

«Das ist mal ein stattlicher Schinken», bemerkte sie. Ich wußte, worauf sie hinauswollte, aber ich hielt die Stellung.

«Sonderangebot bei Dotzenrud's Spar-Supermarkt», sagte ich.

Sie beugte sich dicht zu dem Schinken hinunter und inspizierte ihn, dann schnappte sie ein Messer vom Herd, und bevor ich einen Schritt tun konnte, um sie daran zu hindern, schnitt sie ein Stück mitten heraus und ruinierte mir mein Ananas- und Kirschmuster. Ich schaute fassungslos zu, wie sie sich das Schinkenstück in den Mund stopfte und kaute, wobei sie die Augen kritisch zusammenkniff.

«Der ist mit billigen Chemikalien geräuchert», sagte sie schließlich, «nicht mit Holz. Und der Wasseranteil. Ich wette, man könnte gut fünf Liter rauspressen.»

Ich schlug die Backofentür zu und biß die Zähne aufeinander. Wäre es nicht wegen Dot gewesen, ich hätte ihre Tante auf der Stelle gebeten, das Haus zu verlassen.

«Ach Marylein», säuselte ich statt dessen, den guten Gastgeber mimend, «du hast ja noch gar nicht unseren speziellen Drink bekommen, der in diesem Hause für prominente Gäste reserviert ist.»

«Nein, hab ich nicht.»

Also ging ich ihn machen. Ich hatte eigentlich nur die Absicht, ihr etwas recht Starkes zu mixen. Aber als ich meinen Schrank öffnete, fiel mein Blick als erstes auf eine Flasche, die ein Elk-Bruder dagelassen hatte, Everclear, ein fast hundertprozentiger Äthylalkohol. Wenn sie nicht in meinen schönen verzierten Schinken geschnitten hätte, hätte ich es nicht getan. Aber geschehen ist geschehen, also wanderte eine ordentliche Portion Everclear in den Drink, übertönt von Hawaiipunsch und einer Dose lila Passions-Shasta, die einen Preisboxer umgehauen hätte. Ich dachte daran, das kleine chinesische Schirmchen anzuzünden, als ich den Drink servierte, nur um seine Potenz anzudeuten. Aber ich tat es dann doch nicht. Es war besser, Mary die Wirkung selbst entdecken zu lassen.

Sie nahm einen kräftigen Schluck.

«Ex!» lächelte ich und trank mein eigenes Glas Punsch leer. Zu meinem Entsetzen und Entzücken leerte Mary das Gebräu vollständig.

Kaum hatte sie das leere Glas auf dem Tisch abgesetzt, fragte ich, ob ich es ihr noch einmal füllen dürfte.

«Ich hätte nichts dagegen», sagte sie, und dann lächelte sie doch wahrhaftig. Die Wirkung des Getränks war stärker, als ich mir vorgestellt hatte. Trotzdem kippte ich in das nächste noch einen extra Schuß. Sie verließ die Küche mit dem Glas in der Hand. Ich ging hinterher. Sie war ganz sicher auf den Beinen, aber als sie die Wohnzimmertür erreichte, blieb sie stehen. Ihr Kopf fiel zur Seite, und kippte dann noch weiter, bis er ans Holz gelehnt war, während sie die Szene betrachtete. Ich drückte mich an ihr vorbei, um sie von der Seite zu sehen, und sogar im Profil sah ihr Lächeln ungewöhnlich träumerisch aus. Sie nippte jetzt leicht an ihrem Glas und machte keinen Versuch, beim Wäscheklammerfallenlassen mitzuspielen. Sie stand einfach nur da, schaute zu, wie die Kinder auf einem Stuhl stehend zielten, und nickte sogar zustimmend, als Celestine die Preise verteilte – noch mehr Girlanden, Plastikuhren, Ringe mit Glassteinen.

Als alles fertig und auf dem sorgfältig gedeckten Tisch aufgebaut war, als die Torte in ihrer ganzen gestürzten Schönheit auf dem Happy-Birthday-Tortenständer stand und der tropische Punsch eingeschenkt war, ging ich hinaus, um die Gäste zu rufen. Im letzten Augenblick hatte ich drei kleine motorradfahrende Bären zu den Kerzen auf den Kuchen gesetzt. Gleich würde ich die Kerzen anzünden. Das Fest war unter der Aufsicht von Louis und Celestine warm und erfreulich geworden. Mary schaute vom Boden aus zu. Als ich aus dem Eßzimmer kam, sah ich, daß sie auf der Türschwelle, an der Stelle, an der ich sie verlassen hatte, zusammengesunken war. Ich beugte mich hinunter und berührte ihren Arm. Der Stoff ihres Kleids hatte die Farbe von Orchideen und war mit kleinen Punkten gesprenkelt, die wie versehentlich Flecken aussahen. Als ich ihr ins Eßzimmer half, sah ich, daß es wirklich Flecken waren.

«Mach nur keine Umstände», sagte sie, als ich anbot, ihr einen feuchten Schwamm zu holen. «Die ziehen ein!» Sie lachte, wobei sie den Kopf von einer Seite zur anderen warf und mir das leere Glas hinhielt. Ich nahm das Glas und mixte ihr noch einen Drink, der gerade stark genug war, um ihre gute Laune nicht verfliegen zu lassen. Sobald ich ihr das Glas in die Hand gab, trank sie ein Schlückchen, und dann sah sie mir voll ins Gesicht und sprach mit einer Stimme, die fast zärtlich war.

«Von jetzt an kriegst du deinen Schinken von mir, du kriegst ihn zum Einkaufspreis.»

«Ich werde dich beim Wort nehmen», witzelte ich und führte sie zum Tisch. Bevor sie sich auf ihren Stuhl tastete, drehte sie sich um und warf mir einen noch gütigeren Blick zu. Die Farbe ihrer Augen veränderte sich, milderte sich vom herben Gelb zweier Goldmünzen zu einem strahlenden Bernsteingelb.

«Ich meine das ernst, du alter Trottel», flüsterte sie liebevoll. Ihr Turban saß schief. Er war ihr von der Stirn nach hinten gerutscht und hielt kaum mehr auf dem Kopf, so daß darunter ihr Haar, das ich kaum je gesehen hatte, in grauen Strähnen hervorfiel. Sie beugte sich über den Tisch und sprach zu Louis.

«Wo ist denn meine verrückte Kusine?»

Louis warf ihr einen überraschten Blick zu und schaute dann unwillkürlich zur Treppe, wo Sita saß und uns durch die gußeisernen Blätter des Treppengeländers hindurch anspähte. Ich hatte sie schon vor einiger Zeit aus den Augenwinkeln bemerkt, aufmerksam, aber hilflos, von uns angezogen wie ein verhungerndes Reh. Sie sah sogar wie ein Reh aus. Ihre Wangen waren hohl, ihre Augen blank, die Rippen eingefallen. Dann schmolz sie vor unserer Aufmerksamkeit zurück in die Schatten des oberen Treppenabsatzes.

«Komm runter, mitfeiern!» brüllte Mary und reckte sich dabei aus ihrem Stuhl.

«Laß sie in Ruhe», sagte Celestine und schob die Hand über die Köpfe von zwei Kindern, um Mary auf den Rücken zu tippen. «Ich denke, es wäre an der Zeit, auf das Geburtstagskind zu trinken.»

Doch Mary schüttelte Celestines Hand ab und zog sich mühsam auf die Beine. Ihre Augen hatten sich jetzt zur Farbe von Karamel verdunkelt, wie Zucker, der langsam zum Kochen kommt. Sie stolperte zum Fuß der Treppe.

«Eins, zwei, drei, ich komme!» rief sie. Aber Louis eilte an ihr vorbei, bevor sie sich noch in Bewegung setzen konnte, und sie knallte direkt unter dem Kabel, das zu meiner Türglocke führte, gegen die Wand und löste damit ein fröhliches Dingdong aus. Sie wirbelte herum, das Gesicht vor Entzücken ganz entknittert. Die Glocke klingelte weiter. Mary fuhr fort, in einem merkwürdigen Tanz zu hopsen und sich zu drehen. Offenbar war irgendwo ein Kurzschluß in den Drähten. Die Kinder beobachteten Mary mit hingerissener Aufmerksamkeit. Sogar für sie lag es auf der Hand, daß etwas nicht normal war. Ich stieg schnell auf einen Stuhl und stellte die Glocke ab, aber der Schaden war schon angerichtet.

«Sie ist total blau», stellte Celestine fest.

Sie eilte an Marys Seite und zerrte sie zurück zum Tisch.

«Was war in dem Drink?» sagte sie mit gerunzelter Stirn.

Sita rettete mich.

«Hier bin ich!» rief sie mit so lauter und fröhlicher Stimme, daß sie selbst einen Augenblick darunter gefror. Doch sie erholte sich, faßte Louis fest an der Hand und ging mit ihm hinüber zum Tisch. Beide sahen aschfahl aus, fast wie Gerippe, und ich bemerkte, wie Louis sich auf die Tasche klopfte, um sich der Gegenwart seiner Nitro-Kapseln zu vergewissern. Sie setzten sich, und damit waren wir schließlich alle versammelt.

Doch welch ein Beispiel hatten wir den Kindern gegeben! Sie würden genauso schockiert nach Hause gehen wie all die Jahre davor.

Dieser Gedanke festigte meinen Entschluß. Ich wollte noch Schlimmeres verhindern, indem ich wenigstens Mary wieder nüchtern machte. Sobald alle bedient waren und munter schmausten, ging ich hinaus, um den Kaffee in die Maschine zu füllen.

Während ich draußen war, platzte das Ganze.

Erst viel später sollte ich mir zusammenreimen, was geschehen war, aus Unterhaltungen mit Celestine und auch mit Mary, die über die Folgen tief bekümmert war. Denn es war Mary, die ein Streichholzbriefchen mit dem Aufdruck *Haus der Fleisch- und Wurstwaren* aus der Tasche zog, während alle aßen, und die Geburtstagskerzen anzündete. Das schien gar nicht so fürchterlich falsch, wenn auch ein wenig außerhalb des traditionellen Zeitplans. Keiner hinderte sie. Und was sie dann tat, wäre auch gar nicht so abwegig gewesen, außer daß sie in ihrem aufgelösten Geisteszustand den Tortenständer so fest aufzog, daß er kaputtging.

Ich kam ins Zimmer zurück, als der Kuchen sich zu drehen begann. Die Spieldose klimperte das Geburtstagslied, aber so schnell, daß Marys Mund nicht mitkam. Die Geschwindigkeit nahm noch zu. Die braune Glasur verwischte sich. Die Kerzen verschwammen zu einer einzigen Flamme, und die Spielzeugbären begannen eine verrückte Jagd, die nirgends hinführte.

«Halt!» schrie ich und machte einen Satz auf den Hebel zu.

«Happybirthdaytoyou!» rief Mary.

Dann brach die Feder des Tortenständers. Er peitschte noch einmal herum, ruckte und schleuderte den ganzen Kuchen auf Sita. Die ging darunter zu Boden, suchte Halt im Nichts und kämpfte gegen die Kuchenmasse an, als sei sie ein lebendiger Angreifer. Sie warf Stückchen davon von einer Seite zur anderen und schlug die Arme darüber zusammen, womit sie wirkungsvoll zerstörte, was noch übrig war, die Ananasringe zerdrückte und den Kuchen selbst zu Krümeln patschte.

Die kleinen Rädchen der Bärenmotorräder lösten sich und flogen an die Wand. Sitas hohes Gelächter übertönte die Überraschungsschreie. Louis sprang auf, zog Sita an sich und hielt sie fest an seine Brust gedrückt. In den Kindern schwelten Nervosität und helle Aufregung, und Celestine hatte alle Hände voll zu tun, sie zu beruhigen. Mary ihrerseits saß ganz still. Eine Statue hätte nicht regloser sein können. Ein ausgezehrtes Halloween-Grinsen lag auf ihrem Gesicht. Ihre Augen waren jetzt tiefschwarz, und sie hatte beide Hände auf ihr Herz gepreßt. Obwohl ich mir wahrscheinlich eher um Louis hätte Sorgen machen müssen – denn gerade in diesem Augenblick griff er um Sita herum in seine Tasche nach einer Kapsel –, war mein einziger Gedanke, daß Marys Herz versagt hätte. Daß der Schlag sie getroffen hätte. Ich eilte um den Tisch herum und fühlte ihren Puls. Ihr Herzschlag war langsam und gleichmäßig. Nun schien mir völlig klar, daß die großen lila Drinks sie zu Stein verwandelt hatten.

Sita brach in brüllendes Gelächter aus und deutete mit dem Finger in Marys Richtung. Was immer Mary wirklich von dem Kuchenunglück hielt, ihr Gesicht war eine Maske teuflischer Freude. Und als das Fest sich auflöste, saß sie immer noch so da, grinsend und bewegungslos. Louis redete ruhig auf Sita ein und überzeugte sie davon, daß sie gehen müßten. Die Kinder wurden zu Celestines Auto gebracht mitsamt allen Geschenken, die Dot bekommen hatte und die sie unterwegs auspacken sollte. Von meiner Terrasse aus, mein schönes Fest in Trümmern hinter mir, winkte ich ihnen zum Abschied. Doch als sie rückwärts aus der Einfahrt fuhren, in letzter Minute, bevor sie von meinen Ziersträuchern verdeckt wurden, kurbelte Dot das Fenster herunter.

«Onkel Wallace!» schrie sie. «Das war der schönste Geburtstag von allen!»

Ich blieb stehen, bis das letzte Motorengeräusch verklungen war, und selbst noch, als ich wieder drinnen war und die Krümel meines wunderschönen Kuchens auffegte und die Reste meines Luau in Plastik verpackte, freute ich mich.

Ich schaute Mary an, doch jetzt mit Schuldgefühlen, denn dank mir hatte sie einen kompletten Narren aus sich gemacht. Soweit ich wußte, rührte sie kaum jemals Alkohol an. Sie saß immer noch auf demselben Stuhl. Ihr Grinsen war immer noch nicht verschwunden. Von Zeit zu Zeit rollte sie mit den Augen. Ich setzte mich neben sie.

«Wenn du mich hören kannst», sagte ich, «zwinker zweimal mit den Augen.»

Zwinker. Zwinker. Also war sie bei Bewußtsein.

«Bist du in Ordnung? Ein Zwinkern heißt ja und zwei nein.»

Ein Zwinkern.

«Soll ich den Krankenwagen rufen?»

Zweimal Zwinkern.

«Soll ich irgend etwas tun?»

Noch mal zwei.

So ließ ich sie einfach weiter am Tisch sitzen, während ich die Überreste von Papptellern und Spielpreisen aufräumte. Nachdem vielleicht eine halbe Stunde vergangen war, begann sie langsam und schleppend zu sprechen.

«Wallace», rief sie. Eine lange Minute verging. «Mir hat's richtig gut gefallen!»

Ich kam ins Eßzimmer und wischte mir die Hände ab, legte das Geschirrtuch weg und setzte mich ihr gegenüber an den Tisch. Marys Gesicht belebte sich allmählich wieder.

«Das ist schön», sagte ich.

Sie nickte. Ihr erster Satz hatte sie Mühe gekostet. An der Art, wie sie den Kopf schräg hielt, merkte ich, daß sie immer noch betrunken war, aber allmählich nüchtern wurde. Mir ging durch den Kopf, daß sie mit einem Kater unerträglich sein würde und daß ich versuchen sollte, sie nach Hause zu schaffen, bevor die Wirkung des Everclear verflogen war. Ich machte den Vorschlag.

«Nein», sagte sie. «Laß uns reden.»

Ich wickelte meine Hände in das Geschirrtuch. Ich war nicht so sicher, ob ich mit ihr reden wollte. Wir waren noch nie Freunde gewesen. Sie hatte mich verletzt, wann immer es nur möglich war, angefangen mit dem ersten Tag, an dem sie meiner Namensvetterin Wallacette den unbedeutenden Spitznamen Dot gab. Sie hatte mir gegrollt, hatte eifersüchtige Seitenhiebe wegen meiner Freundschaft mit Celestine ausgeteilt, war stets hinterlistig gewesen, wo sie hätte freundlich sein können, und hatte alles versucht, dieses Fest zu verderben. Sie besaß keine Wärme, hatte kein großzügiges Herz. Sie war ein zäher Brocken.

«Was gibt es denn zu reden?» sagte ich. «Ich bring dich nach Hause.»

Sie beugte sich über den Tisch und wackelte mit dem Zeigefinger.

«Es gibt eine Menge zu reden», sagte sie. «Ich will nicht gehen. Ich kenne deine Zahl aus meinem *Buch der Zahlen*. Ich weiß, auf welche Karte du gesetzt hast.»

«Du redest Krampf», sagte ich und versuchte, be-

stimmt zu sein. Ich würde mich nicht von ihr nerven lassen.

«Feigling.»

«Was?»

«Ihr seid zwei Dotter im gleichen Ei, verdammt noch
mal», sagte sie.

«Ich kann dir nicht folgen.»

«Du bist einsam.»

Ich schaute sie an. Ich schüttelte das Geschirrtuch aus,
strich mir das Haar zurück. Ich faßte an meine Brille,
mein Kinn, die Wangenknochen, als baute ich mich zusammen.

«Ich bin nicht einsam», sagte ich zu ihr. «Ich bin Mitglied von drei Service Clubs und führe ein geselliges Leben, das, na ja, ich bin *gefragt*, Mary!»

Sie blies Luft durch die Zähne, und dann, so plötzlich,
daß ich nicht mehr reagieren konnte, griff sie über den
Tisch und zog meine Hände in ihre.

«Lügner», sagte sie. «Manchmal, wenn ich vorbei-
fahre, spätabends, bist du noch auf und hast Licht an.
Ein paarmal habe ich sogar angehalten und bei dir ins
Fenster geschaut.»

Ich war empört, aber auch fasziniert.

«Warum denn?» sagte ich. Ich versuchte, meine Hand
zurückzuziehen, aber sie hielt sie sehr fest.

«Ich habe über ein paar Sachen nachgedacht.»

Während ich zu entscheiden versuchte, ob ich überhaupt wissen wollte, worüber sie nachgedacht hatte,
drehte sie meine Handfläche in ihrer Hand nach oben
und schaute intensiv hinein. Ihr Mund bewegte sich, als
stehe darin ein Text geschrieben. Schließlich sagte sie:
«Bringt nichts», ließ meine Hand fallen und schaute mir
direkt in die Augen. Ich war zu neugierig, um still zu
sein.

«Was?» sagte ich.

«He, hast du eine Zigarette?»

«Ein paar vertrocknete», murmelte ich und schaute dabei nach unten in meine Hand, die ich zurückgezogen hatte. Ich stand auf und nahm eine alte Packung aus einer Schublade in der Aufsatzkommode. Ich gab sie ihr mit ein paar Streichhölzern, und sie zündete sich eine an und blies gewichtig den schweren Rauch aus.

«Du hast ein großes Kreuz auf dem Venushügel», verriet sie schließlich, «und keine Heiratslinie.»

Ich setzte mich hin und schaute weiter in meine Hand. Es waren Linien darin, die ich noch niemals bemerkt hatte. Winzige, sich kreuzende Schraffuren, lange, geschwungene Linien, Zöpfe und Seile.

«Das überrascht mich nicht», sagte ich.

«Wirklich schade», sagte sie, während sie sich unsicher erhob. «Aber ihr zwei könntet es trotzdem mal probieren.»

Ich muß verwirrt ausgesehen haben.

«Du und Celestine.»

Ich wollte meinen Ohren nicht trauen.

«Oh», sagte ich, «nun ja... das ist schon so eine Sache. Ja.»

«Was willst du damit sagen, Wallace?»

«Ich versuche ja nur...» Ich konnte nicht weitersprechen.

«Ich lese in dir wie in einem Buch.»

«Ja, nun. Ich fühle mich geschmeichelt. Aber sie ist schon verheiratet.»

«Karl ist seit Dots Geburt nicht mehr dagewesen», sagte sie, und dann, nach einem Moment des Stirnrunzelns, hob sie die Augenbrauen. «Sie hat was Besseres verdient im Leben.»

Sie wartete, aber ich wollte nicht sagen, was sie von mir hören wollte. Ihre Gestalt warf einen dichten Flekken dschungeldunklen Schattens, und ihre Augen glänzten daraus hervor wie die Spitzen zweier Reißnägel. Sie hielt sich aufrecht, indem sie sich fest gegen die Stuhllehne drückte. Keiner von uns rührte sich, bis ihre Zigarette bis zum Filter heruntergebrannt war. Dann langte ich über den Tisch und nahm ihr die Kippe aus den Fingern. Ich legte sie in den blauen Aschenbecher, der die Form eines Karos hatte.

«Zeit zum Gehen», sagte ich und lief um den Tisch herum. Ich faßte sie am Ellbogen, als sie ins Schwanken geriet.

«Mein Mantel liegt vorne auf der Couch», sagte sie. Wir gingen ins Wohnzimmer, und ich half ihr, in die wollenen Armlöcher zu schlüpfen. Sie knöpfte das Ding um sich zu wie einen Panzer.

Draußen öffneten wir ohne zu reden die Autotüren und stiegen ein. Wir fuhren schweigend. Die frühe Dämmerung brach herein, und die Schatten auf der Straße breiteten sich zu unwirklichen Pfützen aus. Ich dachte, daß zumindest dieser merkwürdige Nachmittag und unsere Unterhaltung uns einander nähergebracht hätten. Aber als wir bei der Metzgerei ankamen, hatten sich so viele hartnäckige Sekunden des Schweigens zwischen uns angehäuft, daß wir wieder dort waren, wo wir angefangen hatten.

Das ox Motel

Karl mochte Motels mit merkwürdigen oder einladenden Namen, deshalb fuhr er darauf zu, als er das flimmernde Schild sah, obwohl es sich bei der Stadt um Argus handelte. Als er aus seinem Auto in die süße, frische Nacht hinausstieg, sah er, daß es nur das Fox Motel war. Das F war kaputtgegangen. Er stieg trotzdem dort ab.

Er suchte sein Zimmer, drehte den Fernseher an, duschte und streckte sich nackt auf dem Bett aus. Er blätterte durchs Telefonbuch und fand ihre Namen. Er hatte vor, es dabei bewenden zu lassen, aber dann wählte er doch Wallace Pfefs Nummer. Das Telefon läutete einmal, und Wallace meldete sich.

«Hallo? – Hallo? – Hallo?» Beim dritten Hallo klang Wallaces Stimme angestrengt, verwirrt. Karl hielt den Hörer weit weg von seinem Ohr und senkte ihn dann zur Gabel. Wallaces Stimme wurde blechern, komisch, und schließlich wurde sie abgeschnitten. Karl dachte daran, als nächstes Marys Nummer zu wählen, aber es war ihm peinlich, unbekleidet mit ihr zu sprechen. Er hätte sich eine Hose anziehen können, aber statt dessen rief er Celestine an.

«Rat mal, wer?» sagte er, als sie abnahm.

Er horchte auf das dünne leere Summen der offenen Leitung. Er kam gar nicht auf die Idee, daß sie vielleicht seine Stimme nicht erkannte, und als sie schließlich in scharfem, mißtrauischem Ton sagte: «Wer ist denn da?» gab ihm das einen plötzlichen traurigen Stich, den er durch Reden überspielte.

«Du weißt doch, wer dran ist. Ich bin auf der Durchreise und übernachte hier, ganz unerwartet, weißt du, und weil ich schon einmal hier bin, dachte ich, könnte ich doch mal vorbeikommen.»

Als sie immer noch nicht antwortete, sprach er weiter.

«Vielleicht könntest du auch herkommen, auf ein Glas vielleicht. Oder ich könnte dich und Wallacette zum Essen einladen.»

«Karl», sagte Celestine schließlich. «Du hast versprochen, daß du fortbleibst.»

Er wartete. «Es sind vierzehn Jahre her.»

«Ich habe keine Lust, alte Zeiten heraufzubeschwören.»

«Ist ja schon gut.»

«Na schön», sagte Celestine nach einer Weile. «Ich nehme an, du hast ein Recht darauf, sie zu sehen. Laß mich mal eine Sekunde nachdenken.»

Sie dachte nach.

«Du fährst ja wahrscheinlich morgen weiter», sagte Celestine. «Warum eigentlich nicht zum Frühstück, um halb acht, drüben im Flickertail?»

«Ich werde dort warten», sagte Karl. In seiner Stimme war ein Unterton von Sehnsucht, der ihn überraschte. Er schob sich höher in die Kissen. «Kommt nicht zu spät!» sagte er barsch.

Aber es summte schon in der Leitung.

Er wachte zu früh auf, war zu schnell fertig und saß dann in einer Nische und trank Tasse um Tasse Kaffee, bis sie schließlich kamen. Als sie endlich in der Tür standen, war er nervös, und ihm war eine Spur schlecht von dem Koffein auf leeren Magen und all den Zigaretten, die er geraucht hatte. Er stand auf, aber er wußte kaum, was er sagen sollte, so unerwartet traf ihn der Anblick von Wallacette. Sie stand mit ihrer Mutter im Restauranteingang, ein gedrungenes, kräftiges Mädchen mit hellolivfarbener Haut, rotbraunem Haar, den baumelnden Reifenohrringen und dem kurzen engen Rock einer jugendlichen Kriminellen. Es überraschte ihn, welche Kleidung ihre Mutter sie anziehen ließ, sie sah so billig aus. Dazu das Augen-Make-up. Sie musterte die Leute in den Nischen durch schmale schwarze Schlitze. Unter den blauen Augendeckeln war ihr Blick gespannt. Sie überging ihn, ließ dann aber den Blick zurückschweifen, als er die Hand hob und sie beide anlächelte. Er trat auf sie zu, und sie zog ein langes Gesicht.

Später, wenn er sich daran erinnerte, verdrängte er ihre Enttäuschung. Er war gealtert, war gerissen, hart und grau geworden, mit Runzeln von den Mundwinkeln nach unten und vielen kleinen angestrengten Falten um die Augen. Er war so ans Autofahren, so an die Ferne und die Bewegung gewöhnt, daß er es manchmal schwer fand, den Blick auf etwas zu konzentrieren, was innerhalb der Reichweite seiner Arme lag.

Deshalb sah er seine Frau und seine Tochter am klarsten, als sie noch unter der Tür standen. Als sie sich ihm gegenüber in die Nische schoben, weichten ihre Gesichter auf und verschwammen.

«Tut mir leid, daß wir so spät kommen», sagte Celestine. Sie sah nicht so aus, als ob es ihr leid täte. Sie sah aus, als wäre sie jetzt lieber woanders. Ihr Mantel war dick und rauh, pelzähnlich, aus hell- und dunkelgrauen Stücken zusammengesetzt. Sie behielt ihn über die Schultern gelegt und drängte Dot in die Ecke der Nische. Ihre Gesichter starrten ihn an, von Pelz und Haar umgeben, wuschelig, fast wie Tiere aus einem Bau. Am besten konnte Karl Celestines flächige grobe Gesichtszüge erkennen. Ihr Gesicht war frei von Make-up. Ihre Lippen waren in der Mitte zugespitzt, braun, und ihre dunklen Augen waren wie Molassetropfen. Die Wangenknochen und die Nase traten hervor, und ihr Haar quoll in seebraunen Wellen steif um ihren Kopf. Er hätte es gern glattgestrichen, wäre gern dicht genug herangekommen, um den Pfeffer zu riechen, der vom Wurstmachen an ihrer Haut hing.

Aber ihre Augen hielten ihn zurück. Er schaute Dot an.

Ihr Gesicht war ausgeprägter, intensiv mit seinem Rouge und der orangefarbenen Make-up-Kruste. Ihr Haar war zu einem langen Mop geschnitten, der wie eine abgeplattete Mähne aussah. Ihr Hals steckte voller Kraft.

Die beiden beobachteten ihn aufmerksam. Er rückte seine Krawatte zurecht, zupfte den Kragen gerade, lächelte, versuchte Eindruck zu machen. Er stupste die Speisekarte auf Dots Platz an.

«Das geht auf meine Rechnung», sagte er. «Bestell dir, was du willst.» Er versuchte, Wallacette Darlene nicht anzustarren, aber sie starrte ihn an, runzelte mit leicht geöffneten Lippen und flachem Atem die Stirn in voller Konzentration und ohne zu blinzeln. Immer wieder schossen Karls Blicke zu ihr und trafen auf ihren, und jedesmal verzogen sich seine Lippen zu einem nervösen Lächeln.

Er sagte mit kerniger Stimme: «Und wie alt bist du jetzt, Wallacette?»

«Vierzehn», sagte sie, und ihr Gesichtsausdruck veränderte sich, als habe sie eine Entscheidung gefällt. Sie lehnte sich zurück und senkte ihre gepuderten Lider. «Hast du ihm nicht gesagt, Mama», sagte sie durch den seitlich verzogenen Mund, «daß ich Dot heiße?»

«Dot», sagte sie zu Karl, «Dot.»

«Sie läuft unter Marys Spitznamen», sagte Celestine. Dann warf sie Karl einen Blick resignierter Komplizenschaft zu, der ihn ein wenig wärmte. Es war ein Blick, wie ihn die Nonnen in den Gängen von Sankt Hieronymus gewechselt hatten. Es war ein Blick, wie er zwischen Erwachsenen über den Köpfen ihrer Kinder hin- und hergeht.

Dot bekam den Blickwechsel mit und pustete sich die steifen Ponyfransen aus der Stirn. «Ich bin schon auffallend genug», sagte sie. «Ich brauche nicht auch noch einen spinnigen Namen.» Ihr Ton war hart und endgültig. Karl fiel nichts ein, was er ihr hätte sagen können.

«Ich hab mir dich ganz anders vorgestellt», sagte sie.

Karl sah hilfesuchend zu Celestine, aber die studierte die Speisekarte.

«Und ich», er hob den Blick und hielt Dots stand, «hab mir dich auch ganz anders vorgestellt.»

Das berührte sie ein wenig, überraschte sie richtig. Sie hielt die Speisekarte hoch und murmelte: «Ich nehme Nummer zwei mit Kaffee und Tomatensaft. Wo bleibt denn die Bedienung?»

Alle drei schwiegen jetzt und studierten die maschinengeschriebenen Seiten hinter der Plastikfolie, die Kombination von Eiern, Reibekuchen und Toast. Die Bedienung schien sie vergessen zu haben, und sie saßen ausgeschlossen mitten unter den anderen Gästen, Farmern und Bauarbeitern, die schon Frühstückspause machten. Auf der anderen Straßenseite erhob sich ein neues Gebäude aus bräunlichem Aluminium. Das Hämmern und das gedämpfte Winseln elektrischer Sägen erfüllte die Straße. Die Sonne schien auf die Ständer mit Süßigkeiten unter der Theke, auf die Kaffeemaschinen und die Zapfen der Milchmaschine. Die Bedienungen hatten gerade die Schicht gewechselt. Die Köchin, eine ausladende blonde Frau mit einem orangefarbenen Servierschürzchen, sagte etwas, das die Männer an der Theke in ihre Tassen lachen ließ. Das Radio plärrte Börsen- und Landfunkberichte in die nach Speck riechende Luft. Doch nichts davon gab irgend etwas her, was die drei in der Nische zueinander hätten sagen können.

«Gibt es in Dots Leben irgendeinen, na ja, männlichen Einfluß?» Karl war selbst überrascht, als er das fragte, aber dann merkte er während Celestines Pause, daß er es wirklich gern wissen wollte.

«Wallace Pfef ist wie ein Vater zu ihr», sagte Celestine.

Dot tat zuerst so, als habe sie nichts gehört, aber dann sprach sie in das Schweigen hinein, das Karl nach Celestines harscher Antwort wahrte. «Ich geh jetzt viel rauf zu Onkel Russell. Eli bringt mir das Angeln bei.»

Karl nickte, er hatte Russell als einen entstellt aussehenden Indianer mit einer Kiste klappernden Werkzeugs in Erinnerung, einen Mann, der ihn nicht leiden konnte.

Als die Bedienung schließlich kam, bestellten alle. Celestine gab sich alle Mühe, vom Laden und von Mary zu erzählen, vermied es aber angelegentlich zu fragen, ob Karl vorhätte, dort einen Besuch zu machen. Auch Karl gab sich Mühe. Er erzählte Celestine von seinem neuen Job, gut bezahlt, obwohl er anfangs gar nicht viel über Stereoanlagen gewußt hatte. Er arbeitete bei einer noch in den Kinderschuhen steckenden Kette von Hifi- und Plattengeschäften in der Auslieferung.

Celestine lächelte ihn zum erstenmal an.

«Das ist also die Erklärung für den Plattenspieler, den du geschickt hast.»

«Das neueste Modell», sagte er erfreut, obwohl sie ihn nicht als portables Stereosystem bezeichnet hatte, was er war, und zwar eines von bester Qualität.

«Hast du dich gefreut?» fragte er Dot, die auf ihre Hände hinunterschaute und ihre abgebissenen rosa Nägel betrachtete, als hätten sie ihr etwas zu sagen.

«Natürlich hab ich mich gefreut», sagte sie zu ihren Fingern.

Karl beschloß, ein Risiko einzugehen, und versuchte ihr Interesse zu erregen. «De-o-te, wenn ich nur meine Dottie seh», sang er. «Kennst du das?»

Dots Gesicht verzog sich zu einer häßlichen Maske.

«Nein», sagte sie. «Ich höre Hard Rock.»

«Weißt du eigentlich», sagte Celestine, verlegen und ein wenig flatterig, «daß Dot einmal ausgerissen ist und dich suchen wollte?»

Die Bedienung stellte die dampfenden Teller vor sie hin, und Dot senkte den Kopf über das Essen. Sie aß schnell, ohne aufzuschauen. Die langen baumelnden Ringe in ihren Ohren schlugen jedesmal gegen ihr Kinn, wenn sie einen Bissen in den Mund steckte. Karl schaute ihr zu und dachte traurig, daß er ihren Musikgeschmack hätte beeinflussen können, wenn er nur öfter dagewesen wäre. Vielleicht nicht bei ihnen gewohnt, aber sich doch in der Nähe niedergelassen hätte, sie vielleicht auch gar nicht so oft gesehen hätte, aber doch zumindest gelegentlich. Er kam sich fahrlässig vor und empfand plötzlich Verzweiflung über den Verlust seiner unattraktiven Tochter.

«Ich mach dir einen Vorschlag», sagte er, «würdest du dir ein paar Platten anhören, wenn ich sie dir schicke?»

«Kommt drauf an», sagte Dot.

In ihrer Stimme war ein wissender Ton. Sie war sich darüber im klaren, woran sie war. Sie legte ihre Gabel hin und schaute so lange stirnrunzelnd auf ihren Teller, daß Celestine sich endlich auf der Bank zu ihr wandte und ihre Hand auf Dots legte.

«Schätzelchen», sagte sie, «würde es dich umbringen, ja zu sagen?»

«Ja», sagte Dot.

Vierter Teil

Celestine James

Wir sind gar nicht so anders als die Toten», behauptet Mary, «außer daß wir Herr über unsere Sinne sind.»

Wir reden über das Leben nach dem Tod, ihr Lieblingsthema, und sie knetet dabei die Füllung für die Polnische Wurst, mit ihren bloßen Händen, die im Laufe der Jahre dicker geworden sind und schwielig, so daß sie aussehen wie robuste Pfoten. Wir werden langsam alt. Marys Haar ist mausgrau geworden, und sie trägt es zu zwei Rollen über den Ohren aufgesteckt. Ihr Rücken ist rund wie ein Panzer, und ihr Gesicht ist von tiefen Falten der Überzeugung durchzogen. Sie spinnt mal wieder, startet zu phantastischen Gedankenflügen. Sie klatscht einen Fleischkloß auf den Tisch und wirbelt damit eine Wolke von weißem Pfeffer auf. Es ist immer an mir, sie auf den Boden der Tatsachen zurückzuholen.

«Klingt wie Tol Bayer», scherze ich. «Der war wie ein Alkoholiker, nur daß er nie einen Tropfen getrunken hat.»

Noch immer bringt Mary meine schlimmsten Saiten zum Klingen, und ich kann es einfach nicht lassen, sie auf den Arm zu nehmen. Diesmal ist es angekommen. Sie geht hinüber zum Faß mit dem Salz und steht da und schaut ganz kritisch, bevor sie eine Handvoll herausnimmt. Sie geht zurück, streut es über das Fleisch und fängt wieder an zu kneten, während sie nachdenkt. Und für eine Weile hat es sich mit ihrem Gelabere über die Toten.

Mary versucht, die Löcher in ihrem Verstand mit ihrer Phantasie zu stopfen. Ich komme sie am nächsten Tag in der Weinlaube besuchen. Es ist Sonntag, deshalb ist der Laden geschlossen und liegt still. Wir decken kaum mehr unsere Kosten ab, aber das ist uns egal. Wir werden sonntags nicht öffnen wie die Kettenläden und die Billigmärkte. Mary sitzt in einem Liegestuhl und entstielt die sauren blauen Trauben, die einen guten Gelee geben, sagt sie. Als sie mich sieht, stellt sie ihren Korb ab, langt unter ihren Stuhl und hält mir einen ganz gewöhnlichen roten Backstein hin.

«Der ist mir ins Fenster geflogen», sagt sie. «Kaputt ist es dabei auch gegangen.»

Ich weiß, daß sie keinen Glaser holen wird, um eine neue Scheibe einzusetzen. Es wird ein zugeklebter Schandfleck bleiben, der zu dem abblätternden Äußeren paßt. Es scheint, daß mit uns auch alles im Laden und im Geschäft langsam verkommt. Aber mir ist das egal. Wenn Mary das Haus verkauft, das ein wertvolles Immobilienobjekt geworden ist, haben wir vor, beide von dem Erlös zu leben. Ich habe darauf bestanden, daß Mary mir eine Altersrente zahlt.

«Hoffentlich hast du den Lausbub erwischt», sage ich zu ihr.

«Es war kein Lausbub.»

Ich sage mir, streite dich nicht mit Mary rum, aber ich kann das Streiten genausowenig lassen wie das Atmen.

«Den hat doch jemand geschmissen und ist dann weggelaufen», sage ich.

«Den hat keiner geschmissen.»

«Und was glaubst du, wie es passiert ist?»

«Dieser Backstein ist ein Zeichen», sagt sie.

«Wofür?»

«Probleme.»

Das überrascht mich nicht. Bei Mary hat noch nie ein Zeichen etwas Gutes verheißen. Sie geht nach drinnen, um Wurstdärme zu reinigen, und ich entstiele in der Laube die Trauben zu Ende. Ich verschwende keine weiteren Gedanken auf ihren roten Backstein. Ich habe keine Lust, mir noch mehr rätselhafte Sprüche von ihr anzuhören.

Aber dann passiert in der Nacht etwas, was nicht oft vorkommt. Ich habe einen Traum.

Ich träume, daß Sita in ihrem Vorgarten unter der Eberesche steht. Ich sehe die orangeroten Beeren hinter ihr leuchten, die farnartigen Blätter in der Luft wippen. Sie wickelt die Hände in eine rüschenverzierte Schürze und schaut hinaus auf die Straße. Sie hält Ausschau nach jemandem.

«Ich rufe, und du kommst nicht», murmelt sie.

«Was?» sage ich.

Ihre Augen liegen tief in den dunklen Höhlen, und ihre Wangen sind eingefallen und bleich wie Teig.

«Ich rufe, und du kommst nicht», sagt sie wieder.

Vielleicht ist es das Leuchten der Beeren am Baum, die blau-weiße Litze an der Schürze oder Sitas langer Krankheitsblick. Was es auch ist, der Traum ist für mich wirklicher als das wahre Leben. Ich wache auf, und der Himmel hat das dämmrige Grau der Zeit kurz vor der Dämmerung. Ich kann nicht mehr einschlafen, sondern liege im Bett und schaue zu, wie die Fenster allmählich heller werden.

Im vollen Morgenlicht gehe ich in den Laden und bitte Mary, sich ein wenig zu mir zu setzen, bevor wir an die Arbeit gehen. Ich stelle ihre Kaffeemaschine auf den

Tisch zwischen uns, und dann erzähle ich ihr meinen Traum.

«Sie hat irgendeine Krankheit», sagt Mary.

«Mir kam sie halbtot vor.»

«Sie braucht dich.»

Ich hebe die Schultern und sage leichthin: «Ich habe jahrelang kein Wort mit ihr geredet. Ich wüßte nicht, warum sie mich sehen wollte.»

Aber ich muß an die Zeit zurückdenken, als Sita und ich beste Freundinnen waren. Das war, bevor Mary mit dem Arguser Güterzug auftauchte. Sita und ich sind zusammen aufgewachsen, waren ein Herz und eine Seele, haben uns geschlagen und vertragen. Ich habe sie nie bezwungen. Sie war nicht so groß wie ich, aber sie war stärker, als sie aussah, und sie wurde beim Kämpfen so hysterisch, daß ich immer nachgab. Dann setzte sie sich auf meine Brust und schlug mich mit ihrem langen schweren Zopf. Jetzt ist ihr Haar kurz, von einem Haarkünstler gestylt, und lockig wie ein Pudel. In dem Traum stand es wie in Spießen ab, war auf einer Seite angedrückt und an den Wurzeln grau. Deshalb weiß ich, daß sie einige Zeit nicht beim Friseur war.

«Ich fahre mit», sagt Mary. «Sie ist schließlich meine Kusine. Eigentlich sollte ich hin.»

So sitzen wir da und besprechen, was wir tun wollen.

Dot ist kein Problem, weil sie für sich selbst sorgen kann, aber trotzdem lasse ich sie ungern allein, weil sie in letzter Zeit so unruhig ist. Seit sie für den Wettbewerb, den Wallace sich für das Rübenfest ausgedacht hat, zur Prinzessin erkoren wurde, verbringt Dot den größten Teil der Zeit mit Abnehmen, und den Rest damit, in ein geheimes Tagebuch zu schreiben, das sie in einer Schublade unter Verschluß hält. Manchmal finde ich sie auf der Hintertreppe, wo sie verdrießlich auf die Seiten eines Buchs starrt. Dann wieder mäht sie voller Wut das Gras, stoppelkurz. Jeden Abend geht sie am Süßigkeitenstand im Kino von Argus arbeiten. Sie schaut sich von hinten im Gang die Filme an und raucht. Ich kann sie nicht davon abbringen. Ihre Kleider sind muffig vom Rauch und dem Geruch von Popcorn und Lakritze. Mir scheint, daß die Filme, die sie sich da ansieht, sie deprimieren, ihr Flausen in den Kopf setzen und schlimme Wörter in den Mund legen. Ich überlege, daß ich sie vielleicht nicht wegen Sita allein lassen sollte, aber Dot sagt, das ist verrückt.

Wir beschließen, die dreizehn Meilen nach Blue Mound zu kutschieren und Sitas Ruf zu beantworten. Sie ist nah, aber sehr weit weg. In den Jahren seit sie dort wohnt hat sie nie angerufen oder uns mal zum Essen eingeladen. Wir wissen nicht einmal, wie ihr Haus von innen aussieht, außer vom Hörensagen. Und doch kommt es uns ganz natürlich vor, daß wir in der Stunde ihrer Not kommen, und nur für den Fall, daß wir länger bleiben müssen, packen wir unsere Nachthemden, einen von Marys Blechkuchen und zwei Sommerwürste in den Lieferwagen. Wir lassen den Laden in der Obhut meines Cousins Adrian, aber er will nicht für Marys Hund Dickie sorgen, deshalb müssen wir auf dem Weg aus der Stadt bei Wallace Pfef vorbeifahren.

Wallace hat seine zweistöckige Ranch mit einem langweiligen Gelbbraun angestrichen, das ich nicht mag, aber er sagt, es paßt so gut zu den Feldern. Erdfarben sind sein Thema. Als er zur Tür kommt, sehen wir, daß er sich sogar damit kleidet. Seine Hose ist grau. Sein Hemd hat die gleiche Farbe wie seine Haut. Fleischfarben.

«Das Hemd ist nicht kleidsam», erklärt Mary.

Er schaut an sich herunter und reibt ein wenig Stoff zwischen den Fingern. Inzwischen habe ich schon erkannt, daß wir den Hund nicht hierlassen können. Pfefs gräßliche Hündin schaut uns böse und unverwandt an, dann schnappt sie. Der kleine Dickie strafft sich und kläfft aus der Sicherheit von Marys Armen zurück.

«Komm, wir gehen», sagt Mary. «Ich lege es nicht darauf an, daß Klein Dickie die Hucke vollbekommt.»

«Tut mir leid», sage ich zu Wallace. «Ich wollte dich nicht stören.»

Er trägt uns gute Wünsche an Sita auf und winkt uns zum Abschied. Jetzt bleibt uns nichts anderes mehr übrig, als den Hund mitzunehmen. Dickie kläfft Fremde an, wenn sie in den Laden kommen, aber sonst ist er ungefährlich. Mir fällt nur ein, daß Sita Hunde nicht leiden kann, und ich frage Mary, ob sie glaubt, daß es Sita etwas ausmachen wird.

«Sie muß uns eben so nehmen, wie wir kommen», sagt Mary. «Schließlich hat sie dich ja gerufen.»

«Ja», sage ich. «Aber sie hat mich ja nur im Traum gerufen.»

«Da gibt's keinen Unterschied», sagt Mary, und ich weiß, daß das für sie auch keiner ist. Sie möchte stricken, deshalb bittet sie mich, das Steuer zu übernehmen. Sobald wir unterwegs sind, zieht sie ihre Wolle und die Nadeln heran. Sie schlägt an und beginnt den Ärmel für einen Pullover, den sie für Dot strickt. Ihre klappernden Nadeln bringen mir Marys Nähmaschine in den Sinn und wie Sita sie damals genommen hat, obwohl das der einzige Gegenstand war, den Mary von ihrer Mutter hatte. Sita hatte mir das sogar selbst erzählt, stolz, als wir uns zufällig in der Stadt trafen. Ich sagte zu ihr, sie hätte sie nicht annehmen dürfen. Wenn meine Mutter noch am Leben wäre, hätte ich ihr ganz bestimmt alles verziehen und in reiferen Jahren die Nähmaschine von ihr angenommen. Aber Mary hat sie weggegeben. Dabei war es so eine hübsche Truhenmaschine, und inzwischen ein antikes Stück. Ich überlege, daß wir sie in unserem Lieferwagen mit zurücknehmen könnten, vorausgesetzt, Sita hat sie immer noch in der Garage stehen.

«Vielleicht können wir die Nähmaschine wiederbekommen, Mary», sage ich.

«Welche Nähmaschine?» Sie will nicht einmal zugeben, daß es ihre war. Sie hält die ersten gestrickten Reihen hoch, um sie zu bewundern, cremefarbener Hintergrund mit dunkelroten Streifen. Sie denkt sich das Muster während des Strickens aus. Es ist ein Irrgarten, so wie die, durch die Wissenschaftler manchmal Ratten durchlaufen lassen. Wir fahren schweigend, und dann, nach ein paar Meilen, wendet sie sich mir zu und sagt: «Sita macht es nicht mehr lang.»

«Wie kommst du darauf?»

Mary nimmt den Backstein aus ihrer Tasche und spuckt darauf. Die Spucke wird zu einem Datum trocknen, sagt sie. Sie schaut den Backstein an, als wolle er plötzlich zu sprechen anfangen, und mir geht die Geduld aus. «Tu das Ding weg», sage ich zu ihr.

Obwohl Marys Augen noch härter und heller geworden sind, ist sie sonst so gealtert wie ein ganz normaler Mensch. Aber die Art, wie sie sich anzieht, gibt ihr das Aussehen einer Randfigur der Gesellschaft. Für die Reise hat sie ihren Kopf in ein schwarz-silbernes Tuch mit Troddeln gebunden. Sie ist gebeugt wie eine alte Schildkröte, und ihr lila Kleid platzt aus allen Nähten. Wie üblich kann ich es einfach nicht lassen, mich zu fragen, was wohl in ihrem Kopf vorgeht. Sie hat den Hund auf dem Schoß und ißt Rosinen aus einer kleinen Tüte.

Sita wohnt im einzigen neuen Haus in Blue Mound, einem großen weißen Gebäude mit zehn Zimmern auf zwei Etagen, und sie bezeichnet das als Kolonialstil, weil es Fensterläden hat, die man nicht zumachen kann, und eine hohe, schwere, eichengeschnitzte Haustür mit einem Messingklopfer. Sie steht auf dem Rasen vor dem Haus, als wir in die Einfahrt einbiegen. Wie in meinem Traum sind ihre Hände in eine steife Spitzenschürze gewickelt. Genau wie in meinem Traum leuchten die orangefarbenen Beeren hinter ihrem Kopf. Sie sieht krank aus. Wir steigen aus. Ganz anders als in meinem Traum stemmt sie die Hände in die Hüften und brüllt.

«Nimm deinen blöden Hund von meinen Rosen weg!»

Dann greift sie in den Baum, reißt einen harten Klumpen dieser Beeren herunter und wirft sie nach Klein Dickie. Der Hund macht sich davon.

«Er hat sie doch nur für dich begossen», sagt Mary, «Nun hab dich doch nicht so!»

Ich versuche, die Situation zu retten, indem ich Sita Komplimente mache. Bewunderung beruhigt sie normalerweise, aber diesmal funktioniert das nicht.

«Du siehst gut aus», sage ich zu ihr.

Ihre Augen zerpflücken mich.

«Das tun die Blätter auch, bevor sie fallen», bemerkt sie.

Darüber fängt Mary an zu lachen, was wiederum Sitas Gesicht weiß werden läßt.

«Ich bin krank», sagt Sita und schaut böse ins Nichts, «krank wie eine kranke Katze.»

Dann dreht sie sich auf dem Absatz um, stampft den Säuleneingang zu ihrem Haus hinauf und schlägt die Tür hinter sich zu. Mary fängt Klein Dickie ein, und wir binden ihn mit einem Stück Wäscheleine an die Eberesche. Wir holen unsere Taschen und unseren Blechkuchen aus dem Lieferwagen, und Mary folgt mir mit den Sommerwürsten den Weg zum Haus hinauf.

Als ich sie so ansehe, ganz in Trauerlila und Schwarz gekleidet, mit diesen in weißes Papier eingewickelten Würsten, habe ich das Gefühl, daß sie mich an etwas erinnert. Woran nur? Ich bleibe an Sitas Tür stehen und schaue nach hinten zu Mary. Dann fällt es mir ein. Sie sieht aus wie das Bild von Schnitter Tod auf dem Januarkalenderblatt. Der Saum ihres schwarzen Rockes schleift auf dem Boden. Sie sieht aus, als sei ihr nichts fremd. Und sie trägt diese Würste, als seien sie Symbole ihrer Berufung.

Drinnen in Sitas Haus ist alles neutral. Was ich meine, ist, Sita läßt bei sich nichts herumliegen, so daß man gar kein Gefühl dafür bekommt, wer hier wohnt. Auf Sitas Tischen steht nichts außer einem Aschenbecher. Sie sind beispielsweise nicht wie bei Mary. Bei der kommt man in die hinteren Zimmer, und da liegt gleich ein Kartenspiel auf dem Tisch und ein Wollknäuel oder *Der Wahrsager*, so daß man sofort sieht, wer sie ist.

Wir hören Sita oben im Badezimmer; das Wasser rauscht. Deshalb gehen wir durchs Haus und in die Küche, hängen die Würste in ihre Speisekammer und stellen den Blechkuchen auf ihren großen kunststoffbeschichteten Küchentisch. Besonders hier haben wir ein paar Zeichen von Sitas Krankheit, Zeichen der Vernachlässigung erwartet. Aber die Küche ist sauber und hell, die Pflanzen sind gegossen. Alle Töpfe sind abgewaschen und an Ort und Stelle geräumt. Die Stahlspüle glänzt, und sogar der Fliesenboden ist frisch gewachst.

«Ich weiß nicht, wie sie das schafft», sage ich mit lauter Stimme, weil ich glaube, daß sie mich hört. Aber Sita ist nicht auf der Treppe, auf dem Weg nach unten, um uns zu begrüßen. Das Wasser sprudelt immer noch.

«Die Antwort ist wahrscheinlich, daß sie eine Putzfrau hat», sagt Mary.

Wir setzen unsere Reisetaschen auf dem Küchenboden ab. Da wir nicht recht wissen, was wir anfangen sollen, treten wir planlos von einem Fuß auf den anderen, bis wir es schließlich leid sind und uns an die moderne Dinette in ihrer Frühstücksecke setzen.

«Ich denke, sie macht sich ein bißchen zurecht», sagt Mary, als mehrere Minuten vergangen sind. Wir horchen. Das Wasser fließt nicht mehr durch die Leitungen, aber dann plätschert und gurgelt es, als ob sie ein Bad nimmt.

«Zumindest das kann sie allein», sage ich.

Mary schaut sehnsüchtig zur Kaffeekanne. «Ich werd einen Kaffee aufbrühen. Dann ist er schön frisch und heiß, wenn sie herunterkommt», sagt sie.

«Wir können ja auch etwas essen», stimme ich zu, hungrig auf den noch nicht angeschnittenen Kuchen.

Mary durchsucht die Schränke nach dem Kaffee, aber natürlich ist er auf dem Küchenschrank in der grünen Dose, auf der KAFFEE steht.

«Ist ja ganz klar, daß sie ihn auch da hineintut», sagt Mary.

Ich stimme zu. «Sita macht alles ganz korrekt nach Vorschrift.»

Jetzt eben nimmt sie ihr Bad nach Vorschrift und wäscht ihren ganzen Körper, Zentimeter für Zentimeter. Aus den frühen Jahren, die wir so nah beieinander verbracht haben und wo ich manchmal bei ihr übernachtet habe, weiß ich, daß sie genau eine Verschlußkappe Badesalz benutzt. Danach wird sie sich mit Körperpuder pudern. Schließlich wird sie sich in ein Handtuch gewickelt auf die Bettkante setzen und ihre Nägel zu makellosen Ovalen feilen.

«Also ich», sagt Mary, die meine Gedanken gelesen hat, «ich reibe mir das Gesicht gern mit einer Zitrone ab.»

«Deshalb ist deine Haut auch so runzlig», platze ich heraus. Ich hasse es, wenn sie meine Gedanken liest, aber jetzt habe ich sie verletzt.

«Ich stricke», sagt sie nach einem Augenblick gedämpft. Sie kramt in ihrer ausgebeulten Tasche nach dem Pulloverärmel und kann ihn offenbar nicht finden. Ich werde langsam unsicher. Ich beginne mich zu fragen, ob wir hätten herkommen sollen. Die Sita in meinen Träumen war verzweifelter und gastfreundlicher. Draußen fängt Klein Dickie an zu heulen und zu winseln. Wahrscheinlich ist er so eng am Baumstamm angebunden, daß er sich nicht bewegen kann.

«Ich nehme meine Kaffeedose für die Rabattmarken», erzähle ich Mary. «Es passen genau die Marken für zwei Heftchen rein.»

Marys Gesicht hellt sich auf, und sie zieht die Hand aus ihrer Tasche.

«Die Mehlbehälter», sagt sie, «sind in diesen Sets immer zu klein. Deshalb tu ich da immer gern meinen Schraubenzieher und meinen Dosenöffner rein...»

Sie schaut hinüber zu Sitas Behältern, schaut mich mit leicht zusammengekniffenen Augen an und horcht nach oben, ob Sita immer noch beschäftigt ist.

«Na los, schau nach», sage ich. «Schau nach, ob sie wirklich Mehl in ihren Dosen hat.»

Also öffnet Mary die grüne Dose.

«Hab ich's doch gewußt», flüstert sie. «Natürlich bewahrt sie das Mehl da auf, wo es hingehört.» Dann plötzlich schnellt ihr Kopf vor, und sie späht genauer hinein. «Was ist das denn?» Sie hält die Dose in der Armbeuge und zieht eine orangerote Kapsel heraus. «Das wimmelt ja nur so von Pillen.» Sie steckt die Hand ins Mehl, gräbt darin herum und bringt noch weitere zum Vorschein. Wir wissen nicht, was wir davon halten sollen.

Endlich haben wir ein Zeichen dafür gefunden, daß Sita es nicht allein schafft. In mir regt sich Kühnheit. Ich höre immer noch, wie Sita oben hin- und hergeht.

«Schmeiß sie weg», sage ich. «Kein Mensch weiß, wie

alt die schon sind. Sie muß wohl am Überschnappen sein.»

«Damit kann sie sich glatt vergiften!» sagt Mary fasziniert. Wenn es nach ihr ginge, würde sie wahrscheinlich am liebsten nach oben laufen und sie Sita zeigen.

«Na schön», sagt sie schließlich. Sie macht den Schrank unter Sitas Spüle auf, findet den Abfalleimer und leert Mehl und Pillen hinein.

Sie stellt die leere Dose zurück an ihren Platz. Wir gießen gerade Kaffee in drei von Sitas zur Kanne passenden Kaffeetassen und schneiden den Kuchen an, als sie die Treppe herunterkommt.

«Wir haben gerade Kaffee aufgebrüht», sage ich mit freundlicher Stimme.

«Es war keiner fertig», sagt Mary in anklagendem Ton. Dann besinnt sie sich auf die Grundregeln der Höflichkeit. «Dieser Kuchen ist ganz frisch», sagt sie.

Ihr schwarzes Kopftuch ist wie ein kleines Visier über ihre Stirn heruntergerutscht, und als sie Sita fixiert, sieht sie aus, als schließe sie eben eine Wette ab.

Ich drehe mich rasch zu Sita, um ihr zu sagen, wie hübsch sie sich gemacht hat. Aber Sita sieht noch genau so aus wie vorher, kein bißchen frischer als in dem Augenblick, als wir sie im Garten getroffen haben. Sie hat sich nicht umgezogen, und ihre Frisur sitzt immer noch schief. Ich frage mich, ob sie wohl immer noch die ganze Woche mit aufgesteckten Toilettenpapierröllchen im Haar schläft, um die Form zu halten, wie damals als Mannequin. Sie tut es wirklich. Jetzt finde ich nämlich ein weiteres Zeichen ihrer nervlichen Belastung.

Als sie sich zum Kühlschrank umdreht, um die Sahne herauszuholen, sehe ich, daß hinten an ihrem Kopf noch ein Stück rosa Toilettenpapier steckt. Ich sage nichts, als sie sich wieder umdreht. Aber Mary lächelt mich an.

«Ich hoffe, er schmeckt dir», sagt sie mit sirupsüßer

Stimme, als sie das braungelbe Kuchenquadrat vor Sita hinstellt.

Sita öffnet eine Schublade und nimmt drei weiße Papierservietten mit muschelförmig eingekerbten Rändern heraus. Sie legt sie sorgfältig neben unsere Teller. Dann setzt sie sich hin und nimmt einen Bissen und einen Schluck, und noch einen Bissen. Sie ist im Begriff, einen dritten Bissen zu essen, als sie auf ihre Gabel schaut.

Mary und ich haben jeder unser Stück fast aufgegessen, und ich muß gerade denken, wie leer diese Küche aussieht, ohne ein Zeichen davon, daß hier gekocht wird. Ißt Sita aus Dosen oder Schachteln?

Sita schaut mit erschrockener Aufmerksamkeit auf etwas am Ende ihrer Gabel. Sie legt das Kuchenstückchen hin, und dann zieht sie, mit abgespreiztem kleinen Finger, vorsichtig ein durchsichtiges Fetzchen aus dem Kuchenbissen und legt es auf den Rand ihres Kuchentellers.

Wir sehen, daß das Fetzchen auf dem Rand von Sitas Teller ein fein gebackener bernsteinfarbener Flügel ist, spröde und von zarten Äderchen durchzogen.

«Das ist ein Flügel», bemerkt Mary und legt ihre Gabel hin.

«Es ist der Flügel einer indianischen Maismehlmotte, um genau zu sein», sagt Sita. Ihre Stimme ist scharf, ihr Mund zusammengekniffen und trocken. «Normalerweise werden sie nicht so groß.»

Mary schaut sich den Flügel einen Augenblick lang an, höflich, aber nicht so, als hätte er irgend etwas mit ihr zu tun. Sie nimmt ihre Gabel wieder in die Hand und ißt ihren Kuchen weiter, sogar mit Genuß.

Sitas Kopf dreht sich langsam zu ihr. Das Toilettenpapier an ihrem Hinterkopf flattert wie eine Feder. Ihre Augen beobachten, wie der Kuchen sich vom Teller auf die Gabel und zu Marys Mund bewegt. Sita sieht aus wie eine beleidigte Glucke, wie sie so dasitzt, knochen-schnäbelig und reizbar.

«Wie kommt es, daß du den Namen kennst?» frage ich, um sie abzulenken. Dann erinnere ich mich daran, daß ihr verstorbener Ehemann etwas mit Schädlingsbe-fall zu tun hatte. «Hast du das von Louis gelernt?»

«Nachdem er seine Stellung als Gesundheitsinspektor gekündigt hatte», stößt sie zwischen den Zähnen her-vor, noch immer auf die sich bewegenden Kuchenstück-chen konzentriert, «war Louis der zuständige Außen-dienstentomologe für den ganzen Bezirk.» Ich versuche Mary zu bedeuten, daß sie nicht noch ein Stück nehmen soll, aber sie hebt sich schon ein weiteres Quadrat vom Blech.

«Motten schaden einem nichts, wenn sie gebacken sind», erklärt sie uns.

Ich möchte Sita nicht anschauen. Ich nippe so lange wie möglich an meinem Kaffee. Dann schaue ich sie doch an und sehe, daß alle Farbe aus ihrem Gesicht ge-wichen ist und sie erschreckend blaß ist. Sie ist so böse, daß ihre Lippen blau angelaufen sind. Ich stelle die Tasse ab und wappne mich innerlich, da ich aus jenen frühen Jahren weiß, daß ihre Wut sich austoben muß.

«Das laß ich nicht zu, daß du mir diese dreckigen In-sekten ins Haus bringst!» kreischt Sita und springt so plötzlich auf, daß das Stückchen Toilettenpapier von ih-rem Hinterkopf segelt.

Mary schaut unentschlossen auf ihre Gabel, aber es ist zu spät.

Sita nimmt den Blechkuchen und trägt ihn, ohne ein Wort oder einen Blick, zur Hintertür hinaus. Ich höre sie die Treppe hinuntergehen, die Mülltonne klappern, und dann kommt sie mit leerem Blech wieder hereinge-knallt und stellt es ins Spülbecken. Sie nimmt hinter Mary Aufstellung, windet einen dünnen Arm um sie herum, zieht ihr den Teller weg und nimmt ihr die Gabel aus der Hand.

Jetzt ist Sita zu weit gegangen. Als sie noch einmal zur Tür geht, in der Absicht, den Kuchen von der Gabel zu schütteln und die Krümel in den Müll zu werfen, springt Mary auf. Das Kopftuch rutscht ihr dabei über die Augen, so daß sie Sita das Kinn ins Gesicht recken muß, um darunter etwas zu sehen.

«Du hast es gerade nötig!» schreit sie. Gelbe Funken kreiseln aus ihren Augen. «Du mit deinen Pillen im Mehl, Fräulein Nasehoch!»

Sita sieht verblüfft aus, dann eilt sie zu dem Behälter, reißt den Deckel herunter, und siehe da, er ist leer. Sie steht so lange da und schaut auf den Boden des Metallbehälters, daß ich mir überlege, ob der Schock vielleicht zu groß gewesen ist.

«Was hast du damit gemacht?» sagt sie. «Wo sind sie? Sag es mir auf der Stelle!»

Als Mary hindeutet, fällt Sita vor der Spüle auf die Knie und öffnet den Schrank. Sie zerrt den Abfalleimer heraus und beginnt, das Mehl zu durchwühlen. Es stäubt durch die Luft, bedeckt den Boden, weht ihr ins Gesicht. Ihre Arme sind weiß vor Mehlstaub. Sie sammelt ein paar leuchtend bunte Kapseln in ihre Hand, orangerote und blaue, und drückt sie fest an ihre Brust, unseren Blicken entzogen.

Armer Klein Dickie. Wir haben das Futter für ihn vergessen, deshalb geben wir ihm in den folgenden Tagen Essensreste oder gehen hinunter zum Eckladen, um teure Dosen für den Notfall zu kaufen. Ein Hund, der in einem Metzgerladen lebt, wird verwöhnt. Hier muß Klein Dickie oft für sich selbst sorgen. Dann buddelt er Löcher in Sitas Irisrabatten, auf der Suche nach einem Knochen. In dieser ersten Nacht stiehlt er sich in die

Mülltonne und verschlingt den Blechkuchen mitsamt den Motten. Wir können ihn nicht an der Leine halten, denn er beißt sich mit seinen kleinen kräftigen Zähnen los, sobald er Lust hat, herumzustromern. Er ist ein Haushund. Aber natürlich können wir ihn nicht mit hineinnehmen.

Sita haßt ihn. Man sieht es ihr an den Augen an, wenn er an der Tür bettelt. Ich grabe die Löcher hinter ihm wieder zu, pflanze die Iris wieder ein und hoffe, daß Sita nicht zu ungerecht zu Klein Dickie sein wird. Falls sie die ausgebesserten Beete sieht, sagt sie es nicht. Wir merken jetzt, daß Sita so krank ist, wie mein Traum mir bedeutete, aber sie will nicht mit uns zum Arzt gehen. Jedesmal wenn ich einen Besuch vorschlage, sagt sie, daß sie schon dort gewesen ist und Medikamente für fünf Jahre bekommen hat. Manchmal ertappe ich sie dabei, wie sie die Pillen in einer Tasse zerdrückt oder sie in den Händen rollt, bevor sie sie hinunterschluckt. Es sind schmerzstillende Mittel, erzählt sie mir. Sie nimmt schon seit so vielen Jahren Tabletten, daß ich keine weiteren Fragen stelle.

Ich habe Angst, daß Mary an diesem ersten Tag irgendeine gemeine Bemerkung über Sitas Verhalten machen wird, aber sie fegt ohne ein Wort den Boden auf und richtet sich auf den Besuch ein. Mir kommt es so vor, als blühe sie in der Gegenwart von Krankheit erst richtig auf, so wie manche Frauen sich in der Gegenwart eines gutaussehenden Mannes erst richtig entfalten. Sie nimmt ihr schwarzes Fransentuch ab und steckt sich das Haar zu einem dünnen Kränzchen auf. Sie trägt ein Kleid mit gelben Blumen und summt vor sich hin, während sie Puddings und Suppen kocht, um Sitas wählerischen Appetit anzuregen. Sie schüttelt ihre Dose mit der Bierhefe über allem, was sie kocht, während Sita die bittern Pillen zermahlt und schluckt, die nichts bewirken als sie

kribbelig zu machen und sie dann vor Erschöpfung einschlafen lassen. Alles, was wir essen, schmeckt nach dem
schalen Hefepulver. Aber Sita merkt kaum mehr, was sie
ißt.

Überdies bewegt sie sich immer weniger und sagt auch
immer weniger im Laufe der Tage. Wenn wir abends auf
der Terrasse sitzen, wickelt sie sich in ihre besten Häkeldecken ein, die, die Fritzie vor so langer Zeit gehäkelt
hat. Das ist ein schlechtes Zeichen. Keine Frau benutzt
ihre besten Häkeldeckchen für sich selbst. Aber für wen
sonst sollte Sita sie auch aufsparen?

Der Besuch dehnt sich: aus Tagen werden Wochen.
Ich fahre zwischen Blue Mound und Dot hin und her,
aber Mary bleibt, weil Sita so geschwächt ist.

Eines Abends ist Sita redselig.

«Warum bist du überhaupt hier hergekommen?» fragt
sie, «du und meine Kusine und dieser verdammte kleine
Hund?»

«Weil ich geträumt habe, daß du krank bist», sage
ich.

«Du hast geträumt, daß ich krank bin.» Sie schaukelt
im abnehmenden blauen Licht. Ihr Gesicht ist wie ein
geschnitzter Knochen. «O ja, du hast geträumt, daß du
ewas erben könntest, was mir gehört.»

Das macht mich fuchsteufelswild. «Wir sind nett zu
dir, weil deine Mutter nett zu uns war», erkläre ich ihr.
«Wir sind nicht hier, weil wir etwas von dir wollen.»

Sie sitzt da und knarrt mit ihrem Stuhl. Ein langes
Schweigen steht zwischen uns, aber dann muß ich daran
denken, wie überheblich sie immer gewesen ist, und da
weiß ich schon, daß ich es nicht sein lassen kann, das zu
fragen, woran ich schon im Auto gedacht habe.

«Aber du könntest Mary die Nähmaschine verma-
chen, die ihre Mutter ihr geschickt hat», sage ich.

Der Schaukelstuhl bleibt stehen. Sitas Mund steht

offen, schwarz und weit wie eine Dachluke. Eine Fledermaus könnte hineinfliegen und sich dort niederlassen. Ihr Mund öffnet sich noch weiter, als sie zu lachen anfängt. Mir wird bewußt, daß ich sie noch nicht lachen gehört habe, jedenfalls nicht, seit wir hergekommen sind, und dann plötzlich hört sie würgend auf.

«Das alte klapprige Ding ist schon vor zehn Jahren zusammengebrochen, und ich habe es den Grinnes gegeben.»

Ich kenne die Grinnes. Sie sind die verrufenen schwarzen Schafe von Blue Mound und leben vor allem vom Verkauf gepreßter Alufolie. Ich weiß, daß die Frau niemals mit der Maschine nähen könnte und auch nie damit hätte nähen wollen und niemals beabsichtigt hat, damit in Zukunft zu nähen, und die Truhe wahrscheinlich zerhackt hat, um eines kalten Winters ein Feuer damit anzuzünden.

Ich habe Sita nichts mehr zu sagen. Ich lasse sie knarrend sitzen, ihren schlaffen Busen mit den Armen bedeckt, und gehe nach oben, um zu sehen, was Mary macht.

Wir teilen das Gästezimmer im oberen Stockwerk, das in blassen, vollendet aufeinander abgestimmten Rosétönen gestrichen und mit Bildern desselben Baumes in den vier Jahreszeiten dekoriert ist. Manchmal liege ich nachts in diesem Zimmer stundenlang wach, während Mary im Schlaf redet. Sie führt lange bedrohliche Gespräche mit unbekannten Leuten. «Rücken Sie es raus», sagt sie. «Die Ausrede habe ich schon öfter gehört.»

Eines Nachts, als ich zuhöre, wird mir klar, was sie im Schlaf tut. Sie treibt ausstehende Rechnungen ein. Im Traum hat sie den Fuß in die Tür gestellt. Sie schreit, wenn die Tür sich gegen ihren Fuß zudrückt. «Sie haben unterschrieben!» brüllt sie. «Wir sehen uns vor Gericht wieder!»

Mary hat sich im Zimmer ausgebreitet. Ihre Reisetasche hat eine überraschende Anzahl von Gegenständen
von sich gegeben. Der rote Backstein liegt auf dem Regal
neben ihrem Bett, sorgfältig in einen Waschlappen gehüllt, damit keine seiner kosmischen Kräfte in die Luft
entweichen. Sie gehört nicht zu den Leuten, die ihre
Kleider oder auch nur ihre Unterwäsche vor den Blicken
anderer verstecken. Sie sind auf Kommoden und auf
Stuhllehnen gestapelt oder abgelegt. Nur ihre riesigen
weißen Baumwollunterhosen sind ordentlich aufgehängt, mit Wäscheklammern an einem Bügel befestigt,
und hängen an dem Türgriff des Wandschranks, weil Sita
ihr nicht erlauben will, sie draußen auf der Wäscheleine
zu trocknen. Eine angeschlagene Marienstatue ist hinter
dem Backstein aufgestellt. Ihre Astrologiebücher und
ihre Strickwolle hat Mary in leicht erreichbaren Ecken
untergebracht. Jetzt sehe ich, daß sie Dots Pullover fertig
gestrickt hat.

Sie hält ihn hoch, damit ich ihn bewundere.

Die roten Linien verlaufen im Zickzack und in Quadraten und bilden Wege, die in Sackgassen führen.

«Wo ist der Anfang?» frage ich.

Mary versteht erst, als ich das Muster mit dem Finger
nachfahre und versuche, einen Ausgang zu finden. Sie
fängt an, zusammen mit mir zu suchen, durch das Gewirr von Wegen über die Brust, die Unterseite der Arme
herab und über die Schultern. Aber wir können keinen
Weg nach draußen finden.

Ich nehme ein Buch in die Hand, das auf ihrem Bett
liegt, und blättere es durch.

«Der Nachthimmel ist voller erstaunlicher Löcher»,
lese ich.

Dies ist ein Thema, das Mary schon einige Zeit beschäftigt, und sie ist glücklich, es erklären zu können. Sie
erzählt mir von Löchern im Weltraum. Ich kann mir das

nicht vorstellen. Ich sehe dagegen andere Dinge vor meinem inneren Auge, die mit großer Geschwindigkeit in die Schwärze hineingezogen werden. Erst heute morgen habe ich in Sitas Haus ein Nest voller Krimskrams gefunden. In einem alten Schrank im Keller hinter dem Hobbyraum bin ich auf ein unordentliches Durcheinander gestoßen, mit Spinnweben und richtiggehendem Schmutz. Auf den Regalbrettern des Schranks standen alte Flaschen und Dosen. Erdal-Schuhcreme. Moroline. Kokosnuß-Haaröl. KILL-ALL-Rattengift. Und ein Buch mit dem Titel *Die schwarze Rose* von Thomas B. Costain. Auch Papier lag da, ein ganzer Stapel von Sitas Zeitungsausschnitten und Rezeptspalten aus den Jahren, als sie allein in Fargo lebte. Ein Brief war dabei. Er war frankiert, zugeklebt, fertig für die Post. Ich las die Adresse aufmerksam und überlegte mir hin und her, was ich damit tun sollte. Die Anschrift ging an eine Mrs. Catherine Miller, Minneapolis. Es war nicht festzustellen, wie alt genau dieser Brief war oder wann Sita vergessen hatte, ihn einzustecken.

Ich schloß den Schrank und ging nach oben. Ich steckte den Brief in meine Tasche. Schließlich beschloß ich, ihn der Vergessenheit zu entreißen und ihn mit ein paar Cent Porto zusätzlich an diese Mrs. Miller zu schikken. Aber den ganzen Tag heute hat mich jedesmal, wenn ich an den Schrank voller Gerümpel gedacht habe, eine Traurigkeit ergriffen. Sita ist der Grund dafür, warum all diese Dinge dort drin sind, und wenn sie geht, werden sie immer noch dasein. Sie werden sie überdauern. Gewöhnliche Gegenstände, aber mit einer Kraft, der wir nichts entgegensetzen können. Es macht mich traurig, an diese Gegenstände zu denken, so unbedeutend und doch so unzerstörbar, während Sita trotz ihrer lebenslangen Verzweiflung sterben muß.

Und jetzt, während Mary redet, geht mir der merkwürdige Gedanke durch den Kopf, daß alles, was ein Mensch je berührt hat, mit ihm begraben werden sollte, denn wenn Dinge Menschen überleben, so ergibt das keinen Sinn. Während sie endlos über unsichtbare Schwerkräfte weiterredet, sehe ich uns alle Hals über Kopf in den Weltraum gesaugt werden. Ich sehe uns in einem großen Wirbel von Gummimatten und Haarbürsten fliegen, bis wir mit erschreckender Schnelligkeit verschluckt werden und verschwinden.

Alles verwirrt sich jetzt. Nichts scheint mehr eine Rolle zu spielen. Ich bin nicht einmal ärgerlich, als Mary wieder einmal meine Gedanken liest und sagt, daß die indianischen Grabhügel, nach denen diese Stadt benannt ist, all die Gegenstände enthalten, die jeder Indianer in seinem Leben benutzt hat. Man hat Steinmühlen gefunden, Jagdbogen und Schmuck aus bemalten Knochen.

Dann hilft es also gar nichts, denke ich. Selbst mit uns begraben überleben unsere Dinge.

Der Hund bellt unter dem Fenster. Der Abend wird kühl, und mir ist klar, daß Klein Dickie wieder einmal seine Leine durchgebissen hat und zum Buddeln in die Irisbeete gegangen ist. Ich höre Sita, die von der Veranda brüllt. Ihre Stimme wird höher und höher, bis sie überschnappt. Ihr Stuhl kippt um, oder etwas anderes schlägt auf. Ich höre Klein Dickie bellen und grunzen. Oder ist das Sita? Einer von beiden stöhnt. Wir machen das Fenster auf, und Mary beugt sich hinaus, um nachzusehen, aber es ist zu dunkel. Fliederäste schirmen Klein Dickie vor unseren Blicken ab. Wir hören ein Keuchen und Schlagen.

«Er hat etwas gefunden», sagt Mary. «Sita bringt ihn um, wenn er ihre Rabatte aufwühlt.»

«Gehst du raus! Tempo!» brüllt Mary.

Aber das Keuchen und Schlagen geht weiter.

Deshalb langt Mary hinter sich. Zwei Dinge liegen in

Reichweite. Die angestoßene Marienstatue und der besondere Backstein. Sie schleudert den Backstein aus dem Fenster. Man hört einen Aufprall, Stille, dann winselt Klein Dickie.

Wir rennen hinunter. Der Mond ist noch nicht aufgegangen. Ich suche nach dem Verandalicht, kann es aber nicht finden und gehe hinter Mary die Eingangstreppe hinunter. Ich muß mir meinen Weg ertasten, mich an Liegestühlen und Rosenspalieren halten. Ich gehe quer über das Gras, und dann sehe ich die zusammengekauerten Gestalten. Marys geblümtes Kleid bewegt sich fleckig im Busch, aber die weiße Gestalt auf dem Boden – das ist Sita. Ich erkenne ihre Häkeldecke daran, wie sie sich anfühlt. Es ist die cremefarbene mit dem Pfannkuchen-Sträußchen-Muster, die Fritzie gehäkelt hat, bevor sie wegging.

Ich knie, beuge mich dicht zu ihr herunter. Viele lange Sekunden bewegt sie sich gar nicht, dann geht ein leiser Schauder durch ihren Körper. Mir schießt durch den Kopf, daß es jetzt Zeit ist. Die Dinge werden unseren Händen entrissen. Die aufgewühlte Erde ist trocken und kalt. Sie flüstert mir ins Gesicht.

«Auch du wirst eines Tages mit den Hühnern Scheiße fressen.»

Das ist ein Satz von Pete. Er bedeutet, daß wir alle, egal wie groß und mächtig, eines Tages im Staub enden werden. Sitas Haar ist naß, wo der Backstein sie am Kopf getroffen hat. Ich glaube, daß sie recht hat. Sie hat recht. Ich werde mit den Hühnern Scheiße fressen. Wir tragen sie nach drinnen. Sie ist leicht wie ein Stück Toast. Wir legen sie auf die lange beige Couch im Wohnzimmer. Ich habe fast Angst, die Lampe anzuzünden, aber schließlich tut Mary es, und da sehe ich, wie schlecht Sita aussieht. In ihren Wangen hängen schwarze Schatten.

Ich sitze den Rest der Nacht bei ihr, kühle ihr die Stirn

und horche, wie ihr Atem fällt und sinkt. Ich packe die besten Häkeldecken um sie. Die Kräuselstreifen und die wirbelnden Wolken. Die mit dem Mausefallenmuster. Mary döst im Sessel, den Kopf auf der Hand, und bewegt sich nicht, so daß ich irgendwann in der Nacht vergesse, daß sie da ist.

Ich vergesse auch Klein Dickie. Jetzt hat er doch die Hucke vollbekommen. Ich vergesse, weswegen wir hergekommen sind. Irgendwann beginnt Mary zu murmeln, daran erkenne ich, daß sie schläft.

«Keine Diskussion!» sagt sie. «Ich habe Ihr Konto überprüft.»

Sita lächelt bei diesen Worten und öffnet die Augen. Sie schaut freundlich um sich, dann richtet sie ihren Blick auf mich, und sie runzelt die Stirn. Ich weiß nicht, ob sie mich meint oder jemand anderen, aber ich schaue in ihr Gesicht hinunter.

Sie schöpft tief und seufzend Atem. Ich höre nicht, wie sie wieder ausatmet, weil mir plötzlich wieder einfällt, wie sie aussah, als wir Mädchen waren und sie mich besiegt hatte. Sie saß über mir, so wie ich jetzt über ihr sitze. Ihre rosa Lippen wölbten sich, ihre Zähne waren weiß und ebenmäßig. Sie schwang ihren langen dicken Zopf über den Kopf. Er peitschte herunter, plumpste gegen meine Wange, bürstete mir über Nase und Mund. Jetzt erinnere ich mich daran, daß Sitas Zopf nicht weh tat. Er war nur weich und schwer und roch nach Castil-Seife, aber trotzdem brüllte ich, als geschähe etwas Schreckliches. Hör auf! Geh runter! Laß mich los! Weil ich nicht ertragen konnte, wie stark sie war, mit den Knien an meiner Brust. Ich konnte es nicht ertragen, daß sie mich hilflos in den Dreck drückte.

Sita Tappe

Von dem Tag an, als sie mit ihrem Kuchen voller Motten und ihren scharfen Würsten kamen, habe ich mir angewöhnt, unten auf dem Billardtisch zu schlafen. Nicht nur, daß Mary im Schlaf so laut redet, daß man sie vom anderen Ende des oberen Flurs hört, oder daß Celestine die ganze Nacht hinunter- und hinauftrappelt, ein Glas Wasser holt, Cornflakes ißt oder Eier brät; nicht nur, daß ich ihre Gesellschaft niemals erbeten habe und sie auch gar nicht will, ja mir sogar wünsche, sie würden selbst krank werden und abfahren: ich schlafe aus diversen persönlichen Gründen da unten. Wegen dem Billardtisch selbst, erstens einmal. Ich mag es, wie der französische Boi sich anfühlt. Ich mag die glatte Oberfläche. Ich mag die Löcher, praktische Ablagen für zusammengerollte Zeitschriften, Wassergläser, meine Haarbürste. Beim Schlafen atme ich einen Volksschulgeruch von blauem Kreidestaub, vermischt mit den erwachsenen Gerüchen von verschütteten Cocktails und Zigarettenasche. Ich habe Celestine und Mary erklärt, daß die harte ebene Oberfläche des Billardtisches gut für meinen Rücken ist, aber die Wahrheit ist, daß es mir gefällt, im Keller zu schlafen.

Mein erster Ehemann bezeichnete diesen großen fensterlosen Raum immer als sein Erholungszentrum. Jimmy ließ ihn schalldicht machen und mit teurer Eiche austäfeln, aber der Zierat an den Wänden besteht aus Ramschgeschenken von seinen Freunden aus dem Gaststättengewerbe und den Kneipen am Ort. An der einen Wand stehen Regale voller Stereozubehör, Schubladen mit Schallplatten, eine Farbfernsehtruhe. Als ich wieder heiratete, kamen zu Jimmys Country-Western- und leichter Unterhaltungsmusik die klassischen Platten von Louis hinzu. Manchmal machte Louis in den noch nicht fertiggestellten Teilen des Kellers Experimente oder hielt dort Treffen seiner Pilzgruppe ab. Er installierte auch ein Kurzwellenradio und funkte Orte hinter dem Eisernen Vorhang an. Hier gibt es so viel sowohl von Louis als auch von Jimmy, daß der Raum eine Art Denkmal für beide und doch für keinen von ihnen ist.

Jetzt gehört er mir. Ich habe alle meine Lieblingssachen hierheruntergeholt. Ein Versteck mit Schmuck befindet sich im Tonbandkoffer, Fotos von meinem Vater stehen auf den mexikanischen Beistelltischen, und daneben liegen auf einem Stapel drei meiner besten Kaschmirpullover und ein Paar italienische Ledersandaletten. Ich habe sogar das Badezimmer direkt hinter der einen Wand geputzt. Ich habe Louis' Dunkelkammerchemikalien weggeworfen und die Literflaschen, die Jimmys Brüder unter dem Ausguß hatten stehenlassen. Jetzt enthält das Badezimmerschränkchen meine Makeup-Utensilien, aber nicht die restlichen Pillen, die kleinen, gehorteten, verschreibungspflichtigen Tabletten, die Louis' Vermächtnis waren. Für die habe ich einen besseren, sichereren Platz.

Früher einmal hatte ich die Pillen überall versteckt. Aber dann vergaß ich immer, wo ich sie hingetan hatte. Sie tauchten ganz unerwartet auf, und das war nicht zuverlässig genug. Ich konnte es nicht ertragen, auch nur eine davon zu verlieren, nachdem Louis gestorben war, weil es in der ganzen Stadt keinen Arzt mehr gibt, der ein Rezept dafür ausschreibt. «Davon werden Sie süchtig», erzählen sie mir. Sie wollen, daß ich sie absetze. Sie glauben, daß ich sie abgesetzt habe. Sie wissen nicht, was Louis hinterlassen hat.

Der Raum ist zu jeder Tageszeit dunkel. Ich mag nicht mehr von der Sonne geweckt werden. Ich mag nicht wissen, welcher Tag es ist, welche Stunde. Heute morgen, wie spät es auch immer ist, ob Tag oder Nacht, wache ich

auf und habe das Gefühl, daß ich aufstehen muß und Celestine und Mary entgegengehen. Ich liege flach auf dem
Rücken, eingehüllt in Decken, die von der Kellerluft
einen Erdgeruch angenommen haben.

Während ich daliege, stelle ich mir vor, was ich mit der
Fernsteuerung alles tun könnte.

Louis war es, der die Drähte unter dem Noppentep-
pich verlegt hat. Er saß gern in seinem Ohrensessel und
drückte auf Knöpfe. Ich weiß, daß Jimmy sich auf die
dicke Couch im mediterranen Stil gelümmelt und voller
Respekt verwünscht hätte, was Louis alles gemacht hat.
Von hier aus kann ich den Fernseher anschalten, wenn
ich will. Das Gesicht der Morgenansagerin würde vielleicht verschwommen zucken, aber ich kann es mit einer
einzigen Drehung stabilisieren. Kopfhörer hängen neben meinem Ellbogen. Ich kann die Stereoanlage, das
Radio anmachen. Ich kann mir 8-Spur-Tonbänder anhören oder ohne Ton die hell erleuchteten Senderskalen
und Barometer hin- und hergleiten und flackern sehen.
Ich kann den Lichtschalter bedienen, um die imitierte
Tiffanylampe an der Decke schwächer oder stärker
leuchten zu lassen. Ich kann sämtliche Bierlampen anschalten und sie betrachten. Auf einer ist die lange
Silhouette einer von Pferden gezogenen Postkutsche, die
lautlos wieder und wieder um einen beleuchteten Schirm
mit Bergen und Wüstenkakteen flieht. Auf einer anderen
dreht sich ein Kanu endlos auf einem blauen See. Einige
sind von Hamm's Bier, einige von Schmidt's und andere
sind einfache rautenförmige Grain Belt-Flaschen. An der
anderen Seite des Raums hat Jimmy eine Bar mit Wasser-
anschluß eingerichtet, die wie ein U geformt und dick
mit schwarzem Kunstleder gepolstert ist.

Seit der Nacht, in der Mary versucht hat, mir mit einem
Backstein den Schädel einzuschlagen, sind die Schmerzen
schwächer. Es war, als hätte der Schlag eine Reihe von

Nervenverbindungen ausgeschaltet. Das war der eine Grund, warum ich nicht die Polizei gerufen habe, als ich schließlich wieder dazu fähig war – das und das Faktum der Pillen. Ich hatte Angst, daß sie ein Verhör anstellen, das Haus durchsuchen und finden würden, was davon noch übrig ist und im Toilettentank herumschwimmt, in dem wasserdichten Behälter, in dem Louis seine Streichhölzer aufbewahrte, wenn er hinaus aufs Feld ging, um botanische Musterexemplare zu sammeln. Es widerstrebt mir fast, die Pillen einzunehmen, weil nur noch so wenige übrig sind. Noch einen Monat, eineinhalb Monate von jetzt an, und was wird dann passieren? Ich kann von Glück sagen, daß der Backstein die Nervenenden demoliert hat. Das läßt einen diese Aussicht besser ertragen. Mir ist wohler. Allerdings kann ich jetzt meinen rechten Arm nicht mehr gebrauchen und muß ihn hoch an meine Rippen drücken wie einen Hühnerflügel.

Ich sollte aufstehen, bevor sie ihre Lieferungen ausfahren und zurückkommen, um mich abzuholen, in ihrem Lieferwagen, der nach Blut und versengtem Leder riecht. Später irgendwann, heute oder morgen, ich weiß nicht mehr, wollen sie mit mir nach Argus fahren, damit ich die Rübenparade sehe, und dann die Krönung, die auf einer Tribüne mit harten Sitzen ohne Lehne stattfinden wird. Zuerst habe ich abgelehnt, aber sie bestanden darauf.

«Das wird dir richtig Spaß machen, wenn du siehst, wie Dot gekrönt wird», schmeichelte Celestine.

«Du wärst erstaunt», antwortete ich, «wenn du wüßtest, wieviel Spaß es mir macht, mich einfach nur gemütlich hinzulegen.»

Mary ist immer noch finsterer Laune, weil sie mich fast vorzeitig umgebracht hätte, aber sie versucht, ihre Tat herunterzuspielen. Sie will nicht die Verantwortung dafür übernehmen. Sie sagt, wir Menschen sind aufgezogen wie ein Uhrwerk und bleiben erst stehen, wenn wir abgelaufen sind.

«Dann kannst du ebensogut mal einen Ausflug machen», sagte sie ohne große Begeisterung. Ihr Mangel an Begeisterung war es wahrscheinlich, der mich zustimmen ließ.

Aufstehen ist allerdings keine leichte Aufgabe. Es erfordert den Einsatz von zu vielen Muskeln und meiner Beine, die ich lieber in warme Wollsachen und Kissen packe. Der Hobbyraum ist kühl, was mir bei dieser Sommerhitze nicht viel ausmacht, außer auf dem ersten langen Weg über den Teppich und in dem Augenblick, in dem ich auf die eisigen Badezimmerfliesen treten muß.

Ich drehe mich auf den Bauch und lasse meine Beine vom Tisch herunter. Aus dem linken Seitenloch hebe ich ein Glas Wasser und trinke einen großen Schluck. Ich habe die bunten Billardkugeln nicht aus dem Tisch herausgenommen, und jetzt rollen und klicken sie in ihren versteckten Kanälen aneinander. Ich empfinde das als ein freundliches Geräusch, beruhigend und ablenkend. Der Tisch ist so stabil gebaut, daß sie sich nur bewegen, wenn ich hinauf- oder heruntersteige. Ich fange an, über den Teppich zu gehen. Aber an diesem Morgen komme ich nicht einmal bis zu der schweren Couch. Etwas ist verändert, eine Schwäche, die größer ist als alles, was ich gespürt habe, seit der Backstein heruntersauste. Ich wünschte, ich hätte um etwas zu essen gebeten, bevor die beiden wegfuhren, oder daß vielleicht noch ein paar alte Salzstangen hinter Jimmys Bar lägen. Aber dann fällt mir ein, daß die Salzstangen inzwischen ja fünfzehn oder zwanzig Jahre alt wären. Ich habe es gar nicht gewollt, aber ich stelle fest, daß ich ganz plötzlich auf dem Boden liege. Ich glaube nicht, daß ich gefallen bin, aber ich liege unverkennbar flach auf dem Bauch ausgestreckt, das

Gesicht in die Noppensträhnen gedrückt, die wie dichtes Wollgras sind. Ich muß dort liegenbleiben. Ich kann nicht um Hilfe rufen. Ich weiß nicht, wie lange es dauert, bis ich wieder zu Kräften komme, mich auf alle viere hocharbeite und loskrabble. Ich habe meinen Stolz, aber ich muß ihn für noch schwerere Momente aufsparen und für Zeiten, wenn Mary und Celestine in der Nähe sind und mich beobachten können.

Der Tod ist für sie eine wöchentliche Pflicht, glaube ich, mehr nicht, nicht mehr als das Geräusch, das ihn verursacht. Der Nachhall eines Schusses. Der dumpfe Schlag. Das Stechmesser im Hals des Huhns. Ich bin sicher, daß sie die Geräusche, die die Tiere machen, gar nicht hören. Aber als Mädchen, bevor ich die Metzgerei verließ, habe ich die Schreie und das Brüllen immer gehört. Die Schweine quiekten, als seien es unsere Nachbarn, die im Bett ermordet würden. Und wenn den Hühnern die Köpfe abgeschlagen wurden, flatterten ihre Flügel wie wild und wirbelten den Kalksand zu einer glitzernden Wolke auf.

Ich höre ihre Flügel noch immer. Sie fegen in hoffnungsvoller Verzückung über den Boden. Auch gehirnlos fährt der Körper mit seinem Marionettentanz fort. Wenn mir das zustößt, will ich nicht, daß Celestine oder Mary den Laut hören. Das ist noch ein Grund dafür, warum ich im Hobbyraum schlafe. Ich erinnere mich an Jimmys Lastwagen voller Dämmfliesen, an seine Spezialisolierung. Ich erinnere mich, wie Jimmy unten die Stereoanlage mit voller Lautstärke ausprobierte, während ich oben in der Küche stand und die Baßschwingungen spürte und dabei keine Musik hörte, sondern nur ein schwaches Sirren wie von Insekten.

Jetzt das Badezimmer. Die Tür. Der Schalter.

Jimmy ließ dort Handgriffe aus Metall anbringen. Er sagte, er brächte sie für die Behinderten an, aber er meinte natürlich seine Brüder, die aber trotz Handgriff nicht gerade zielen konnten, wenn sie angesäuselt waren, und die Beweise ihrer betrunkenen Erleichterung auf den blaßblauen Fliesen hinterließen. Ich bin jetzt froh um die Handgriffe und die Antirutsch-Streifen. Ich schleppe mich zur Toilette. Den glasierten Keramikdeckel vom Spülkasten zu heben, ist das anstrengendste Ereignis meines Tages. Ich fürchte immer, daß er zu Boden krachen wird, wenn ich ihn zur Seite schiebe. Diese Unternehmung beansprucht jedes Quentchen meiner Beherrschung. Ich fische den wasserdichten Behälter heraus. Ich lege den Deckel zurück, nicht ganz, nur so, daß er nicht fällt. Und dann atme ich leichter. Ich fülle meinen Zahnputzbecher mit Wasser. Ich öffne das Fläschchen und schüttle drei Tabletten in meine Handfläche. Nicht drei. Nein. Nein. Ich habe mir nicht mehr als eine zugestanden. Ich tue zwei zurück. Dann leere ich aus irgendeinem Grund den ganzen Behälter aus. Ich bin nur neugierig zu sehen, wie viele Tage ich noch habe, bis sie alle sind. Und da sehe ich, wie wenige nur noch drin sind.

Ich starre wer weiß wie lange auf die leuchtend organgeroten Kapseln. Es ist, als würden wir von einem Strahl des Begreifens festgehalten. Nur noch ein halbes Fläschchen übrig. Ich möchte jetzt eine schlucken, aber die Kapseln wollen es nicht zulassen. Ich muß zuhören, ich muß begreifen, was das bedeutet. Also mustern wir einander, von unten nach oben und von oben nach unten. Es dauert eigentlich gar nicht so lange, bis ich verstehe.

Ohne uns, sagen sie, ohne Louis bleibt dir nur die psychiatrische Klinik. Bleibt nur die Kannibalenstation. Die Nadel. Bleiben Erscheinungen, die du in deinem Garten gar nicht so gern siehst.

Es ist keine Frage. Ganz plötzlich weiß ich, daß ich über die Zeit zu diesem Moment gekommen bin. Ich bin durch leere Räume gegangen, um hierherzukommen. Ich bin angekommen.

Und dann ist es ganz leicht. Ich schlucke sie alle.

Ein Weilchen danach lasse ich mich mit Hilfe meines guten Armes auf die Toilette hinunter. Ich denke nicht voraus. Ich erhebe mich in eine halb gebückte Stellung, die mich zum Waschbecken hinüberbringt. Ich würde gern baden. Ich denke nicht weiter als bis zu dem Gedanken an das Wasser. Das macht es mir leichter, mich in die Badewanne hinunterzulassen. Und dann, als ich darin sitze und die Hähne aufgedreht habe, packen die Tabletten zu, zusammen mit dem Strom von heißem Wasser, und ich beginne sofort zu treiben.

Ich liebe Pflanzen. Sehr sehr lange Zeit dachte ich, sie würden ohne Schmerzen sterben. Aber nachdem ich mich mit Mary darüber gestritten hatte, zeigte sie mir natürlich Zeitungsausschnitte darüber, daß Pflanzen in einen Schockzustand geraten, wenn sie mit den Wurzeln ausgerissen werden, und sogar etwas Unbeschreibliches äußern, wie Panik, einen langgezogenen Vokal, den man nur mit speziellen Instrumenten wahrnehmen kann. Mir gefällt aber ihre Angewohnheit, immer wiederzukommen. Ich mag keine Schnittblumen. Nur die, die im Boden wachsen. Und diese Seerosen. Mit toxischen Farben auf meinen Badevorhang gedruckt, schmelzen sie mich mit ihrer Reinheit. Jedes weiße Blütenblatt ist eine große Träne aus Milch. Jeder der schlanken Stengel ist ein grünes Rettungsseil.

Solch ein Geräusch. Solch eine Kaskade von Wasser kommt herunter. Ich habe noch nie einen Wasserfall gesehen und auch noch nie einen dahinfließenden Bach gehört. Es ist zu eben dort, wo ich gewohnt habe, als daß das Wasser beim Dahinfließen plätschern könnte. Aber ich kenne den Fluß, seine Strafaktionen und weggerissenen Ufer. Ich kenne ihn als eine Zunge der Vernichtung, die im Sommer zu einem faulen Band aus Matsch eintrocknet. Nein, der Fluß ist nicht wie das Wunder des sauberen Wassers aus einem Wasserhahn, heiß und wild, das mich mit dieser seltsamen Illusion erfüllt, ich sei gesund.

Draußen, abgetrocknet, blockieren die Tabletten meine Nervenwege, und ich stehe.

Der Spiegel ist beschlagen. Ich wische ihn mit einem Händehandtuch ab. Ich muß warten, bis meine Hand aufhört zu zittern, bevor ich die bauschige rosa Duschhaube aus Plastik abnehmen und mir das Haar bürsten kann. Seine Farbe ist jetzt meergrau, und eigentlich bin ich zu dünn. Aber ich nehme die Granatkette aus ihrem bestickten Etui und schließe das alte Filigran-Schloß sehr sorgfältig um meinen Hals. Nackt bis auf die blutroten Steine denke ich an meine Tante. Ich habe einmal an der Tür gehorcht, als Fritzie irgendeiner Freundin die Geschichte von Tante Adelaides kaltherziger Flucht erzählte. Sie dachten, sie hätte wahrscheinlich von all dem Unglück den Verstand verloren, aber wie gut ich sie verstehen konnte! Ich sah sie eingesaugt in eine Wolke. Die Knochen hohl wie die eines Vogels. Ihre Flügel machten niemals dieses schreckliche Hühnergeräusch, das Schlagen auf die Erde, sie machten überhaupt kein Geräusch. Adelaide brauchte nicht mit den Flügeln zu schlagen, sondern sie schwebte mühelos in die Ströme und Luftwege hinein, die unsichtbar über uns fließen. So flog sie also fort. Ich hätte das auch tun sollen, anstatt Phlox umzupflanzen. Ihre Wurzeln waren zäh, und ich konnte nie den richtigen Platz für sie finden, den richtigen Zaun, vor dem sie sich abhoben. Weiße Phlox vor einem weißen Zaun. Es haute niemals hin. Ich hätte den Zaun blau streichen sollen. Ich hätte ein eleganteres Kleid mit herunterbringen sollen.

Dieses hier, mit den weißen Falten, die im Badedampf

stumpf geworden sind, mit seinem lavendelblauen Gürtel und der bei jedem Pulsschlag kribbelnden Spitze, gefällt mir nicht. Ich finde nicht einmal, daß es die Kette zur Geltung bringt, aber ich werde die Granate trotzdem tragen, wegen Mary. Sie hat sie noch nie an mir gesehen, aber wahrscheinlich sind sie ihr auch egal. Mary ist hart, keine Frau mit Gefühlen. Ich habe bei ihr nie eine empfindliche Stelle getroffen, und bei Celestine auch nicht, außer über ihre Tochter.

Eines der wenigen Male, als ich geschäftlich zu ihnen in den Laden mußte, bin ich dem Mädchen begegnet. Dot saß an der Theke beim Mittagessen, biß große, gierige Bissen von ihrem Brot mit Tartar ab und leckte sich die Finger. Sie hatte die gleichen schlechten Manieren wie ihr Vater. Ich sagte ihr das. Sie hörte auf zu kauen und schien interessiert. Ich sagte ihr, sie sei überhaupt nicht wie ihre Mutter und sähe um die Nase und die Augen ihrer Großmutter Adelaide ähnlich. Ich sagte das nur, um Mary eins auszuwischen, die niemals von ihrer Mutter sprach. Ich ging noch einen Schritt weiter und erzählte Dot, was Adelaide getan hatte. Ich romantisierte es, machte es fast zu einer Legende. Dot hing an meinen Lippen, verlangte nach mehr. Ich brachte sie zum Schweigen, als Mary kam.

Einen Moment lang hatte ich ihnen Dot genau so weggenommen, wie Mary mir Celestine gestohlen hatte. Nach all den vielen Jahren erinnere ich mich immer noch an den schrecklichen kurzen Augenblick, als ich mit ausgezogenem Hemd auf dem Friedhof stand.

So viele Fäden laufen zusammen. Eine merkwürdige Erinnerung, die ich aus den von Louis aufbewahrten Notizen habe, war meine Vision von den unterirdischen Kindern am Tag des Jüngsten Gerichts.

Das Horn ertönt, sagte ich. Alle Sirenen gehen los. Der städtische Wasserturm speit Blut. Und dann, erzählte ich ihm, teilt sich die zähverwurzelte Grasnarbe über jeder der kleinen Ruhestätten. Heraus kommen die Kinder gegangen. Sie sind reine Knochenskelette. Sie sind überraschend winzig, aus Elfenbein gemacht, mit Präzisionswerkzeugen unter der Lupe eines Juweliers geschnitzt. Vergrößerung würde die Ebenmäßigkeit in jedem der kleinen Gelenke zeigen. Aber es ist keine Zeit zum Staunen, denn während sie die Straßen von Argus hinuntergehen, werden ihre Knochen von Fleisch umgeben und eingehüllt, in Haut gewickelt und schließlich mit Kleidern bedeckt.

Doch von was für Kleidern, und aus welcher Zeit?

Und was werden sie tun, fragte Louis, um ihre Eltern zu finden? Was, wenn ihre Eltern sich mit ihren Sünden in die Hölle gebracht haben? Würde es Schulen geben, Buslinien, Waisenhäuser, Stiefmütter und Stiefväter, irgendeine Art von Organisation, die sich um sie alle kümmerte? Falls nicht, welch ein Schrecken! Stell dir vor, wie die armen Kinder herumwandern müßten, durch die Reihen der Toten und nach jemandem oder etwas Vertrautem suchen.

Es ist zu herzzerreißend, Louis, sagte ich.

Jetzt bin ich fertig. Die Kette schimmert, scharf wie schiere Bosheit, vor der Ruine meines Halses. Es ist zu spät, um noch etwas an mir zu verändern. Ich nehme die Kette nicht ab. Meine Arme knarren, als ich mich in das Kleid hineinarbeite. Dann kommt das Make-up, das Haar, und die ganze Konzentration, die dies alles erfordert. Die Anstrengung, jeden einzelnen Finger zu bewegen, die winzigen Pinsel und Döschen anzufassen, ist ungeheuer. Wer könnte sich den eisernen Willen vorstellen, den dies erfordert? Ich überrasche mich selbst mit jedem leichten Bürstenstrich. Das Ergebnis ist eine gewaltige Verbesserung. Und notwendig. Ich muß hier oben gute Arbeit leisten, um die Aufmerksamkeit von meinen Beinen abzulenken, denn ich kann mich nicht mehr hinunterbeugen, um mir die Strümpfe hochzuziehen. Ich kann keine Strümpfe tragen. Also werde ich nicht nach unten schauen, außer um die Spitzen meiner weißen Pumps aus Handschuhleder zu bewundern.

Und jetzt die Lichter. Aus. Die Badezimmertür. Sie werden mit dem Lieferwagen in den Hof fahren und sich auf die Hupe legen. Ich werde dann schon oben sein, auf der Veranda vor dem Haus, wann immer sie kommen. Ich werde aufstehen und ihnen entgegengehen. Aber bevor ich die vierzehn trügerisch einfachen, mit dickem Teppich belegten Stufen hinaufsteige, ruhe ich mich aus. Ich ruhe mich hier an Ort und Stelle aus. Ich sinke zurück in den dämmrigen, kühlen Raum, auf die Couch aus rotbraunem Leder, die Jimmy so gern mochte und auf der ich einmal vor langer Zeit, genaugenommen das einzige Mal in meinem Leben, mich selbst erstaunte, indem ich keine Vorsichtsmaßnahmen traf und danach in Jimmys Armen dalag, voller Ehrfurcht vor dem offenen Fenster in die Zukunft.

Das waren die Möglichkeiten.

Papa hätte sich wahnsinnig über ein Enkelkind gefreut, und Fritzie auch. Sie haben es nie gewagt, mir das offen ins Gesicht zu sagen, aber ich wußte es von ihren kleinen Winken mit dem Zaunpfahl. Wenn sie zu Besuch herauf in den Norden kamen, suchten sie forschend mein Gesicht nach einem Zeichen ab, einem weicheren Zug, einer Veränderung im Klima meines Körpers. Fritzie konnte sich gar nicht von den Kindern losreißen, denen wir zufällig begegneten, und einmal fragte sie mich in einem Anfall ihrer alten Direktheit, ob ich mit irgendeiner Methode gegen die Prinzipien der Kirche verstieße.

Papa war begeistert von Jimmys Bierlampen. Als Jimmy und ich jung verheiratet waren, kam Papa oft her, und dann saßen die beiden da und schauten in die Lampen, während sie Bier tranken und Platten hörten. Später kamen sie dann mit glasigem Blick nach oben, in der Hoffnung auf belegte Brote und Essiggürkchen. Ich richtete ihnen alles, aber ich ging nie mit ihnen nach unten. Ich fand die Lampen ordinär. Das war damals. Erst als ich endgültig hier nach unten zog, verstand ich, wie tröstlich sie sein können, fast hypnotisch, beruhigender als jede wirkliche Landschaft auf der Welt, und dazu mit dem Vorteil, daß man sie in einem verdunkelten Zimmer anschauen kann.

Wie lange es wohl dauern wird, falls die Tabletten wirken. Ich berühre mit der rechten Hand einen Schalter, und eine Bierlampe geht an. Es ist die mit den himmelblauen Wassern, meine Lieblingslampe. Wieder und wieder betrachte ich, während ich warte, das kleine Kanu, das das Seeufer bei Minnesota verläßt und sich in die glänzenden Wellen hinauswagt. Die Kiefern am Ufer stehen grünschwarz und frisch da. Das Wasser glänzt, von innen beleuchtet. Das Boot kommt voran. Ich kann fast sehen, wie die Fische neugierig unter seinem Schatten nach oben kommen.

Mary Adare

Als wir zum Haus hinauffuhren, sahen wir Sita ganz in Weiß aufrecht in den Eibenbüschen stehen und uns durch die sich aufrollenden trockenen Nadeln prüfend betrachten. Sie sah ungeduldig aus. Ihre Handtasche lag zu ihren Füßen, und ihre Beine standen komisch da, wie extra hingestellt, um sie zu tragen, als wären sie aus Holz. Ich steuerte den Lieferwagen halb um ihre kreisrunde Auffahrt.

«Erst wollte sie nicht mit, und jetzt sieht's fast aus, als kämen wir zu spät», sagte ich zu Celestine, die sich darüber ärgerte, daß Sita sich nun doch entschieden hat, mitzukommen. Sie wollte den Festzug und Dots Krönung ohne Einmischung und ohne Kommentar von Sita genießen, und ohne sich Gedanken über ihren Nervenzustand machen zu müssen. Als ich den Motor ausmachte und anhielt, um auszusteigen, war mir schon klar, daß Sita unwirsch sein würde.

Es kam kein Gruß von ihr. Nicht einmal ein mürrischer Ton. Celestine seufzte laut und strich sich im Nacken das Haar nach oben. Türknallend stieg sie mit der ärgerlichen Miene, jetzt das Beste daraus machen zu müssen, aus dem Lieferwagen. Dann stakste sie über den Rasen und rief etwas. Ich ging hinter ihr her, von Klein Dickies Bellen abgelenkt. Er war draußen hinter dem Haus angebunden, und ich gedachte ihm vielleicht ein wenig Wasser aus dem Schlauch zu geben, auch wenn Sita über die Verzögerung die Stirn runzeln würde, sobald ich den Vorschlag äußerte.

Dann standen wir also direkt neben Sita und faßten sie an den Armen, in der Absicht, ihr aus dem Gewirr der Äste herauszuhelfen.

Celestine und ich bemerkten beide gleichzeitig, wie kalt sie war. Sitas Gesichtsausdruck verriet nichts. Ihre Augen waren offen und starrten genau auf die Stelle, an der unser Wagen gehalten hatte. Ihre Lippen waren ärgerlich verzogen, als wäre sie gerade im Begriff gewesen, etwas zu sagen und hätte dann gemerkt, daß ihr vom Tod die Stimme entrissen worden war. Celestine hob Sitas Handtasche auf, um sie ihr zurückzugeben, aber dann behielt sie sie in der Hand und ließ sie am Handgriff von ihren Fingern baumeln. Sie wußte nicht, wohin damit. Und ich war auch keine Hilfe. Ich glaube, wir waren in einer Art Schock. Ich weiß gar nicht, wie lange wir dort standen, mit halbem Ohr zuhörten, wie Klein Dickie bellte, und die trockene, heiße Luft rochen und merkwürdigerweise auch Sitas französisches Parfum, den durchdringenden Duft aus den zugestöpselten Flakons, die sie im Badezimmer im Keller aufbewahrte.

«Was sollen wir tun?» fragte Celestine schließlich.

Ich sah sie an, aber Celestine schien gar nicht mich zu fragen. Sie fragte vielmehr Sita. Da sah auch ich Sita an, wie um ihre Meinung zu hören. Und dabei fielen mir Einzelheiten auf, die Kette aus roten Steinen zum Beispiel, die mir bekannt und antik vorkam und die sich an einem abgebrochenen Ast verfangen hatte und ihren Kopf hochhielt, dazu ihre Arme, die sie auf beiden Seiten in gleicher Höhe zwischen die dürren geteilten Zweige geschoben hatte. Sie war sehr sorgfältig gekleidet, wie gewöhnlich. Vielleicht war sie des Wartens müde geworden und hatte sich nach hinten gegen den Busch gelehnt. Vielleicht war sie eben im Begriff gewesen zu sagen: Zum Teufel mit denen, die kommen wieder so spät. Sie hatte sich angewöhnt, in unserer Gegenwart ständig Wörter wie *Zum Teufel* und *Verdammt* zu benutzen, etwas, was sie früher nie getan hatte, auch nicht, als sie aus der Kirche austrat. Es war nie leicht, mit Sita zusammenzuleben. Wir mußten ihr Tabletts mit Essen die Kellertreppe hinuntertragen und sie bedienen, während sie sich auf dem Billardtisch räkelte. Und auch da noch rümpfte sie die Nase oder stocherte mißtrauisch in ihrem Auflauf, als ob sie dächte, ich hätte noch mehr Insekten zwischen den Nudeln versteckt.

«Ich denke, wir sollten sie runternehmen», sagte ich.

«Und was dann?» überlegte Celestine.

Celestines Wangenknochen waren mit Rouge gefärbt. Ihr Haar ringelte sich in Wellen nach hinten, graubraun, frisch gelegt. Doch darunter sah sie fassungslos aus.

«Wir müssen jetzt klar denken», sagte ich.

«Hast du eine Idee?» fragte Celestine. Sie ärgerte sich darüber, daß Sita am Morgen des Ehrentages ihrer Tochter in einem Eibenbusch gestorben war. Ich glaube nicht, daß es Celestine schon ganz zu Bewußtsein gekommen war, daß Sitas Zustand ein dauerhafter war.

«Gibt es in Blue Mound ein Bestattungsinstitut?» fragte Celestine.

«Die Stadt ist zu klein», sagte ich.

Langsam sickerte uns ins Bewußtsein, was Sitas Tod bedeutete. Langenwalter. Das war das Bestattungsinstitut in Argus, ein langgezogenes Haus aus rosa und apfelsinenfarbenem Stuck mit einem spanischen Ziegeldach und schwarzvergitterten Fenstern. Sich Sita in einem seiner vertrauten Räume vorzustellen, war unmöglich. Außerdem fand ja der Rübenfestzug statt. Alle würden dort sein, sogar die Langenwalters. «Wahrscheinlich werden sie gar nicht abkömmlich sein», sagte sie, «weder um Sita abzuholen noch um sie aufzunehmen.»

«Wir nehmen sie einfach im Lieferwagen mit», sagte ich.

Celestine schüttelte den Kopf. «Ich dachte, wir bringen sie einfach ins Haus und bahren sie auf der Couch auf.»

«Celestine», sagte ich, «willst du, daß fremde Leute sie wegbringen?»

«Nein», sagte Celestine.

«Wir nehmen sie einfach mit», sagte ich noch einmal.

Aber dann blieben wir dort stehen, in den Kreis von Sitas Schweigen hineingezogen. Ich hörte das Zirpen von Grillen im Flachsfeld auf der anderen Straßenseite, das Brummen von Maschinen weit weg.

«Nimm ihren anderen Arm», sagte ich schließlich. Ich streckte den Arm aus und hob Sita am Ellbogen hoch. Wir hakten Sitas Kette von dem Zweig los, und ihr Kopf fiel ein Stückchen zur Seite, so daß sie jetzt wachsamer und aufmerksamer wirkte als seit Wochen. Sie schien wie von einem faszinierenden Anblick angezogen, den sie mißbilligte und von dem sie sich doch nicht lösen konnte.

Wir stützten sie zwischen uns und gingen zum Wagen. An Celestines Seite ragte sie höher und auf meiner hing sie durch, und schwer war sie auch. Das wunderte mich. Sie war vorher so leicht und dünn gewesen. Es war, als hätte der Tod in sie Eingang gefunden und das Mark ihrer Knochen mit Sand gefüllt. Der Wagen schien unendlich weit vom Rasen entfernt. Sitas Füße scharrten auf dem Boden entlang.

«Heb sie höher», sagte Celestine. «Du machst ihre Schuhe dreckig.»

Ich versuchte, sie höher zu stemmen, aber ihr Gewicht war ungeheuer. Ich keuchte und schnaufte wie eine Dampflok, als wir den Wagen endlich erreichten. Ich hatte die Absicht gehabt, sie lang ausgestreckt hinten hineinzulegen. Celestine hielt sie aufrecht, und ich machte die Doppeltür auf. Als ich jedoch hineinschaute, konnte ich mir nicht mehr vorstellen, Sita einzuladen wie eine ganz gewöhnliche Warenbestellung.

«Wenn ich es mir recht überlege», sagte ich, «laß sie uns lieber vorn reinsetzen.»

«Spinnst du?» sagte Celestine.

«Überhaupt nicht.» Ich regte mich auf über Celestine, weil ich dachte, sie wollte nur nicht hinten sitzen und sich Laufmaschen in die Strümpfe reißen. Ich sagte einfach nichts mehr zu ihr, sondern öffnete die Tür an der Beifahrerseite und half, Sita hinüberzuschleppen. Aber als wir hinkamen, stellten wir fest, daß Sita so steif war, daß sie sich nicht mehr krümmen ließ. Das war ein Problem. Celestine schob Sitas Beine hinein, und ich versuchte, den Rest unterzubringen. Aber egal, wie wir es machten, Beine zuerst oder Kopf zuerst, Sita endete immer auf den Fahrersitz gelehnt und sah so aus, als hätte jemand sie dort hingeworfen. Und sie wurde immer schmuddeliger, je mehr wir an ihr herumschoben und drückten. Dann plötzlich berührte Celestine mitten in unserem Kampf eine bestimmte Stelle an Sitas Rücken, und es war wie ein Wunder, als hätte sie eine versteckte Feder berührt. Sita klappte zu einer idealen Sitzhaltung zusammen, direkt auf den Autositz. Dort wartete sie, die Hände im Schoß, den Kopf leicht geneigt, und schaute durch die Windschutzscheibe nach draußen.

«Na prima», sagte ich und kam langsam wieder zu Atem, während ich mit einem leichten Schwindelgefühl einen Schritt vom Wagen zurücktrat. «Fahren wir.»

Celestine antwortete nicht, und als ich sie anschaute, sah ich warum. Sie starrte Sita wortlos an, und die Tränen strömten ihr aus den Augen. Ihr Gesicht war ganz naß und ihr Kleid über ihrem Busen auch. Ich schob ihr mein Taschentuch hin, aber sie nahm es nicht und verstand nicht einmal, was ich wollte. Dann hob sie die Hand und merkte, daß ihre Wangen naß waren.

«Oh», sagte sie überrascht, als hätte sie sich verletzt.

Ich gab ihr das Taschentuch in die Hände und ging hinüber auf die Fahrerseite. Celestine beugte sich ins Auto, gurtete Sita an und legte ihr die weiße Kunstledertasche in den Schoß. Dann kletterte Celestine in den Laderaum und setzte sich direkt hinter mir hin. Ich ließ den Motor an und fuhr aus Sitas Vorgarten hinaus.

Mit eingeschalteter Klimaanlage und geschlossenen Lüftungsklappen und Fenstern waren wir wie von der Außenwelt abgeschlossen. Die Felder dehnten sich trocken und öde zwischen Blue Mound und Argus. Staub stand in flatternden Formen am Horizont. Die Dürre hatte die Landschaft in ein eintöniges Weißbraun getaucht. Aber all das war außerhalb unseres Fahrzeugs. Wir schienen fast dahinzutreiben. Gräben glitten wie verwischt vorbei. Wir hatten lange Zeit die Straße für uns und fuhren schweigend, in Gedanken ganz woanders. Ich achtete gar nicht auf den Tachometer.

Die Sirene und die aufblitzenden Lichter erschreckten mich so, daß ich das Lenkrad hart herumriß und an den Straßenrand fuhr, immer noch in der Absicht, die Polizei vorbeizulassen, und ganz erstaunt war, als das Auto hinter mir anhielt.

«Er kommt rüber zu unserm Wagen», sagte Celestine mit erstaunter Stimme nach einem Blick durchs Rückfenster. Jetzt sah ich ihn auch in meinem Seitenspiegel. Officer Lovchik.

«Hallo, Ronald», sagte ich und kurbelte mein Fenster auf, als er sich herunterbeugte, um etwas zu sagen. «Ich dachte, du regelst den Verkehr für den Festzug.»

«Oder ziehst selbst mit», sagte Celestine.

«Ich bin auf dem Weg dorthin», sagte Lovchik, «aber ich habe euch bei hundertdreißig gestoppt.»

Ich wußte nichts zu antworten.

«Morgen, Sita», sagte er und lächelte an mir vorbei zum Beifahrersitz hinüber. Seit Louis gestorben war, hatte Ronald Lovchik seine alten Nachstellungen wiederaufgenommen und Sita sogar wieder diese Schachteln mit Pralinen geschickt. Das wußte ich, weil ich einen Stapel Whitmans-Pralinen in ihrem Schrank gefunden hatte, noch in Zellophan gehüllt. Ich hatte einige probiert, und sie waren ganz frisch gewesen. Aber im Augenblick hatte er keine Chance. Sita schaute nach vorn, unbeirrt, in die Ferne. Lovchik senkte den Blick, verletzt, aber nicht überrascht, und blätterte seinen Strafzettelblock auf. Dann seufzte er und schlug ihn wieder zu.

«Ach, was soll's», sagte er resigniert und richtete sich dabei auf, so daß ich jetzt auf die straffgespannten khakibraunen Knöpfe an seinem Hemd schaute. «Das ist deine erste Übertretung, stimmt's?»

Ich beugte mich hinaus und sagte ja.

«Ich werde dir keinen Strafzettel geben», beschloß er. «Erste Warnung. Das ist alles.»

Celestine tippte mich an. «Bedank dich», zischte sie.

«Danke auch», sagte ich.

«Hoffentlich habe ich Sie nicht gestört, Mrs. Tappe.» Seine Stimme trieb über das Autodach hinweg, und dann entfernten sich seine Schritte. Seine Autotür klappte; dann scherte er aus und schoß den Highway hinunter.

«Warum haben wir die Sache nicht einfach ihm übergeben», fragte ich, als ich den Wagen startete.

Celestine antwortete nicht.

Meine Stimme klang mir selbst zu laut in den Ohren. Ich fuhr vorsichtig, ein gutes Stück unter der Geschwindigkeitsbegrenzung, nach Argus hinein und dann die Eighth Street hinunter bis zur Main Street. Wir hatten vor, auf dem direktesten Weg zum Jahrmarktsgelände zu fahren. Deshalb kürzte ich durch eine Gasse ab und drängte mich in eine Autoschlange, die sich langsam auf die verstopfte Kreuzung an der Main Street schob. Irgendwo in der fehlgeleiteten und verwirrten Autokolonne machten wir unseren Fehler. Vielleicht hätten wir die Fenster nicht so fest zukurbeln oder die Kühlung nicht so hochstellen sollen. Jedenfalls hörte ich die High-School-Band und auch die quietschenden Hörner der Clowns erst, als sie rings um uns waren. Bis dahin hatte ich nicht gemerkt, daß wir in den Festzug geraten waren.

Aber da gab es kein Zurück mehr. Ich ordnete mich hinter einem Festwagen ein, der aus farbig besprayten Bettüchern und Papiertaschentüchern bestand und aus Draht, der zu einer riesigen Zuckerrübe geformt war. Sie ragte hoch vor uns auf, dick und weiß. Lange Blätter aus Kreppapier flatterten von oben herunter. Die Rübe schwankte im heißen Wind, schlingernd vom Auto eines High-School-Schülers gezogen. Von Zeit zu Zeit rissen sich Papierfetzchen los, segelten in die Menschenmenge auf beiden Straßenrändern oder landeten auf unserer Windschutzscheibe. Es ging sehr langsam voran. Hinter uns stellte sich ein Verein von Präzisionsmarschierern in Uniformen aus Gold und Blau zur Schau. Immer wieder hielt der Zug an, damit sie mit ihren Körpern ein Bild oder einen Buchstaben stellen konnten.

«Wink und lächle», sagte Celestine. «Die Leute schauen dich an.»

Es stimmte. Obwohl die riesige Rübe und die Drill-mannschaft die meiste Aufmerksamkeit der Menschen-menge auf sich zog, während wir vorbeifuhren, waren doch einige neugierig genug, zu uns hineinzuspähen und uns zuzuwinken. Vielleicht hatten sie einen Blick von Sita erhascht, so gebieterisch und ernst in ihrer schim-mernden Kette, und vermuteten, daß sie jemand Wichti-ges war, eine Stadträtin oder die Frau des Gouverneurs. Andere in der Menschenmenge waren Kunden und winkten einfach, weil sie sich freuten, uns zu kennen.

«Da steht Langenwalter neben Adrian», flüsterte Ce-lestine.

«Wink du», beschwor ich Celestine. «Ich muß mit beiden Händen das Steuer festhalten.»

Also ließ Celestine immer mal wieder, während wir dahinschlichen und im ersten Gang vor Hitze fast umka-men, ihre Hand aus dem Fenster flattern.

Es schien, als seien Stunden vergangen, bevor wir es schafften abzubiegen, langsam den Abhang zum Jahr-marktsgelände hinunterrollten und unter einem hohen Hufeisen aus Ulmen hielten. Wir parkten direkt hinter der Tribüne, wo es im dämmrigen Schatten kühl war und wo sich, wie wir hofften, keiner aufhalten und Sita ent-decken würde.

Ich ließ den Motor mit eingeschalteter Luftkühlung laufen und stieg aus. Wir standen unter einem großen

Baum und betrachteten Sita durch die Windschutzscheibe.

«Wir haben wohl keine andere Wahl», sagte Celestine.
«Wir müssen sie hierlassen.»

Wir warteten noch einen Augenblick und zögerten,
als wollten wir sichergehen. Unter dem gesprenkelten
Licht, das durch die Blätter fiel, hatte Sitas Gesicht einen
Ausdruck noch größerer Wachsamkeit angenommen.
Sie starrte direkt durch uns hindurch, an uns vorbei, und
dann über uns hinweg zur anderen Seite, wo auf dem
zertrampelten Gras einer Lichtung Buden und Spiel-
stände aufgestellt waren.

Der höchstdekorierte Held

Der Sanitäter hob Russell aus seinem Rollstuhl, wälzte
ihn aufs Bett und zog ihm seinen dünnen Baumwoll-
schlafanzug aus. Eli Kashpaw saß mit einem Kaffee an
seinem Küchentisch und sah zu. Fleur hatte sich im
Schatten des angrenzenden Raums postiert und über-
wachte den Sanitäter mit strenger Aufmerksamkeit. Sie
nahm Russells Uniform aus einer alten rissigen Reisetasche. Der grüne Wollstoff strömte Naphthalingeruch
aus. Der Sanitäter zog sie Russell mit vorsichtigen Bewegungen unter Fleurs Blicken an. Er mühte sich ab, um
Russell wieder in den Rollstuhl zu heben. Fleur nahm
Russells Orden aus einem Lederetui und befestigte das
ganze bunte Muster über seinem Herzen. Dann legte sie
ihm sein Gewehr in einer langen Hülle aus olivfarbenem
Leinenstoff quer über den Schoß. Russell wartete darauf,
daß ihm die Mütze aufgesetzt wurde, schief, so wie auf
seinen Porträts aus dem Fotostudio.

Als alles geschehen war, umklammerte er mit den Händen die Armlehnen. Er konnte seine Arme dazu benutzen, sich vorwärtszuschieben. Der Sanitäter rollte Russell hinaus in die Morgenhitze durch den mit zähem Gras bewachsenen Vorgarten und eine Rampe hinauf in den Kleinbus des Pflegeheims. Er schlug die Tür zu. Der Wagen fuhr los und rumpelte dann über die Nebenstraßen. Es gab keine Fenster an den Seiten, aber im Dach befand sich eine Plastikblase. Wenn er den Kopf zurücklegte, konnte Russell den Himmel sehen, Wolken, und nach einer Weile sich kreuzende Drähte. Nach einer Stunde Fahrt hielten sie an. Außerhalb des Wagens hörte er Pferde schnauben und stampfen. Eine Lautsprecherstimme rief Zahlen und Anweisungen aus.

Plötzlich wurde von hinten an seinem Rollstuhl gezogen, und dann sauste er mit Schwung rückwärts aus dem Wagen die Rampe hinunter. Auf der anderen Straßenseite sah er auf einem Parkplatz für Militärfahrzeuge Schlangen von Oldtimern mit Fahrern mit runden Staubbrillen, Frauen unter altmodischen Sonnenschirmen. Eine Tambourmajorin streckte ihre goldenen Beine auf der Erde aus. Angehörige der American Legion gingen an ihm vorbei, keinen Meter entfernt. Keiner schaute ihn an. Schließlich klopfte ihm der Sohn seines alten Chefs von der Argus National Bank leicht auf die Schulter und drehte seinen Stuhl um.

«Was für ein Tag!» sagte er, und das war alles.

Die Luft war trocken und die Sonne weit fort, von Staubwolken verschleiert. Ein Jeep, der den Festwagen für Russell zog, rumpelte heran. Es war der gleiche, den die American Legion immer benutzte. Der Sanitäter mühte sich ab, Russell auf den Festwagen zu wuchten, dann schnallte er ihn aufrecht zwischen den darauf aufgebauten Holzbunkern fest. Ein Gräberfeld dehnte sich vor ihm aus, jedes Grab mit Plastikgras und rotem Mohn

bedeckt. Ein einfaches weißes Kreuz war zu seinen Füßen aufgestellt.

Gleich würde sich der Festzug in Bewegung setzen.
Die mit Stoffvolants umgebenen instabilen Festwagen
der High-School und die Wägelchen der Clowns ordne-
ten sich an ihren Platz ein. Die aufgeregte Stimme des
Ansagers war rauh geworden. Die Bands stimmten ihre
Instrumente und hoben ihre Trommeln und Tuben
hoch.

Der Wagen setzte sich in Bewegung.

Russell spürte die kleinen Stöße im Gesicht, wenn
sie über Schlaglöcher holperten. Mit jedem Ruck
schwankte das Kreuz über dem Grab zu seinen Füßen.
Er saß hoch droben, die Hände um die Knie geklammert, und starrte im Vorüberfahren über die Menge
hinweg. Da waren Männer mit Kindern auf den Schultern, Mädchen in leuchtenden Kleidern. Sein Festwagen
fuhr weiter, vorbei an den gläsernen Ladenfronten und
den Banken, an den Bars, die Tanzgirls und Nachtleben
feilboten, an der Post. Im Wägelchen des Clowns
kreischten die Plastiktrompeten und klapperten die
Trommeln. Der Lärm war ermüdend. Russell versuchte, den Kopf hochzuhalten, den kühnen Blick zu
wahren, aber sein Kinn klappte nach unten. Seine Augen schlossen sich, und plötzlich schienen der Lärm
und die Menschen weit fort.

Er dachte an ein fernes Gewitter. Tiefe Gewitterwolken stießen aneinander, und die Luft war mit einer vi-
brierenden stummen Bedrohung geladen. Vor sich sah er
eine große gebeugte Frau langsam eine Lehmstraße hinuntergehen. Er setzte sich in Bewegung, um sie einzuho-
len, und dann erkannte er seine Schwester Isabel, die
schon so viele Jahre tot war. Jetzt ging sie diese Straße
entlang, in einem traditionellen karierten Baumwollkleid
mit Schmetterlingsärmeln und gefältelten Mokassins. Ihr

schwarzes Haar hing lose herunter. Sie wandte sich um und machte ihm ein Zeichen, ihr zu folgen. Russell zögerte, obwohl er schon spürte, wie es geschah. Er spürte, wie sein Geist sich ausdehnte wie ein See. Sein Herz verlangsamte sich, wurde taub und schien zu wachsen, bis es gegen seine Rippen drückte.

«Der sieht aus wie ausgestopft», schrie eine Frau schrill vom Bordstein. Russell hörte sie deutlich. Früher einmal hätte ihre Bemerkung ihn beschämt, aber jetzt öffnete er nur die Augen, warf einen Blick auf die veschwommene Szene und senkte dann die Lider wieder. Seine Schwester war noch da, nicht weit vor ihm. Isabel schaute mit ihrem alten verschmitzten Lächeln über die Schulter. Er sah, daß ihr ein Zahn ausgeschlagen war.

«Warte auf mich!» rief er.

Sie drehte sich um und ging weiter. Die Straße war schmal. Das Gras zu beiden Seiten floß ins Endlose, und die Wolken drückten tief. Er folgte ihr, weil er dachte, daß er vielleicht auch Celestine sehen würde. Vielleicht würde sie zu ihnen stoßen. Doch dann fiel ihm ein, daß das nicht geschehen konnte, denn dies war die Straße, von der die alten, richtigen Chippewas immer erzählten, die Viertagesstraße, die Straße des Todes. Er hatte sich eben auf den Weg gemacht.

Jetzt bin ich tot, dachte er in ruhigem Erstaunen.

Zuerst tat es ihm leid, daß es in der Öffentlichkeit passieren mußte, statt an einem privateren Ort. Dann war er froh, und er war auch froh darüber, daß er seinen alten Sinn für Humor nicht einmal jetzt verloren hatte. Daß die Stadt, in der er gewohnt hatte, und die Mitglieder der American Legion feierlich einen toten Indianer grüßten, kam ihm so komisch vor, daß er sich vor Lachen zu schütteln begann.

Das Blöde war, daß er zu heftig lachte und von seiner

Straße abkam, die Augen öffnete, bevor er am Punkt ohne Wiederkehr vorbei war, und sich nun lediglich am Ende des Festzugs wiederfand. Schnell schloß er die Augen wieder. Aber die Straße war zu eng geworden. Er stolperte. Wie laut er auch rief, seine Schwester setzte ihren Weg fort und wollte nicht kehrtmachen, um ihm zu helfen.

Wallace Pfef

Dot wurde von Jahr zu Jahr stürmischer, machte uns angst, stellte verheerende Dinge an, brachte sich selbst in Gefahr. Manchmal blieb sie nachts bis zwei oder drei Uhr fort, und einmal kam sie erst beim Morgengrauen wieder. Sie rauchte in ihrem Zimmer, füllte die Fensterbänke mit Kippen und führte geheime Tagebücher, die sie mit kleinen goldenen Schlüsseln abschloß.

Es war nicht schwer zu erraten, was für Dinge sie in die Bücher schrieb.

Sie war gequält, unglücklich und schmiedete Rachepläne. Statt der fehlenden Freunde in der Grundschule hatte sie jetzt aktive Feinde. Und dann waren da noch Celestine, ich und Mary. Wir waren der Fluch ihres Lebens – bis sie uns brauchte. Dann gaben wir ihr alles, was wir hatten, was sie uns wiederum übelnahm. Sie füllte Seite um Seite. Ihre Tagebücher stapelten sich. Und sie sagte uns diese Dinge auch ins Gesicht, ersparte uns nicht ein einziges Wort.

Mehr als alles, was wir sonst gemeinsam hatten, schweißte Dots Gehässigkeit Celestine, Mary und mich zusammen. Dot war kein einfaches Kind gewesen, aber früher war es uns doch gelungen, sie zu beschwatzen. Jetzt redete sie uns in Grund und Boden, zählte jeden Fehler auf, hinterließ uns betroffen. Sie nagte an unseren

Herzen, fraß uns auf, wurde stark von unserem Gram und unserer Verwirrung. Mehr als von allem anderen waren wir davon schockiert, was für ein Wesen wir geschaffen hatten. Dot trug Netzstrümpfe und einen Lederrock in die Schule, toupierte ihr Haar zu einem Bienennest, kam nach Hause mit Gegenständen, die sie unmöglich von ihrem winzigen Lohn im Kino von Argus hatte bezahlen können. Ihre Freunde waren Rowdies, Trinker, Raucher, Motorradfahrer und diverse Faulenzer, die sich in der Straße mit den Bars herumtrieben, die nie eine Spende für die Weihnachtsbeleuchtung gaben.

Wir versuchten, Dot für Hobbies zu interessieren, für den Schulsport, für Geistiges. Doch sie schien nur glücklich, wenn sie in einem frisierten Auto herumfuhr oder in einem parkte. Das hatte nicht ich beobachtet, sondern Celestine. Mary machte die Bemerkung, wenn Dot nicht das einzige wäre, was sie auf der Welt hätte, dann hätte sie ihre Nichte schon längst verstoßen. Der Grund, warum ich allerdings weiter zu Dot hielt, war ein anderer. Ich glaubte, grundlegend und unverrückbar, an Dots Mut.

Zugegeben, ihre Furchtlosigkeit war schon ziemlich unerträglich und abstoßend geworden. Ihre schonungslose Offenheit ließ Lehrer und Mitschüler zu Stein erstarren. Aber sie hatte eine Eigenschaft, die mir fehlte: Sie scheute sich niemals, anders zu sein, und das rang mir Hochachtung ab. Außerdem liebte ich sie und wollte sie glücklich machen.

Aber allein schaffte ich das nicht.

Ich hatte eine Theorie, nämlich: wenn schon diejenigen, die Dot wirklich gern hatten, sie kaum ertragen konnten, was mußte sie dann wohl selbst von sich denken? Eines Frühjahrs schenkte ich ihr, um ihr dazu zu verhelfen, auf eine Leistung stolz sein zu können, eine Neunkilokugel zum Kugelstoßen. Das war die beste Investition meines Lebens, zumindest dachte ich das, weil Dot sich anfangs voll dafür begeisterte und von ihrer Eisenkugel nicht fortzukriegen war.

Das war im ersten Frühling der Dürreperiode. Die Tage waren beständig schön, die Regenfälle hielten sich auf einem Rekord-Tiefstand. Den ganzen Monat lang ging Dot an meinem Haus vorbei zu der Ecke, an der ihre schlimmen Einflüsse sie abholten und wieder absetzten, immer mit der Kugel in der Hand. Sie trainiere für die Leichtathletik-Ausscheidungskämpfe, sagte sie. Es war ihr Ernst damit, und es schien wie ein neuer Anfang. Am späten Nachmittag kam sie vorbei, wenn sie sah, daß mein Wagen in der Einfahrt stand. Auch das war neu, und sie war gewöhnlich so blaß vor Hunger, nachdem sie den ganzen Tag nichts gegessen hatte, daß sie nicht mehr die Kraft hatte, mir die üblichen Vorwürfe zu machen. Außerdem entwaffnete ich sie. Ich setzte sie mit einem Viertelliter Milch und einer Schüssel Walnußplätzchen an den Tisch. Und sie putzte alles weg, während sie mir von ihren Plänen erzählte.

Sie würde am Meer leben wie ein Filmstar oder einfach verschwinden wie ihre Tante Mary, die Dot erzählt hatte, sie sei auf einen Güterwaggon aufgesprungen. Dot würde eine Restaurantkette für Brathähnchen besitzen. Sie würde Lastwagen fahren und Bulldozer oder für immer davonfliegen wie ihre Großmutter Adelaide. Sie würde durch die Welt reisen und nach Wissen streben, oder oben im Norden mit ihren Onkeln Russell und Eli im Reservat leben. Sie würde in den nationalen Leichtathletikmeisterschaften kugelstoßen und von da geradewegs an den Olympischen Spielen teilnehmen. Ihre Goldmedaillen würden im County-Museum in Argus ausgestellt werden, direkt neben Russells Kriegserinnerungen und ihren dann berühmt gewordenen Tagebüchern.

Entweder war Dot von ihren Zukunftsphantasien berauscht oder aber durch das, was sie als die rauhen und fürchterlichen Realitäten ihres Lebens betrachtete, zu einem dunklen Klumpen niedergedrückt. Sie erzählte von Parties, zu denen sie nicht eingeladen war, toll aussehenden Typen, die sie gar nicht beachteten, Mädchen, die ihr das Schließfach mit zusammengeknüllten Papierhandtüchern vollstopften, Lehrern, die ihr vor der Klasse Fragen stellten, von denen sie wußten, daß sie sie nicht würde beantworten können, sogar von Hausmeistern, die die Flure so stark einwachsten, daß sie darauf ausrutschte und in peinliche Situationen kam.

Wenn sie in ihren schlimmsten Stimmungen war, lauerte die ganze Welt nur darauf, ihr das Leben schwerzumachen.

«Du denkst, ich sehe das nur falsch», sagte sie dann. «Du denkst, ich tue mir nur selbst leid, aber hör dir das mal an!»

Und dann erzählte sie von einer weiteren Mißlichkeit.

Dot hatte angefangen, all das zu sammeln, was gegen sie arbeitete, und es bereitete ihr eine verdrossene Genugtuung, es mir zu erzählen.

«Zeig doch mal deine positive Seite», sagte ich zu ihr.

«Bei dir piept's wohl», antwortete sie.

An einem Nachmittag, an dem Dot ums Haus herum zum Hintereingang kam, war ich dabei, das Winterlaub von meinem Rasen zu rechen. Sie trug die Kugel in der Hand. Es gab einen dumpfen Plumps, als Dot sie ins Gras fallen ließ.

«Ich bin in die Mannschaft gekommen», verkündete sie, aber es hörte sich nicht sehr erfreut an. «Sie haben gesagt, ich würde eine gute Kugelstoßerin abgeben, weil ich für meine Größe schwer wäre.»

«Schwer?» Ich war empört. «Du bist gerade richtig.

Ich hole gleich meine Versicherungstabelle und beweise es dir.»

«Diese Dinger lügen», sagte sie. Sie stemmte die Kugel hoch und hielt das Eisen dann träumerisch an ihren Hals geschmiegt. «Manchmal denke ich mir etwas aus, zum Beispiel – du findest das bestimmt völlig absurd, Wallace, aber – daß mich eine Zeitschrift entdeckt und aufs Titelbild bringt. Sie entdecken mich als völlig Unbekannte hier in Argus, und sie holen mich und ziehen mich an und richten mir das Haar, und plötzlich bin ich wunderschön.» Sie bückte sich in einer plötzlichen Drehung, streckte den Arm und schoß nach vorn. Die Kugel stieg auf und fiel, direkt in mein Rosenbeet.

«Das war weiter, als ich dachte», sagte sie befriedigt. Sie holte die Kugel. Ich brachte es nicht übers Herz, ihr zu sagen, daß sie meine Lieblingsrose, die Intrige, abgeknickt hatte. Außerdem brodelten ihre Worte tief unter der Oberfläche meiner Gedanken. Ich gab Dot etwas zu essen und schickte sie dann heim. Aber den ganzen Abend war ich zerstreut. Ich spürte, wie etwas langsam an die Oberfläche kam. Und dann nahm es Gestalt an, als ich schon gemütlich in den Federn lag.

Wallacette Darlene muß einmal in ihrem Leben mit sich zufrieden sein, einen Traum erfüllt bekommen, vollkommen sein, ganz oben stehen. Das würde ihre ganze Sichtweise von der ihr feindlich gesinnten Welt verändern. Ihr Selbstvertrauen geben. Sie inspirieren. Aber welcher Traum? Welcher verrückte Plan? Welche Hoffnung? Viel stand nicht in meiner Macht, und ihre Liste war so ausgefallen. Aber mein Entschluß stand fest. Ich würde wie die Fee im Märchen sein und einen Wunsch erfüllen. Aber welchen?

Ich durchdachte sie alle und landete beim letzten.

Von jetzt an wird es in Argus vier Königinnen geben, stellte ich mir vor, genau wie in einem Kartenspiel. Es gab schon eine Schneekönigin, eine Schweinekönigin und eine High-School-Königin. Und nun würde es noch eine weitere Königin geben, und das würde die Königin der Rüben sein! Jawohl! Und die Rübenkönigin würde Königin über alle anderen sein, denn in Argus ist die Zuckerrübe König!

Ich sah alles ganz deutlich vor mir, vom Augenblick an, an dem mir der Gedanke kam. Dot, wie sie mit strahlendem Gesicht die mit Silberfolie bedeckten Stufen hinaufsteigt, das Diadem fängt Scheinwerfer- und Sonnenlicht. Ich sah die Beefeater-Rosen, voll und belebt, dunkelrot. Ich sah Dots Augen, dieses helle Bernsteingelb, das Marys Augen so merkwürdig gleicht, mit Tränen der Überraschung, des Stolzes gefüllt. Und ich sah mich auch selbst, denn wir tun ja so oft Dinge für unsere Kinder auch zu unserem eigenen Wohle. Ich befand mich mitten im Publikum, aber ich stand auch dahinter, war Ursache und treibende Kraft. Dots Augen waren auf mich gerichtet, voller Bewunderung und erstauntem Respekt. Leute hielten mich an, schüttelten mir die Hand und sagten: «Wallace, sie ist phantastisch.» «Du hast wieder einmal den Vogel abgeschossen!» «So gut habe ich mich schon lange nicht mehr amüsiert!» Denn natürlich hatte ich schon begonnen, die Krönung als Teil von etwas Größerem zu sehen. Mein Gehirn arbeitet einfach so. Es würde eine einzige große Revue sein, die sogar Leute von außerhalb unseres Staats anlocken würde. Ein fünftägiges Festival, ein Jahrmarkt, eine riesige Show zu Ehren der Zuckerrübe, und als Höhepunkt von allem – die Königin.

Ich war zu aufgeregt, um in dieser Nacht zu schlafen. Mir gingen solche ungeheuren Möglichkeiten durch den Kopf. Ich sah das Volksfest, die Festwagen, einen langen Festzug, der die Veränderungen feiern sollte, die zehn Jahre Zuckerrübe Argus gebracht hatten. Ich plante einen eleganten Wagen von der Landwirtschaftsgenossenschaft und einen anderen von der neuen Sears-Filiale. Unsere Konzessionäre würden dazu überredet werden, Imbisse und Erfrischungen zu spendieren. Brathähnchen. Hamburger. Die Zuckerrübe war größer herausgekommen, als ich es je zu träumen gewagt hätte, und Argus war ihre Hauptstadt geworden. Ein Fest war überfällig, je mehr ich mich damit beschäftigte.

Ich saß an meinem Schreibtisch und tippte meine Inspirationen in die Maschine, während der Hund zu meinen Füßen schnarchte. Die Nacht verging, und die Aprildämmerung kam früh, ein graues, alles durchdringendes Licht. Ich sank zusammen, um den Rest des Morgens zu schlafen. Aber schon nach wenigen Stunden war ich wieder auf, besprach meine Idee hin und her, mit den anderen Mitgliedern der Handelskammer, den Club-Präsidenten, den Machern und Bewegern in der Stadt. Ich traf auf einhellige Zustimmung, Begeisterung, Aufregung. Wir sahen das Festival schon als ein jährlich wiederkehrendes Ereignis, ein in Reiseführern aufgeführtes Muß und eine Attraktion für die unmittelbare Umgebung. Wir nahmen Spenden entgegen, begannen, bei den Rübengenossenschaften am Ort und bei den städtischen Unternehmen Geld lockerzumachen. Wir würden einen Straßenverkauf haben, eine große Bastelausstellung. Alles gedieh über meine kühnsten Hoffnungen hinaus.

Zwischen der Nacht meiner Vision und dem Tag, da das Fest heraufdämmerte, lagen allerdings lange Monate der Vorbereitung. Ein ganzes Jahr lang dachte ich an kaum etwas anderes als das Festival, obwohl ich schon ein Komitee aus interessierten weiblichen und männlichen Jaycee-Junioren gebildet hatte. «Wallace», sagten sie zu mir, «laß uns doch auch etwas tun!» Aber das konnte ich einfach nicht. Ich war wie besessen von jeder Einzelheit, bis hinab zu der Reihenfolge der Festwagen im Festzug und der jungen Person, die wir anheuern mußten, um hinter den Pferden des Western-Reitclubs sauberzumachen. Es gab einen städtischen Erlaß bezüglich Pferdemist, den ich selbst entworfen hatte.

Am wichtigsten von allem, und das, was ich niemals aus den Augen verlor, war die Krönung der Königin. Sie mußte mehr als vollkommen, sie mußte majestätisch sein. Dots gesamte Phantasien zu einer einzigen vereinigen und mit Leben erfüllen. Ich wollte Plakate. Ich wollte Flugblätter, auf denen die königlichen Kandidatinnen deutlich erkennbar gezeigt wurden. Ich mietete Tommy B.s Flugzeugdienst von außerhalb der Stadt, einen Mitbruder bei den Moose Lodgers, der Schädlingsbekämpfungen aus der Luft und Wolkenimpfungen vornahm. Er würde schwören müssen, dichtzuhalten, und sollte dann im Augenblick der Krönung den Namen der Königin direkt über der Tribüne in den Himmel schreiben. An manchen Tagen, wenn ich in die Stadt fuhr und der ganze Himmel sich azurn und wasserblau vor mir ausdehnte, sah ich den geschwungenen Namenszug vor mir:

Königin Wallacette. So sah ich es. Niemals als Dot.

Egal wie sehr sie schmollte oder drängte oder erwachsen wurde, egal wie kurz ihr Rock oder wie dick ihr Make-up und wie cool ihre Sprache war, in meinem Herzen würde sie immer Wallacette sein. Manchmal saß ich auf ihrer Couch, der, auf der sie geboren worden war, und die Zeit überschlug sich. Ich sah Meter von Filmen vor meinem geistigen Auge. Dot, wie sie zwei Stufen auf einmal nahm, immer von der letzten Kante oder Stufe des Treppenabsatzes purzelte, weil sie in ihrem fanatischen Eifer niemals nach unten schaute. Dot älter, voller Wichtigtuerei im *outfield*, wie sie ihren Baseballschlag an vertrockneten Löwenzahnblüten übte und die Luft mit daunenweichen Samen füllte. Und Dot in letzter Zeit, ein Mädchen mit verschlossenem Gesicht, von Klassenkameraden verachtet und gefürchtet. Aber ich wußte, wenn erst die Krone schimmerte und die Aufmerksamkeit aller auf ihre Selbstbeherrschung, ihre ungewöhnliche Haltung, ja, und auf ihre Schönheit gelenkt wäre, dann würde die ganze Stadt es sehen. Die Mädchen würden sie beneiden, die Jungen sie umschwärmen. Ich wünschte, ihre Feinde würden noch weitergehen, Staub fressen, um ihr zu gefallen, sich verneigen und Kratzfüße machen, aber vorerst würde ich mich damit zufriedengeben zuzusehen, wie sie gekrönt wurde.

Ich würde die Wahl manipulieren.

Zu diesem Zweck schuftete ich wie ein Pferd und ruinierte mir meine Gesundheit. Die Erschöpfung, die Anstrengung, der Gewichtsverlust, das war ja nichts Neues. Ich hatte ja schon angefangen, mich völlig zu verausgaben, lange bevor ich mir überhaupt das Festival ausgedacht hatte. Es liegt in meiner Natur, mich bis hin zum Entwerfen der Plakate und dem Abfassen von Werbetexten um die Kleinigkeiten bei jedem Ereignis zu kümmern. Ich schrieb bis tief in die Nacht auf meiner Maschine, entwarf meine Pressemeldungen selbst, bereitete Komiteeberichte vor. Außerdem hatte ich meine wöchentliche Spalte in der Zeitung, «Was sich so tut», erweitert und einen kommunalen Veranstaltungskalender mit einbezogen, gewürzt mit interessanten Kommentaren, vielen einschlägigen Tips und Reportagen von Veranstaltungen, die ich besucht hatte.

«Überlegen Sie nicht lange», begann eine meiner Spalten, «sondern kreuzen Sie sich folgendes Datum in ihrem Kalender dick an: 8.–12. Juli 1972. Diese fünf Tage werden der Höhepunkt der Unterhaltung sein. Spiele, Festwagen, Preise die Menge, und natürlich die Krönung einer regierenden örtlichen Lieblichkeit.»

Welche Dot sein würde.

Das einzige, was nicht mittat, war das Wetter, und das entzog sich meiner Kontrolle.

Wir brauchten Regen, einen sättigenden Regen, der langsam und beharrlich beginnen würde, die Poren der Erde zu öffnen. Dann müßte er aufhören, sich sammeln und am nächsten oder übernächsten Tag wieder einsetzen, tiefer sinken, länger, niemals so hart herunterprasseln, daß er die Erdkrume lospeitschte, oder so rasch, daß er die Felder überschwemmte. Wir brauchten einen freundlichen Regen, einen segnenden Regen, einen, der eine ganze Woche lang anhielt. Wir brauchten Wasser. Wir probierten Dinge aus, Wolkenimpfungen, aber einmal stimmte die Chemie nicht, ein anderes Mal wurden die Wolken fortgeweht. Ganze Gemeinden beteten um das Ende der Dürre. Aber die Tage waren regenlos, heiß, und überall wurde die Erde trocken und rissig. Zum erstenmal seit Jahren gab es Mißernten, und Ländereien wurden verkauft. Und als der Juli kam, konnte ich die Tatsache nicht mehr unbeachtet lassen, daß ich ausgezehrt war, bis zum Zerreißen angespannt, und daß mein Gesicht unter dem rapiden Gewichtsverlust verfiel.

«Das ist einfach eine nervöse Erschöpfung», sagte mein Arzt und schrieb ein Rezept für ein Muskelrelaxans aus, das ich niemals einlöste. Ich hielt mich auch nicht an seinen Rat, Ferien zu machen. Anstatt aufzuhören, stürzte ich mich nur noch heftiger hinein. Vielleicht verschlimmerte ich meinen Zustand noch mit den Schuldgefühlen. Ich ließ Stimmzettel für die Nominierung drucken, so daß jedermann in der Stadt in seiner Bank seine Vorschläge abgeben konnte. Dann sammelte ich die Vorschläge persönlich ein. Ich verbrachte eine ganze Nacht damit, einen ganz neuen Stapel Stimmzettel auszufüllen, mit Stiften verschiedener Farben und mit ständig verändertem x. Dasselbe noch einmal, als sie die endgültigen

Stimmen für die Königin abgaben. Ich mußte allein im Badezimmer üben, bevor ich meinen Freunden im Festkomitee das Ergebnis präsentierte, und trotzdem zitterte mein Lächeln noch, als ich Dots Namen sagte. Ich war noch nie in meinem Leben unehrlich gewesen.

Es wurde immer schlimmer. Die Dürre ließ nicht nach. Es gab Leute, die das Fest absagen wollten, aber ich erklärte ihnen, jetzt gebe es kein Zurück mehr. Der Gouverneur und seine Frau waren schon eingeladen, und dazu neun High-School-Musikkapellen und ein Motorradkunstfahrerteam. Der Vertrag für das Volksfest war unterschrieben, und wir hatten auch schon die Rock-Bands, die Polka-Kapellen und eine Stunt- und Stock-Car-Show verpflichtet. Wir hatten ein Crash-Derby, das «Die Schlacht der Mammuts» vorführte, einen Kampf auf Leben und Schrott zwischen zwei Mähdreschern. Es gab einen Ziehwettbewerb für Traktoren und eine Bereitschaftsübung der National Guard, in der wir die Schnelligkeit unserer lokalen Reservekräfte beobachten können würden. Wenn man einmal den Stein derartig ins Rollen gebracht hat, gibt es kein Halten mehr. Das sagte ich. Aber es gab Leute, die nur zum trockenen weißen Himmel hinaufschauten, den Kopf schüttelten und fortgingen.

Ich nahm es ihnen nicht übel, denn schreckliche Zeiten hatten die Rübe getroffen. Aber wir hatten in unsrer Gegend schon früher schreckliche Zeiten durchgemacht, und wir hatten sie überlebt. Ich schuftete noch mehr. Ich sah um so mehr Grund für die Stadt, ausgelassen zu feiern, um sie damit vom Wetter abzulenken, das zum täglichen Thema Nummer eins in aller Munde geworden war. Die Leute zitierten Dewey Berquist, den Wettermann außerhalb Fargos, und zogen Reste von Volksüberlieferungen aus der Vergessenheit, untersuchten Jahresringe von Bäumen und die Tiefe von Sümpfen.

Doch als der Fluß zu einem spärlichen, dickflüssigen Tröpfeln versickerte, mit einem bloßliegenden Flußbett voller toter Fische und verbogener Autowrackteile, da wünschte auch ich, alles hinschmeißen zu können. Die Hitze ließ meine Begeisterung verdorren. Und dann, fast am letzten Tag, geschah etwas noch Schlimmeres, etwas so Unwahrscheinliches, daß ich endlich doch noch fast überschnappte.

Eines Morgens traf ich auf der Post Celestine. Sie hatte eben die Post aus ihrem Fach genommen.

«Da schau an», sagte sie sinnend. In der Hand hielt sie ein Flugblatt. Dot blickte mit finsterer Miene von der Vorderseite, mit Augen so dunkel wie zwei dunstige Tümpel. Auch die anderen Zuckerrüben-Prinzessinnen waren abgebildet. Ihr Lächeln war süß, aber ihre Gesichter konnte man vergessen. Celestine hielt auch noch eine längliche weiße Karte in der Hand.

«Was ist das denn», sagte sie und drehte die Postkarte um.

Die Karte war mit einem Firmenemblem bedruckt: ELMO PLANUNGSSYSTEME. Unter das Emblem waren mit Druckbuchstaben die Worte *Ich bin auf dem Weg* geschrieben und der Name *Karl*.

Die hohe kühle Decke der Post schien sich plötzlich ins Unendliche nach oben zu dehnen und das Echo unserer Stimmen zu sammeln. Die Messingvorderseiten der numerierten Postfächer enthielten Tausende von kleinen Glasspiegeln, die mir das Gesicht eines Greises zurückwarfen, voller Falten und uralt. Mein Haar war oben auf dem Kopf schütter geworden und von Hellblond in Grau übergegangen. Sogar meine neue eckige Brille mit Drahtgestell schien jetzt nur mehr ein trauriger Versuch, Jugend vorzutäuschen. Ich war nicht in der Form, ihn zu sehen oder mich von ihm ansehen zu lassen.

Es gab kein Zurück und auch kein Halten, und schließlich kam der Tag, in einem Wirbel von Schmutz und toter Hitze. Ich war beim Aufwachen erschöpfter als beim Zubettgehen. Nichts half. Ich war ausgelaugt bis auf die Knochen und wußte, daß ich mich mit schierer Willenskraft durch den Tag schleppen mußte. Ich schaffte es durch den Vormittag und dann auch durch den Festzug, indem ich literweise schwachen Eistee trank. Die Wachspapierbecher wurden in meinen Händen dünn und weich; das Papier löste sich in Fetzen auf. Nach zwölf Uhr mittags war nirgends mehr Eis zu bekommen, und sogar das Zeug in den Fruchtsaftkanistern dehnte sich aus und tropfte oben aus den Druckdeckeln. Ich war am Rande des Zusammenbruchs, und so wurde das, was lustig oder leicht hätte sein können, ein entsetzlicher Kampf, fast auf Leben und Tod. Ich schleppte mich weiter, bis nachmittags meine erste Verpflichtung kam.

Der Lions Club hatte ein Tauchbecken gebaut, um für gemeinnützige Zwecke Geld zu sammeln. Es war ganz einfach: Ein gepolsterter Hocker war einen knappen Meter über einem tiefen großen Becken voller Wasser angebracht. Unter den baumelnden Füßen einer daraufsitzenden bekannten Persönlichkeit würde ein kleiner runder Hebel, der den Stuhl hielt, aufschnappen, wenn er von einem Softball – drei für einen Dollar – getroffen wurde. Der Sitz klappte dann nach hinten, und die hochgestellte Persönlichkeit tauchte ins Wasser. Der Bürgermeister, der Polizeichef, der Sheriff und die Mitglieder des Gemeinderats hatten alle ihren Auftritt am Wasserbecken. Es war eine Ehre, dazu auserwählt worden zu sein, und das Becken war eine beliebte Station am Hauptdurchgangsweg. Für meinen Auftritt trug ich natürlich ein Kostüm, wie auch alle anderen Tauchanwärter. Um mir den Mut zu machen, den ich brauchte, um meinen Anzug anzulegen – das orangefarbene Hawaiihemd, den Strohhut, die ausgefranste Bermudahose, die gleiche Aufmachung wie an Dots lange zurückliegendem Luau –, hatte ich mir eingeredet, daß Karl bestimmt nicht aufkreuzen würde. Ich schaute rings um die Bude, bevor ich den Auftritt wagte. Schon das Hinaufsteigen nahm mir den Atem. Als ich dann oben saß, blendete mich das glitzernde Wasser.

Ich hatte nicht geahnt, daß es so schwierig sein würde, auf dem Tauchstuhl das Gleichgewicht zu halten. Ich hielt mich zähneknirschend oben, ein flaues Gefühl im Magen. Ich versuchte, mit meinen Freunden zu scherzen, die alle drei oder sechs oder neun Versuche wagten und mich sitzen ließen.

«Hier ist er! Hier ist der, auf den Sie schon lange gewartet haben!» schrie der Bonverkäufer Arnie Dotzenrud, ein langsamer, begriffsstutziger Lions-Freund. Ich war einer Ohnmacht nahe, klammerte mich an die Kanten meines Hockers. Gelbe Sternchen tanzten mir vor Augen.

«Laß mich bitte runter», flüsterte ich, und in dem Augenblick sah ich Dot aus der Ferne auf mich zukommen, in eine grüne Wolke gehüllt. Sie war wie elektrisiert und strotzte vor Lebendigkeit. Schon ihr Anblick war wie eine Bluttransfusion. Ich war ganz vernarrt in ihre handfeste Gestalt, in die Art, wie sie die Arme schwang, und in ihren Gang, der so kühn und zielsicher war. Ich begriff gar nicht, daß auch etwas Bedrohliches darin lag.

Sie stand vor mir, und alles andere verblaßte und verschwamm. Es war wie ein Blick auf einen stillstehenden Tornado. Ihr Gesicht war im Begriff zu explodieren, und das stürmische grüne Kleid stand um sie herum wie ein umgedrehter Trichter. Sie marschierte auf den Bonverkäufer zu, klatschte einen Dollarschein auf den Tisch und sagte: «Ich nehme drei.» Sie biß die Zähne zusammen und schwang den Arm nach hinten. Die grünen

Netzärmel spannten sich über ihren Muskeln. Ich hatte sie Tausende von Softbällen schleudern sehen, und deshalb wußte ich, daß sie, wenn sie sich konzentrierte, niemals ihr Ziel verfehlte.

«Bitte nicht», sagte ich und hob die Hände. «Wallacette?»

Der erste Ball schlug auf. Der Sitz krachte unter mir weg, und ich ging unter. Noch unter Wasser hörte ich die nächsten beiden Bälle voll ins Ziel gehen.

Der Reisende

Seitdem man in Argus Rüben anbaute und die neue Umgehungsstraße angelegt worden war, die die Stadt mit der Interstate-Autobahn verband, kam fast alles, was die Stadt brauchte, per Lastwagen. Ebenso war es mit dem, was die Stadt produzierte. Auch die Leute kamen über die Interstate nach Argus, nicht so jedoch Pater Miller, der nicht besonders gern mit dem Auto reiste und lange Strecken nur im Notfall mit dem Wagen zurücklegte. Er nahm den Zug von Minneapolis, der über die Grenze nach North Dakota fuhr und dann hinauf in einer langen Kurve, die ihn nach Argus brachte. Der Waggon war nahezu leer, und er war der einzige Reisende, der ausstieg, obwohl am Ort ein Fest im Gange schien. Er stieg von dem Trittschemel herunter, schob die helfende Hand des Schaffners beiseite und beantwortete dessen mechanisches «Vorsicht, Pater» mit einem Ausbruch enthusiastischer Besorgnis. Wie, fragte er, sollte wohl die Empire Builder-Bahnlinie ihr hohes Serviceniveau halten, ohne Passagiere? Der Schaffner zog bedauernd das Kinn in die Länge und sagte, das wisse er nicht. Beide Männer verweilten einen Augenblick unter dem mörderischen Himmel Dakotas, dann fuhr der Zug ruckend an. Der Schaffner warf den Schemel an Bord, schwang sich selbst hinterher, und bald stand der Priester allein auf der neuen Betonplattform, die den Bahnhof von Argus säumte.

Er wippte auf den Fersen, schaute von einer Seite zur anderen, wedelte ein großes weißes Schnupftuch aus seiner Tasche und betupfte sich damit die Stirn. Die heiße trockene Luft heizte ihm ein, brachte ihn zum Kochen.

Er war hier, um die Wahrheit hinter dem Brief herauszufinden, den seine Mutter ihm vor zwei Tagen in die Hand gegeben hatte. Zuerst war er nicht einmal neugierig gewesen. Er war zuverlässig, ein Mann mit klarem Verstand, ein rundum zufriedener Priester, der für seine taktvollen Predigten und seine Wärme den Älteren gegenüber Bewunderung erntete. Seine erste Reaktion auf den Brief war Ärger gewesen, Sorge um seine Mutter. Doch sie war neuerdings sehr schwach und an nichts als ihrer Krankheit übermäßig interessiert. Später, als er in seinem Büro über den Geschäftsbüchern saß, begannen Fragen in ihm aufzusteigen. Er versuchte sich vorzustellen, wie die Stadt wohl sein mochte, die Leute, die Metzgerei. Aber jetzt sah er, daß dazu kein Grund gewesen wäre. Nichts an Argus war ungewöhnlich.

Er nahm seinen schwarzen Koffer auf und trat entschlossen unter das breite kühle Dachgesims des alten Bahnhofs. Seine Kreppsohlenschuhe machten kein Geräusch auf den sechseckigen Fliesen, und als er vor dem mit Messingstangen abgetrennten Fahrkartenschalter stehenblieb, gab er ein bedeutend klingendes Hüsteln von sich, um die Aufmerksamkeit des jungen Mannes hinter dem Schalter auf sich zu ziehen.

«Gibt es hier eine Metzgerei in der Nähe?» fragte er.

Der Schalterbeamte glaubte ja, aber vielleicht sei es auch ein Lebensmittelgeschäft.

«Und eine Familie mit Namen Kozka?»

Der Mann hatte keine Ahnung, deshalb ging Pater Miller hinüber zur Telefonzelle und begann, das schmale Telefonbuch durchzublättern. Er fand keine Tante und keinen Onkel auf dessen Seiten, aber als er Sita Kozkas Brief noch einmal aus seinem Jackett zog und ihn durchlas, entschied er, daß er versuchen könnte, die Metzgerei allein zu finden. Ihrer Beschreibung nach war das Unternehmen, das ihre Eltern besaßen, am östlichen Rand der Stadt gelegen.

Pater Miller streifte sein Jackett ab, warf es sich über die Schulter und machte sich auf den Weg die Hauptstraße von Argus hinunter. Er war mittelgroß, gut in Form, aber nicht muskulös. Er ging viel und gern zu Fuß, und sein Schritt war energiegeladen und rasch. Ein paar Straßen weiter stieß er schon auf das *Haus der Fleisch- und Wurstwaren*. Die Stadt hatte sich um den Laden herum vergrößert, und das Anwesen war fast ein Schandfleck zwischen den ordentlichen modernen Gebäuden an der Main Avenue. Ein riesiges blaues Leuchtschild auf Stelzen kündete es von der Straße her an, und eine ungepflasterte Einfahrt führte zwischen hochgewachsenen Kiefern zu einem niedrigen, schiefergrün geschindelten Gebäude mit mehreren spitzen Blechkaminen. Das Haus sah verwahrlost aus, aber nicht verlassen. An der Hauswand blühten üppig Stiefmütterchen und im Vorgarten langstielige weiße Geranien. Das Gras war ungleichmäßig gemäht. Die Fensterscheiben waren matt und schmutzig, aber mit Klebstreifen geflickt. Schon vom Ende der Einfahrt sah er das schwarze Pappschild in der Tür und las das in Hellrosa geschriebene Wort GESCHLOSSEN.

Es war nicht festzustellen, ob die Mary Adare, deren Name auf dem kaputten Schild stand, eine Verwandte von ihm war oder nicht. Mehr als zwanzig Jahre waren vergangen, seit der Brief in seiner Brusttasche geschrieben worden war, und wer wußte, was sich in dieser Zeit alles abgespielt hatte? Der Name Sita Kozka war alles, woran er sich halten konnte, und dieses baufällige Haus.

In der Hitze kamen seine drahtigen Locken allmählich zu Leben. Er fuhr sich mit den Fingern durch sein dunkelrotes Haar und schaute auf seine Hände hinunter. Ganz im geheimen war er der Meinung, daß sie eine Seite seiner Persönlichkeit offenbarten. Sie waren dem Rest seines Körpers merkwürdig unähnlich – sehnig und lang, beweglich wie die eines Affen, mit zierlichen ovalen Nägeln. Es waren die Hände eines Safeknackers, ungewöhnlich und geschickt in Feinarbeiten, dazu so kälteempfindlich, daß er sich dicke, mit Gänsedaunen gefütterte Handschuhe zugelegt hatte, um sie vor Erfrierungen zu schützen, wenn er seine winterlichen Runden machte. Jetzt, wo er sie auf einer Straße dieser Stadt betrachtete, verursachten die feinziselierten Knöchel und die ausgeprägten Fingerspitzen ihm ein Schwindelgefühl. Sie gehörten zu jemand anderem.

Weiter unten auf der Straße setzten gedämpfte Trommelwirbel ein, brandete in Wellen Beifall auf, begannen Hupen zu tönen und Gejohle zu erklingen. Jude Miller steckte die Hände in die Taschen, und die Menge drängte sich um ihn, nagelte ihn an seinem Platz fest, und ihr Schweiß, ihr Haarspray und ihr Essensgeruch vermischte sich mit dem heißen Asphalt und dem schwach säuerlichen Staub, den er unter dem blauen Glasschild aufwirbelte. Er schloß die Augen und versuchte, an seine Mutter zu denken. Catherine Millers langes breites ernstes Gesicht hatte sich von ihm abgewendet. Er reckte sich auf den Zehenspitzen wie alle anderen oder beugte sich zur Straße vor und hoffte, daß der erste Anblick der goldenen und rosa Tambourmajorinnen, der Fahnen, der Oldtimer und radschlagenden Clowns alles wieder zurechtrücken würde. Doch als die Menge zu einem Rudel zusammenbrandete, schlug sein Herz schneller. Seine Hände schnellten aus den Taschen. Sein Gesicht dampfte in der Hitze. Sein Körper wurde geschoben und gedrückt, von den Hüften und Ellbogen der Menge zu einer neuen Gestalt geformt. Er machte sich dünn, hielt den Atem an, paßte kaum in den Raum, der ihm blieb. Rings um ihn rauschte und wogte der Lärm des Festzugs, und die Farben drehten sich in einem verschwommenen Bild, das so grell war, daß er es nicht erfassen konnte. Er versuchte, seinen Kopf unter Kontrolle zu halten, aber der Gedanke kam dennoch. Alles, was ihn jetzt noch zusammenhielt, war die Menge, und wenn der Festzug schließlich vorbei wäre und sie sich zerstreute, dann würde auch er in so viele Stücke zerfallen, daß nicht einmal die Arbeit seiner geschickten Hände ihn wieder so hinformen könnte, wie er gewesen war.

Fünfzehntes Kapitel
1972

Karl Adare

Mein ganzes Leben lang bin ich mit leichtem Gepäck gereist. Ich habe es mir zur Gewohnheit gemacht, abgetragene Kleider wegzuwerfen, auch Bücher, die ich ausgelesen hatte, sogar Celestines Briefe. Ich besaß nur ein einziges Möbelstück, eine teure tragbare Stereoanlage, und wenn ich eine Platte satt hatte, ließ ich sie einfach in einem Motelzimmer liegen. Aber dann, während der letzten paar Monate, fing ich an, Plattenaufnahmen zu vermissen, die ich vor zehn, zwölf, fünfzehn Jahren weggeschmissen hatte. Sogar Melodien, die ich erst in der Woche zuvor liegengelassen hatte, gingen mir durch den Kopf, und es fehlte mir nur ein Wort oder eine Zeile. Ich begann, sie bei der Arbeit zu hören. Ich hatte die Behandlung der Holländischen Ulmenkrankheit und die Bekämpfung von Blasenfüßlern und Wolfsmilchgewächsen aufgegeben und verkaufte und installierte inzwischen unten im florierenden Texas vorgefertigte Begrünungspläne. Es war eine Sache, mit der ich mich über Wasser halten konnte, aber an dem Job war nichts, was mir gefiel. So wurde ich nachlässig. Träumte vor mich hin. Hörte mir Musik an. Während ich für eine Hochbaufirma die Sickerfelder und Faulbehälter auf Millimeterpapier zeichnete, fiel mir plötzlich der eine oder andere Song ein. Irving Berlins Klassiker «All By Myself» und

411

«Happy Talk». Eddie Fishers glatte Ausdruckslosigkeit, von Hugo Winterhalter und seinem Orchester begleitet. Patti Pages «Throw Mama from the Train». «Softly, softly». Jaye P. Morgans Stimme füllte meinen Kopf. Ich summte mit. Der Vertragskunde warf mir einen merkwürdigen Blick zu.

«Schon gut», sagte ich, «hören Sie doch mal. Was kommt nach dem?» Und ich sang: «‹Throw Mama from the train a kiss, a kiss. Throw Mama a kiss goodbye. Throw Mama from the train a kiss, a kiss!› Und was dann? Irgendwas mit ‹her old country ways›.»

Der Typ lachte dann entweder und schüttelte den Kopf, oder ich bekam einen noch merkwürdigeren Blick zugeworfen und verlor den Auftrag. Aber ich hatte aufgehört, mir das zu Herzen zu nehmen. Wo war Joe ‹Fingers› Carr? Wo war ‹Tequila›? Wo waren die alten Hits, die sie nie mehr im Radio spielten?

Die Großen sind verschwunden, dachte ich, mit einer schwitzenden Margarita in der Hand am Rand eines wasserlosen Motel-Schwimmbeckens sitzend. Aber es ging noch um mehr. Ich hatte etwas Unbekümmertes in mir selbst überlebt. Die meisten Männer kommen in mein Alter und sind plötzlich unzufrieden mit allem, was sie um sich her angehäuft haben, ich nicht. Ich wollte alles, was ich hinter mir gelassen hatte.

Ich wollte die Autos wiederhaben, die ich nach fünfzehn Ratenzahlungen endlich besessen hatte, die Kundenhäuser, in die ich nie weiter als bis zur Türmatte vordrang, und auch die, in die ich weiter hineinkam, ihre Zimmer und üppigen Gerüche nach Wachs und verbranntem Essen. Ich wollte auch das Essen, verbrannt oder nicht, und die Frau, die es zu lange im Backofen gelassen hatte. Ich wollte ihre Ehemänner. Ich wollte die Männer in den Sackgassen, in den Lastwagenkojen, die Männer, die jemand anders hatten, oder, wie Wallace

Pfef, noch nie vorher jemand gehabt hatten. Ich wollte die ganze Welt von Menschen, die einander gehörten und Dinge besaßen und Essen kochten und sich an alte Lieder erinnerten.

Aber erst nachdem ich Monat auf Monat in Unzufriedenheit gelebt hatte, begriff ich plötzlich, daß das, was ich wirklich wollte, ihre Zukunft war. Ich wollte ihre Kinder. Als also Celestines Brief mich im Filialbüro von Plano erreichte, schrie ich laut los und zeigte den Zeitungsausschnitt herum. Es war ein Foto der Kandidatinnen für die Rübenkönigin, und Dotties Name war eingekringelt. Hinter ihnen stand, mit einem dicken breiten Grinsen auf dem Gesicht und neuer Brille mit Drahtgestell, Wallace Pfef. Ich protzte mit Dot und machte mich überhaupt zum Narren, bis einer der Manager es nicht mehr hören konnte, höhnisch lachte und mich fragte, wann ich sie zum letztenmal gesehen hätte.

Ich kündigte.

Es war ohnehin ein Abstieg gewesen, und ich hatte auch für die Ware kein Gespür.

Ich ging zurück in mein Hotel und packte alles, was ich besaß, in meinen alten Plymouth. Dann setzte ich mich neben den Swimmingpool, nur einen Augenblick, um zu überlegen, was ich als nächstes tun sollte. Es hatte in meinem Leben schon viele Zeiten wie diese gegeben, Flauten der Entschlußlosigkeit. Aber sie dauerten jedesmal länger, und diese dauerte am längsten von allen. Ich saß da, ohne Drink und ohne Jacke, mit Hut auf und den Schlüsseln am Schlüsselbund, bis der Himmel sich orange färbte und eine nach der anderen die Neonschriften ringsumher in Bögen und Schwüngen aufflammten. Sie ergaben keinen Sinn. Sie waren nur sich bewegende Figuren. Nichts um mich her sprach. Und während ich dort saß und die Schatten dichter wurden und die Eidechsen über die Fliesen scharrten, ergab auch ich immer weniger Sinn, bis ich dann überhaupt keinen mehr ergab. Ich war ein Teil der sinnlosen Landschaft. Ein Puls, ein Streifen von Licht.

Ich gebe nichts, nehme nichts, bedeute nichts, halte nichts.

Das sagte ich zu mir in jener seltsamen falschen Dämmerung. Ich verschloß die Augen davor. Ich verschloß mein Inneres gegen diesen Gedanken. Ich hielt den Atem an. Und in diesem verdunkelten, trüben, erstickenden Augenblick fiel mir etwas wieder ein. Eine einzige Sache. Kein Gegenstand, kein Plan, nicht einmal die bohrenden Worte zu einem Lied, sondern ein Gefühl der Süße. Das ist das Äußerste, was ich davon beschreiben kann. Nur ein Hauch, aber so rein.

Ich öffnete die Augen, ging die Treppe hinunter und stieg in mein Auto. Ich begann nach Norden zu fahren und hielt nur an, um zu tanken, wegen des Datums auf dem Zeitungsausschnitt, wegen Dot. Ich brachte sie mit jenem Augenblick der Süße zusammen, obwohl ich mir, nachdem ich sie das letzte Mal gesehen hatte, ernsthaft Gedanken machte, ob sie wohl noch frei herumlief oder schon im Knast saß. Beim Fahren begann ich auch noch andere Menschen mit diesem Augenblick in Verbindung zu bringen, sogar Menschen, die ich glaubte, auf ewig hinter mir gelassen zu haben, wie meine Schwester.

Das letzte Mal, als ich sie sah, trug ich als Lohn für meine Mühe eine leichte Gehirnerschütterung davon. Das war während des Abendessens, als sie mir eine Büchse Austern an den Kopf warf. Ich hob die Büchse auf und rieb mir die Schläfe. Ich sagte: «Du hast keinen Familiensinn.» Und sie antwortete, sie habe keine Familie. Sie war ein harter Knochen, kannte keine Gnade. Dann gab es noch Wallace. Als sein einziges Erlebnis war ich eine Art Gott für ihn, den er anbetete, indem er sich wie meine Kammerzofe benahm. Er bügelte jedes Kleidungsstück, das ich anzog, wusch mir die Hemden, brachte mir Kaffee, preßte Orangen aus, weil ich sagte, daß ich richtigen Saft gern mochte, und kochte jeden Abend riesige Mahlzeiten. Kaum fiel ein Aschestäubchen von meiner Zigarette, da fing er es schon mit der bloßen Hand auf und bürstete es in einen Papierkorb. Mit ihm zu schlafen war nicht anders. Er tat alles, um mich zu erfreuen, hatte aber nicht das Herz, sich selbst auch zu erfreuen. Ich habe es gern, wenn jemand egoistisch ist, dann brauche ich jedenfalls nicht zu denken, daß er vielleicht etwas denkt, was ich nicht verstehe. Er trieb mich fast zum Wahnsinn mit seiner Aufmerksamkeit, und obwohl er mir leid tat, kam Bleiben nicht in Frage, niemals.

Und doch kehrte ich jetzt zurück.

Ich fuhr am Tag des Festzugs nach Argus hinein, als eben der Morgen graute, mit allem, was ich besaß, im Kofferraum und über den Rücksitz verstreut. Ich preschte schnurstracks hindurch. Es war, als seien meine Hände am Steuer festgewachsen. Vielleicht war ich auch nur so lange geradeaus gefahren, daß ich vergessen hatte, wie man wendet. Der Sonnenaufgang sah in dieser Luft so voller Staub und reflektierter Lichter wahnsinnig aus. Hinter den großen Spiegelglasfenstern in der Main Avenue schienen alle Waren zu brennen. Sogar die Straßenschilder spiegelten ein rotes Glühen wider. Die Straßen sahen heiß und wie glasiert aus. Sie verwandelten sich wieder in einen Highway, und in der Ferne, auf der anderen Seite der Stadt, faltete sich die Luft zu glänzenden gleichmäßigen Wellen aufsteigender Hitze. Zwei silberne Kornsilos schwebten über dem Boden, und ich hielt auf sie zu, weil ich dachte, ich könnte vielleicht dort im Schatten parken, ein Schläfchen machen, erfrischt aufwachen und dann wieder hineinfahren, wenn die Festlichkeiten anfingen.

Ich hielt auf der schattigen Westseite und parkte in hohem wilden Senf. Ich stieg aus und stand auf dem unkrautbewachsenen Kies. Mit dem Tag war ein Wind aufgekommen, so laut, daß er mir die Ohren füllte und sie schmerzen ließ. Ich hatte die Wucht der Winde in Dakota vergessen. Es war so lange her, daß ich den Bezirk gehabt hatte, der die Badlands mit einschloß, wo Celestine und ich zu unserer Trauung beim Friedensrichter hingefahren waren. Wir gaben uns das Jawort, und dann lud ich sie und das Baby zum Essen in das Alex Johnson Hotel ein, das schickste Lokal in ganz Rapid City. Ich versuchte noch einmal, auf mein Zusammenleben mit ihnen zu sprechen zu kommen, weil ich hoffte, daß Celestine es sich anders überlegt hätte. Aber sie zeigte nur ihre groben weißen Zähne, gabelte ihren Salat in sich hinein und wiegte das Baby, das in ihren Schoß geschmiegt lag.

«Wir wollen doch jetzt nicht sentimental werden.» Sie nickte den Tisch zwischen uns an, als sei er die Verkörperung davon. «Dies ist nur eine Formsache.»

Ich merkte ihr an, daß es ihr zutiefst zuwider war, zum Heiraten gezwungen zu sein, und daß sie, obwohl sie unsere Eheringe aus Gold von den Black Hills in der Hotelhalle des Alex Johnson selbst kaufte, ihren nicht mochte. Während des Essens drehte sie ihn auf dem Finger herauf und herunter, als schmerze er. Einmal nahm sie ihn ganz ab und legte ihn auf ihre Untertasse. Der Ober hätte ihn fast mit durch die Spülmaschine laufen lassen.

An dieser Stelle trennten wir uns, und ich begab mich wieder auf die Straße. Und hier wurde ich auch zum erstenmal wirklich Vater. Etwas, wovon nie gesprochen wird, etwas, wovon ich nie gehört habe, ist die Rolle des Mannes beim Kinderkriegen. Nichts geschah in mir, während Celestine schwanger war, denn ich erfuhr von ihren Symptomen, Freuden und Klagen ja nie direkt. Erst nachdem ich Baby Dot gesehen hatte, traf es mich.

Ich verließ Rapid City über jenes endlose Stück Highway, das unterhalb der Grenze zwischen den beiden Dakotas entlangführt. Während langer Autofahrten wandte ich gewöhnlich den Trick an, mir eine eingängige Melodie zu suchen oder dem Radio freche Antworten zu geben, aber diesmal schaltete ich es nach einer Weile ab. Ich empfand es als angenehm, den nachmittäglichen Frieden um mich zu haben, im Mittelpunkt der unveränderlichen Schneefelder und braunen Äste zu sein. Die Landschaft blieb sich so gleich, daß es mir irgendwann so vorkam, als schwebte ich an derselben Stelle und meine Räder drehten sich in der dünnen Luft. In voller Geschwindigkeit hing ich bewegungslos über der Erde wie ein Fixstern.

Ein Wind hatte mich mit sich gezogen, derselbe Wind, der jetzt wehte, nur hatten inzwischen die Zuckerrüben das Feld übernommen, kilometerweit, und keiner baute um Argus herum mehr Korn an. Der Silo war ein hohler Schaft aus vier mal acht Pfosten und flatternder Teerpappe. Das Büro war mit Brettern vernagelt. Der Gleisanschluß sah überwuchert aus, der Bahndamm war ausgehöhlt, einige Schwellen fehlten. Vermutlich befand ich mich auf verbotenem Gelände, und so, wie ich aussah, hätte ich mich nicht gewundert, wenn die Polizei mich geschnappt hätte.

Ich war übel beleumundet, unrasiert, ungewaschen, mit Straßenstaub bedeckt, und ich war hungrig. Ich wartete, bis es auf meiner Uhr neun war, dann fuhr ich ins *Flickertail* und setzte mich mit einem Kaffee und einem Bismarckbrötchen an einen Nischentisch. Ich saß lange genug dort, um den ganzen Festzug zu beobachten, oder zumindest die Rücken der Menschen in der Menge und den oberen Teil der Festwagen, dann wusch ich mich in der Restauranttoilette, kämmte mir das Haar und schüttelte meine Jacke aus. Ich klatschte mir kaltes Wasser auf die Augen. Aber ich sah immer noch aus wie ein mieser alter Nichtsnutz mit meinem Dreitagebart und dem billigen blauen Anzug.

Ich fühlte mich noch mieser, als ich schließlich auf den Jahrmarktsplatz kam. Der Festzug löste sich gerade auf, und im allgemeinen Durcheinander fuhr ich zum falschen Eingang hinein und parkte jenseits des ganzen Treibens. Ich begann herumzulaufen, stolperte in einem Schleier von Erschöpfung dahin, in einem Wirbel von Drehorgelmusik aus dem Karussell, in einem großen Gebrodel von Lärm und Wirrwarr. Es war so ein schreckliches Durcheinander, daß ich fast froh war, als ich an den Anfang einer langen Reihe von Buden kam und den Lieferwagen vom *Haus der Fleisch- und Wurstwaren* sah. Er war im schrägen Schatten von Ulmen im ungemähten Gras geparkt, und Sita saß ganz allein vorne drin.

Obwohl ihr Gesicht von den staubigen Autofenstern beschattet und verzerrt wurde, sah sie nicht aus, als hätten die Jahre ihr zugesetzt. Wenn überhaupt, dann hatte das Alter sie eher noch attraktiver gemacht, indem es ihre Gesichtszüge zu einem Minimum an Linien verfeinert hatte. Ihr Kopf war bescheiden zur Seite geneigt, doch ihr Blick war scharf und königlich. Sie trug eine kostbare rote Granatkette.

Die Kette ließ mich den Blick abwenden.

Manchmal bringt eine Kleinigkeit, ein Kinkerlitzchen, eine ganze Welt von Erinnerungen wieder. Ich hatte wer weiß wie lange nicht mehr an meine Mutter gedacht, aber diese Kette ähnelte der, die sie als ihren Schatz bezeichnet hatte. Vielleicht war es die Kette, die mich dazu bewog, es zu riskieren, den Parkplatz zu überqueren, vielleicht war es auch nur das Wunschdenken, daß, wenn Sita immer noch so gut aussah und sich in all den Jahren nicht verändert hatte, vielleicht auch ich nicht verändert war.

«Ist's erlaubt?» Ich schob mich auf den Fahrersitz, schloß die Tür, und ganz plötzlich überwältigte mich die

Müdigkeit. Die Klimaanlage war voll aufgedreht, und im Auto war es so wunderbar bequem, daß ich den ganzen Stress der Straße, die ganze Anspannung, die Hitze und den Lärm abschüttelte. Ich sank in den Sitz und ließ einfach los. Ich glaubte zu hören, wie ich mich bei Sita entschuldigte, während ich langsam nach vorn sank. Ich faltete die Arme über dem Lenkrad und legte meinen Kopf darauf.

«Laß mich nur ein paar Sekunden lang die Augen zumachen», hörte ich mich selbst sagen. «Ich bin so verdammt müde.» Und dann, glaube ich, bin ich sogar ein paar Minuten eingeschlummert oder ich halluzinierte, denn ich fuhr plötzlich hoch, packte das Lenkrad fester und glaubte, ich führe.

Ich schaute zu Sita hinüber, aber sie starrte immer noch vor sich hin und nahm so demonstrativ keine Notiz von mir, daß auch ich nach vorn schauen mußte. Auf der anderen Seite des trockenen Rasens umgab eine Menschenmenge eine Bretterbude. Ich hörte sie leise von ferne johlen und einer eingeschrumpft aussehenden Gestalt, die in absurden, sich beißenden Farben auf einem Holzbrett über einem Becken mit dunklem Wasser saß, höhnische Bemerkungen zuwerfen. Es war Wallace Pfef.

«Na, da ist er ja», sagte ich, «und wie er sich zum Gespött der Leute macht!» Aber in Wirklichkeit dachte ich das gar nicht. Er machte sich nicht zum Gespött. Sogar aus der Entfernung, in der ich saß, und trotz des Geräuschs der Klimaanlage hörte ich, wie Wallace irgendeine Bemerkung von seinem Hochsitz herunterbrüllte. Ich konnte die Worte nicht verstehen, aber der Werfer lachte und warf seine Bälle in weitem Bogen, ohne überhaupt zu zielen. So war eben Pfef. Die Leute mochten ihn so gern, daß sie ihn nicht einmal an einem heißen Tag zum Spaß baden schickten.

Ich war gerade im Begriff, mich auf die Grundregeln der Höflichkeit zu besinnen und mich Sita zu erklären, um mich dann auf die Suche nach meiner Tochter zu machen, als ich an der Reihe von Buden hinter Wallace vorbeischaute und Dottie um die Ecke kommen sah. Es war seltsam. Nachdem ich den ganzen weiten Weg gefahren war, um sie zu sehen, zauderte ich jetzt, lief nicht auf sie zu. Sie kam dahergestapft, den Kopf gesenkt wie ein Stier, so daß ich einen hervorragenden Blick zumindest auf ihre Frisur hatte, vorne hochgewirbelt, hinten nach außen wippend, mit Kringellöckchen an der Seite, und das Ganze mit Spray fixiert. Es sah unzerstörbar aus.

«Wie konnte Celestine sie das nur machen lassen?» sagte ich laut. Und auch das Kleid! Dot war in ein herzförmiges Oberteil gezwängt und trat sich ständig auf den Glockenrock. Im Gehen schwang sie ihre kurzen muskulösen Arme und spannte die behandschuhten Fäuste. Ein langes Stück weißen Stoffs schleifte hinter ihr her. Ich hätte schwören können, daß sie darauf aus war, Ärger zu machen. Selbst noch aus dieser Entfernung sah ich das Glitzern in ihren Augen. Sie erinnerte mich an Matrosen auf Landurlaub, in gefährlichen Mengen, allesamt von Monaten auf See beengt, die jetzt nach einem Ort suchten, an dem sie ihre Fäuste gebrauchen konnten.

Sie stürzte mit mechanischer Zielsicherheit auf die Bude zu, in der Wallace saß. Sie zögerte nicht einmal am Verkaufstisch, sondern zog ihre langen weißen Handschuhe aus und kaufte sich drei Softbälle. Sie wog einen in der Hand. Während sie sein Gewicht noch testete, zielte sie schon. Ich schaute fast staunend zu, wie sie die Bälle warf. Eins, zwei, drei – alle drei gingen ins Ziel, aber schon der erste reichte. Wallace verschwand wie ein orangeroter Blitz. Sein Hut schien hinter ihm herzuflattern.

Ich schoß aus dem Auto, fing mich, stolperte, lief weiter. Ich hatte zu maßlos geraucht, und ich war nicht mehr jung. Mein Rücken zwickte, aber ich preßte jedes Jota Geschwindigkeit aus den Beinen und sprintete. Er war bewußtlos. Ich mußte hin. Ich rannte um mein Leben.

Ich drängte mich durch die Menge und stürzte mich in das Becken zu Wallace. Ich sank auf die Knie und watete vorwärts zu der Stelle, wo er schwer wie ein schlafendes Kind auf dem flachen Plastikgrund ruhte. Es sah aus, als mache er dort ein Schläfchen. Es sah aus, als sei er schon ertrunken. Als ich ihn hochzog, patschnaß, in Panik um sich schlagend, völlig fertig vor Verwirrung, ruderte er mit den Armen und wehrte sich. Ich zog ihn dicht an mich, und die richtigen Worte kamen zurück:

«Scheiß auf die Hoteldirektion», sagte ich.

Die Tribüne

Celestine und Mary waren hin- und hergerissen, ob sie auf den oberen Plätzen der Tribüne unter der Überdachung aus Holz und Schindeln Platz nehmen sollten oder unten in der brüllenden Hitze in der Nähe der königlichen Plattform. Sie beschlossen zu leiden. Sie saßen zusammen in der ersten Reihe, Mitte, und schwiegen, jeweils in ihre eigenen Gedanken versunken. Die Sonne war schrecklich, und ihre Perlonkleider stauten die Hitze körpernah.

«So langsam soll man übrigens auch Truthahn braten», sagte Mary, nachdem eine halbe Stunde vergangen war. Die Krönung war über Lautsprecher angesagt worden, und die Leute fingen an, sich Plätze zu suchen. Ein rothaariger Priester setzte sich ans Ende der ersten Reihe. Celestine und Mary konnten ihn gut sehen, da die Tribüne sich bogenförmig um das Baseballfeld herumzog.

Beide dachten an Sita.

«Vielleicht sollten wir ihn holen», sagte Celestine.

«Ich weiß nicht recht», sagte Mary und preßte die Lippen zusammen. «Sie ist doch aus der Kirche ausgetreten.»

«Das stimmt», sagte Celestine. Aber sie wünschte trotzdem, sie hätte selbst eine Art Letzter Ölung an Sita vorgenommen. Es kam ihr vor, als hätte sie etwas unternehmen sollen. Sie fuhr fort, den Priester anzuschauen, als verheiße er Hoffnung. Er sah gestanden aus, und sie war sicher, wenn sie zum ihm hingingen, nachdem dies alles vorüber war, würde er wissen, was zu tun sei.

«Sie rollen Russell herauf», sagte Mary. «Guck mal, da drüben.»

Der Sanitäter war mit dem Auto ganz um die Stadt herumgefahren, um am Endpunkt des Festzugs zu sein, bevor Russells Festwagen dort ankam. Jetzt schob er Russell über das holprige Spielfeld.

«Russell muß ja vor Hitze umkommen in der alten Uniform», sorgte sich Celestine. Ihr kam es vor, als müsse die ganze Welt leiden. Der Priester, der auf der anderen Seite saß, hatte sein Programm zusammengefaltet und fächerte sich jetzt damit Luft zu. Auch Celestine und Mary hatten Programme, aber sie wollten, daß sie zur Erinnerung an den Tag makellos blieben.

Schließlich erklommen die Prinzessinnen eine nach der anderen die Stufen zur Plattform, die Röcke beim Gehen gerafft. Celestine verglich sie aufmerksam miteinander. In ihren duftigen Konfektionskleidern sahen sie aus wie Mannequins aus Modezeitungen oder Schaufensterpuppen. Sita hatte immer auf dieselbe Art wie sie vollkommen ausgesehen, mit glänzenden Lippen, die Haare mit Spray gefestigt. Dot war anfangs nicht bei den Mädchen, doch dann kam sie die linke Grundlinie heruntermarschiert.

Ihr Kleid war in der Hitze erschlafft wie eine welke Pflanze. Sie machte sich nicht einmal die Mühe, es von den Knöcheln wegzuhalten, als die die Treppe hochstieg.

«Mein Mädel!» hauchte Mary.

In ihren Augen sah Dot hinreißend aus. Die Sonne glänzte auf Dots Frisur. Ihr Kleid schimmerte an den Stellen, wo ein ungleichmäßiger Glanzeffekt in das Material eingewebt war. Mary fand, daß ihre Nichte einer uralten heidnischen Gottheit gleichsah. Sie hatte in ihrem *Buch des Unbekannten* über Atlantis gelesen, und sie konnte sich richtig vorstellen, wie Dot die Wellen mit einem eisernen Zepter berührte.

Celestine fand, daß Dot unbehaglich aussah und vielleicht sogar verzweifelt. Ihre Schultern waren nach vorn gefallen, und im Gesicht schwitzte sie in glänzenden Streifen. Sie saß auf dem hintersten Klappstuhl, die Fäuste im Schoß, und blinzelte in den heißen weißen Himmel.

Die ganze Menge stöhnte gequält, fächelte sich Luft zu, legte die Stirn gegen die Sonne in Falten und wartete darauf, daß der Bürgermeister anfing. Celestine und Mary starrten Dot an, wie um sie zu zwingen, sie anzuschauen und von ihrem königlichen Platz aus irgendeinen Hinweis auf ein Erkennen zu geben. Doch Dot war völlig von sich selbst in Anspruch genommen, als sei sie allein in ihrem Zimmer, und sie konnten keinen Blick von ihr erhaschen. Dann kam Wallace mit nervöser Vitalität auf den Gang im ersten Rang gesprungen und lenkte sie ab. Karl folgte ihm auf dem Fuß. Beide Männer dampften und waren völlig durchnäßt.

«Sie weiß es», keuchte Wallace und ließ sich auf einen

Sitz direkt hinter Celestine fallen. Karl setzte sich langsamer und bedächtiger hinter Mary. Er nickte mit sorgenvollem Blick, sagte aber kein Wort. Er sah über die Plattform hinweg, die Fahnen, den bewimpelten und höher als die anderen auf einem Podest stehenden Klappstuhl, der leer war, bis der Name der Königin verkündet wurde.

«Wer weiß was?» Mary drehte sich um und betrachtete Karl aus listigen Augen, die alles verbargen. «Du bist ja klatschnaß.»

«Ich weiß», sagte Karl.

«Du hast es rechtzeitig geschafft», sagte Celestine.

Wallace beugte sich vor und steckte sein Gesicht zwischen die Köpfe der beiden Frauen. Wasser von seinem Haar und seinen Ohren tropfte ihnen auf die Schultern. «Dot weiß», sagte er verzweifelt, «daß ich das Ganze ausgeheckt, die Stimmen gefälscht und alles manipuliert habe, damit sie gewählt wird.»

Celestine riß die Augen auf, ihr Mund klappte nach unten. «Das kann doch wohl nicht wahr sein», sagte sie.

Mary war gleichmütig, als habe sie schon immer das Schlimmste erwartet. «Da wird die Hölle los sein», erklärte sie, ohne den Blick von Dot zu wenden, die zwischen den an sich zupfenden Rübenprinzessinnen saß und weder lächelte oder winkte noch ihre Grübchen zeigte, sondern weiter in den weiten Himmel starrte, als sei sie vom Schlag getroffen worden.

«Sie wird noch einen Hitzschlag kriegen», murmelte Celestine. «Die sollten sich mal beeilen.»

Das plötzliche Brummen des Flugzeugs, das draußen im Außenfeld zum Start ansetzte, übertönte ihre Worte. Die Köpfe der Würdenträger auf der Plattform fuhren wie auf Kommando herum, um zuzusehen, wie es startete. Der leichte Baseball-Schutzzaun war abmontiert worden, und dahinter erstreckte sich ein langes, flaches, verbranntes Feld – eine perfekte Startpiste. Der Bürgermeister schrie gegen den Lärm des Motors an.

«Willkommen... ersten jährlichen... schreiben wird... dort oben, damit alle sehen... tut eine doppelte Pflicht seit... kümmerliche kleine Wolken... wünschen Glück... Wolkenimpfung... Erfolgsquote... Tommy B.s Flugzeugunternehmen... technisches Fachwissen... und jetzt...»

In dem Augenblick setzte Dot sich in Bewegung. Sie bauschte ihr Kleid zusammen, entblößte ihre kräftigen kurzen Beine, sie stampfte über die Holzplattform und sprang, landete auf Zehenspitzen und rannte los, winzige schwarze Absatzspuren in der festgestampften Erde des Spielfeldes hinterlassend. Sie rannte in Richtung Außenfeld auf das kleine weiße Flugzeug zu, das dort saß, so wachsam und anmutig wie ein Vogel. Und als sie an seine Türen gelangte, tat sie ohne einen Wink, ohne Erlaubnis einen Sprung hinein. Es entstand eine Pause, in der sie möglicherweise mit dem Piloten diskutierte. Und dann fand der Bürgermeister seine Stimme wieder und rief: «Oh. He...» Celestine und Mary, Karl und Wallace waren aufgesprungen, drauf und dran, irgend etwas zu unternehmen, aber der Pilot beugte sich zur Tür heraus, schob seine schwarze Netzkappe nach hinten und rollte los. Das Flugzeug bewegte sich in überraschenden, schnellen, schlingernden Hüpfern fort und nahm Geschwindigkeit auf, bis das Getöse überwältigend war, und dann stieg es hoch, über die Buden und Baldachine, über die hohen alten Ulmen, über den seichten Schlammfluß, über die Tribüne und über die Stadt.

Der Bürgermeister war Bürgermeister von Argus, weil er in Krisen niemals aus der Fassung geriet, sondern man immer damit rechnen konnte, daß er eine langweilige Bemerkung auf Lager hatte. Jetzt leierte er zum Geräusch des Flugzeugmotors seine geschriebene Rede herunter und erklärte die Geschichte der Rübe in Argus von den Anfängen bis zur Gegenwart. Die Menge wurde unruhig. Die Menschen, die auf der Plattform festsaßen, setzten interessierte Gesichter auf, doch in Wirklichkeit folgten sie der Bahn des Flugzeugs, das so hoch aufstieg, daß es einmal sogar verschwand, dann wie eine Paillette aufblitzte und sich geradewegs in eine massiv aussehende Wolke hineinbohrte und auf der anderen Seite wieder herauskam. Dann durch eine zweite und wieder eine. Es kreiste und kurvte in Bögen und Schleifen, und dann fing es an zu schreiben.

Unten auf der Erde hatte Mary abwechselnd die Hände hochgeworfen und gerungen und sie sich schließlich vors Gesicht geschlagen und dort liegengelassen, als würden ihre Gesichtszüge entgleisen, sobald sie sie wegnähme. Celestine war in tausend Nöten, starr vor Angst, unfähig, auf Wallace wütend zu sein, der seinerseits so verschreckt und besorgt war, daß er zitterte. Nur Karls Gesicht war in basser Verwunderung dem Himmel zugewandt.

Sie schauten. Ihre Gesichter waren Schriftzeichen, die das Licht einfingen. Das Flugzeug neigte sich, glitt dahin und formte die Worte *Königin Wallacette* aus Rauch und Dampf, und als es fertig war, schwenkte es ab und entschwand über den Bäumen.

Auf der Plattform herrschte ein paar Sekunden Stille, dann rief der Bürgermeister stockend Dot zur Königin aus und reichte ihrer Mutter frische rote Rosen um das Netz hinter dem Schlagmal herum. Dann trat er mit den Prinzessinnen und dem Kommandanten der American Legion ab. Russell saß still. Es folgte ein Gemurmel, ein Dröhnen von Schritten auf Holz, als die Menge die Tribüne verließ. Nur die vier standen wie angewurzelt, die Köpfe nach hinten geneigt, die Ohren gespitzt, ob die

Maschine zurückkommen würde. Sie bildeten eine kleine Gruppe, aus dem Nichts hierhergeworfen, aber zusammengehörig. Sie senkten die Blicke nicht, sondern schauten zu, wie über ihnen Dots Name sich langsam ausbreitete, in den Luftströmungen auseinanderbrach und dann Buchstabe um Buchstabe in die Stratosphäre gesaugt wurde.

Sechzehntes Kapitel
1972

Dot

Das ist so scheißhäßlich», habe ich gesagt und auf den naß aussehenden grünen Stoff des Kleides runtergesehen, das ich anziehen sollte. «Da muß ein Dinosaurier sich gehäutet haben oder sonstwas.»

Tante Mary seufzte vor Kummer, als sei ihr ein Messer tief ins Herz gefahren, dann kniff sie den Mund fest zu, entschlossen, mich zu ertragen. Meine Mutter legte den Finger auf die Lippen.

«Ist mir doch egal», habe ich zu ihnen gesagt. «Ich zieh das nicht an, auch wenn Tante Mary zweihundert Dollar dafür bezahlt hat.»

Aber ihr könnt ja sehen, was mir das genutzt hat, denn genau das Kleid habe ich jetzt natürlich an.

Ich stehe auf dem Militärparkplatz zwischen all den Festwagen aus mit Sprühfarbe gefärbtem Seidenpapier und Draht. Onkel Wallace teilt an die Fahrer rote Nummern aus, damit sie ihre Reihenfolge im Festzug wissen. Es ist ein Riesendurcheinander. Die ganzen Typen, die die Autos vor den Festwagen fahren, sind Drogis vom Autobastler-Club. Sie sind ziemlich breit und flegeln an den Kotflügeln oder lachen sich scheckig, sobald sie hinterm Steuer sitzen. Mir macht das nichts, denn die Typen sind Freunde von mir, keine festen Freunde oder so. Aber sie lassen mich bei sich rumhängen. Schlimm finde ich, daß ich dieses Kleid anhaben muß, das mir vorkommt wie Däumelinchens Alptraum. Aber wenigstens habe ich diese weiße Spitzenstola, die aussieht wie ein Vorhang, den ich bei irgend jemand aus dem Wohnzimmerfenster gezogen habe. Ich habe sie mir umgelegt, weil ich Angst habe, daß, wenn P. J. oder Eddie oder Boomer oder sonst einer von den Typen mal genau hinguckt, sie sich dann total bepissen und sich die Ellbogen in die Seite hauen vor Lachen. Das Leben ist sowieso schon komisch genug in deren Augen.

Und dann die anderen Angehörigen des königlichen Hofstaats. Wenn ich sehe, wie sie zu mir herschweben, ganz in einfacher weißer Lochstickerei oder Pastellblau, total schlank und orangebraun verbrannt vom Schmoren auf ihren Garagendächern, eingeschmiert mit jodhaltigem Babyöl, dann krieg ich zuviel. An der Art, wie Wallace sich benimmt, sehe ich, daß dies mein Tag ist. Er kennt das Ergebnis. Ich habe keinen Zweifel daran, wer die Krone kriegt, und ich denke, daß ich eigentlich den ganzen Festwagen für mich allein haben sollte.

Ein paar Polizisten haben jetzt Onkel Wallaces Platz eingenommen und organisieren alles, und jetzt dirigiert uns ein schlanker Mann in steifgestärktem olivfarbenen Leinen in die Reihe. Der Anblick der Uniform bringt unseren Fahrer wieder auf den Boden der Tatsachen, und wir fünf Mädchen klettern auf unseren Wagen. Es ist ein Sattelzuganhänger. Alte Leintücher sind an das splittrige Holz genagelt, und hier und da hängen Lamettagirlanden, die von Weihnachten übrig sind. Fünf mit Bettüchern bedeckte Heuballen sind für uns zum Sitzen ausgelegt. Hinter uns breitet sich ein großer weißer Pappfächer mit Muschelrand aus, mit den Worten DIE KÖNIGIN UND IHR HOFSTAAT. Ein Heuballen liegt etwas höher als die anderen, den nehme ich. Die Prinzessinnen breiten sich schwungvoll im Kreis rings unter mir aus.

Die Straßen sind noch feucht, weil die Feuerwehr sie mit den letzten Wasserresten aus dem Fluß abgespritzt hat. Der Staub hat sich nur für kurze Zeit gelegt. Ich spüre die Dürre. Sie zieht an mir, strafft mein Gesicht. Als ich heute morgen mit Onkel Wallace in die Stadt fuhr, habe ich gesehen, wie die Erde von den Feldern stieg. Tief am Himmel, flackernd wie Rauch, bewegte sich die trockene Erde, und ich sagte: «Was sagt der Wetterbericht?»

«Trocken», antwortete er. «Weiterhin sonnig.» Sein Gesicht sah winzig und verhutzelt aus, als er das sagte, als würde die Dürre auch ihn austrocknen.

Der Festzug setzt sich ruckend in Bewegung, und so etwa eine halbe Straße weiter sehe ich diesen bulligen Sanitäter vom Pflegeheim meinen Onkel aus einem Spezialwagen mit Glaskuppeldach ausladen. Russell ist mit Gurten, die aussehen wie Teile von seiner Uniform, in den Rollstuhl geschnallt. Er trägt alle seine Orden, ein bunter Fleck, der sich über seine Brust nach unten zieht. Der Typ stößt ihn rum, als er ihn seitlich auf den Festwagen zerrt, und er kippt ihn so weit, daß Russell einmal vornüberfällt.

Ich stehe auf und brülle vom Rand meines Wagens:

«Er braucht was zu trinken! Sehen Sie denn nicht, daß er Durst hat? Geben Sie ihm was zu trinken!»

Die Leute drehen sich um. Ich deute auf Russell und stehe noch einmal auf und schreie es wieder, bis einer von der Legion mit einer vollen Feldflasche angelaufen kommt. Es sieht so aus, als führte ich das Kommando, wäre jetzt schon Königin, denn jetzt rücken der von der Legion und der Sanitäter Russell ganz sanft an Ort und Stelle, mitten in seine Schlachtfeld-Nachahmung hinein, die mit diesen Mohnblumen aus Plastik und Draht bepflanzt ist, die die Veteranen jedes Jahr verkaufen. Russell trinkt aus der Feldflasche, wobei er zum Schlucken den Kopf nach hinten legt. Ich sehe das Wasser in großen Schlucken hinuntergehen, und dann bewegt sich der Festzug weiter die Straße entlang, und Russell sitzt eingeklemmt zwischen den Bunkern und gekreuzten Gewehren und starrt auf das offene Heck des Jeeps der National Guard, der ihn ziehen soll.

P. J. drückt auf die Hupe, und ich setze mich auf meinen Heuballen. Ich habe die Spitzenstola fallen gelassen, und irgendwo im Hinterkopf ist mir bewußt, daß meine Mitkandidatinnen mein pflanzenartiges Kleid fast mit ihren Blicken auffressen. Aber mir ist das scheißegal. Ich beginne mein Scheibenwischerwinken, so wie unsere Turnlehrerin es mir beigebracht hat, die einmal für die Miss North Dakota-Wahl kandidiert hat. Hin und her, ganz langsam. Lächeln, lächeln, lächeln.

Obwohl die Straße normalerweise breit ist, ist sie jetzt mit Autos eng zugeparkt, und die Leute stehen in Dreierreihen bis an die Seiten des Festwagens. Während wir vorbeifahren, winken sie, die Hände flattern nur ein paar Zentimeter vor unseren Gesichtern, und wir winken zurück, ohne zu sprechen, und unsere Hände sind nur Zentimeter von ihren entfernt. Die Illusion unserer Großartigkeit umschließt uns wie eine Luftblase. Es ist, als seien wir isoliert und taub und stumm für unsere Bewunderer. Und deshalb höre ich auch das Gespräch über mir so deutlich, daß es gar keinen Zweifel geben kann.

«Welche, glaubst du, wird es?»

«Ach, die da. Der stämmige Rotschopf.»

«Das darf doch nicht wahr sein.»

«Doch, bestimmt, sie wird's. Ich hab's gehört. Mein Bruder kennt den Pfef.»

«Ja?»

«Er hat rumgemauschelt. Hat sie aufgestellt und die Stimmzettel selbst ausgezählt.»

«Ist der verwandt mit ihr?»

«Sie soll seine Nichte sein oder so.»

«Oh.»

«Ihre Mutter ist die große Indianerin. Die Zweimeterfrau.»

«Der schlägt sie aber nicht nach.»

Zuerst bin ich glaube ich wie betäubt. Alles um mich herum dreht sich verschwommen. Ich wische weiter in der Luft herum, aber die Menge wird ein Klecks. Ich lächle, bis mir die Wangen weh tun. Und dann wird mir Stückchen für Stückchen alles klar. Ich sehe den Realitäten ins Auge, zum Beispiel der Tatsache, daß die anderen Mädchen das Gespräch auch alle gehört haben. Ich drehe mich um und schaue verstohlen zu ihnen hinunter, und alle vier Prinzessinnen lassen den Kopf herumschnellen, um meinen Blick aufzufangen. Ich merke, daß sie stocksauer sind, aber sich gleichzeitig auch freuen. Sie sind schon ganz geil darauf, diese Geschichte herumzuerzählen.

Ich versinke in mir. Irgendwo wußte ich, daß Onkel Wallace das inszeniert hat. Aber das ist etwas, was man nicht so gern zugibt, deshalb habe ich es auch nicht getan. Ich hätte zumindest gedacht, daß er es äußerst geheimhalten würde. Und jetzt ist es der neueste Klatsch. Eine der Prinzessinnen schnattert los.

«Ich finde das nicht fair. Ich finde das nicht fair.» Während sie das sagt, winkt sie aber weiter und lächelt. Ihr Kopf hüpft auf dem langen Hals, und ich beschließe, daß ich ihn, wenn ich erst Königin bin, abschlagen lassen werde. «Irgend jemand sollte etwas sagen. Jemand sollte es bekanntmachen.» Sie hört einfach nicht auf.

«Nur zu!» schreie ich ihr ins Ohr. «Du glaubst wohl, ich will Königin werden?»

Sie hält ihren Kopf fest und schaut mich gequält an, aber jetzt springen die anderen ein.

«Und warum nicht? Warum solltest du nicht wollen? Du kriegst von jedem Geschäft einen Geschenkgutschein. Du darfst die Krone behalten. Du kriegst einen langen Artikel im *Sentinel*. Und du bist doch soo fotogen, süß, mit deinem Vorhang, und das Kleid ziehst du doch hoffentlich auch an. Aussehen tut das! Also ehrlich, wie ein zerquetschter Salatkopf.»

Langsam bringen sie mich auf Touren.

«Das ist ein Modellkleid, verdammt noch mal!» schreie ich. Da halten sie den Mund, oder zumindest zischeln sie jetzt nur noch untereinander, aber gerade so laut, daß ich es hören kann.

«Hast du wohl gegen Rabattmarken eingetauscht.»

«Ich weiß genau, wo sie es herhat – im Ausverkauf war es, im Schaufenster der Boutique für die vollschlanke Dame in Grand Forks. Ich habe es gesehen, als ich drüben war. Da stand so eine Puppe mit dem Kleid an und einem kleinen Schild um den Hals: ‹Neunzig Prozent reduziert›.»

Mir ist klar, daß das, was sie über das Kleid sagen, wahrscheinlich stimmt. Die Boutique für die vollschlanke Dame ist genau der Laden, in dem Tante Mary gern einkauft. Sie ist schwer einzukleiden bei ihrer Kartoffelkistenfigur, und dieses Geschäft hat immer phantastische Sonderangebote.

«Ich bring euch um», drohe ich und wünsche, ich könnte sie an Ort und Stelle erwürgen. Aber ich kann sie natürlich nicht dazu bringen, den Mund zu halten, und sogar sie hören, daß meiner Stimme die Überzeugungskraft fehlt. In mir ist auch nackte Schwermut und Niedergeschlagenheit. Ich bin noch nie so verzweifelt gewesen.

Weit vorn sehe ich die einzelnen Festwagen und

Bands in die Einfahrt zum Jahrmarktsplatz abbiegen. Sie bewegen sich so langsam und biegen so umständlich ab, daß dieser letzte Teil ewig zu dauern scheint. Wir sitzen fest im Trompetengeplärr, im Gerassel von High-School-Trommeln und einem endlosen Potpourri von Themen aus *Doktor Schiwago*. Immer wenn die High-School-Bands pausieren, setzt die Old Folks Band ein. Die Senioren fahren auf einem Heuwagen und sind alle merkwürdig gekleidet mit Westen und Hüten, die aus plattgedrückten und an den Rändern zusammengehefteten Bierdosen hergestellt sind. Sie setzen ihre Instrumente an. Sie nicken dreimal, und alle fangen an. Ihre Musik klingt falsch und hat genausowenig eine Melodie wie der Wind.

Vielleicht ist die unerträgliche Musik schuld, jedenfalls, während ich noch dasitze, sinne ich schon auf Rache.

Ich bin erst ein einziges Mal sauer auf Onkel Wallace gewesen, und als das passierte, war ich so sauer auf ihn wie nie auf jemanden zuvor. Aber die Wut, die ich damals fühlte, war nur ein Nadelstich, ein lächerlicher Groll. Diesmal ist sie echt. *Wie konnte er mir das nur antun?* frage ich mich, als ich vom Wagen steige. Wir sind am Ende des Festzugs. Ein roter Schleier fällt über meine Augen.

Überall sind Stände aufgestellt, voller Kälber vom Viehzüchterverband und blitzsauberen Schweinen. Die Katholischen Töchter haben einen Bingoschuppen in Betrieb und einen Kuchenverkauf. Losverkäufer laufen mit diesen riesigen rosa Hunden herum, die nie jemand gewinnt. Und überall die salzige Wärme von frisch gemachtem Popcorn, die zuckrige Hitze von Zuckerwatte, leuchtendblauem Sirup, das Brutzeln von halbmeterlangen Bratwürsten. Ich habe das Gefühl, ich falle in Ohnmacht, wenn ich nicht stehenbleibe und etwas esse, aber ich stürze weiter. Die Menge schieb sich zur Tribüne, wo der Conferencier schon ins Megaphon quasselt. Ich laufe an den Buden vorbei, an dem schattigen Ulmenbestand entlang. Ich weiß, daß Onkel Wallace irgendwo bei den Wohltätigkeitsveranstaltungen ist, etwas organisiert oder hinter einem Verkaufstisch steht. Und natürlich. Es ist fast zu einfach. Ich finde ihn in der Stellung einer brütenden Ente, das leichteste Ziel der Welt. Ich kaufe drei Würfe auf das Tauchbecken.

Ich nehme den ersten Ball auf. Ich höre, wie der Conferencier Leute zur Tribüne einlädt, zur Krönung der Rübenkönigin.

«Wallacette, bitte nicht!» ruft Onkel Wallace.

Als er diesen Namen sagt, fällt bei mir der Vorhang.

«Du hast nicht dichtgehalten!» brülle ich. «Spielverderber!»

Ein paar Sekunden lang, bis der letzte Ball in der Luft ist, habe ich ein gutes Gefühl. Aber dann, als es platscht, drehe ich mich fast geblendet von meiner Tat um und gehe beschämt zur Tribüne hinüber. Onkel Wallaces Gesicht hat so alt und dünn ausgesehen, daß ich den Gedanken daran nicht ertrage. Ich würde am liebsten weglaufen. Ich würde am liebsten in P. J.s Classic springen und mich von ihm nach Kanada fahren lassen. Erst Russell, jetzt Wallace, und als nächstes der schlimmste Augenblick meines Lebens. Ich brauche hier nicht weiter mitmachen, denke ich. Ich könnte mich unter einen Stand mit Eingemachtem ducken, mich im Viehstall verstekken. Ein Flugzeug steht am Rande des Baseballfeldes und läßt den Motor warmlaufen. Noch während ich auf die Plattform steige, auf der der Bürgermeister, Onkel Russell und die Prinzessinnen schon sitzen, glaube ich, daß ich irgendeine Art schrecklichen Krampf vortäuschen könnte. Der Krankenwagen würde heulend angefahren kommen, mit Blaulicht, und die Typen in Weiß würden zu mir eilen. Sie würden mich hochheben wie einen Futtersack und mich auf eine Tragbahre werfen. An der Tür zum Krankenwagen würden sie mich ungeschickt anfassen, genau wie Russell. Aber ich tue nichts von alledem. Mir fällt etwas viel Besseres ein.

Die Sonne ist ein glühender weißer Ball, und die Bretter der Plattform haben sich unter ihr aufgeheizt. Die Sitzflächen der Alu-Klappstühle sind heiß wie Kochplatten. Ich setze mich. Jetzt ist das Kleid praktisch, endlich zu etwas nutze. Ich schiebe die Rockblätter so unter mich, daß sie eine Polsterschicht bilden, und da, unter den Augen meiner Familie und der ganzen Stadt, beginnt der Plan in meinem Kopf Gestalt anzunehmen, Form anzunehmen als eine Art logisches Ergebnis. Es gibt einen Faden, der bei meiner Großmutter Adelaide beginnt und über meinen Vater führt und bei mir ankommt. Dieser Faden ist die Flucht.

Vor mir, auf der Tribüne, weiß ich, sitzt meine Familie mit Augen wie gespannten Mausefallen. Ich schaue sie nicht an, sondern wende mich statt dessen Russell zu. Er sitzt am Ende der Reihe von glutheißen Stühlen. Seine Lippen haben sich verzogen, eine Haarsträhne ist ihm in die Stirn gefallen. Die Falten in seinem Gesicht, tiefbraun und zerklüftet, laufen zur Seite und sehen aus wie die trockene Erde.

«Es ist mir ein Vergnügen», sagt der Bürgermeister und rückt dabei das Mikrophon zurecht, «Sie alle zum ersten Zuckerrübenfestival willkommen zu heißen.»

Es ist gerade noch Zeit genug.

«Die Königin soll fliegen!» schreie ich Tom B. Peske, dem Piloten, zu. «Als Schaueinlage. Los. Starten!»

Er läßt mich hineinspringen, und während wir über das Feld rollen, erzähle ich ihm, daß ich ein alter Hase bin und gerade meinen Flugschein mache. Deshalb ist er überrascht, als ich in einer Höhe von hundert Fuß die Augen schließe und den Kopf in den Schoß lege. Das Flugzeug schwankt, bebt, dreht sich wie eine Feuerwerksrakete. Ich komme mir zu leicht vor, losgelöst. Ich richte mich auf und reiße den Mund auf, kreische ihn an, er soll mich zurück nach unten bringen. Er weigert sich. Er muß meinen Namen schreiben. Meinen ganzen langen, gräßlichen Namen. Zehn Buchstaben.

Ich atme tief und langsam, bis die Welt klar durch die Windschutzscheibe des Flugzeugs hereinkommt und ich mich traue, mich wieder zu bewegen. Ich bewege mich zentimeterweise, setze mich zurecht, erstaunt darüber, daß mir wegen der Bewegung oder dem Schock so hundeübel ist, daß ich gar keine Angst haben kann. Die Riesigkeit hier oben, die kippende flache Welt, Himmel und Erde ohne Ende, erschüttern mich. Säulen heißer Luft steigen kerzengerade von den gepflügten Feldern auf. Jedesmal wenn wir über eine drüberholpern, jedesmal wenn ich daran denke, wie wir von unten aussehen, schreie ich los. Das ist das einzige, was mich vom Erbrechen abhält. Wenn wir die Spitzen der Buchstaben überfliegen, brülle ich so laut, daß Tom B. Peske zurückschreit, ich würde ihn taub machen. Das einzige, was ich richtig mache, ist meine Hilfe beim Wolkenimpfen. Wir drehen in westliche Richtung ab, wo eine Schar Kumuluswolken sich auftürmt. Ich lade das Gewehr mit der Silberjodmunition, so wie Tom B. es mir sagt, und dann halte ich es zum Fenster hinaus, während er blind fliegt. Meine Finger rosten an der glatten Gewehrseite. Meine Kehle schmeckt nach Eisen. Ich konzentriere mich auf Tom B.s Hände, die ruhig auf dem Instrumentenbrett liegen. Ich konzentriere mich darauf, das Gewehr abzufeuern. Eine Stunde vergeht, bis wir zurückkommen und über der Tribüne kreisen.

Als wir schließlich zur Landung ansetzen, beschließe

ich, mit weit offenen Augen zu sterben. So sehe ich alles, die plötzliche Vergrößerung, als wir herabstoßen, die vorbeischießende Erde, das Volksfest- und Jahrmarkts- gelände wie ein Gemälde, das verwischt und dann plötz- lich scharf wird, als wir verlangsamen. Vor der halbkreis- förmigen Tribüne kommen wir zum Stehen, genau in der linken Feldhälfte.

Tom B. nimmt eine Klemmtafel herunter und beginnt, die Flugdaten einzutragen. Er merkt es kaum, als ich aus- steige, oder vielleicht hat er die Nase voll und ist froh, daß ich gehe. Ich bin so glücklich darüber, festen Boden unter den Füßen zu haben, daß es mir egal ist, und mir ist auch egal, daß die Luft schwül ist, feucht, und ich in mei- nem Kleid wieder halb ersticke. Der Stoff ist naß von Schweiß, juckt und klebt wie ein mit Kletten gefülltes Bettlaken. Aber ich könnte vor Erleichterung losrennen, die dritte Grundlinie entlang, direkt ins Mal. Ich gehe los, ein bißchen schwankend, mein Gleichgewicht fin- dend. Die Plattform ist leer, die Stühle stehen durch- einander, die Wimpel sind heruntergefallen, und auf der Tribüne stehen Menschenhäuflein, die dort auf eine zufällige Brise warten, Hähnchenschlegel und Pastete essen. Keiner zeigt auf mich oder merkt etwas, keiner erhebt sich von seinem Platz, um der Königin zuzuju- beln. Aber es deutet auch keiner brüllend mit dem Finger auf mich, was auch schon etwas ist. Der Bürgermeister ist fort. Die Prinzessinnen sind fort. Russell ist fort und Wallace. Auch Tante Mary ist fort, und ich bleibe stehen wie von einem Fehlwurf getroffen.

Die ganze Zeit, während ich im Flugzeug saß, stellte ich mir vor, wie sie nach Luft rangen, aufschrien, die Hände vor die Augen schlugen und beteten. Ich war sicher, daß sie bis in alle Ewigkeit warten würden, oder doch bis das Flugzeug wieder herunterkäme, aber sie haben nicht gewartet.

Das ist ein einsamer Gedanke, und er ist nicht ganz wahr. Denn während ich dort stehe, schaue ich genauer auf die Tribüne und sehe, daß dort doch jemand wartet. Es ist meine Mutter, und ganz plötzlich kann ich gar nicht mehr aufhören, sie wahrzunehmen. Ihre Haut ist rauh. Ihr ganzes Gesicht scheint magnetisiert, wie Erz. Ihre dunklen braunen Augen sind von dunkler Haut umgeben, aber voller Bereitschaft. In ihren Augen sehe ich die Gewalt ihrer Liebe. Sie ist unförmig und schwer zu tragen, wie ein Paket, dessen Schnur sich immer wieder löst. Ihre Liebe ist wie dieses Kleid, für das es keine Entschuldigung gibt. Sie ist peinlich. Ich gehe auf meine Mutter zu, von ihr angezogen, unfähig, dagegen anzukämpfen. Sie kommt die Treppe herunter, steht neben dem Baseball-Unterstand und gibt mir den zerdrückten Rosenstrauß. Schwer, nur halb geöffnet, sind die Köpfe auf den Stengeln verwelkt.

«Dann laß uns mal gehen», sagt sie. «Kannst du denn in den Schuhen laufen?»

Ich ziehe sie aus. Meine Fußsohlen sind zäh wie Segeltuch, und wir ziehen los. Meine Mutter bereitet mich schonend auf die Nachricht von Tante Sita vor, aber ich zaudere nicht einen Schritt lang, sondern gehe einfach weiter durch die Menge, die sich, von der Hitze betäubt, wie eine Schafherde zusammendrängt, und trete auf die Backbleche des Asphalts und der Bürgersteige. Der Teer klebt, brennt durch meine Hornhaut hindurch. Auf der Straße zu unserem Haus, bei Onkel Wallaces Anwesen, erzählt sie mir, daß Tante Mary beim Bestattungsunternehmen ist und halb wahnsinnig vor Sorge um mich. Dann hält sie inne. Das ist es gar nicht, was zu erzählen ihr so schwer fällt.

«Er ist wieder da, stimmt's», sage ich. «Er wartet zu Hause.»

Aber dort ist er nicht. Als wir an Onkel Wallaces verschlossenem, kühlem Haus vorbeigehen, deutet meine Mutter mit dem Kinn und sagt: «Das ist sein Auto.»

Es ist ein altes, klappriges Modell mit kaputten Stoßdämpfern. Es ist mit unüberstrichenen Schweißstellen übersät, mit einer dicken Staubschicht bedeckt. Das Auto ist rückwärts eingeparkt, bereit für einen glatten Abgang.

Ich ziehe meine Stöckelschuhe an. Die Klettenbüsche am Straßenrand sind stoppelig abgemäht und schneiden wie Glas. Im Gehen greife ich den Arm meiner Mutter als Stütze. Die Wolken über uns breiten sich aus. Wir atmen einen Dunst von heißer, wehender Erde ein. Mein Kleid ist unerträglich, eine kitzelnde Misere, die ich ausziehe, sobald wir ins Haus kommen.

Ich ziehe ein weiches altes T-Shirt an und abgeschnittene Jeans, und dann komme ich in die Küche. Sie hat die Strümpfe bis zu den Knöcheln hinuntergerollt. Sie hat ihren engen Gürtel abgenommen. Sie hat einen Karton kalten Saft aus dem Kühlschrank geholt, und wir setzen uns zum Trinken an den Tisch und reden über alles, was passiert ist, und schweifen dann ab. Die Nacht kommt, schwarz und mondlos, reglos und sehr heiß. Ich sitze ohne mich zu rühren, während meine Mutter kocht, esse den Toast und die Eier, die sie mir macht, trinke die Milch, die ihre Hand eingießt.

Ich möchte mich gegen sie lehnen, so wie Weizen sich gegen den Wind lehnt, aber statt dessen gehe ich nach oben und lege mich allein in mein Bett. Ich schaue lange Zeit an die Decke, lasse die Nacht um mich her tiefer werden, lasse all die fernen Geräusche von Autos und Menschen verstummen, lasse mich auf einem Stück strudelnder Rinde vorwärtstreiben, bis ich fast schlafe. Und da fängt es an.

Leise zunächst, schwach an die Blätter klopfend, dann gleichmäßiger, stärker auf dem Dach, an den Dachrinnen

rüttelnd, kommt der Wind. Er fließt durch die Fliegengitter, wirft Türen auf, füllt die Vorhänge wie Segel,
überflutet das dunkle Haus mit dem Geruch von Erde
und Wasser, dem Geruch von Regen.

Ich atme ihn ein, und ich denke an sie, wie sie im Zimmer nebenan liegt, auch sie mit zurückgeworfener Bettdecke, die Augen weit offen, wartend.

Inhalt

Der Ast   9

ERSTER TEIL

ERSTES KAPITEL, 1932   15
Mary Adare   15
Karls Nacht   37

ZWEITES KAPITEL, 1932   43
Sita Kozka   43
Mary Adare   54
Celestine James   61
Rettung   65

DRITTES KAPITEL, 1932   69
Karl Adare   69
Luftansicht von Argus   80

ZWEITER TEIL

VIERTES KAPITEL, 1941   89
Mary Adare   89
Das Waisenpicknick   108

FÜNFTES KAPITEL, 1950   112
Sita Kozka   112
Sitas Hochzeit   129

SECHSTES KAPITEL, 1952   135
Karl Adare   135
Wallaces Nacht   143

SIEBTES KAPITEL, 1953   147
Celestine James   147
Marys Nacht   185

ACHTES KAPITEL, 1953   190
Sita Kozka   190
Russells Nacht   203

NEUNTES KAPITEL, 1954   210
Wallace Pfef   210
Celestines Nacht   231

DRITTER TEIL

ZEHNTES KAPITEL, 1960   235
Mary Adare   235
Sitas Nacht   268

ELFTES KAPITEL, 1964   279
Celestine James   279
Vogelshow   301

ZWÖLFTES KAPITEL, 1964   305
Wallace Pfef   305
Das ox Motel   334

Vierter Teil

DREIZEHNTES KAPITEL, 1972   343
Celestine James   343
Sita Tappe   366
Mary Adare   378
Der höchstdekorierte Held   387

VIERZEHNTES KAPITEL, 1971   392
Wallace Pfef   392
Der Reisende   406

FÜNFZEHNTES KAPITEL, 1972   411
Karl Adare   411
Die Tribüne   421

SECHZEHNTES KAPITEL, 1972   428
Dot   428